U0918152

社会治理现代化
社会体制改革与法治社会
——全国社科院系统社会学所所长会议论文集

陈光金

中国社会科学出版社

图书在版编目（CIP）数据

社会治理现代化：社会体制改革与法治社会——全国社科院系统社会学所所长会议论文集/陈光金主编.—北京：中国社会科学出版社，2016.10

ISBN 978-7-5161-9059-3

Ⅰ.①社… Ⅱ.①陈… Ⅲ.①社会管理—学术会议—中国—文集 Ⅳ.①D63-53

中国版本图书馆CIP数据核字（2016）第235200号

出 版 人　赵剑英
责任编辑　喻　苗　李溪鹏
责任校对　周　昊
责任印制　王　超

出　　版　中国社会科学出版社
社　　址　北京鼓楼西大街甲158号
邮　　编　100720
网　　址　http://www.csspw.cn
发 行 部　010-84083685
门 市 部　010-84029450
经　　销　新华书店及其他书店

印　　刷　北京君升印刷有限公司
装　　订　廊坊市广阳区广增装订厂
版　　次　2016年10月第1版
印　　次　2016年10月第1次印刷

开　　本　710×1000　1/16
印　　张　25
字　　数　377千字
定　　价　98.00元

出版说明

本论文集的文章，都来自“全国社会科学院系统社会学所所长会议”（以下简称年会）2014 年度和 2015 年度两个年度的参会论文。2014 年度的会议主题是“中国社会体制改革与社会治理现代化”，由中国社会科学院社会学研究所与黑龙江省社会科学院共同主办。2015 年度的会议主题是“中国社会治理现代化与法治社会”，由中国社会科学院社会学研究所与福建社会科学院共同主办。两次年会的参会代表为全国社会科学院系统分管社会学所的院领导和社会学所的所领导。很多代表投来全文稿件，对相关主题展开多角度的讨论交流。本文集是 2014、2015 两个年度的稿件汇集整理的结果。

中国社会体制改革与社会治理现代化

2016年8月2日上午，由中国社会科学院社会学所主办、黑龙江省社会科学院承办的“中国社会体制改革与社会治理现代化”研讨会在哈尔滨举行。研讨会的主题是“中国社会体制改革与社会治理现代化”。在主题发言环节，有六位学者从不同的研究视角展望了社会体制改革与社会治理的发展方向，体现了严谨的学术态度和前沿的学术眼光。社会科学文献出版社谢寿光主持了大会主题发言。

一 新的时代背景呼唤社会体制改革

江苏省政府参事室宋林飞的发言题目是《我国社会风险的主要趋势与治理》。改革开放30多年来，中国经济发展迅速，走出了普遍贫困的“低收入陷阱”，但随着人民生活水平与生活质量的提高，社会又将面临风险丛生的“高收入陷阱”。宋林飞认为收入与财富差距扩大、既得利益固化、腐败与反腐败博弈加剧、老龄社会压力增大、环境污染与环境保护矛盾冲突加剧是当前的主要社会风险，他详细分析了风险的原因及可能的后果，并提出了切实可行的治理路径。

吉林日报社邴正作了题为《新媒体时代的社会治理》的主题发言。他从媒体发展的历程和特点出发，诠释了新媒体时代的技术与社会变革。邴正认为，当代中国媒体变革突出表现为两个方面：一是受众人群迅速增长，二是传播方式发生变化。因此，新媒体时代与传统媒体时代有很大区别，如果不能把握这一时代特征，就难以对随之出现的各种社会问题作出积极应对。邴正将社会治理现代化放在新媒体时代这一大背景下，提出建立多元化社会传播体系的观点。他认为，尤其要重视两个舆论场建设，把大的舆论场进一步分解为具体的舆论场，针对其各自的特点，争取有合有分的多样化舆论引导策略，把官方舆论场与民间舆论场有机地结合起来，将官方舆论场置于民间舆论场的监督与制约之下，用正确的舆论导向引导民间舆论场，用有效手段拉近两个舆论场的距离，创造有利的舆论空间。

二 构筑制度体系推进社会治理创新

中国社会科学院社会学研究所陈光金围绕会议主题，作了题为《中国社会转型进程中的社会治理创新》的发言。他详细介绍了社会治理理论的产生和发展历程，并提出了构建现代社会治理理论的逻辑框架。在发言中，陈光金分析了当代中国社会组织和社会结构的变化，认为在新的时代背景下，中国社会面临多种新型社会风险，实现社会治理现代化是迎接风险面对挑战的重要举措。陈光金认为，社会治理创新就是要实现社会治理的现代化，因此，他提出构建现代社会治理体系的思想。他认为，社会治理相关制度体系包括三个层次的制度安排：规定社会治理的本质、原则和根本目标的基本法律体系；直接规范社会治理实践的社会立法体系；社会治理保障制度体系。陈光金在发言中强调，只有根据社会治理的规律和要求，构筑起相关制度体系，才能保证社会治理可持续推进的稳定基础。

湖南省社会科学院方向新则做了更为具体的农民工城市融入问题的研究。他提出，在农民工融入城市的进程中，再构身份秩序必须重视“大社会政策”的构建，政治、经济、文化政策有序地向社会领域渗透。陕西省社会科学院石英根据自身的研究经历谈了对质性社会学的研究体会。他认为，可尝试将质性社会学的研究方法应用于社会科学院的具体科研工作中，将广泛的考察领域局限于区域社会的社会发展质量，尤其偏重于人的内心体验主观感受的社会生活质量。

三 以社会治理创新释放改革红利

黑龙江省社会科学院社会学研究所王爱丽根据对黑龙江大庆市的调查，作了题为《政府善治与社会治理现代化——大庆的创新实践》的发言。王爱丽详细介绍了大庆市社会治理实践，包括首创将社工委与社会管理综治委合署办公，打造“1 + X”政策体系等具体工作。她认为大庆市的经验表明，要实现国家治理体系和治理能力现代化，需要处理好政府与社会关系这一核心议题，特别是要把握好政府善治、合作共治、基层自治、社会法治、全民德治五个关键环节。因此，王爱丽提出选准社会领域改革的突破口，全面释放现代政府治理、社会组织治理和基层社区治理的改革红利，将有助于推动“一事的创新连锁化、一时的创新持久化、一地的创新普遍化”，有助于政府跳出片面“维稳”的怪圈，实现整个社会从稳定到有序，再到有序与活力兼备的根本转变。与会学者充分肯定了黑龙江省社会治理工作的成果，对于发言中提到的树立“以人为本、服务优先、公正至上、活力有序”的治理新理念表示赞同，认为治理理念的转变有助于政府治理和社会治理科学化的推进。

闭幕式由黑龙江省社会科学院社会学研究所王爱丽主持。王爱丽对与会学者的踊跃发言和积极参与表示感谢，并组织了各分组讨论小组发言人向大会汇报讨论情况。中国社会科学院社会学研究所李炜介绍了全国社会状况综合调查（CSS）项目。中国社会科学院社会学研究所陈光金作会议总结发言。与会学者纷纷表示，“中国社会体制改革与社会治理现代化”是社会学研究的重要课题，无论是理论层面还是实践层面，都亟须进行更加深入、细致的研究。

目　　录

第一编　社会治理现代化

第二编　民生、法治与社会建设

第三编　社会治理体系建设与创新

第四编　新型城镇化与城市社区治理

第五编　农村、少数民族地区社会治理与社会组织

第　一　编

社会治理现代化

全面建成小康社会的民生目标[*]

李培林[**]

我今天就学习党的十八届五中全会关于十三五规划的建议，讨论一些我觉得社会学应该给予特别关注和研究的题目。这次的十三五规划建议，我觉得在理论上有一个重要的发展，就是提出了一个新的发展理念，我们称之为五大发展理念。

改革开放以来，我们的发展理念在不断地更新。早期我们根本没有社会发展的提法，改革开放以后有了一个最大的进步，提出了人均 GDP 的发展指标。所以，我们不能因为现在这个发展理念的变化，就对当初的进步进行某些否定。比如，我记得最早我们使用的是“工农业总产值”，但是“工农业总产值”不能体现净产出、特别是人均的思想。所以小平同志在改革开放初期提出小康社会的时候就强调，小康社会就是要在上世纪末达到人均 GDP800 美元。这是我们过去从来没有提出的一种发展理念。非常简洁，也非常好操作，而且小平同志是到其他国家去看，对我们国家的情况反复琢磨，然后深思熟虑之后提出来，当时这是个很大胆的举措，等于一下子把我们之前提出的现代化最后实现的时间推迟了半个世纪。中央又提出一个目标叫小康社会，在此之后，改革开放初期，我们修改了国民经济五年计划的名称，叫国民经济和社会发展五年计划，加了社会发展几个字，然后才有了我们社会学随后对发展理念的研究。因为他提出社会发展，大家就在问什么是社会发展？社会发展和经济增长是什么关系？包

---

* 本文是根据李培林副院长在全国社会科学院系统社会学所所长会议（2015 年 11 月，福州）开幕式上的主旨发言录音，经过转录形成的文字稿。

** 中国社会科学院副院长、学部委员、研究员。

括哪些领域？一直到“九五”的时候，这个发展到底包括哪些内容都不明确。所以，随后我们提出来要增加社会的一些视角，逐步把就业、收入分配、社会保障、教育、医疗这些我们现在强调的以民生为重点的社会建设内容慢慢地纳入到社会发展的领域当中。2002 年，我们就提出当时实现的小康是不全面、不协调、不平衡的，后来我们围绕着这个逐步地向全面、协调、可持续发展的理念聚焦，所以最终提出来科学发展观，这是我们在发展理念上一个重大的突破。

那么，我在想这次的讨论和科学发展观有什么区别？我认为科学发展观的提出，我们当时的思路基本上比较全面，就是说把发展的内容拓展到非经济的领域，有更多的内涵。一开始只有经济，那时候叫物质文明、政治文明、精神文明三位一体，后来又成了经济建设、政治建设、文化建设、社会建设四位一体，后来又发生五位一体，基本上还是一个领域的拓展。但是这一次新的发展，我之所以把它叫做新的发展理念体系，是因为这五大发展形成了一个从发展的动力到发展的目标，是比较完整的体系。这等于是超出了我们过去对发展理念的思考路径。不是说你要找补到各个方面就完了，而是还要研究发展的动力是什么，发展的机制是什么，发展的基本条件是什么，以及最后你要达到的发展目的是什么。所以，我自己还在学习，我认为把这五大理念构成的体系里的逻辑关系讲清楚，还是要进一步地思考，但是我认为这给我们社会学在完善中国特色社会主义发展观与发展理念体系方面提出了一些新的命题。

第一，十六大以来我们就一直提的，要到 2020 年实现两个翻番，GDP 总量翻番和城乡居民收入翻番。城乡居民收入翻番我们现在没有数据，但是经济总量翻番是比较好算的。因为你前面结果都是固定了，所以以后六年要实现每年增长 6.53%，过去几次规划实际的结果都要超过预测，但是这一次是头一次遇到了这么严峻的情况，所以我们提出来翻番会不会食言？因为现在情况确实是比较严峻，经济下行的压力非常大。但是这个收入翻番现在不像 GDP 这么好算，因为你是人均，这个人均还涉及到人口的变化，就是说你还不知道未来到底人口增长是多少，现在我们用各种数据作为参数，等于是假设我们人口增长多少，这样算下来大概城乡居民翻一番需要年均增长 5.8%，这还是城乡合起来算，因为现在统计局从前年开始把城乡收入新的调查要合起来算。如果要分开算，农村是可以实现翻一番，或者可能翻的更多，但城市里还翻不了一番，所以这条实现目标要合起来算才有可能性。但是我们现在的任务也很艰巨，改革开放30多年来，绝大多数年份收入都是低于GDP的增长，所以最近几年，特别是最近几年的特殊情况是农民的收入快于GDP了，城镇的居民偶尔有一年快于GDP，多数年份还是低于GDP，这是考验我们未来实现中央提出的这个目标的一个很大问题。

我认为收入和消费的问题，社会学要介入，特别是消费。因为我们国家经济学没有很好的研究，没有很多人在研究消费，我们社科院有八个方面的研究，经济研究所分的很细，但我们专门研究消费的人没有几个。我们社会学过去关于生活方式，关于福利，关于生活质量都有专门的人在研究。我认为应该向消费方面更加跨越，关于消费的行为、消费的理念，以及消费的未来趋势，要引进和培养一些这方面的人才。

还有一个是关于跨越中等收入陷阱的问题。所谓中等收入陷阱是根据拉美国家的经验，这些拉美国家在一开始发展很快，但是到8000美元是一个天花板，8000美元以后大概停止了有20年的时间，中国2014年正好是人均7800美元，正好到了这个门槛上。当然，有一个理由说，中国现在可以跨越的理由是中国区域差距大，所以2014年已经有9个省市区跨越了1万美元，而按照现在世界银行的标准，12000美元是高收入国家的门槛。当然，到2020年的时候这个门槛可能还会进一步提高。但是有人说中国是骏马，有跑的快的，有跑的慢的，这种情况能够有带动作用，所以容易跨越中等收入的这个门槛。最近从这个情况来看，沿海地区，过去发达的地区，较早受到结构转型压力的这些地方，现在情况反而好一些，比如广东、浙江、福建、江苏、山东的情况好些。而中西部地区，像山西、河北，特别是东北三省的情况比较严峻。所以未来到底是一个什么局面？形成一个什么格局？现在还不是特别得清楚。今年上半年的经济增长情况就更加严峻，像东北三省、山西以及内蒙古等中西部地区，经济下行得更加厉害。一旦形成这种对资源、对煤钢产业的依赖，这个地方的经济下行就越厉害，基本上是这种规律。

第二，我认为社会学要高度关注的是贫困人口脱贫的问题，昨天大家也看到中央专门召开全国的贫困会议，各省书记、省长都签了军令状，必须完成一个任务。因为中国扶贫办明年是成立30周年，所以他们委托我们，明年要和我们社科院一块发布中国减贫30年的一个报告。这当然是彰显我们全面建成小康社会，但是全面建成小康社会还有这么多贫困人口，我们说的贫困在国际上就是绝对贫困或者是极端贫困，不是相对贫困，因为相对贫困每个国家都有。极端贫困是联合国提出的，就是要消除的极端贫困。现在我们的标准是 2011 年提出来的 2300 元，当然这 2300 元是 2010 年的一个架构，现在测算到 2020 年的时候这个 2300 的标准就相当于人均 4000 元，因为它是根据每一年还有一个价格指数。现在来看，我们这 7000 万未来就剩下五年了，当然今年我估计还可以，还没有公布 2015 年，大概消除到 1000 万，那么现在大概是 7100 万，扣除今年的，明年可能是 6000 万左右，6000 万意味着每一年要消除 1200 万。但是我们现在每一年减贫的人数是逐年递减，根据国际扶贫经验，低于 10% 的贫困率之后，减贫会非常困难，残联他们说你这 7000 万里大概有 500 万是残疾人口，还有一些因病致贫的，缺乏劳动能力的，极端贫困的，有的地方常年饮用水都没有的，但现在中央的决心也很大了，这 7000 万要全部脱贫，贫困县全部摘帽，这个标准是总书记在贵州视察的时候首次提出，因为我们知道十八大我们提出来要大幅度减少贫困，从来没有说过要全部脱贫。所以中央会有一系列的措施，现在强调精准扶贫，你这个扶贫的对象，首先要明确。你光说扶贫，是谁来扶？扶谁？扶的哪些人？让你扶贫，你没有扶贫，你扶到那些挺富裕的人身上去也不行，怎么扶？机制是什么？现在基本渠道就是开发扶贫一批，移民一批，生态补偿一批，最后还有低保一批等等，这么一个思路。我们按照现在的标准贫困发生率，改革开放以来是不断变化，这个变化就是说过去这个曲线是什么？我们的标准逐年地提高，但是贫困率还逐年地下降，在不断提高贫困标准的情况下贫困率还在下降，到 2011 年，我们大幅度提高贫困标准以后，贫困率一下子大幅度提高了，现在又开始在逐年下降，这个贫困率到 2020 年就要为零，基本上是这个目标，所以政府很坚决。但并不是消除了极端贫困以后就没有贫困了，相对贫困是永远存在的，按照很多国家的标准，是人均收入的三分之一以下，那你就是相对贫困了，要按照那个标准，我们国家又一大批。在我估计得等到全部消除极端贫困以后，才会再提出进一步减少相对贫困的问题。

贫困这个领域，社会学长期在做，经济学也在做，我们做有我们很多的优势，特别是社会调查这样的优势。而且我们社会学提出了一些关于贫困代际传递以及贫困标准，贫困的认知对减少贫困、认识贫困都很有启发。所以应该在这样的局面下，推动我们这个学科的发展，我们作为社科院要紧紧抓住这个机会。

第三，关于加快户籍人口的城镇化问题，这是中央的建议。现在按照测算是要把两亿多已经进城的，计算在城市常住人口里面，两亿多中的相当一部分占到三分之一。现在说的要转移这一亿多人，还不光是包括已经进城，还包括从农村上大学后留城的，当兵转业转到城市的也算，计划大概到2020年先转移一亿人，这一亿人每个人大概需要多少钱？转移得要钱，因为这个转移现在不是一个简单的把它变蓝卡的问题。所谓转移就是要从制度上，从教育、医疗、社会保障、住房、子女上学各个方面要对接，就是完全使其在待遇上成为城市人，而不像我们过去就是换一张纸给人家。现在换一张纸，人家很多不愿意转的，转了以后，这个土地怎么弄？这些人转了城市户口以后，允许他们不放弃他们在农村里的宅基地和承包地。我的理解这样一来他们才有可能进入中等收入群体，即我们社会学说的中产阶级。

按照常住人口计算，我们今年的城市化率大概超过55%，但是按照户籍人口计算，我估计今年是36%、37%。现在我们说到2020年，户籍人口要提高10个百分点，达到45%以上。现在中国和其他国家一个很大的差异就是三个结构，即经济结构、劳动力结构和城乡结构。这三个结构高度的不匹配，其他国家的这三个结构是相对匹配的。当前，在产值当中，农业的净产出或者第一产业的净产出已经下降到10%以上，这个还在下降。我估计再过几年，可能会下降到5%，5%就非常接近发达国家的产业结构了。但是问题是从业人员里面还有28.4%的人从事农业。当然，我们院里也有经济学家说现在没有28%，就看怎么算，因为农民很多是住在农村，但是他主要收入已经不是依靠农业，那怎么算？比如我100块钱里面是不是70块钱来自于非农，我就不是农业劳动力？这个线应该定在70%、75%还是80%？这个标准稍微一变，这个数量也不一样，但是最起码这些人还是以农耕的生活方式在生活着。那么就是我刚才讲的，即便按常住人口来计算，农村的居住人口也大大地高于经济结构和劳动力的结构。怎样减少这种结构上的背离是一个大问题。

我自己也在关注一个问题，就是所谓的逆城市化，当然中央文件里面还没提过这个逆城市化，但是按照世界上的发展规律，城市化有不同的阶段，在跨越了第一步，就是大规模的人口向城市集中，和郊区化，就是我们所说的摊大饼之后，第三个阶段应该是一个逆城市化的潮流。这个逆城市化在文件里面有一句话有体现，叫做推进城乡发展一体化，这不是新话，这是以前文件就有的，但是后面这个是新话，叫做开辟农村广阔发展空间，就是农村的广阔发展空间在哪里？过去我们是乡镇企业，现在的广阔发展空间恐怕不是搞乡村企业、乡村工业了，没有乡村工业的发展空间在哪里？要考虑要靠什么东西能够形成所谓逆城市化？就是把城市的人口吸引到农村，他在农村不是从事农耕，而是在那里有一种新的生活，只有这些，城市的人到农村去，才有可能重新繁荣，才能获得农村的广阔发展空间。如果现在农村四大皆空，青年人走了，干部走了，房子空了，产业也空了，那农村怎么可能有广阔发展空间？所以各地都在思考这个方面，我们现在已经有很多逆城市化的征兆。一个是各种的休闲、农家乐、乡村旅游越来越热，现在已经有一部分的城市的中产阶级向乡村转移，比如大理，现在大理那些村不但住着很多北京、重庆去的中产阶级，好多国外的人还住着。一个村、一个村的包下来。因为现在很多人的工作方式这样，他们不是无业的，他在那里通过网络做事，不需要每天去办公室，他也可以维持他的生活，他追求这样一种环境。再一个就是各地开始普遍的异地养老。现在像三亚满大街都是东北话，我们去黑龙江，你说这些人往三亚跑，冬天去东北太冷。所以这和整个的潮流是有关系的。

第四，现在提出来的实施就业、创业。这是李克强总理特别强调的，就是要更加积极的就业政策。我认为中国在这个方面做得比较有远见而且比较好。在全世界就业问题困扰的时候，我们在经济下行的时候还没有出现严重的失业情况，对整个社会稳定都起到了很重要的作用。比如说这次经济下行，我到了很多经济下行非常严峻的地方，包括沈阳、黑龙江，但是没有当年国有企业大规模改制的时候感觉到的那种气氛。那时候大家很悲伤，现在我看好像该吃还是吃，该乐还是乐，没有感受到经济的困难来临。我想了半天，觉得很重要的一条就是就业，就业没有出现大规模的失业下岗，这对稳定生活起到了重要的作用，否则在经济下行的时候，社会上会出现一种很悲观的情况。

一方面是我们国家采取了一系列的措施，特别是促进高校毕业生就业创业的计划，现在西亚、北非很多地方出现动乱都是因为大学生长期找不到工作。现在，我认为要注意的就是劳动力市场的一些变化，这种缓和也不光是政府的功劳，是我们人口和劳动力的结构的变化本身，在来的路上我们还在谈，明年情况到底是失业很严重还是继续出现招工难？而且春节以后招工难更严重？我自己觉得有可能沿海地区春节之后招工难的问题会更加尖锐。就是劳动力人口减少的势头远远超出了我们过去的预测，没有想到下降这么快。所以现在就业市场很复杂，蓝领市场上依然是招工难，白领市场是就业难。而且现在农村劳动力高度老龄化，转移的几率在逐年下降，现在我们每一年大概从农村转移的劳动力比过去的常规数字减少几百万，这是社会学突出关注的一个领域。

农村农民外出的积极性降低，也和农村雇工工资与农民工工资逐步地接近有关系，也就是说现在在农村，邻居盖个房找你做个工，就是经济不太高的地方，一天一个工也都100多块钱了，100多块钱一个工你说和进城打工有什么差别？那还为什么要背井离乡？受着你文化歧视，然后住在小房子里，流水线上给你干？这是很重要的一个新变化。

所以你会看到劳动力供给的变化，就是到2000年之后是一个绝对的、不可逆的绝对下降。所以中国以后劳动力供给是最大的问题，从社会学角度讲，会带来蓝领工人平均工资的普遍提高，对改善他们生活有利。但是这会使我们一批劳动力密集型的产业失去竞争力，最近这方面争论的也很厉害，但是我觉得这不能把意识形态化，劳动保障不能搞过头了，老提高工资，让我们企业都丧失了竞争力，这个企业税收没有上缴，没有财政，整个社会建设都不可能搞，就是说要理清这个逻辑，当然也有些人说你谈谈新私有主义思想，我觉得你不能这样来讨论问题，对于实践性的问题，你还要根据中国的具体问题，要有自己的逻辑，不能拿着意识形态的帽子到处乱扣，所以这个方面我是希望我们的社会学能够加强这方面的研究，提出基于真实情况的调查材料，提出我们的一些建议，因为这些方面现在争论很大，也不是说全都看准了。未来到底是什么样的趋势？还是要认真地考虑。

第五，是扩大中等收入者的比重。现在提出了到2020年收入差距要缩小，中等收入人口比重上升。现在中央的概念是中等收入人口、中等收入群体、中等收入者。我们社会学的中产阶层或者中产阶级的概念始终没有被接受。我认为没有接受的原因可能还是受到阶级理论的一些考虑，即很多学者认为中产阶级本身就是一个模糊阶级分析的。但是我觉得社会学的中产阶级概念还是很有用的，特别在现代化过程当中描述社会变化和变迁。因为中等收入者和中产阶层有一个不可替代的因素就是职业，说中等收入只有收入的维度，但是职业的维度有时候更加重要，就是我们说的在整个工人队伍当中白领超过了蓝领。不过这个中产阶级概念还是有一些限制，所以我们内部的政策报告一般都替换成中等收入者，给中央打的报告我们还是用中等收入者或者是中等收入群体这样一个概念。我个人还是相信国家统计局描述的这种收入的变化态势。整个收入的差距从 2008 年以后逐步开始缩小，当然这个缩小并不否认在总体差距缩小的同时，个人之间的差距在继续拉大。因为解释这个差距，过去经济学界、社会学界做的结果差不多，解释这个差距最大的因素实际上是城乡区域差异。城乡区域差异当时就可以解释整个差距的 60%。现在，城乡差别在快速的减小，由于农民多年的收入增加，对总体的差距缩小，所以我相信这个趋势应该说是正确的。

但是关键是中国的中等收入群体能不能形成多数？我们上次六中全会的决议，关于和谐社会建议里面曾经提出过一次，就是到 2020 年中等收入者要占多数，后来我们算了半天说占不了多数，很难占多数，因为从几次调查数据来看，我们发现中等收入群体的比重从 2013 年起基本上维持在 27%、28% 不变，当然看你怎么定义这个标准了。我们用的是一个相对的标准，绝对标准好操作，相对标准好处是随着时间的迁移，这个标准不用调整。那么，中等收入群体这个比例意味着什么呢？我们是 14 亿人，55% 城市里面大概是将近 8 亿多人。这 8 亿多人按照三分之一算的话，现在大概不到 3 亿。前一段有一个国际组织，说中国中等收入群体 1.9 亿人，最近李克强同志在一个讲话里面突然说了一句，大家也很惊讶，他说中国中等收入群体已经达到 3 亿，当然也没有给出标准。我们现在算的大概差不多都是在 2 亿多人。是按照收入标准。

国际上有一个绝对标准就是每人每天收入超过 10 美元以上的，当然他这个 10 美元是按购买力评价美元，不是汇率美元，不是咱们这个汇率美元。所以大家也都是很关注，因为这也标志着我们能否形成一个橄榄型社会，是能够跨越中等收入陷阱的很重要环节。这个方面是经济学和社会学在争夺的研究领域。社会学现在有一些研究，但是我觉得特别是数量化的研究现在还是缺少。搞研究的人更多的是从社会分层的角度，而缺少收入分配这方面的角度。

下面我说一下研究收入分配，我觉得和现在的形势配合的是对消费问题的研究，会带来一个很大的促进发展。社会学有很多可用的概念，但是这个概念不好说，好处是有弹性、有包容性，能够包容很多东西，不好的是把它进一步延长到一些政策问题的时候，我们有时候缺乏这个。你搞了很多研究，一看好像这个东西学术上玩玩说说还行，一到政策上的东西，要硬碰硬的政策上的东西，有时候我们就显得根据不足，所以这个方面要把这些理论能够进一步延长到政策性的研究。扩大消费这个问题我前面已经说了，希望大家消费，经济增长在投入、出口方面已经显著地减弱的情况下，寄望于消费，但是我们国内的消费率又在不断降低，而且降低到世界平均水平以下，到底是怎么回事？有各种说法，中国人愿储蓄，是消费观念问题了，有的说你社保、教育什么都没搞好，还是一个收入决定的问题；也有的说是我们的老年人以后会逐渐地增多，老年人比青年人都会更加偏重于储蓄，会对以后的消费带来影响，但是这个方面我们社会学虽然觉得有很多的相关研究，但在这个问题上还没有占主流，主导话语权还不在社会学这个领域。

社会保障改革和老龄化的影响，这次全面放开二孩应当说和学界的推动大有关系，因为在这个地方一直争论不休，而且卫计委的态度一开始并没有现在这么积极，应该说学界的研究还是做了非常大的贡献。特别是单独放开以后，最后的结果和学界的预测更加接近，而和卫计委的预测有差距。因为当时放开二孩以后，到底多生出来多少？有各种不同的预测，300 万、200 万、100 万？我们社科院人口所有一个学者叫王广州，他的计算能力是很强的，他要计算你可生育、在生育年龄的妇女，这是一个固定的数，这个人口调查是很清楚的。那么这些可生育的妇女她们有没有生育的意愿？这个调查大家都认为有 60%，这个也有共识，但是最关键的是说这些有生育意愿的妇女她们到底最后是不是真的生？这个差异就大了。到底这 60% 里面有百分之多少可以真正的生？因为她想生，但是最后就是可能生理的原因，年龄高了生不了，再一个你生活压力大，生了以后生活水平下降，她也不生了。最后，可能他们提出来只有 15% 左右，大概最后实现的是百分之二十几，也就是说，最后由于放开二孩以后，净增的人口比 100 万都低很多。他们研究结果最接近，所以说现在全面放开二孩，做出这个决策比较有底气了。

由于中国的老龄化发展很快，所以总书记在一个内部老龄化的报告上做了长篇的批示，要高度关注这个问题，不仅仅是这些老年人的照顾问题，而是老龄化对我们经济社会方方面面到底会带来什么大的影响？我们这些研究都是非常不精确的，一些大的趋势会怎么样？到底会怎么样？现在提出来居家为基础，社区为依托，机构为补充的多层次养老服务体系，这个我觉得社会学研究也做了贡献，因为当时也是讨论到底是机构为主还是居家为主，最后是以居家为基础，社区为依托，机构为补充，我们社会学做了很大的贡献。

最后说一点就是和我们本身有关的，我们继续把实施社会科学创新工程写入了中央建议，我们社科院全院都在关注着有没有这句话，因为写进了这个建议，就意味着明年人大通过的十三五的规划也会继续写入，这样未来五年我们的创新工程就有了法律依据，有了一个政策上的保障。现在有一个好的消息，从 2011 年开始到现在有五年了，我们正在做五年的总结，审计署刚刚结束了对我们的审计，审计署对社科院的做法高度地关注，以审计署的名义给中央打了一个报告，关于社科院实行社会创新工程以后，在经费管理以及激励机制方面一些做法。总的来说是高度肯定，认为这走出了社会科学研究经费使用方面的一条新路。当然也提出来一些还存在的问题和毛病。这个报告报上去以后马凯主任做了长篇的批示，然后刘延东副总理、李克强总理都圈阅，这样一来，发改委收入分配司现在有一个工作组到我们院来总结这套做法，就看这套做法有没有可能在全国推广。我觉得这个对我们社科院来说这是一个生死之战，有了这一条，社科院的队伍基本上稳定。当然，也不是说现在我们这套做法没有问题了，因为我们搞了这套工程虽然待遇上去了，但是搞的现在我们叫计工分，什么都计分，在有的方面也不符合这个规律，但是考核千差万别，每个人千差万别，你要想搞出一个统一的规律符合每一个地方的情况也很难。比如说考古研究所找我说我们这个考古挖两年，拿个小勺在那，弄个小罐子，弄了好几年以后才出一本考古报告，我出来这一本传世之作，重大发现，和你们这些学科三天写一篇文章，一年弄一本著作来不一样。当然好处就是现在树立一个理念，你在社科院想混日子不行的，进不了创新，现在又做了新的规定。你进不了创新也不能待着，你要是连续三年五年还是不行就离开社科院。而且我们也采取了很多措施来补充这些条例，比如说我们基础学院就是不要求你们有研究成果，你要认为你是搞基础理论研究的，你就十年磨一剑好了，有一个很小的比例，每个所允许有几个人是这样的。

总之，一个是社会科学创新工程，再一个就是现代智库，都是社科院可以抓住的机遇。这个智库最近马上要公布，大概是中宣部先搞了国家级的 21 个，有的是很大的，比如我们中国社科院、科学院、工程院，国家行政学院、国防大学都算是一个，但是这里面还有一些小的，比如说除了社科院，我们社科院还给了一个金融创新和金融风险实验室，还有一个全球战略研究院，那个算是小的，但是不管大的小的，每年1000万，先干一干，但是我估计这样一搞，各个省都会搞，中央搞20个，省里也搞10个、8个，这样借这个机遇就会形成智库新的机制，我们现在也在研究，因为这东西，以前也没弄过，我们社科院在搞智库，什么是智库产品？智库产品就是给领导写的建议，现在很多地方我们的智库产品要领导批示，常委批，政治局一批，部长一批，这个是不是完全符合智库的规律？智库产品包括哪些种类？恐怕有的是面向社会的，不是光面向领导的。我们也在研究，智库产品分哪些种类？智库产品基本的规则是什么？它和我们一般说的科研产品的差别在哪里？它的评价是怎么样的？这都还在进一步研究，我觉得这也是我们要抓住的机遇。好，我就讲这些，谢谢大家。

如何看待当前的民族关系和民族政策*

——来自2013年我国民族地区经济社会发展问卷调查的分析与评述

王延中**

民族学和人类学、社会学不可分，今天我来讲一个和民族相关的一个题目。十三五规划中社会学需要关注的一些重大问题，笔者觉得这些问题对民族学、人类学研究也具有重要的指导意义。这不仅仅是从这些问题的重要性来这样说，而且从理论和方法的角度提出一些诸如社会学、民族学、人类学研究要更加精确化的要求，没有这个精确的结论，光是泛泛地谈一些看法，就容易使得一些结论达不到向政策过渡、延伸的目标，也很难说服别人能够信服。当然如果这要进一步上升到意识形态方面就更加困难，不是学术讨论了，因此笔者想把我们民族政策或者民族研究有关的讨论往可量化的方向尝试一下，毕竟这是一个新的尝试，因为从传统来讲民族学、人类学虽然也重视问卷调查，也做过一些量化的研究，但是从整体而言，还是以个案研究为主要特色，是一种全景式的参与观察为主要方法，以小社区、小规模的人群为主要研究对象。因此，这样一种研究和社会学相比，它就更难推论，因为科学研究一个很重要的目标或者作用就是研究不仅是能够解释，而且可以预测。但是如果很多针对现状的解释这些证据抓不太准确，或者逻辑关系建立不起来，预测的话就非常困难，所以笔者通过调查发现一些描述性的情况，这些描述性分析涉及了一个话题就是现在非常关心的民族关系和民族政策的判断，而这又是民族学界特别关

---

* 本文是根据王延中研究员在2015年会议上的主题报告录音整理而成。

** 王延中，中国社会科学院民族学与人类学研究所所长研究员。

注的讨论，即第二代民族政策的讨论，这个引发的讨论的是和社会学有关的，导致社会学有关专家对民族学或者民族政策提出了很多质疑，民族学的理论界都认为这个质疑是没有理论依据的，所以进行了非常全面的或者是各种各样的反驳或反证据，笔者认为，这对社会学研究一个重要的现象叫民族现象是很有意义的。

这几年民族问题在社会学上实际发言权很大，很多国家人群之间的这种关系不管是源于血缘，或者源于宗教、意识方面的这种像信仰方面的，或者源于性别方面的、年龄方面的，笔者认为属于自然属性，在这些自然属性下，社会学研究有一套理论和方法，这一问题更容易能够解释。

但是目前很多国家没有民族学，所以研究民族学更多的是从社会学去研究，很多国家的社会学包含研究民族问题。而人类学反倒是从传统上来讲不研究本国的民族问题，而是研究本国之外的、海外的这种人类学或者是调查或者是理论问题，或者是现代的人类学研究的领域是更加宽泛了，研究了当今世界各种各样的一些热点问题，这些热点问题它也和传统的这种人类学已经不太一样了。比如难民问题、宗教极端、恐怖问题等等，这些问题已经不是这种传统意义上的小社区的或者是部落式的调查。

笔者实际上到民族所之后做这个调查就是一个地区的调查。地区的调查是一个比较宏观的看法。现在这些宏观的看法其实不是太成熟，有一些是在形成之中的想法。在此，一个逻辑起点就是当前民族政策的讨论，比如两大事件，即拉萨的 3・14 事件，和新疆的乌鲁木齐的 7・5 事件，这两大事件对民族学界的讨论起到了非常重要的作用，在理论上是一个对传统民族政策否定的一个看法。就两大证据。比如冷战之后，前苏联很多国家从苏联分解独立出来，当时我们对这个问题觉得是因为苏联是民族加盟共和国，《宪法》里面是允许独立的。那么南联盟后来也出现了这样的问题，但南联盟体制和前苏联不太一样，它是西方干预它独立，在这种情况下，这就引发了世界上第三次民族主义浪潮或是民族国家独立的浪潮。西藏 3・14 和乌鲁木齐 7・5 事件，很多人认为这是民族问题。把这个作为一个民族问题，使中国有可能步前苏联后尘的一个民族问题，往这个方向去引导或者说往这个问题去分析。

那这个分析对不对呢？确实很难说当时的这些人出发点是什么，但至少很多民族学界的专家不太认为这种看法是对的。因为往这个方向引导的话就会把我们很多的中国特色民族政策归结于我们走了苏联道路，即我们在民族问题上是按苏联体制、苏联道路走的，那苏联解体了，中国将来是不是会解体？

另外，还有一个就是目前我们对少数民族和民族地区的很多特殊优惠政策，将来走向是什么。是要取消这些优惠政策，取消特殊待遇还是说完全保留目前的待遇和体制。民族区域自治制度是我们四大政治制度之一，过去在没有基层民主自治制度之前是三大政治制度，全国人民代表大会、政治协商和民族区域自治，后来增加了基层民主。那么将来这个民族区域自治制度走向如何？所以在这些方面，民族学界要面临的问题是两个，一个是批判把民族问题去政治化的主张，即我们中国采取的一些措施认为过于政治化，把民族身份给政治化，就是政治待遇和民族身份是有关联的。所以要主张用促进民族融合的方式来保障公民的个人权力。但是由于这样的民族政策，除了个人权力的平等能够体现之外其实还有一个集体权力，这个集体权力和国家意识是怎么样的关系？这里变成一个问题，如果都是每一个公民，这国家情况下是一样的，那么去政治化意味着把集体的特殊政治权力给拿掉。

还有一些具体的主张，怎么拿掉集体权力呢？比如身份证上就把民族识别拿掉了，再比如高考加分，因为民族这一栏是对少数民族有加分政策的，现在刚刚放开第二胎生育，在计划生育问题上，过去也认为是优惠政策，即少数民族的生育率不用严格控制在一对夫妇生一个孩子这样一个计划生育政策，所以这些具体的政策确实对民族学有很大的冲击。民族学这几年就是来批判这些政策，批判去政治化的主张，批判第二代民族政策的主张，当然也有很多理由，比如强调我们国家自己的独特的道路，国家民族政策不是完全照搬苏联，另外从苏联解体就归结于是因为苏联的分裂源于它的加盟共和国体制，这也不一定找到苏联解体的真正原因。苏联解体的原因有很多，包括社科院当前有很多学科都在研究苏联解体的主要原因。

围绕这些问题的讨论有很多不同的角度来表述自己见解的准确性和政治性。因为问题争论得太激烈，在 2014 年 9 月份中央民族工作会议之前，给中央分别报送了好多相当于内部报告，就是来阐述这两个方面到底谁对谁错。这个问题也确实很难一下子有定论，所以习近平总书记在 2014 年中央民族工作会议有一个讲话，指出一些讨论问题不要影响工作，不要影响我们对我们的民族区域自治制度等基本制度的一些判断。习近平总书记指出，新中国成立65年来，党的民族理论和方针政策是正确的，中国特色解决民族问题的道路是正确的。坚持和完善民族区域自治制度，把《宪法》和《民族区域自治法》的规定落实好……，从这个角度来讲，我们不要自己否定自己的历史，也不要否定现在的制度和道路。所以，提出要全面正确贯彻落实党的民族政策，坚持和完善民族区域自治制度，共同牢固把握各民族团结奋斗，共同繁荣发展的主题，巩固社会主义的民族关系，实现平等、团结、互助、和谐这样一个目标。讲话里面也提到了一些其他的意见，比如要不要再设立新的民族区域自治地方？可以用很多政策来扶持民族地区的发展，但不一定就设立新的民族区域自治地方，我们进行民族识别之后，对每一个公民应该都有民族的身份，但是还有一些人在民族识别过程中，不太接受这个专家们给出来的民族划分，所以就不同意这个意见，有一些人叫未定身份的人群，有的地方人群还比较多，所以这个他们还是希望要重新界定一些民族身份，重新给他们命一个名字，定成新的民族，所以习近平总书记明确提出以后不再设立新的民族区域自治地方，不再进行新的民族识别工作。

他还在这个会上提出，这个民族关系下一步应该往哪个方向走？第二代民族政策里面提出来要促进交流交往交融，会议的基调也是往这个方向走，促进民族交流交往交融这个方向，但是这并不是取消民族识别或者取消民族身份，这次会上希望这些问题不要再去争论下去，但事实上，还是有争论。2015年全国人大、全国政协朱维群接受香港记者采访时，再次提到民族关系的走向是什么，国家民委《中国民族报》连日发表几篇评论朱维群的文章，认为他违背了中央民族工作的精神。这两个都是以贯彻中央民族工作会议的精神的角度来讨论民族政策，但是从这里可以看出来光有民族政策，光有国家的民族制度和民族发展的道路确实在理论界包括在政界、在境外既关注，又很难形成共识。

中央当时有一些基本看法，这是必须来遵守，但在学术研究上到底如何来看待这些问题呢？现在就去研究这些问题一个是太大，就这样的问题你很难进行一个学术上的判断，所以我们就进行了一些调查，通过调查来问分析老百姓的看法，希望通过他们的看法来印证，来判断民族关系的现状是什么样的，民族政策的基本评价是什么样子，笔者在2013年对6个省区、16个县的城乡居民的大概接近6000多户的城乡居民进行调查，这些样本比较全，我们国家民族地区叫八个民族省份，当然如果是民族区域自治地方是有五个自治区，30个自治州和120个自治县，这一百多个地方占我们国家陆地面积的64%，所以我们调查这些可能更多的还不是这么大的范围，就是6个省区，这6000多户代表性还是有的，城乡大体上有这么一个比例，性别包括教育程度以及宗教信仰，包括就业情况，还是有比较全面的代表性。通过这个调查，我们也看出来就是确实在被调查的地区，有一些积极的变化，因为我们这次调查是21世纪初以来的经济社会的发展状况，可以看出来在调查中和我们国家新世纪的快速发展确实很对应。在民族地区和内地，在基础设施建设、城市建设各方面也是日异月新的变化，所以这些应该都反映出民族地区和内地没有那么大的差别，在很多方面还是取得了很大的进步。

但是也有很多难题。比如说小康社会实现，我们在2014年中央民族工作会议之前给国家民委提交了一个报告，报告主要研究到底民族8省区有没有可能在2020年同步实现建成小康社会。根据我们的研究，从数据看，从国家公布的那些指标来讲，从全国来讲基本是可以的。但是民族8省区难度非常大，除了内蒙古可能还差不多，其他七个民族省区和全国的小康的差距至少在10个点到20个点的距离。我们解决小康的指标如果每年一个点或者两个点的话至少10年以上，如果一个点要15至20年左右的时间才能会达到全国小康的指标，如果要实现的话怎么办？要么就发展速度更快一点，但现在看发展速度更快是难度太大了，要么是稀释指标，把那些指标规定的硬杠杆给软化，把这个指标里面比如民族地区不太有利的指标给降低一点权重，把对民族地区有利的指标提高它的权重，所以我们出了这些主意，这些主意从心里来讲跟全国平均小康这个指标还是有差距的。好在这一次中央民族工作会议之后，特别是今年的西藏工作会议，中央领导对这个问题看得很清楚，指出要根据实际情况，指标是作为一种要求和方向，但是并不是说有些指标在民族地区实现不了就是工作没做好，所以把这发展的结果评价和工作评价分开，这样给民族地区的党和干部松了绑，但是这个反贫困的难题怎么解决是另外的问题。

这些调查让我们确实感觉到小康社会的难度非常大。在民族地区还发现一些比较大的问题，就是城镇化率其实是很低的，也就是在很多民族省份城镇化率也就是20%、30%，有一些县城镇化率只有百分之十几，所以看全国的城镇化率那是一个景象，在民族地区是另外一个景象。当然这个比较好的一个收入指标就是劳务性收入占的比重越来越大，这也是和全国应该说比较接近的。另外一个看法就是农村基础设施这方面政府在基本公共服务均等化方面应该说还是做的工作还是很快的。特别是基本制度建设方面都能够实现了全覆盖。但是在质量方面还是有很大的差距。不管是教育设施、卫生设施特别是街道还有农村的公共环境卫生方面差距比较大。其实在基础设施这方面需求特别强烈，从民族地区的党员干部到老百姓都是希望加大投入来解决这个基础设施存在的问题。

第三个关于环境建设方面，应该说对退耕还林还草工作总体满意度还是比较高的，而且希望继续实施下去，就是把这个制度还是要往前实施，但是也存在了一些生态移民，生态移民搬迁也有一些效果不好。但是移民可能有这么几种，一种是自愿性的移民，农民工向城里流动，这对增加收入，减少城乡差别，降低收入差别来讲发挥了很大的作用，国际上也是如此。但是还有一部分是工程建设性移民和生态脆弱区的这些移民，这里面就不简单的是一个收入指标来引导移民，有很多由于邻里关系、社会资本等等这些因素就不愿意离开，有些地方已经没办法生存了，也不愿离开，这也是一些问题。

关于收入差距的城乡差别，其实在民族地区，在某种程度就体现为民族差别，特别在一些少数民族集中聚居的地区，城乡差别、地区差别，把这个收入差别体现为民族差别。我们在新疆维吾尔自治区特别是在一些南疆做的调查发现少数民族的收入低于汉族，包括很多地方的少数民族收入低于当地汉族，是因为民族身份决定了收入差别还是什么因素？反过来看还是正过来看？因为你是这个民族，所以你的收入低？我们对此还没做解释，到底怎么来解释这个问题？但是我们可以主观地这样认为，是城乡收入或者地区收入差别决定了这样一个区域之间的不平衡，而区域不平衡内部又是就业结构、产业结构决定了不同人群的收入不平等，而在南疆比较典型它没有现代工业，服务业也很少，所以98%的人口又是维吾尔族农民，这些地区的收入怎么和乌鲁木齐比？因为乌鲁木齐汉族人口比较多，和北疆能一样？

另外就是比如说劳动者要外出，到底遇到什么障碍？比如要解决劳动者的收入要移民吗？这个移民怎么移？劳动者需要条件，比如一个城乡收入如果落差很小，劳动者就不愿意流出去了，其实在民族地区城乡收入差别也存在缩小的趋势，但还不至于说不让劳动者出来，他出来还有一些特殊困难，除了一般农民工的困难之外他还有一些，一个是语言障碍，还有一个是宗教习俗，这些困难应该是，当然还有一些主观上的因素，过去文化习惯不愿意去打工。就业渠道方面当然也还有一些不足，主要是靠传统的社会关系来就业。社会问题这些我们和全国差不多，围绕着民族政策和民族关系我们也单独做了一些测算或者做了一些数据的分析。

一个就是对我们国家民族政策满意度的看法。被调查的区域的被调查者总体上对民族政策评价还是高的。这些民族政策我们具体化一下，比如说对双语教学，这个双语教学很多不是搞民族地区研究的人或者不在民族地区工作的人可能不太了解什么是双语教学？以为双语教学是汉语和英语教学，不是的。是在民族地区要推广普通话，同时要实行本地少数民族的语言的双重语言的教育，其实一般情况下普通话作为国家的语言政策是要推广的，但是在一些民族地区，很多老百姓不会说普通话，所以从小孩开始要他说普通话。在新疆，2004 年开始大规模推广普通话，但这个问题就引起了很大的争论，说这会不会导致比如说民族同化？会不会导致民族语言和文化的消失？像这些问题就上升到争论的层面，当然最主要的争论还是推广普通话教学缺少合格的老师，也缺少教材，导致很多的学习普通话的少数民族的孩子普通话没学好，本民族的语言没学好，很多科学文化基础事实也没学好，所以这些就引起了很多的争论，那么现在怎么面对这些问题？这个双语教学到底好不好？我们 2013 年调查发现，百分之六十多的人还是说比较好。但是也有一些人认为不好。不同的民族对这个问题的评价差异也很大，有很多民族，我们国家很多民族是没有自己的民族语言，我们有自己语言的民族只有二十几个，有文字能够使用的只有不到十个，所以这些民族就说对双语教学的问题可能最主要的就是担心这个教学的质量不过关，并不是不想让孩子学普通话，是没办法学好又浪费了时间，没有学好文化知识。

在民族地区，比如说以新疆为例，也有汉族，汉族也不愿意去学习少数民族语言，因为他们都在城里面，汉族基本生活就靠普通话就可以了。另外关于高考加分这些政策，总的来讲，被调查地区调查对象里面虽然有汉族，有少数民族，但总体而言都是在民族地区做的调查，就是在调查里面被调查者认为高考加分还是应该的，目前的加分政策还是可以接受的，但是，没有享受到高考加分政策的人是不太满意的。

还有一个，比如说对城市里面的少数民族要不要实行高考加分？82%的人认为应该加分，但是也有 33.8% 的汉族受访者认为不应该加分。其实我们政策已经在调整，比如北京过去少数民族成份是加 20 分，现在降到 10 分了，而且严格审查民族的身份。但是将来是不是少数民族的政策要取消还是不取消？这个还要进一步研究。

关于计划生育政策应该说还是整体上比较好，但是也有负面评价认为不要管最好，家庭自己决策，将来人口政策的调整可能会往哪个方向走也是值得研究。

另外关于扶贫政策，扶贫政策当然都比较满意，就说对目前扶贫的效果总的来讲还是有效果的，但是也有一些少数民族对这个扶贫政策觉得效果还不是特别理想。特别是针对一些人口较少民族的特殊优惠政策，我们国家规定民族人口在过去是 20 万以下，现在是 30 万以下就可以享受较少人口的民族政策，这些是针对这些人口给予特殊的帮助，对此这些民族包括其他被受访者都满意，但是不满意的地方在哪里？就是在一些区域里面，都在民族地区，人口较少的民族享受这些政策，其他的少数民族享受不到的时候就不太满意，导致优惠政策的攀比。我们在云南搞调查发现，有一些少数民族在这个民族区域自治地方，但有人口更少的民族，所以很多优惠政策就往那些较少的民族身上，人口较多的少数民族就不太满意。他们不满意还不是说迪庆是藏区，它的优惠政策还不如藏区的优惠政策多，所以他们觉得能够到藏区那个水平更好，那迪庆说西藏的政策更优惠，那最好都变成西藏的优惠政策，所以导致政策的攀比。

关于民族区域自治制度，这个问题确实也是很难评价。因为它是一个政治制度评价，所以我们也只是一个看法。在这里面，我们设计了几个题目，在这里没给大家演示，我们就讲比如说在城市化过程中，如果这个地方撤民族区域自治县变成一个市，变成县级市，在内地这可能是很好的事，内地希望以次来扩大城市面积，促进城市化。但是如果说在民族地方它本来是民族区域自治县，变成一个市的时候，我们国家没有自治市，不能保持民族区域自治地方这样一个头衔或者一个帽子了，愿不愿意撤？这个问题非常有意思。也就是说地方要权衡，权衡到底是利大于弊或是弊大于利？如果这样撤了自治县变成市之后，到底有哪些好处、有哪些不好处？所以这个没有统一的判断，这个判断比较分散。

还有一个关于民族认同的问题，就涉及到民族关系了。根据费孝通先生对中华民族格局里面他有一个想法就是说我们国家是一个多民族国家，民族认同和国家认同或者中华民族认同是不矛盾的，所以是多元认同，于是我们也设计了这么一个题目，从这个调查我们可以看出来 47.6% 的人既认同本民族也认同中华民族，有 29% 的人主要是认同中华民族，也有 8% 的人主要认同本民族。所以不同民族之间还是有差异的。我们可以看出来关于民族认同的问题，我们调查员也说这个认同让回答者很难回答，我们确实只是说不管回答者怎么样，是他们的一种理解。

在一些地区，民族认同差异比较明显。比如在新疆，汉族本民族认同特别强烈。民族认同是一个比较的产物，我们从这里可以看出来民族认同总体而言是一个双重认同的一个趋势。国家认同再往前延伸的话就比较难了，看你优先选择哪一个身份？61% 的人认为选择双重身份，中国人身份和本民族身份。还有 19.4% 的人选择不区分这两种身份到底哪个优先，但是还有一些人就是优先选择本民族身份或者不选择民族身份，这些应该说对我们认识多民族国家里面不同的民族在这个认同关系是非常有用的，至少有一个数，但这个数是准还是不准，我们现在且不论，但有这么一个数据了。关于民族认同和国家认同不能说是要么认同国家要么认同民族，就搞一个二元对立的区分。这是非常复杂的问题。

另外关于民族关系的评价，3・14 和 7・5 事件之后，关于民族关系这个问题至少在内地大家普遍认为我们民族关系处于恶化的态势，就觉得过去全世界都认为中国解决民族问题包括中国的民族关系都是比较好的，但是有了这两个事件之后，大家觉得中国的民族关系是不是出现了逆转？出现了倒退？因此我们先做了不同阶段，比如改革开放前怎么认为民族关系的，改革开放前到建立市场经济那个阶段，然后建立市场经济到现在，特别是 3・14 和 7・5 事件之后又怎么看？我们调查数据获得后，我们也不敢特别相信，总体而言，民族关系趋好，从不同阶段来看，过去的评价不如改革开放，改革开放之后不如建立市场经济，建立市场经济不如现在 21 世纪，但是差别很小。从这个数据来看，总体而言不像理论界或者是境外所说的我们的民族关系走上那样的一个逆转或者这样一个态势，但是不同地区之间确实有差别。比如在六个省区里面，云南民族关系的评价就是从低向高的态势特别明显，贵州也是这样的态势。而在新疆建立市场经济就不如之前，不如计划经济时期。而 7・5 事件之后就不如之前。内蒙古应该和云南、贵州基本一样，但是最近五年内蒙古反倒特别高。所以这一点我们确实感觉到民族关系，当然全国来讲，总体来讲不同区域有区域差异。

因此，民族关系的评价确实既不能够完全说现在民族关系出现了恶化的态势，但也不能说有一些地区不存在民族问题或者民族关系恶化的态势，所以这个问题笔者觉得应该还是从总体样板和区域样板来区别来看。比如3·14到底会对西藏产生什么样的影响？2013年我们没有采集西藏的数据，2014年的数据在西藏采集了，正在清理。

最后笔者想介绍一下如何来评判或者是看待我们国家民族政策的一个走向问题。我们还没有做详细的理论研究，但是一些关于二代民族政策里面讨论里面提出来，比如说现在很多高校的老师把中国的问题看得比较严重，特别是去了民族地区调查回来之后，写了很多的文章，这些文章传播得也很广，提出来一些非常有意思的问题，但这些是没有经过论证的一些结论，比如说民族政策是计划民族问题、加强本民族意识，这样一个原因。另外民族问题现在已经到了不可解的阶段了，要解这个问题就得取消国家民委、取消民族院校、取消民族研究机构，出现这样一些极端的观点。那这些问题到底怎么看？

民族政策和民族问题之间到底是怎么来判断？比如说民族意识和国家意识，本民族认同和中华民族认同，是由于民族政策导致的结果还是说我们现在这样的民族政策已经很难继续维持下去了？比如说要么按照法制化的角度变成个人的权力，那集体的权力还要不要？在这些方面应该说中国区域差距其实在很大程度就是内地和边疆民族地区的差距，对边疆民族地区，从发达国家搞区域政治的角度来讲，也应该扶持和援助，我们现在做了那么多工作，实际上是我们区域政策的边疆民族地区的一个延伸或者另一种叫法。

关于目前我们国家民族问题，这些问题是民族的问题或是民族地区发展的问题？因为这个问题是少数民族多，所以这个地方的问题就是民族问题，大家知道我们在现代化进程不是一下子全部一刀切、齐步走的，我们也是从沿海一点点向内地推进，向内地推进的过程中，我们现代化的步伐在民族地区适应起来难度更大一些，我们在一些地方调查时，就有人说我们这个地方过去都没有少数民族的观念，其实这个可以变化的。所以我们不能反过来讲民族地区的问题就是民族政策的问题。

还有一个问题就是民族问题和社会问题的关系。我们中国的民族理论非常有意思，认为民族问题是社会总问题的一部分，就像社会问题，但是由于涉及到民族因素或者民族成份、民族地区，然后把它变成一个民族问题，因为在中国民族宗教无小事，涉及到民族地区的民族问题的书出版起来都要严格审查，所以一旦把这个民族地区或者在这个少数民族发展过程中存在的一些社会问题给冠以民族问题的时候，很多问题就没办法讨论了。

另外一个，我们还要看的就是民族关系。我们目前的民族关系应该说总体而言不像很多专家提出来那样处于恶化的态势，但是在这个问题上来自境外的压力非常大，而且我们国内在一些地区特别是新疆、西藏目前打击暴恐包括一些对宗教寺院也好，管理的手段和过去相比那是比较具体，比较深入了，所以就往这个问题去引，导致了民族关系的恶化。因为中央民族工作会议提出来要交流交往交融这样一个发展趋势，所以一些地方就出台了鼓励不同民族之间跨族婚姻奖励政策，本来民族通婚甚至跨国婚姻都那么多，这是自然现象，到底政府应不应该鼓励？应不应该奖励？因为我们是两个民族结婚了，所以我就给你奖励多少钱，这些是不是因为你奖励了民族关系就好了？这些问题我想，很多问题没有研究，所以就没有结论。这些研究，很多争论都是一些哲学层面讨论的问题，不在一个层面去对话，因此我们讨论了很多大问题，但这些大问题没有办法进行客观的一些推论。

到底怎么办？笔者想提这么几点建议。一个是中国民族地区和少数民族的现代化进程那是不可阻挡的，所以笔者觉得我们现在是面对全面建成小康社会的任务，还是要现代化，现代化过程之中，境外给我们的压力是说中国政府逼着少数民族现代化，少数民族不愿意现代化。我们在西藏白皮书里面对这个问题进行过理论分析，这个问题应该说是现代化的主体性，到底谁是现代化的主体？我觉得用西方的分解式的那种分析逻辑可能使我们自己觉得好像我们做了帮助民族地区发展，很多政策都是错误的。笔者觉得我们应该理直气壮，民族地区的现代化这是一个必然的趋势。像其他的一些扶持政策基本公共服务均等化，保障改善民生，特别是扶贫开发，因为真正的扶贫难是在民族地区，全国 14 个集中连片的贫困区 11 个是民族地区。全部在贫困线里面一半是民族区域自治县，民族地区的贫困率是高于全国贫困率的 2—3 倍。所以这样一个扶贫开发的难点是在民族地区。

另外对民族问题怎么样来处理好？一方面民族问题确实敏感、重要，但另一方面又不能够把这个民族问题上升到无限重要、无限敏感的程度。

不然就会导致很多问题没有办法去找到一些合理的对策。比如有一些对策在这个地方是长期的政策还是短期政策？还是我们短期应急政策而长期化？这些问题在我们这样一个应急管理体制里面确实是值得研究的。这些研究笔者特别希望社会学的专家多研究民族问题。虽然我们国家民族有专门的院系也有研究机构，还有国家主管部门，放眼全世界来讲这都是非常独特的或者是好的，因为我们确实非常重视。但是我们讲，既然把民族问题作为社会总问题的一部分，那么我们在这个前提下，社会学或者社会科学的其他学科多介入这个问题有助于对这些问题有更加清晰、准确的解释，对未来的政策制订会有更多的帮助。

法治思维和法治方式—法治社会

莫纪宏*

尊敬的各位领导上午好。非常感谢社会学所陈所长、赵所长邀请我参加中国社会治理现代化与法治社会研讨会，另外还有全国社会科学院社会学所所长会议。我诚惶诚恐，第一次参加这个会议，实际上把后面那个换一下也可以，换成“暨全国社会科学院法学所所长会议”也可以，但这个会什么时候开，如果开法学所所长会议的话前面这个题目还是可以留下来，应该让搞法学的还有搞社会学的共同研究这个问题。在我们社科院系统下面的研究所，据我所知只有宁夏社科院是社会学和法学研究所合在一块的，还有重庆、江西下面也是法学和社会学联系在一起的，从学科分类上讲，我们具有紧密地联系。

我是第一次和在座各位搞社会学的专家一块参加会议，刚才听了培林院长、王所长、谢所长的报告启发很多。能够发现现在这两个学科在讨论问题的时候，我们的思维方式和讨论问题的重点不是太一样，也就是说角度不一样。当然我不能说搞法学的人都是法治思维，在座各位领导专家都是社会学思维，思维方面没有明确的界限，但至少在方法论上和研究问题的重点上确实存在一些区别。

“中国社会治理现代化与法治社会”这样的命题我觉得非常好，实际上在法学界对法治社会的研究还是很薄弱的，因为这个概念第一次在正式文件中提出来是2012年12月4日习近平总书记在《纪念现行宪法正式施行三十周年大会》上的讲话中明确提出来“两个统一”，一个是依法治国、依法执政、依法行政，要共同推进；一个是法治国家、法治政府、法

---

* 莫纪宏，中国社科院法学研究所。

治社会一起建设。一起建设是什么内涵？从“12·4”讲话到现在我们法学界对这个问题研究也不是很透彻，因为我们平时关注的是法治国家、法治政府。法治国家是党的十五大报告写进去的，我们法学所在这方面还是有很重要的推动作用的；法治政府是2004年3月22日国务院发布的《全面推进依法行政实施纲要》里面就已经讲了，用十年左右的时间基本建成法治政府，十年以后2014年就要兑现。所以党的“十八大”又把这个问题往后推延了一下，2004年讲的是十年左右的时间要基本建成法治政府，“十八大”报告里面就到2020年小康社会成立的时候，要基本建成法治政府，实际上把这个概念更加清晰了一下。

今年2015年，离2020年还有5年的时间就要宣布我们基本建成法治政府了。刚才培林院长讲了关于小康社会的几个目标，我们法学研究的方法和社会学不太一样。社会学主要还是立足于社会调查、时政分析、数据说话。刚才领导们在上面讲的每一个PPT上面都有百分比，但是我们搞法学的百分比就少一些，我们大部分立足于规范分析，讲法律的时候都是有前提的，有明确的条文在那，不能扯太远，有一个共识和前提；再一个我们有价值分析，可能实际当中没有，但是我们有一种理想、信念，我们要去引导。所以我们搞法学的人分析方法首先是规范分析，然后是价值分析，另外一个要有意识形态政治引导。当然，近些年来我们也在搞调查研究，所以法学界也有一些专家在搞法律社会学。我是搞宪法学的，日本在半个世纪之前也就是20世纪50年代的时候就已经有宪法社会学的学科，就是看整个国家的法律制度，如何建立在跟法律制度相匹配的社会形态上面。

我们搞法律的人，关注的焦点和能使用的分析工具跟大家不太一样。刚才几位领导和专家把问题的中心放在现状、未来，这两块谈得比较多，首先摸清现状，然后展望未来。我们搞法律的人特别强调前提、起点，有时候对现状反而不是很清晰，对目标也比较重视，我们要让目标符合前提，整个的思维方式重心不太一样。

刚才谢所长也说了，由我来讲“中国社会治理现代化与法治社会”这样一个主题，从法治的角度来讲，因为法治社会在法学界这个问题没有破题，法治社会到底是什么样的形态，中央文件里面也没有说清楚，所以我只能按照我的专业知识和法学的思考方法做一点简单的介绍。很多问题都是自己的观点，也没有充分的数据来论证我的观点是正确的，或者是弄个统计分析方法给大家显示一下，这也是比较困难的。因为在法学里面要么就是规范分析，大家都有共同的前提、条文、原则；要么就是价值分析，我们要倡导法治的价值，可能我这里面价值的东西稍微多一些。

社会治理现代化这个概念，我查了一下文件好像没有这个说法，刚才谢所长说，因为有了国家治理现代化的概念，所以社会治理现代化就是应有之义。从社会学研究角度可能会有这样的结论，但是从法学研究角度的话这个结论就比较慎重。我们讲国家治理现代化，为什么不说社会治理现代化。党的十八届三中全会审议通过的全面深化改革若干重大问题的决定中间明确讲了要全面推进国家治理体系和治理能力现代化，为什么把“社会管理”改成“社会治理”的时候没有说要全面推进国家治理和社会治理体系和治理能力现代化呢？所以我们看问题的方式不太一样，我们总是在文字上、词语上较真，我们法学分析时最大的特点：解决要有前提、有共识。

刚才三位领导专家在分析时对数据的把握比较清晰，从我们法学角度来看这些数据把握比较清晰，但是能说明什么问题？告诉我们干什么？这是我们分析的问题，所以我们从不同的思维方式就会侧重于不同的角度。

回到社会治理和国家治理，从法学角度讲怎么样把国家治理和社会治理分开，我们首先想到的是分开。国家治理和社会治理如果不是一回事，我们就要建立两套分析体系，国家治理包括法治化的过程，并不意味着社会治理就法治化，我们就要分头来搞。如果是一回事，那么国家治理和社会治理就是不可分的，我们提出法治化的时候就一块说了。所以，我们讲全面振兴依法治国对两个领域的问题都要给予明确的回答，当然现在这些问题没有得到很好的回应。我个人感觉从传统的法理学、宪法学对国家治理和社会治理大概的性质还是有一定区分的。

社会治理我们总是以法律关系主体来考虑，在社会治理这个层面是没有公共权力机构的，不管你是以个人形式、他者的形式、群体形式、队伍的形式还是组织的形式，只要你有独立的诉求，你都是一个平等的主体，在平等的主体之间我们要学会怎么样来建立一种秩序。从社会学的角度我们有一些社会学的基本理论，我第一次学社会理论时，当年就是跟加州大学的特纳教授，他搞的是社会角色理论，里面讲得很清楚，要从原始的初级社会群体即家庭，这就是最小的社会单位，然后再到次级社会群体即学校，最后再到完整的社会。个人也要从一个婴儿慢慢从家庭到学校再到社会完成一个深化的过程，这样你就是一个合格的社会的人。在整个深化的过程中我们还没有看到公共权力机构，面对的都是跟你一样的平等主体身份。所以在这种情况下我们之间怎么相处，在家庭中间怎么相处，有什么准则？在学校里面有什么样的准则？到了单位又有什么样的准则？

所以社会有很大的空间，它是独立存在的一种形态。国家有宪法，家庭也是一种宪法，我看到有人这么说，但是这很荒唐，不符合人类生活的常识和规律。从这个角度讲，社会和国家还是有二元化的客观表现。社会治理要解决的问题是怎么样来形成一套有效的秩序，在这个秩序中靠的是自治，自治有很多形式，但并不是以公共权利存在，也不是以命令服从的方式作为人们行为的主导模式，可能是以积极参与、相互协商、共同合作这样的方式来推进，形成一个自发的秩序。实际上它是靠文化习性和生活的行为习惯以及市场的规律，它有一种人类社会发展的客观性。

国家层面，一个主权国家是有公共权力机构的，纯粹的社会治理不能解决社会无限放大之后很多事物大家怎么参与的问题，必须要进行委托，一委托就形成了公共权力机构，由公共权力机构来管理，所以，就是国家治理。国家治理跟社会治理最大的差别是它也需要社会治理的方法来管理国家，但是一个最重要的方法社会治理没有的，就是怎么样对行使公共权力的机构套上一个篓子，让它不能随意滥用公共权力去侵害公民和社会公众的权益。所以，国家治理这块我们更多强调的是法治、价值秩序，对公共权力提什么要求？这跟家庭里面父母和儿女不一样，你要在理论上讲谁能掌握国家政权，然后怎么样行使权力，自由、平等、民主、公正等等都提出来，这个东西是什么？对大家的一种希望，只能表现在具体的制度上和具体的行为上，这就形成了国家治理中间主要是法治的要求。社会治理主要是自治的要求。

国家治理要有法律秩序，强调治理的公共性，并且治理的可重复性，要有一套规则，作为公共性的前提。在社会治理中间的某个局部区域你随便怎么弄都可以，但作为整个国家来说，国家治理依据法律最大的问题就是要保证一套完整的制度，不能朝令夕改。要形成大家共同理解的概念，你理解的和我理解的概念必须是一样的，不能随便乱造概念。所以，在国家治理这个领域要避免国家治理概念化，有时候你会发现一堆概念，特别是在法治领域里面，我们全面推进“依法治国”的决定去年 12 月 23 日党的十八届四中全会通过的。

每一次党代会开完都有宣讲团，去年没有，是中宣部指定了七八个学者，如果哪个单位邀请学者讲，可以邀请这几个学者，包括我、李林、韩大元等几个人，但没有组织宣讲团。这次五中全会一开，宣讲团马上就下去了，什么原因呢？当时曹建明检察长代表王沪宁在中国法学会学习四中全会决定的讲座上讲道：全面推进依法治国决定是一个高度专业化的决定，参加决定起草的领导干部大部分不是学法律的，没法解析法律术语。而参加起草工作小组班子的专家政策又不是很高。所以，如果中央派他们去，很容易把政策讲歪了，这样的话就没有中央宣讲团，这就反映出法治问题的难度。

社会治理到底能不能不需要国家治理的手段，就像有一些人讲的自发形成民法秩序，有一部民法就行了。我们在法学界也是互相争论，很多人说我们把民法典搞了，其他法就都不需要了，有了民法典就可以把我们管住，大家都可以自律。但是现代社会不是这样的，仅仅有民法典让主体之间有平等的关系，也不可能真正建立起来一个有效的社会治理秩序。当然能力也不一样，当你在法律上认定它是平等主体的时候，这个时候是对不平等事实的法律确认，你把它看作是法律平等的事实，没有看到各个行为主体的差异，所以在法律上，我们把人分为限制行为能力人、无行为能力人和完全行为能力人。你作为平等主体这个社会完全行为能力人相对于另外两类人来说是占优的，如果自由地让他们交往，社会的利益肯定是倾向于完全行为能力人。社会治理如果按照这种方式平等关系治理，最后的结果就是整个社会治理不平等，就会出现黑社会、恐怖主义。所以社会治理和国家治理彼此不能脱节。

昨天我在所里开会一直开到六点，北京市宪法学研究会和立法学研究会联合开了一个会，因为，北京现在要搞京津冀协同发展战略，中央要求2017年北京市要整体搬到通州区，因为文件没有公开，局级以上干部不能看到，昨天市人大法制办李主任给我们讲了讲主要内容，其中有一个重要数据，五年之内要把北京中央城区疏散200万人口，文件里中央的精神大概有20多处是“严禁”、“限制”，所以，从上个月开始外地的车辆早上6点到晚上10点是不能进二环的，这是刚开始的政策。我们可以看到这个手段不是社会治理的手段，而是国家治理的手段。通过政策强行规定一个尺度，当时我跟李主任沟通北京怎么落实？200万是什么概念？是把户籍人口迁到城区之外还是把常住人口疏散200万，还是把看到的人赶走

200 万？这个问题说不清楚，想用国家治理的手段去解决本来应该由社会治理管的事，你搞得定吗？不就是想让北京核心城区马路上跑的车少一点、人少一点，通过明确下令达到一个指标，可能吗？旅游的人也不能随便来了、开车不能随便经过北京了，只有“良民”才能待在核心区域，这个问题就闹大了，在法律上明显就存在一个谁是“良民”的问题了。

昨天法官学院的教授也讲了，2008 年的时候最高法院偷偷把 2001 年搞的一个公民以侵犯姓名权的方式侵犯另外一个公民宪法规定的受教育权应承担的民事赔偿责任解释给否了，否了以后也没有说理由，底下的法院也都在跟风，以后就不要碰宪法。过去法官学院培训的时候要培训宪法、人权，过去每年都要请我去五六趟，从 2008 年之后在整个法院培训系统中间法官就不能培训宪法了，不让讲宪法课和人权课。一个不懂宪法又不懂人权的法官让他上岗以后他能干什么？我们法治的建设主要在宪法里面。所以这个事就有点麻烦。

国家治理如果不去考虑社会治理配合，完全让国家治理最极端的例子就是“文革”，如果国家治理退出，就让社会治理干，也不一定有好事，最极端的就是恐怖主义。前几年有一桩省部级领导在基层遭遇当地民警非法扣押和审讯的个案，在那种情形下，说得夸张一点，基层治理完全就是黑社会化了，国家治理就没了，就是这样的状况。

包括村民自治，现在也有很多问题。由于缺少了法治的指导，片面让社会随便治理，就导致了家族化、黑社会化、宗教化等等现象。7 月份我们去宁夏调研的时候，发现有些阿訇在好几个乡，十几二十万人，他说一句话大家都听，如果是政府出面，够呛，所以，政府办什么事还得求他，这些都要进行研究，完全靠社会治理的方式是有问题的。

前十年，武昌有一个村搞村民自治的时候简化了，村里的村民按照工厂进行管理，所有村民都是工厂里的工人，当年有些人觉得村里给的钱少，就到外面去了。所以他们制定了一个政策，只要三个月不上班就开除村籍，再也不是我们村里的人了。村民自治能把村民开除让他滚蛋，这就是社会治理没有掌握分寸、没有尺度，所以，国家治理和社会治理恐怕要结合起来。单纯强调国家治理老百姓受不了，单纯强调社会治理领导不放心。

党的十八大明确讲了，要把法治国家、法治政府、法治社会一起建设，这三者不能分开，要同时推进。

我们法学研究是价值型的、规范型的，不完全是客观事实型的，法律中强调证据，证据是法律事实不是客观事实，带有主观判断，当然法律事实和客观事实本质上是一致的。这就涉及什么呢？1997 年香港回归、1999 年澳门回归，大家都期盼着，中国特色社会主义法律大部分老百姓不懂，领导也不懂，到 2010 年年底基本建成中国特色社会主义法律体系，2011 年 3 月份委员长一说我们成立了，到底成立没成立、成立成什么样老百姓不懂，我们搞法律的也不懂，我还是北京立法学会的会长，我都不知道我们国家到底有多少法律，经常有人问我，我也说不全。但是没事，这个事就这么糊弄过去了。

2004 年搞一个十年之内要完成法治政府基本建设，我当时就批评你们也太乐观了，他们说没事，就是“基本建设”，不是“建成”，就是十年之内各级政府都要动起来，大家都在建设法治社会就行了。“十八大”就是 2020 要基本建成了，你就要有交代。昨天我还问搞法律的同行，谁有把握，到了 2020 年由总理宣布我们已经基本建成法治政府了，敢不敢？领导连法治思维都没有，不知道什么是法治，还法治政府，那不是笑话吗？能不能让领导人在 2020 年 12 月 31 日新年说“我们中国已经进入小康社会”，敢不敢说？我们现在就要想后面的事，别到时候搂不住，恐怕我们要把这个声音降低一些，要实事求是。

所以，我现在主张要降低政策口号的风险，要做点实事，通过法治的手段把有些问题风险降到最低。我最近在推广一个概念就是用法治的思维和方式渗入所有的治理领域，这个是比较平稳的。今年年初，人大开会李克强总理讲了互联网 + 行动计划，由于这个“ + ”便于公众接受，并且也是对应实践中的领域，所以这个概念今年用得很广，很快就推广到所有领域了。最近我提出来“3 + ”概念，就是在小康社会的技术状态是什么？应该是互联网 + 所有生产和生活领域，可能五年前提不出来小康社会特色，就要这样提。再一个不管国家治理还是社会治理，只要是治理我们就要强调以法治思维和法治方式 +，这也便于大家理解。在法治领域搞法治不能胡来，宪法 + 所有具体的法治工作，我们马上要迎来第二个国家宪法日了，不搞宪法的话，谁都可以说我这个就是法律，法治就是乱治，所以，如果我们能推进“3 + ”的话，对于我们过去讲的高高在上的口号稍微平稳的落地还是有可行性的。

26 日我发了一篇文章，有意识地给大家降降温，题目是“建设具有高度安全感的小康社会”，“十三五”规划没这么说，别到时候领导人一宣布我们进入小康社会了，老百姓一看这就是小康社会吗？民不聊生，整天生活在恐惧之中，我们就进入小康社会了？所以我倒是觉得我们搞法律的人还是有理想，但是我们的理想还是比较现实的，我们是通过一些具体的制度加以落实。

接下来我用 15 分钟讲一下我们怎么样去分析，我提的概念就是法治思维、法治方式加法治社会建设。如果想建设法治社会不用法治思维、法治方式是建不了的，这里面有五个问题。法治是什么？如果大家对法治没有共识，不可能针对法治的概念给出一个社会调查结果，这部分人认为法治是什么，那部分人认为法治是什么，然后你们选择一下，公众调查比例最高的就是法治，这不是我们的方法。

法治是什么？这里面有一套专门的理论体系、技术术语，我们有时候把法治看得简单了，看了两篇领导、专家写的东西就有法治思维了吗？不是那样。所以，十八届四中全会明确讲要建设一支高素质的法治工作队伍，这很重要，现在法治社会，国家既要有政治家指明方向，同时也要有专门的法治工作队伍。这支队伍是精英，只有他们才能很好地操作国家的机器，那么多法律——现在大概有 244 部法律，我们学法律的都不一定能搞清楚，不是学法律的人更搞不清楚，看都看不清楚，怎么办呢？就要靠法治队伍去操作国家。

像国外法治比较成熟的国家，他们的领导人没有一个不是学法律的，像美国的克林顿、希拉里两口子都是耶鲁的，奥巴马是哈佛毕业的，毕业之后到芝加哥当了讲师，然后当议员，最后当上总统。如果在法治国家不学法律当不了总统，因为职权是有限的。当了总统之后不能瞎说，所有的东西都在法律里面，随便瞎说别的机关就找你了，国会和法院就不干了。所以，你没有很好的法律素质怎么去履行这个职务？没有办法。

所以，建设法治社会不能说哪个临时说我们要建设法治社会，怎么建？这个法治社会是什么样的样态？这就要有法治思维。法治思维的基本特征是什么？是不是讲法治思维脑子就是法治的？这个都是我们在法学领域要讲的重要问题。最终法治思维还是要落到法治方式，法治方式让我们做什么？所以，我们搞法学的人跟你们分析问题不太一样，你们用数据说话，我们凭逻辑说话，更多是推论，一环套一环，你讲的所有话从第一点到第十点之间都要有一个逻辑体系，所以我们特别强调逻辑的完整性。

前两天计生委和法制办着急，因为下个月就要修改人口计划生育法，最早我也参加了起草。里面讲得很清楚，提倡一对夫妻生一个孩子，用的是“一对夫妻”，跟我们宪法里讲的是一致的，宪法里讲的是夫妻双方都有计划生育的义务，但是到了“十三五”规划是怎么说的？提倡一对夫妇生两个孩子。“十三五”规划建议里面讲“一对夫妇”，这不是法律用语，是一个新的含义，我们宪法里讲的是“一对夫妻”，人口计划生育法讲的也是“一对夫妻”，夫妇等于夫妻吗？所以“十三五”规划讲的“一对夫妇”到底指的什么意思必须要说清楚，否则没法操作。

还有舆论说“十三五”规划建议说可以生二胎了，什么时候说过生二胎，人口计划生育讲的是一个孩子，一个孩子等于一胎吗？两个孩子等于二胎吗？这些话都不精确，在我们搞法律人面前这些话都过不去，说这些话的都没有法治思维，根本都不考虑，所以这个东西连研究的必要性都没有。法律有一个法律解释学，像美国哈佛大学很有名的崔佛教授，他曾经有一句话非常明确，“学习美国法律通过美国1787年法律7个条文还有到1992年27个修正案就认为我熟悉了美国法律，那是胡说。”美国的法律，宪法、7个条文、27个修正案以及200多年来美国最高法院在审判宪法案件过程中对宪法各个条文所形成的宪法解释中间。比如你说到美国学宪法，要被别人笑话的，你学宪法哪一条，比如第一条修正案——言论自由，那就是一个学科，一条修正案就要讲两个学期。

法治社会是什么样的社会？这个概念不是说两个加在一块就解决了，所以我现在也在反思，“依法治国”是我们学者提出来的，“依宪治国”这四个汉字放在一块是我提出来的。后来2004年9月15日胡总书记在纪念全国人大成立50周年讲话当中就肯定了依法治国首先要依宪治国。习总书记在“12·4”讲话中也讲了依法治国，首先是依宪治国。然后在去年全面推进依法治国决定中又讲了，坚持依法治国首先要坚持依宪治国。

当时我们所里王老师跑到中南海给江主席他们讲完之后很高兴，他就说要搞一个“依法治国建设法治国家研讨会”，2月8日讲的，4月15日开的会，当时我还很年轻，我就写了一篇文章“依宪治国是依法治国的根本保证”，我提出了七点理由：我说“依法治国”这个口号可以，但是作为一个完整的命题有解放思想的作用，就怕解放思想的人自己没有思想，那就麻烦了。你要有破、有立，破什么？立什么？这个概念才有用。“依法治国”这个口号对于破除各种非法治理念是有用的，但是当你提出把“依法治国”作为治国纲领和基本方略的时候，你讲的“依法治国”是什么？依什么法治什么国？你提出这个概念的同时有没有给大家提出一个整体的制度和框架？如果没有，那就成了乱治。所以我把“依宪治国”提出来，依宪治国是依法治国的核心，依法治国首先抓好依宪治国，这个“宪”字老百姓都知道就是宪法，当大家的精力都集中在宪法——我们的现行宪法就是138条，加上11个修正案，这就一下子把我们的思维聚焦了，避免我们在理论方针方面犯错误，能够在实践中讨论问题，所以当时我是这么提的。当然有很多专家和领导不满意，说我捣乱，年轻人不懂规矩，说依法治国刚提出两个月你就搞了一个依宪治国，不是拆台吗，我也不吭声。

我们在法学领域里这么多年来在依法治国建设法治国家这个治国方略的提出，到被中央所接受写到文件里，理论上也有一个重要的争论过程，但不管怎么样始终是我们法学圈子里法律人讨论问题的思维。大家看我讲了半天没有拿出任何数据，其实我们也有数据，在考察法律实施效果时、进行评估的时候都是有数据的，但是我们要超越数据，因为数据只能反映一个环节，我们要总价值设计、制度设计、规范设计再到制度的评估、校正，数据在其中起到很多的重要作用。甚至周永康在的时候也讲了司法判决要注重法律效果、政治效果和社会效果的相统一，所以我们搞法学的和社会学从来没有分过家，从来都是站在一条线上的，我们的思维方式也在一个平台上。

法治到底追求什么？有六个维度：历史的维度，历史维度包括古代法治、现代法治，古代的法治中国包括法家的法治、古希腊的法治，这些都不是我们今天讲的法治，法家的法治实际上是人治，韩非子讲的为了封建统治者服务的，根本不是讲法治。近现代的法治对我们今天的法治观有重大的影响，主要是指1215年自由大宪章今年是800年，有两个重要法治原则，自由大宪章有什么前提呢？当时的约翰王比较粗鲁，他父亲、爷爷在的时候征税让贵族来开会，当然一般不征贵族的税，然后再去颁一个饬令，结果到他的时候，他急着用钱就不管了，连贵族会议也不开，甚至贵族也要交钱，贵族就不干了，贵族就在兰尼草原签了一个文件，要么我们签一个文件限制你征税的权利，同时赋予我们一些自由，尽管你是最高统治者，你也不能侵犯，要么这个国王你就不要当了，所以自由大宪章是现在在法学领域特别是在宪法领域里公认的，是近现代意义上法治的源头，确立了两个原则：第一是最高统治者的权力受法治制约；第二你再有权力，有一些领域你不能进去，确立了个人自由。这是自由大宪章确立了现在法治的思想，这样的形式法治原则今天还是通用。

到了十月革命的时候，列宁、马克思提出来在最高统治者上面的法律怎么样保障公正性呢？那个法律本身也要由经济基础来决定，又提出来修正形式法治的漏洞，就形成了社会主义法治原则。包括现在为了把形式法治进行普及化，联合国也搞了一个法治体系，还有一个世界正义工程，搞出一个法治指标指数，这个是不是科学，现在全世界都在批评，我们现在也在搞，法治政府的指数。

今年 6 月份我们去江苏他们说我们搞法治指数评分，其中有一点要看每年老百姓，如果你行政诉讼的起诉率下降了，就说明政府的工作搞好了，就可以加一分。我说错了，没有法治思维，行政诉讼起诉率下降不能反映任何事情，可能会因为政府执法行政案子少了，这可能反映一方面，但还有另外一种可能，恰恰是法治搞好了，老百姓的诉讼意识高了，本来不告的他现在也告了。你可以发现在法治的思维中把社会问题分成多种可能性，所以无法用数据证明一种可能性正确，必须把所有可能性全部用逻辑的关系排开。

很多国家对世界正义工程法治指数的批评也都是这样，数据都没用，有没有囊括行为的所有可能性和逻辑上的存在。还有文化上的法治，在文化上讲法治这个概念是英国的概念，从自由大宪章开始英国强调王在法下，所以他们强调法治，英国没有宪法。讲到宪政，美国人 1787 年搞了第一部城镇宪法以后就讲政府在宪法之下，讲宪政是法治的一个方面，是法治特殊的形式。当法治形态下面有宪法的时候，又强调政府在宪法之下，所以是个宪政。我们有很多学者也不看国外法治演变的过程，然后就开始胡说，说宪政就是资产阶级的特产。实际上我们也不能说他错，但是不能把我们不喜欢的东西都塞到宪政里面去，说它是资产阶级的遗产，这恐怕也有问题。

至少法治有这么几层含义，每一层含义都不一样，逻辑上的法治，大家不太熟悉我们法学里怎么讨论，我们有几派斗，很多人说要搞法治不搞人治，这就是没有法治思维，逻辑上都不通，法治和人治是对立的吗？根本不通。法治的对立面在逻辑上是非法治。还有意识形态的法治，还有我们讲的法律制度大概念，不讲具体法治。实际上法治要求不高，就要让我们从每一件具体的事情做起，你说每句话的时候想一想是不是符合法律要求。

法治思维有四个角度，法治思维并不是一个客观形式，是指我们在日常思维方式中间有一些法治的要求，把这种思维方式中冒出来符合法治价值要求的思维、观念，我们就把它称为法治思维。法治思维实际上是讲一种思维习惯和行为习惯，是慢慢养成的，不是一天两天的。像国外最高法院的大法官，当大法官的时候至少60岁了，要经过10几年的法学教育，包括JD、LM还要读博士，然后还要当律师，当了十几年律师再当初级法官，然后当州法官然后再当高级法官，等到作为终审法院法官的时候要赋予某一个案件正义的时候，他可能是在这个国家对正义的概念和情形了解最多的，他掌握了一万种正义的情况，才有资格给予最符合这个案件情况的正义。

虽然我们十八届三中全会讲了，要让人民群众在每个案件中都能感受到司法公正，让谁？让法学院刚出来的大学生去当法官，他能给予我们司法正义吗？根本不可能的，我们的概念都很好。当然法治思维还有在本体论、认识论都有一些特征，我就不多讲了。

法治具体怎么做呢？我简单讲几点。一是于宪有据，宪法上有没有依据，于法有据是正确的，但是还要更进一步，一个国家治理过程中能够给国家机关权力范围和给公民承诺都在这里面，不要再对着宪法去谈合理性；二是法治要统一；三是法律法规之间不能矛盾；四是权利义务要一致性，不能光有权力没有义务；五是职权法定，任何国家机关包括立法机关和全国人大，立法权也必须要职权法定；六是另外一个法律原则和法律规范要协调，公共利益和个人利益相平衡，不能仅仅强调规范意义上、文本意义上的法律，关键的权力最后都是在案件当中来实现的，司法机关能给予你什么样的保护，那个法律是真的法律，要特别重视司法作为维护法治制度最后防线作用。

法治社会是什么样的社会？所谓法治社会就是把法治的价值要求用在社会治理中间，我们过去在社会治理中，权利义务的关系讲得少，在家里面当爹的打一下儿子也没事，充其量就是儿子说你老实点，等你老了以后爬不动的时候我也揍你，这样就采取非常简单的非权利义务的关系，采取原始的亲情关系、熟人关系。我们要改造，让家庭也要引进平等义务的关系，要把父母、子女变成平等主体。在学校里更是如此，师生关系不能实现师道尊严。在社会上不能搞团团伙伙，就是同志关系。要把人的关系变成平等的主体关系，从整个制度上来产出团团伙伙、黑社会、恐怖主义产生的制度渊源。法治社会归根到底就是怎么样保证生活在社会上的每个个人都能获得平等相处的资格，这就是法治社会最重要的要求，根据这个原则我们再来建立法治社会的模型。

最后讲一下国家治理法治化和社会治理现代化。到现在为止，我们法学界还没有去讨论社会治理法治化和社会治理现代化，因为社会治理很复杂，有些领域是没有办法让法律管的，有些领域不讲法，居民自治就行了。国家还是要法治化的，法治化的根本任务就是要建立一个有序的国家秩序，规范公共权力。同时要在公民、个人和国家之间建立一道严格的法律关系，来彼此都能清楚各自对彼此要承担什么义务？我给你基本权利的保护，就意味着你要给我纳税、服兵役，公民说你光让我纳税、服兵役什么好处也不给、基本权利也得不到保护，那我就不做你的公民，也可以到别的国家去加入别的国籍就行了。确实在全球化的时代有一种趋势，这也是现代法治的趋势，法治是一种全球化的资源，如果这个主权国家通过宪法赋予你法律资源和基本权利资源不满的话，你可以用腿走路，今天当这个国家的公民，明天当那个国家的公民，这是一个新问题，也会导致法治社会这个问题要向全球扩展。不能说一个国家搞上法治社会，全球不平衡也不行，也会出现极端组织，认为全球人类应该按他的理想构建，像伊斯兰国，只要他存在一天法治社会也不可能建立，单独的国家要建成法治社会也是很难的。

由于我对社会学不是很懂，只是接触一些皮毛，我只是作为一个法律工作者，从我们研究问题时看这个问题能提出什么样的思路，不当的地方请各位专家批评指正，谢谢！

全面建成小康社会：社会治理现代化的关键点和议题*

谢寿光**

各位同行好，这次40分钟的时间，我围绕社会治理现代化的问题，结合十八届三中全会、四中全会、五中全会的精神，力图使我们社会学界对到2020年“中华民族伟大复兴中国梦”的实现有所作为做更进一步细化的注释。

党的十八大以来，以习近平总书记为核心的中央领导集体明确提出，实现“中华民族伟大复兴中国梦”的战略构想，并且以两个一百年为时间节点进行全方位的部署。在“十三五”最后规划期到2020年全面建成小康社会，五中全会做出了“十三五”规划的建议，我们进入了一个决胜的阶段。

十八届三中全会提出本轮改革的总任务是实现国家治理体系和治理能力的现代化，其中社会治理是核心内容之一，全面建成小康社会在社会建设方面的基本任务就是实现社会治理的现代化。刚才培林讲的是“十三五”规划从民生的角度来解读实现全面建成小康社会的任务，而核心思想就是社会治理现代化，在“十二五”里面很难找出完全可以对应上的词。

陆老师经常讲读文件应反复的解读及领会，所以我也是对五中全会的决定不断地去寻找对我们这个学科、对我们这些从业者能够明确承担的任

* 本文是根据谢寿光秘书长在全国社会科学院系统社会学所所长会议（2015年11月，福州）开幕式上的主题发言录音，经过转录形成的文字稿。

** 中国社会学会秘书长、社会科学文献出版社社长。

务内容。习总书记在五中全会上对“十三五”规划所做的说明指出，“十三五”作为全面建成小康社会的收官规划，必须紧紧扭住全面建成小康社会存在的短板，补齐短板。

有一个观点我要提出来，现在来看从十八大以来这三年，社会建设领域有可能成为全面建成小康社会的五大目标中的短板，这是我的一个判断。为什么这么说呢？我们在经济建设领域全面深化改革，从中央三中全会以来在 16 个方面的改革任务、60 大项的内容、360 多项改革措施全面推进的时候，这三年无论是简政放权，无论是自贸区的设立，无论是经济领域里着手推进的改革，当然我们现在的经济也碰到很多下行的压力，还有稳增长的任务。但是在经济建设上的目标任务非常清晰，保持 6.5% 的未来增长，提高到 5.8% 人均收入就可以实现这个目标，路径也非常清晰，不仅仅是要改变传统的发展思维，在五大发展理念里，特别最近提出来在供给侧方向的改革是一个很大的变化。

我们常常在讲出口不行了，投资没有效果了，不断地提升消费，但消费本身是有很多文章可做的，更多地是要有供给侧的改革，要在有效增加供给方面发力。所以在经济建设领域我觉得尽管会遇到很多的困难，但相比较其他领域决胜阶段这五年应该是可期待的。

在政治领域，推进改革、社会主义的基本制度这些方面没有更多可以讨论的。法治已经破题了，一会儿孟所长会会更全面地讲。文化建设领域，这些年已经找到方向，就是公共文化服务和发展文化产业，由于我们总量比较低，所以这方面的增加、变革很容易看到效果。我在出版社推进文化领域这块思路也非常明确，比如，实现文化产业比重占整个 GDP 比重达到先进国家水平，也就是 6% 左右，其实在文化领域里，改革的红利和空间非常巨大。

在生态文明建设方向上，我们最重要的一些指标在最近三年已经实现。比如节能减排，比如在议题协定里的整个方向和路径都已经非常清晰。而我认为这个短板恰恰在社会领域，到今天为止，在社会领域推出最近三年的改革措施上没有太多可圈可点的东西，最大的问题我觉得就是没有破题。

从十六届六中全会以来，提出了社会建设，“十七大”明确提出后，社会学界反复讨论这个议题，我记得陆老师就反复强调社会建设的根本不仅仅是文教体委社会事业的改革。我们看三中全会的决定亮点非常多，首先把公平正义写在这一轮改革的目标上，沿着这个思路去推进，我觉得核心问题是要解决社会治理现代化问题。而社会治理现代化问题怎么推进、怎么做，我觉得社会学界的任务是非常艰巨，因为在政策层面还有很多领域是没有破题的。

所以当代中国社会的治理千头万绪、纷繁复杂、新旧矛盾交织、观念体制亟待改革创新。如果我们要补齐这个短板，最核心的就是我今天要给大家讲的四句话“重构社会秩序、重系社会空间、重建基层社会、重筑社会组织”。

在国家治理体系里面我们应该明确的是，现代国家治理体系是由政府、市场、社会构成的，三者之间的连接形成稳定的三角关系。国家通过政府行使行政权利、运行国家机器，市场通过企业来运营、繁荣、发展国民经济，而社会要依照社会组织自主活动形成社会活力。所以政府、市场、社会三者的空间领域是非常清晰、职责分明、有序互动，形成我们经常说的好政府、好市场、好社会，由此实现国家治理现代化的美好途径，我们这个社会是三角的态势，即政府、市场和社会，这就是国家治理体系所描述的情景。

回顾一下这个理念形成的过程，从中华人民共和国成立到三大改造的完成，中国是照搬苏联计划经济的模式，政府统治了一切经济和社会事物。新政全面地吞食社会，所以造成整个经济社会活力低下。改革开放前三十年最重要的成绩就是我们政府把市场从政府统治中放出来，当年陈云同志说的鸟笼经济开个口一个一个释放出来，产生了三十多年来中国经济的奇迹。刚才培林说了一句话，前三十多年发展，我们也只能是一步一步的递进关系，那个时候的中国太穷，所有人的认知都认为全部问题的症结在于国家太穷、人民太穷，所以只有先发展经济，把经济发展起来，甚至在环境保护方面也是先污染后治理这种路径。

那么现在有一个问题，我们发展了三十多年，中国成为第二大经济体，有钱了，但是我们原来所期待的那些社会问题不仅没有减少，反而加重了。人们的幸福指数、人们的满意感，无论从医疗、教育、住房、环境污染、贫富差距都存在不满意的地方，最重要的是中国人没有任何的安全感。这些问题都可以归结为民生问题，原来的解释是因为穷，现在经济发展了，最近几年大家一直在思考，我们国家应该怎样解决这些问题，富裕了，但仍然存在那么多的社会问题。有人分析说是市场化改革不到位，右派基本上都有这样的倾向。左派就认为是市场化造成的，不该市场化的地方也进行市场化，还有的进一步分析说是利益集团对改革抵触的扭曲。我觉得这几方面对这些问题的解释应该说都有它的合理性。但我认为社会改革、社会发展滞后于经济改革与经济发展也是一个分析的视角。陆老师这几年一直在讲这些问题，前两年在做精度测算，我们的社会发展滞后于经济改革十五年，这些都是有数据的。所以，今天看我们三十多年的高速经济增长，最后形成一个结局是畸形的，政府和市场这条线是实的，而政府和社会这条线是瘸腿的、是虚的，这个社会能好吗？

如果对这个问题的深层原因进行分析，就与我们对整个社会本身的认识直接相关。政府包揽一切的时代吞食了社会的全部空间，社会是缺乏自主性和活力的。“社会发展”这个词从上个世纪 1982 年国民经济社会发展计划时就已经有了，社会学界到 90 年代初期已经不断地在进行呼应，要补齐“社会”这条腿。但当时我们也只是对文教体委、社会保障重视，而且认为社会发展也只是发展政府管理的文教体委、社会保障。而社会事业不创造财富，所以这方面是需要花钱的领域，你得有钱才能办社会的事。

到了 90 年代末期，特别是进入本世纪以来，社会发展的议题逐渐进入了党和政府的工作大局，十六届五中全会关于建设和谐社会的决定、十七大社会建设与经济建设、政府建设、文化建设并列为全面建成小康社会的四大支柱了。到 2011 年胡锦涛总书记在中央党校提出创新社会管理。十八大提出社会建设成为中国特色社会主义伟大事业的五大建设目标。应当说三十多年对这方面的认识也是一步一步的深入，但是最大的变革发生在十八届三中全会，全面深化改革决定把我们党对社会的认识上升了一个全新的高度，我觉得这三点尤为重要。

首先把“公平正义”写在新一轮改革的目标体制上，这是最为核心的。如果说上一轮的改革是解决中国的贫穷问题，主要的任务是发展经济。那么这一轮改革的目标变成了公平正义，这是回归到社会主义的本质特征上去。我在第一次所长论坛时讲过，只有把公平正义写在旗帜上，才能有效地把左派和右派凝聚起来达成共识，否则无解。五中全会进一步提出创新、协调、绿色、开放、共享这五大发展理念，这是对我们党科学发展观进行了全面地深化和提升。这五大发展理念最核心最重要的一块就是“共享”。“共享”理念，即整个国家的发展、经济的发展包括任何的发展前提是“共享”。我们致力于治国理政方面的深刻变革，从经济到社会、从管理到治理不只是名称上简单的变化，而是发展理念、治理理念的根本性变革。管理是一种先进单向的控制，治理是双向多元的控制，是一个共享的概念，所以我们的治理理念必须重构。

第二个关键词是“重系社会空间”，虽然理念上明确了社会治理现代化，首先必须解决的问题就是社会空间狭小、社会主体缺失，要实现社会治理现代化，首先要把社会空间从原有的前端性政府管制中释放出来，像三十多年经济体制改革充分发挥市场的作用，激发企业活力，通过体制改革充分发挥社会主体的作用，激发社会的活力。如果上一轮改革成功，我们发现市场经济的主体是企业，这一轮我们要实行社会治理的现代化，首先要了解这个社会自身是有独立空间的、有自己领域的，而在领域活动的主体是谁，你得找到它，我们在社会领域中的主体是社会组织。所以不能仅仅把社会建设的东西归结为民生领域问题，核心问题是要解决空间或领域中活动的主体是谁。重系社会空间里面最大的问题是什么？是要破除两大误区或是心魔，第一是担心社会各类主体失控，今天我们有很多的问题都是源于此。我经常讲共产党是靠组织起家的，我们党对组织有时候是担心的，害怕失控。我们党的组织动员能力有那么脆弱吗？社会本身就是组织起来的，否则根本成不了社会，它是种本能、自然的东西，你只能顺应它、引导它，而不是去防范它。如果这个魔咒不破，很多事情没法谈。

现在主要的原因就是要解决好各类社会主体，它们绝大部分是健康的力量，是你的基本依靠。要确保我们的执政地位，其实最重要的是你要把社会的主体或者社会组织变成你的一部分，而不只是靠一己的力量。像境外组织的管理，要进行登记，从严控制。上一轮至少还有社工委，北京、上海、广州建立社工委来统摄整个社会建设，我最近听说广东要把社工委合并到政法委去，那不是回到老路上去了吗。为什么会出现这样的问题，和我们对这个社会的认知有很大误区有关。

另外一个心魔就是社会领域不创造财富，国家政府承担不起社会的巨大成本，这是人们长期的认知。我觉得释放社会空间绝对不是不要共产党领导，也绝不意味着政府放弃对社会的管理。首先中国特色社会主义现代社会治理是在党领导下进行治理，通过制定颁布社会治理有关的法律规章得以体现。通过在各类社会组织中党的基层组织和党员的作用得以贯彻。

今天中央已经提出要加强社会组织的党建，我觉得这个路径是对的。

当然我们不能取代社会组织，而是去引导，通过社会组织的党员发挥先锋模范作用。政府在过去既当运动员又当裁判员，包揽一切社会事物的做法。通过向社会组织购买服务的方式，为公众提供产品，并且履行好裁判员的角色，你不能自己去包办事物。尽管今天政府采购、购买公共服务已经成为普遍的现象，但是大家细算一下，有多少份额？占多大比例？发展中心的葛延峰在做负面清单的评估，我们看到那些负面清单后已经发现，要真正把这些社会政府包揽的事物通过购买服务的方式转出去非常难，至少在目前的框架里面，或者让政府部门自觉地给自己选一个角色，几乎不科学。

中央深改组里面分为几个小组，有些难点比如军队改革，有些量力的方案已经出台了。但是在社会领域的改革里面，有哪些东西是我们可以称道的？据我所知，现在连医疗改革都已经推不下去了。所以在整个社会空间里政府怎么样去转换抉择，从前端性政府到有限政府，当然这里面还有利益间的纠葛，这都是需要进一步克服的问题。今年中国人均收入 8400 美金，已经迈入中等收入国家的门槛，现在最重要的就是解决温饱问题的国人对高品质生活的追求依然强烈。社会服务的需求和供给不足之间的矛盾日益凸显，这个问题已经明显呈现出来了。社会高品质服务需求基本上是供给不足，所以供给侧改革方向要有相当大的着力点应该是社会类公共产品的提供。

这些年来，体育产业的发展基本上处于一种非常延迟的状态，巨大的体育需求没有得到实现。体育产业是跟全民健身相关。受种种限制，国家体育总局对这方面也没有太多的注意，因为长期以来我们实现的是竞技性体育为国争光，这个理念到今天为止都没有变。所以体育总局为各种赛事，要在国际上拿名次，赛事本身是一个表演，是具有观赏性的，每一个赛事都是一个产业链条。现在预测在未来五年之内，如果释放体育产业空间，有多大的规模？最保守的估计为 3 万亿。发展社会事业，提供社会服务类的公共产品，不仅能体现社会公平正义的价值追求，而且对社会资源的有效配置可以使社会财富得到巨大的增值和增效。GDP 总量每年增加 6.5%，本身是一个巨大的空间。

第三是“重建基层社会”，中国的基层社会是乡镇和城市社区。从乡村的消失，剩下了大多数的妇女、老人、儿童，而现有的土地制度又使传统乡村生产机制被阻断。现在最大的问题有两块：一个是乡村如何重建？

第二是城市的社区如何再造。从城市角度来说，过去老的街区都是熟人社会，居委会和社区都是融为一体的。现在大型新的社区出现，绝大部分的居委会和新的社区是疏离的。如果我们不把这些问题解决好，我们只派村官和社区居委会干部是无法解决这些问题。五中全会已经提出了非常好的路径，在重建基层社会方面最重要的就是往这三大方面发力：1. 有序推进农村宅基地的改革，鼓励城市精英回流乡村，再造乡村精英生产机制。数千年的乡村治理甚至到改革开放前，无论是复员军人还是回乡的学生，这些精英回流能够治理乡村。到今天我们只剩下老人、妇女、儿童的时候怎么办？至少宅基地不能仅仅只在本村内部流转，应该可以让外部的人购买，破除土地制度的障碍，形成新的精英再造机制；2. 着力解决两亿农民工融入城市问题；3. 以规范完善业主委员会为切入点，再造城市的实体组织。

第四是“重筑社会组织”，有四个着力点：一是改善党对社会组织的领导，在各类社会组织中建立党的基层组织，通过社会组织中活动的党员发挥政治保障和先锋模范作用；二是要全面推进官办社会组织和事业单位的改革，这个任务五年能不能完成真不好说，但这项工作解决不好，社会治理的现代化基本上要打一个大的问号。因为，到今天为止我们官办的社会组织基本上并不承认自己是社会组织。而事业单位的改革也是艰难重重，只一个公立医院的改革就非常艰难；三是要倡导企业承担和履行企业社会责任，发展公益性非营利的社会企业。在发达国家营利性企业和非营利性企业就业的比重基本相同，如美国是1∶1。所以我认为经济下行大规模失业的状况在中国当今社会不可能出现，只要发展非营利的各类社会组织就可以容纳很多人就业，并且有巨大的发展空间。未来五年，政府在社会领域中的发力对解决新常态下经济发展问题，可能是一条最有效的路径；四是要树立法治思维，全面实施依法治理社会。

我认为我们要建立和完善社会的法律体系，让我们社会学研究者积极参与社会法律体系的建设。首先应该启动《社会组织法》，加快立法程序，如《公司法》对于市场经济法律体系地位那样，在社会法律体系里面，我们必须要有一部《社会组织法》或者是《社团法》，让它在社会法律体系中发挥作用，如果在这个问题上不破题，实现社会治理的现代化就很难。

第　二　编

民生、法治与社会建设

地方社科院社会学所智库建设思考

石　英*

在国家治理现代化的背景下，地方社科院智库建设迎来重大机遇，同时也面临严峻挑战。“智库热”方兴未艾，高校智库、企业智库、民间智库后来居上、前甩后追，相当部分地方社科院仍处于夹缝中求生存，一定程度被边缘化的现状。地方社科院社会学研究所也普遍面临智库建设与学科建设的矛盾。

所谓“夹缝”中求生存，这个夹缝是指地方社科院智库处在党委政府研究室和高校智库研究机构之间。当然，地方社科院智库有自身的优势：在社会学研究和教学机构中，社科院系统的社会学所是中国社会学恢复重建后最早建设的社会学专门机构。20 世纪 70 年代末，中国社会科学院建院，各省、市社科院陆续建院或恢复建院，国内遂形成一套“社科院系统”。中央对中国社科院的定位是“马克思主义的坚强阵地；哲学社会科学的最高殿堂；党和政府的思想库、智囊团”。也就是从一开始，“思想库、智囊团”就是社科院系统的主要定位。地方社科院最早被赋予智库功能，最早提出智库建设。30 多年来，在智库人才、成果、平台、经验和社会影响上都有了较为丰厚的积累。各地社会学所社会学研究一开始就自觉围绕中国社会建设社会管理的实际问题而展开研究，最具有智库建设的主动意识和自觉性。而且地方社科院智库在社会调查的调研时间，尤其是调研深度上比之高校智库一般更充分一些；在客观性、科学性方面比之政府研究机构又有一定优势。

---

* 石英，陕西省社会科学院研究员，院学术委员会副主任。

然而与高校智库相比，地方社科院智库的劣势也很明显。智库研究一般为跨学科的“软科学”研究，地方社科院智库在人才、学科、专业性、独立性以及国际化等方面有明显差距；与党委政府研究室相比，地方社科院智库在宏观视野、调研手段、信息数据占有方面也有不足。地方社科院智库建设首先要研究自身改革，准确定位，扬长避短。

地方社科院是“社会科学院”，哲学社会科学的功能在于认识世界、传承文明、创新理论、资政育人、服务社会。智库——“Think Tank”的原意是“思想库”，完整的理解和定位就是“思想库 + 智囊团”。但在“智库热”中，存在一种简单化和趋同化倾向，把“智库建设”等同于“对策”研究，以直接的“决策咨询”为单一目标，单一目标又以领导批示和政府采用为单一评价标准，只强调“资政”功能而忽略“服务社会”功能，只注重“智库建设”而忽视或放弃学科建设。一句话，只做“智囊团”，不要“思想库”。

现代智库不是拍脑袋的“点子公司”。一定意义上，公众对社科院权威性的认同正是由于其学科背景。譬如社科院的“社会学研究所”、与研究室的“社会处”是有区别的，如果更名为“社会研究所”、“社会发展研究所”其内在权威性和品牌价值也会受损。这里有很多经验值得总结，教训需要反思。陕西社科院 1997 年前后提出“三为主三兼顾”方针，即“以对策应用研究为主，兼顾基础理论研究；以现实问题研究为主，兼顾历史；以陕西研究为主，兼顾全国”。听起来没错，面面俱到。但在地方社科院语境下，“兼顾”就等同于放弃，至少是不重视，任其自生自灭。其结果，陕西院传统优势的“陕甘宁边区史研究所”撤销，“价值哲学”等全国有影响的学科“人退学亡”，导致在陕西现实问题上话语权逐步丧失，如丝绸之路研究、老区振兴计划等。

将基础理论研究与应用对策研究分离开来、对立起来，没有基础理论支撑的应用研究不可能有好的成果。与此同时，没有全球视野、缺乏系统思维，只能是井底之蛙，“以地方研究为主，兼顾全国”的成果不可能得到领导重视。而地方社科院对当地历史文化的研究往往是特色和优长，是决策咨询服务的最佳切入点。现实是历史的延续，“历史研究是一切社会科学研究的基础和出发点”，“以现实问题研究为主，兼顾历史”实际是扬短避长。实践证明，“三为主三兼顾”是一个失败的方针。

多年的实践表明，地方社科院服务于党委政府决策，路径和成果形式是多元化的。

（1）咨询建议。政策、思路咨询建议直接服务于决策，通常以被采纳、批示为评价标准。

（2）调研报告，这是最主要的智库成果形式。通过国情省情市情县情区情的深入调查研究，发现和分析问题，间接服务于决策。社科院调研报告中很大一类是评估报告。以其第三方立场和专业水平体现权威性。通常有政策评估、项目评估，包括前期需求评估、风险评估、基线调查、中期评估，后期绩效评估等。近年社科院调研报告也越来越多地表现为战略规划制定的前期调研，或直接参与制定战略规划。通常省一级规划社科院的角色多为参与者合作者，地市一级或部门规划有时为主导者。

社会调查是社会学研究的基本功，社会学所在社会调查方面有很多优势，是社科院智库建设的主力军。与官方（统计部门）、高校智库、媒体记者调查报告比较，社科院社会学所的特色体现在如下四个方面：一是方法上的专业性；二是立场上的客观性；三是视角上的差异性，如政府统计部门擅长采集客观指标，高校智库和软科学机构热衷于大数据分析，而社科院社会学所往往关注于社情民意的主观指标；四是研究的纵深性，由于人力的有限和时间的相对充裕，社科院的调查研究注重典型个案，研究问题的广度或许不足但以深度见长。

（3）论文著作：报纸论文、学术期刊论文；专著、编著、资料整理加工汇编等。这是多年来社科院研究的最主要成果形式。虽不是直接的“决策咨询建议”，但可为决策起到理论支撑、借鉴参考作用；向社会起到营造舆论氛围、宣传教育、科学普及作用，从而虽间接但有效地服务于决策。

（4）媒体访谈、报告讲座。地方社科院对这种形式传统上是不予承认、不计入“成果”的，甚至普遍对媒体“明星学者”存疑。但近年来这种情况有所改观。通过媒体营造舆论、释疑解惑、统一思想、平衡矛盾，以专家影响力和权威性促进和推动党和政府决策顺利实施，服务社会与服务决策相统一，实际是社科院智库作用发挥的重要环节和突出特色。

可以注意到，智库建设中以上四种成果形式越靠前越被重视，靠后的甚至被忽略不计。然而某种程度上，后两种形式可能更是地方社科院能够扬长避短、形成特色和影响力、掌握智库话语权的重要形式。理论研究与应用研究、直接服务与间接服务、服务政府与服务社会、智库建设与学科建设，应当都是统一的。

智库建设中急功近利的倾向值得反思和警惕。然而，学科建设的目标“学术殿堂”需要十年磨一剑，与智库需求短平快立竿见影的研究成果毕竟存在矛盾。中国社科院副院长李扬提出社科院智库建设“殿堂”、“智库”功能分设两种模式：一是机构分设，绝不混搭；二是共居一体，功能分设，适当交流，相互支撑。这种模式对于中国社科院这种大型一流智库无疑是适合的，但对于规模较小的地方社科院，实际操作是较困难的。对于地方社科院，无论机构还是个人，要以扎实的学科基础为决策提供坚实的理论支撑，还是以“共居一体”、齐头并进较好。

基于此，地方社科院智库定位还是应当思想库与智囊团功能兼具，全面发挥哲学社会科学“认识世界、传承文明、创新理论、资政育人、服务社会”作用，以“三并重”取代“三为主”，基础理论研究与应用对策研究并重、地方问题研究与全国问题研究并重、现实研究与历史研究并重，实现“智库建设”与“学科建设”两轮驱动。

改革创新是加强社会建设的根本动力

郭正礼*

中国特色社会主义社会建设的提出，既是中国特色社会主义实践探索和理论创新的重要成果，又是中国特色社会主义事业总体布局的重要组成部分。党的十八大报告对十七大以来社会建设取得的新进步，实事求是地概括为："基本公共服务水平和均等化程度显著提高。教育事业迅速发展，城乡免费义务教育全面实现。社会保障体系建设成效显著，城乡基本养老保险制度全面建立，新型社会救助体系基本形成。全民医保基本实现，城乡基本医疗卫生制度初步建立。保障性住房建设加快推进。加强和创新社会管理，社会保持和谐稳定。"应该说这是一个历史性的伟大成就，它对中国在新的历史阶段的改革、发展、稳定起到了决定性的作用。报告同时强调，当前世情国情党情继续发生深刻变化，我们面临的发展机遇和风险挑战将前所未有。社会建设方面突出存在的困难和问题是，社会矛盾明显增多，教育、就业、社会保障、医疗、住房、生态环境、食品药品安全、社会治安、执法司法等关系群众切身利益的问题较多，部分群众生活比较困难。如何立足现阶段中国社会转型、社会结构变迁的历史大背景，抓住机遇，深化改革，有效整合有利条件，把中国建设成民生更有保障、社会更有秩序、公平正义、和谐幸福的现代化社会，是时代赋予我们的光荣而艰巨的任务。

---

* 郭正礼，宁夏社会科学院。

一　中国已进入以社会建设为重点的新阶段

改革开放以来，现代化、市场化和全球化交织在一起，促进了中国社会的大变革。中国社会已经进入了工业社会、城市社会、法理社会、老龄社会、能动社会、原子化社会、多样化社会、丰裕社会、公民社会、信息社会、风险社会和开放社会的新阶段。社会建设面临着前所未有的新挑战和新问题。

（一）经济与社会发展的结构性失衡，要求加强社会建设

从1978到2004年，中国用了大约25年的时间，以经济体制改革为重点，着重建立社会主义市场经济体制。党的十六届三中全会通过的《关于进一步完善社会主义市场经济体制的决定》，宣告中国社会主义市场经济体制框架已经基本确立，同时提出了以人为本、全面协调、可持续的科学发展观，表明中国改革开放进入以社会体制改革和社会建设为重点的新阶段。从经济结构看，2013年的经济结构中，一、二、三产业的比重分别为10.0%、43.9%、46.1%，中国经济发展已处于工业社会中期阶段。与此同时，中国社会建设在取得巨大成就的同时，相对滞后于经济建设，社会结构处在工业社会的初期阶段。从就业结构看，在工业社会中期阶段，二、三产业的职工应该占到总劳动力的80%以上。2013年中国二、三产业就业人口占总就业人口的66.7%，虽然也已经是工业社会的就业结构了，但农业劳动力仍占33.3%，二、三产业差了大约13个百分点，整个结构介于工业社会初期和中期阶段之间，更靠近工业社会的初期阶段。从城乡结构看，1978—2013年城市化率从17.9%提高到53.7%，但仍明显落后于同等发展水平的国家。从社会阶层结构看，工业社会中期阶段，中产阶层应该达到40%以上，而中国中产阶层目前仅占28%左右。如以近来每年中产阶层规模增加1个百分点计，要12年才能达到这一标准。可见，随着中国经济的快速发展，在经济结构变化的推动下，中国社会结构也发生了深刻变动，但现在的就业结构、城乡结构、社会阶层结构等还只是工业社会初期阶段的水平，与中国已处于工业社会中期阶段的经济结构很不平衡、很不协调。经济结构、社会结构是一个国家或地区最基本、最重要的结构，二者互为基础、相互支撑。从常识的角度看，经济结

构变动在先，带动影响社会结构变化；而社会结构调整进步，也会促进经济结构完善优化。所以，社会结构与经济结构必须协调共进、相辅相成。现阶段中国社会结构与经济结构不平衡、不协调，是很多经济社会矛盾久解不决的结构性根源。所以，我们必须贯彻落实中央精神，重点加强社会建设，促进经济社会协调发展，实现科学发展、社会和谐。

（二）新时代提出的新任务新挑战，要求加强社会建设

浩浩荡荡的社会变革提出了艰巨的社会任务：一是如何应对中国进入社会矛盾和不协调因素多发期的客观形势。进入新时期以来，民生问题与社会矛盾凸显，关于住房、教育、医疗、养老等民生问题日益突出，城乡差距、地区差距、贫富差距持续扩大，官民关系、劳资关系等社会阶层关系矛盾显化，贪污腐败等大案要案频发，刑事犯罪案件居高不下，特别是各种群体性事件和上访事件层出不穷，社会秩序与社会稳定问题极其严重。面对这些复杂多变的社会矛盾和问题，显然不能用头痛医头、脚痛医脚的救火式办法解决，也不能只用“花钱买平安”的办法来解决；二是如何直面国际和国内传统风险和新型风险活跃期的社会现实。传统风险基本上是自然灾害，新型风险主要是人的活动造成的，如核泄漏、新型疾病等；三是如何适应世界上从旧式现代性向新型现代性转变的国际潮流。旧式现代性围绕着世界资源的争夺，造成了人与自然、人与人关系的紧张，使得自然和社会付出了双重代价；新型现代性叫作以人为本，使人和自然的关系和谐，使得人与社会关系协调，这样使得我们把社会的代价、自然的代价限定在最小限度范围之内。这种转变是一个国际的潮流，我们不能完全将自己置身于这种潮流之外；四是如何总结新中国成立以来，我们用破坏旧世界的思路来建设新世界的这种经验教训。“文化大革命”就是用破坏旧世界的方式来建设新世界的一个最极端的典型；五是如何深入参考中国优秀文化中“人伦和谐、天人合一”的精华思想。人伦和谐说的是社会关系，天人合一说的是人和自然的关系，这种精华思想需要我们总结发扬；六是如何吸取社会科学有关协调发展的积极成果。像社会学20世纪80年代就提出来良性运行和协调发展的思想。所以加强社会建设是与完成这些新任务相适应的，这样社会建设才能有的放矢。

新时代也同样提出严峻的新挑战：一是在市场经济陌生人的世界建立社会共同体的挑战。这个社会共同体是人际关系协调互助的社会共同体，这种社会共同体宏观上就是和谐社会，微观上就是和谐社区；二是在价值观开放多元时代，促进意义共同性的挑战。这个意义共同性也就是社会认同。现在价值观多元多样，这个情况下要达到很多基本问题的共识，建立一个意义的共同性，这个挑战是很严峻的。怎么能使得人们有凝聚力、归属感，建立这样的共同性，这个问题现在越来越重要，例如群体之间的共识，民族之间、族群之间的共识，等等；三是在社会分化加剧的形势下面，落实公平正义的挑战。社会主义最大的本质属性就是公平正义，没有公平正义的社会主义不是真正的社会主义。现在社会分化严重，把公平正义落实到微观制度和宏观制度的方方面面，这是一个巨大的挑战；四是在社会分化加剧、社会重心下移的情况下，大力改善民生的挑战，尤其是改善社会弱势群体民生的挑战。现在老百姓的生活还是很困苦的，他们既有现实的困境，比如说上学难、看病难，住房难；又有未来的焦虑，比如将来老了怎么办、失去自理能力之后怎么办。所以现实的困境与未来的焦虑构成了现实社会安全问题，特别是个体安全问题；五是在生态恶化的情况下，实现环境友好、资源节约的挑战。第一轮的现代性过程，主要是靠土地、廉价劳动力、环境、矿物这四样初级资源来推进的，支撑了前 30 年的初级发展。中国是资源浪费最大的国家，所以现在必须转变发展方式；六是在发展主体和布局上理顺三大部门关系的挑战。也就是理顺政府组织、企业组织和社会组织这三大部门之间的关系，现在他们错位、越位和虚位的情况比较严重。这些问题和风险只能在加强社会建设的实践中逐步加以解决。

（三）社会急剧转型提出多重时代问题和风险，要求加强社会建设

中国社会正处于快速的转型时期，其类型主要有从计划经济向市场经济转型、从农业社会向工业社会转型、从乡村社会向城镇社会转型、从封闭半封闭社会向开放社会转型、从同质单一性社会向异质多样性社会转型、从伦理型社会向法理型社会转型等。这一转型突出表现为社会结构的加速变迁，带来了新的社会风险和挑战。首先是社会结构体系变化提出的挑战。社会结构主要包括组织结构、群体结构、制度结构、社区结构和意识形态结构等。在社会组织结构的变化中，现在的人已经从单位人走向了社会人和社区人。社会身份体制也发生了很大的变化，现在社会身份不再依附于固定的个人，像阶级身份已经彻底取消，户籍身份现在弱化了，干

部与工人的身份也弱化了，所有制身份甚至一段时间倒过来了。在社会群体结构变化中形成了新的利益群体，初级群体出现疏松化。职业关系现在流动开放，终生拥有的情况越来越少。社会关系体系中，以血缘关系、地缘关系、业缘关系为基础的传统纽带进一步瓦解，为契约关系所逐步代替。社会结构体系发生了急剧的变化。这种变化产生的挑战是社会世界陌生化。熟人社会陌生化，陌生人世界常态化，集体化社会日益萎缩，个体化社会不断兴起。个人主体意识、利益意识日益加强。社会生活液体化，过去固体的、刚性的东西现在都变得灵活了、液态了。社会现象不确定化，生活世界出现各种各样的不确定性、非预期性，造成社会的匿名化、去责任化，造成自我约束减弱、社会监督能力削弱。所有这些变化对社会建设和社会管理都提出了新的考量、新的要求和新的挑战，这些是我们不能不考虑的。其次是社会行为秩序变化提出的挑战。社会大转型，市场得到空前的解放，社会成了“嵌入”性的东西，使传统上社会与市场的位置彻底互换了，形成了市场化的社会。当社会成为经济体制的附庸，人们的行为方式和社会秩序规范体系也发生了全方位的变化。那么这种秩序变化提出了什么挑战呢？就是人们的行为非市场化与市场化的特征兼而有之。这种倾向对社会行为发挥了引导作用，从利益的格局来看，利益驱动、市场导向、契约原则的作用越来越明显，人们对自我利益的追求普遍带有短期性、功利性和实效性。从非市场化社会到市场化社会，中国社会建设和社会管理到底怎么搞，是有待破解的新课题。再次是社会心态和文化价值体系变化提出的挑战。社会心态是指一定社会环境条件下，社会成员对社会生活现状的一种心理感受和情绪反应，具有显著的大众性和弥漫性。特别像微博上面表现出来的东西。社会心态是特定社会环境当中某些利益诉求的反映，与社会生活当中某些重大事件、思想倾向、社会思潮都有密切的关系。社会心态的急剧变化表现出两面性的特点，可以归结为既有奋发向上的一面，又有浮躁不安的一面。一个就是民众的参照尺度一直走高，一方面反映了社会心态、民众的精神有乐观昂扬向上的一面；另一方面，负面的心态也十分突出，有学者指出，当前中国是一个世俗的时代，有一种世俗的社会心态，如浮躁、喧嚣、忽悠、操纵、炫富、装穷、暴力、冷漠等。所以我们要通过社会建设、社会管理，形成一种健康的社会心态机制。最后，文化价值体系急剧变化，文化价值观是指社会成员共同持有关于是非、善恶、好坏、自我和他人利益关系的一种观念倾向，价值观对社会成员的价值判断和行动选择具有巨大的影响。现在中国不得不承认价值系统出现了严重的倾斜，在各种现实因素的压力下，如理想和现实、崇高和实用、道德和功利、未来可能和当下兑现的追求，要做出决策的时候，一般来说往往选择后者。价值观是文化的核心，价值观的倾斜和冲突是最实质性的威胁。一个社会价值观出现了问题，这个社会就没有脊梁骨了。所以，这是一个非常值得我们关注的问题。社会建设和社会管理必须推动健康文化价值观的形成，这是一个很重要的问题。

（四）面向新世纪的全球可持续发展之路，要求加强社会建设

今天的中国，经过30多年的改革开放，已经走在世界发展的最前列，尤其是在经济领域。2013年，中国经济总量位居世界第二，中国已成为世界第一货物贸易大国，外汇储备累计余额超3.8万亿美元，再创历史新高，已相当于德国经济总量，居世界首位，人均GDP达到了6629美元，跨入中等偏上收入国家行列。特别在当前全球性经济危机和动荡面前，中国作为一个占世界19%人口、持续保持稳定快速增长的新兴经济体，所形成的影响力和贡献度尤为突出，是无可比拟的。但其综合发展特别是社会发展领域仍相对滞后，呈现明显短板。从人类发展指数（HDI）来看，中国在180多个国家和地区中，过去几年一直徘徊在100位左右，2013年排名101位，这一名次比中国人均国民收入排名低11位次。人类发展指数由联合国开发计划署发布，是目前得到最广泛认可的综合性发展评估体系，它不局限于经济增长数据，而是扩展到涵盖教育、科技、健康、社会公平、可持续等多方面的总体发展评价。中国人类发展指数排序偏低和持续徘徊的状况，与中国在经济领域的成就并不相称，集中反映了我们在社会发展领域的相对滞后和不足。从面向新世纪融入全球可持续发展之路来看，中国未来社会发展领域的挑战将更显复杂和严峻。一是老龄化。中国的老龄化正在加速推进，从2011到2015年，全国60岁以上老年人预计将由1.78亿增加到2.21亿，平均每年增加老年人860万；老年人口比重将由13.3%增加到16%，平均每年递增0.54个百分点。全社会年龄结构的老化意味着劳动力结构和人口红利的变化，意味着不确定性增大，意味着抗风险能力下降；二是城镇化。与快速城镇化相适应，中国的流动人口在当前和未来较长一个时期都将保持在2亿左右。城镇化促进了人口流动和思想解放，也很可能凸显或加剧在资源不足、社会摩擦和收入分配等

方面的问题乃至冲突。以“80后”、“90后”以及未来“00后”为主体的城镇化和人口流动将对现有的社会格局和社会管理模式提出新的挑战；三是信息化与网络化。截至2013年12月底，中国网民规模达6.18亿，手机网民规模达5亿，占总网民数的81.0%。手机超越台式电脑成为第一大上网终端；以微博为代表的社交网络用户由2010年年底的6000万猛增到3亿以上。信息化意味着信息的平衡分布和快速传播，低成本、广覆盖的新传媒技术和渠道深刻改变了包括政府、社会组织和企业等在内的传统组织模式和工作方式，也深刻改变了公民的维权意识、参与意识和行为。老龄化、城镇化和信息网络化构成了中国社会转型的三大基本特征，其发展之深刻和迅猛，是我们下一步深化改革、创新管理必须充分认识的。中国面向全球的可持续发展之路，必须将全面、协调、可持续发展原则作为重中之重，推进经济、政治、社会、文化和生态的全面发展。一方面，过去30多年形成的经济社会发展不平衡、不协调的局面必须得到扭转；另一方面，着眼于新形势下社会的深刻转型，必须未雨绸缪，通过公众参与的社会建设及发展的方式来化解各种潜在矛盾和风险。全面加强社会建设已经成为中国发展模式转型的重要切入点，是中国下一步全面、协调、可持续发展和跨越中等收入陷阱的重要基础。

二　新阶段社会建设的主要任务

社会建设是一个庞大而复杂的系统工程。既要加快推进各项社会事业的建设，为13亿人民提供良好均等的社会公共服务，又要调整优化社会结构，推进社会体制改革，创新社会政策制度，完善社会管理，最终实现社会和谐和社会现代化。党的十八大明确提出新时期社会建设的新目标：“基本公共服务均等化总体实现，全民受教育程度和创新人才培养水平明显提高，进入人才强国和人力资源强国行列，教育现代化基本实现。就业更加充分。收入分配差距缩小，中等收入群体持续扩大，扶贫对象大幅减少。社会保障全民覆盖，人人享有基本医疗卫生服务，住房保障体系基本形成，社会和谐稳定。”围绕这一目标，加强社会建设概括来说主要有五个方面的任务。

第一，社会事业建设。过去一般把教育、卫生、文化、体育等统一称为社会事业，现在从社会实践看这是不完整的。党的十八大明确提出，劳动就业、收入分配、社会保障、住房等民生事业建设以及各类福利性、公益性社会服务也是社会事业。社会事业同人民群众的生产生活密切相关，关系到每个家庭和个人的福祉和前途。自20世纪90年代中期以来，由于过度强调GDP主义和崇尚新自由主义，中国各地普遍出现了就业难、上学难、看病难、养老难、住房难等问题，针对这一现象，党的十七大有针对性地提出了“加快推进以改善民生为重点的社会建设”的决策，党的十八大又重申为“加强社会建设，必须以保障和改善民生为重点”。搞好社会事业，改善民生，就是要多谋民生之利，多解民生之忧，解决好人民最关心、最直接、最现实的利益问题，在“业有所就、学有所教、劳有所得、病有所医、老有所养、住有所居、惑有所解”上持续取得新进展，努力让人民过上更好生活。

第二，社会体制和社会规范。一个发育良好、和谐健康的社会，应该是体制合理、机制有效和规范有序、功能健全的社会。中国已经从农业农村社会转变为工业城市社会，人们的生产生活方式发生了根本性的变化，整个社会就要适应这种变化，按照人类和社会发展的客观规律，在实践中逐渐建立完善好社会体制和社会规范，社会才能和谐健康有序地向前发展。当前社会体制方面应重点建设好政府与社会的关系体制、中央和地方的社会建设体制、城乡社会体制、劳动就业体制、收入分配体制、社会流动体制、社会各阶层利益关系协调体制等。新的社会体制要有新的社会规范。中国经历了几千年的农业社会，农耕文明发达完整，而且有与之相适应的系统化的社会规范，这一规范不仅世界领先，而且惯性极强。现在要转为工业社会、城市社会，相应地就要建设与工业文明、城市文明相适应的新的社会行为规矩和社会活动准则。比如新的社会生产生活有序进行的法律法规、新的社会伦理道德规范。当然，传统农业文明中具有普遍意义的优秀规范，还要保持和发扬，使之有效融合到新的社会规范中，形成新的现代化的社会文明。

第三，社会管理和社会安全体制。完善社会管理，保证社会公平正义、正常有序，维护社会稳定，是构建社会主义和谐社会的必然要求。因此要创新管理体制，整合管理资源，提高管理水平。党的十六届四中全会提出了“党委领导、政府负责、社会协调、公众参与的社会管理格局”。从近年来的社会实践看，有几个问题值得重视：一是要重视2000多个县的基层社会管理。要通过现代社区组织，完善基层社区管理网络，增强社会组织的服务功能，加强社会治安管理，使城镇社会管理完善起来；二是要将刚性的社会控制与柔性的服务有机结合起来；三是致力发挥政府与社会的两个积极性，特别要发挥社会组织与公众参与管理的积极性；四是社区的严重行政化、单位化问题。党的十八大总结历史经验，对社会管理这一问题又有新突破，提出要围绕构建中国特色社会主义管理体系，加快形成党委领导、政府负责、社会协同、公众参与、法治保障的社会管理体制，加快形成政府主导、覆盖城乡、可持续的基本公共服务体系，加快形成政社分开、权责明确、依法自治的现代社会组织体制，加快形成源头治理、动态管理、应急处置相结合的社会管理机制。

第四，通过收入分配机制调解社会结构。衡量一个国家或地区现代化水平的重要指标就在于经济结构和社会结构的状况及其关联度。结构决定性质和功能。社会结构的核心是社会阶层结构，社会阶层结构的标志性指标是中产阶层的比例，现阶段中国中产阶层的人数约占总人口的30%。中国的基尼系数 1978 年农村为 0.212，城市为 0.16；1994 年为 0.4。国家统计局 2013 年 1 月 18 日首次公布的中国基尼系数，2003 年为 0.479、2006 年为 0.487、2008 年为 0.491、2009 年为 0.490、2012 年为 0.474。过去十年中，基尼系数先是逐步扩大，而后又略有缩小的走势，但总体处于高位，社会阶层间贫富差距处在扩大状态。当前中国社会阶层的结构性特征表现为上层阶级化、下层碎片化、阶层结构定型化，致使不同社会阶层之间的利益摩擦和冲突增多，有的还比较激烈。整个社会离现代化国家应有的“橄榄型”的社会阶层结构还有很大距离。由此看来，中国的社会建设任务还十分繁重。

第五，新社会组织建设。世界现代化进程表明，社会的自组织化程度越高，其稳定性就越强，社会活力就越大，社会管理的难度系数就越小。从中国社会建设的必然趋势来看，无论是提升党的执政能力、降低社会管理成本，还是提高居民的社会福利水平、满足居民的多样性社会服务需求，都应该按照社会建设与发展的规律，通过社会体制的改革，转变政府的社会职能，大力发展民间社会服务组织以及专业化的社会服务。新社会组织（NGO、NPO）具有重要的社会建构功能，是构建新时期“党社关系”、“政社关系”的重要平台；是促进社会再组织化与社会团结的重要载体；是社会福利与社会政策发送的重要工具；是现代社会管理与公共服务的重要组织形式。

三 在推进社会体制改革、创新社会管理中加强社会建设

加强社会建设，是社会和谐稳定的重要保证。必须从维护广大人民根本利益的高度，以保障和改善民生为重点，推进社会体制改革，优化社会结构，健全基本公共服务体系，加强创新社会管理，以此扎实有效地推动社会主义和谐社会建设。

第一，重新认识社会，切实树立社会建设的现代理念。新中国成立之初，在学习苏联经验的基础上，我们实行了全能政府模式和计划经济体制，制约了社会的发育和成长，压缩了社会发挥的空间；30 多年前，改革开放确立了以经济建设为中心的战略，确立了市场经济体制，发展成果惠及了数以亿计的中国人，但对社会和公民的作用重视不够，认识也有偏颇。当前，我们正处于新的发展起点上，如何把握可持续发展的战略机遇期，如何认识和应对社会矛盾凸显期，需要我们对社会和社会建设有深刻的理解。从历史和社会发展规律的角度而言，中国目前需要一个和谐的、稳定的、自我调适的社会，需要大量的作为政府伙伴和助手的社会组织来共同承担责任和发挥作用，需要通过积极的社会建设来正面引导社会的有序发展。社会和公民是推动社会发展的主体和动力，这应该成为我们的普遍共识。

第二，改革社会体制，营造充满活力的制度环境。社会体制改革是和谐社会建构的必要条件，是社会建设的根本动力。中共十七届五中全会明确提出，要“更加重视改革顶层设计和总体规划”，“大力推进经济体制改革，积极稳妥推进政治体制改革，加快推进文化体制、社会体制改革，不断完善社会主义市场经济体制”，将社会体制改革放在战略高度。现阶段的社会现实表明，传统的以计划经济为特征的社会建设和社会管理模式已经走到了尽头，需要改革创新。这就需要我们通过完善以市场为基础的经济社会所需要的全面的制度建设，来进一步提高全社会的整体效率，优化利益格局，充分动员公众参与社会建设、活跃社会生活；通过社会体制的变革和制度的建设，实现决策的民主化和科学化，使经济社会发展的出发点和立足点更加贴近人民群众的生活需要，增加人民的福祉；通过社会组织和公众参与使民众承担起更多的社会事务和责任，减少各级政府在公

共领域和社会领域的投入和负担，实现社会发展方式的根本性转变，因此，我们迫切需要进行社会体制变革。社会体制改革也是中国整体改革的重要组成部分，没有社会体制改革或社会体制改革滞后，经济体制、政治体制和文化体制改革就都会步履维艰。改革是为了激活发展活力。社会活力来自利益格局合理和生活环境公正，一个社会越公正平等，信任就越大，凝聚力就越强，因此，在中国改革的顶层设计中，必然要包含社会体制的改革。目前，我们还不能完全把社会体制描述清楚，但是，比照经济体制改革的历史经验，可以把社会体制改革的目标模式界定为“建立在合理利益和公正决策边界下的公众参与”，依靠社会力量动员公众积极参与社会生活和公共事务，国家提供人人享有的基本公共服务。我们要改革事业单位体制，发展民间社会组织，搞好基层社区建设，让这些社会的、民间的力量成长起来，用“非营利”的方式去满足人民的需要。因此，改革目标在宏观上是通过顶层设计和创新建立中国社会体制的“宏观调控与微观搞活”制度环境，明确社会进步、社会秩序、社会和谐是社会宏观调控的目标；明确顶层设计的主要任务是规定社会进步的目标、原则，社会发展的基本路径；要不断提升多元治理的艺术和水平。在微观上是通过“优化利益格局、重塑微观主体、创新运行方式”建构社会体制的运行机制，优化利益格局，理顺社会发展的财税体制、慈善捐赠体制、国际社会组织管理体制，促进社会组织改革与发展，再造社会治理的微观主体，创新社会体制的运行方式，积极推动社会创新。我们应通过以上改革，建立中国社会体制的“宏观调控与微观搞活”制度环境。

第三，转变政府职能，建立完善的社会政策体系，推动政社分开。过去与计划经济相适应的是“大政府”、“全能政府”，只要能够管得到的事项，无论该不该管、管得好不好，政府都要管。现在与社会主义市场经济相适应的政府是“小政府”，只要能交给社会、交给市场的事项，哪怕自己管得了，甚至管得还不错，都要下决心转出去。在建立市场经济体制的过程中，政府通过给市场让渡空间，发挥了市场这只“无形的手”的作用，剥离了政府许多具体的经济职能和事项，实现了政府的第一次“革命”。加强社会建设就是要给社会让渡空间，激活社会自我组织、自我管理、自我服务和自我修复的功能，把政府从纷繁复杂的微观事务中解脱出来，实现政府的又一次“革命”。政府提出“放权、简政、服务”，坚决取消一批、下放一批、向社会转移一批行政审批事项，把一些过去政府包揽的职责交给社会组织或事业单位，减少并规范行政自由裁量权，根治重审批轻监管的痼疾，着力建设精简、高效、廉洁的服务型政府。系统的社会政策是社会建设和社会发展的根基。对于当前中国的社会建设而言，社会政策的建立和完善是一个十分明显的“软肋”。经过多年的努力，中国已基本建立起一个“广覆盖、多层次、保基本、低水平”的社会政策体系雏形，但其中应急性、二元化、碎片化特征和投入不足的问题仍较突出，亟待解决。未来一个时期，我们必须重点做好顶层设计，建立起一个科学的、综合的、稳定的社会政策模式和制度体系。需要强调的是，新的社会政策体系必须坚持以人为本，促进人的自由而全面的发展；在这一基础上，每个个体和全社会将迸发出巨大的发展潜力和活力。

第四，培育发展社会组织，有效发挥社会组织的作用。一个成熟的社会，离不开大量自立的、活跃的、有责任的社会组织。社会组织的发展是一个循序渐进的过程，需要各方面的支持和帮助。当前中国的社会组织不是太多、太强，而是太少、太弱。过去的30多年里，中国的社会组织蓬勃发展、方兴未艾，但应该清醒地看到，西方国家工业革命以来走过的历程，中国只用了30多年，这种浓缩式的发展过程必然存在并会带来各种社会问题。全社会应对这些社会问题应主要采取帮助的态度，处于发育和成长中的社会组织更需要良好的社会支持环境。政府要加大对社会组织发展的支持力度。政府要将社会组织视为伙伴和助手，要在法律、体制、政策、规划等方面营造一个宽松、良好的发展环境，同时积极推进职能转变，完善政府购买公共服务的机制，把适于社会组织承担的公共服务和社会管理职能转移给社会组织。全社会必须形成一个共识：只有社会组织的健康发展，才能推动社会的有序发展。促进社会组织健康发展，就是要形成全社会协同工作的社会格局，成为政府服务和管理社会的参谋和助手；提高社会自我管理能力，增强社会柔性管理，提高社会包容度、促进社会各阶层的融合；引入竞争机制，优化资源配置、提高服务水平。推动社会组织的“去行政化”；完善社会组织登记办法，着力扩大覆盖面；允许行业协会、异地商会、公益服务类、社会服务类、经济类、科技类、体育类、文化类等社会组织直接向民政部门申请登记。社会组织实现自愿发起、自选会长、自筹经费、自聘人员、自主会务和无行政级别、无行政事业编制、无行政业务主管部门、无现职国家机关工作人员兼职的组织形式；重点培育、优先发展工商经济类、公益慈善类、社会服务类、群众生活类社会组织；推动社会组织的“去垄断化”，突破“一业一会”的限制，允许同一行业按产业链各个环节、经营方式和服务类型设立等实际需要成立多个行业协会；允许适当吸纳非本地籍会员加入本地行业协会，允许港澳台人士投资兴办注册的企业本地行业协会（但不可担任法人）；允许跨行业、跨地域组建行业协会，允许将异地商会的登记范围从地级市扩大至县（市）；逐步形成发展有序、门类齐全、层次多样、覆盖广泛的发展格局；逐步形成社会组织具备现代社会组织的基本特征；逐步形成大部分社会组织能够承担政府转移、委托、授权的职能，能够提供相应的公共产品和公共服务；逐步形成法律监督、政府监督、社会监督、自我监督相结合的监管体系。把工青妇群团组织打造成枢纽型社会组织，重新明确定位，既充当相关社会组织的带头和组织者角色，也要建立平等的伙伴关系；转变服务方式，既要为特定群体服务，也要为相关社会组织服务；为相关社会组织提供基础性服务，总之，使其成为政治上的桥梁和纽带、业务上的龙头、日常管理服务上的平台。

第五，开展重大理论与实践问题的研究探索。在关于国家—社会的讨论中，社会组织的发展水平往往被看作是一个国家是否存在相对独立于国家的公民社会的标志。尽管很难把这个结论简单地照搬到中国，但是应该承认，社会组织的发展状况确实从某一方面反映了社会自组织的能力和相对独立于政府的公共空间的拓展。正因为如此，社会组织领域的发展受到关注，值得肯定。党的十八大提出“党委领导、政府负责、社会协同、公众参与、法治保障”是处理国家与社会关系的方针。贯彻这一方针的基本路径，就是国家全面推进党在非公企业、社会组织中建党。即当国家的行为边界越来越受到法律和自身能力的制约时，党日益在基层和非政府领域扮演直接的领导角色，“政府退一步，党委进一步”。目前，社会组织的发展本质上还是一个行政赋权的实践，而非宪法确权的实践，也就是说，什么领域可以发展社会组织、什么领域不可以发展，什么时候可以发展、什么时候限制或停止发展，空间让渡的边界仍然是一个行政决定的过程。但是，社会组织一旦存在，必然会产生自我发展和拓展独立空间的能量和冲动，这种空间拓展的力量与政府空间让渡的边界必然存在紧张关系，如何处理这种关系是值得关注和探讨的。当前社会实践表明，社会组织的催生与政府职能转变、购买服务这一过程是并行的。从实践层面来看，社会组织的催生更多是基于提升政府公共产品供给“效率”的动机。

在相关法律规范尚不健全、发展社会组织的资源极为有限并依赖政府的前提下，以出售服务为生的社会组织是否会成为政府在社区的又“一条腿”，使得购买服务最终导致购买组织呢？从资源分配的角度来看，这将是一场国家财富蛋糕的再分配过程，分配得好，造福人民，但是需要一套完善的法规来管理。那么，政府在转移职能、购买服务中能否瘦身？公共产品供给的特殊性是否会产生特殊的政府“寻租”、商人牟利的现象？对于这两点要保持警惕，尽早完善制度。社区建设是当前社会建设的主要空间，各种服务和供给在社区，各种政府行政考核指标也在社区。让人担忧的是在以“单位制”的理念开展社区建设中，政府期望把所有社会问题压缩到社区空间，通过社区建设来代替更为宏观的制度建设。如果这样，实际上意味着国家力量更为全面地进入社区，中国城市基层社会的自治空间不是扩大，而是压缩。因此，对解决社会组织成长过程中的问题，一定要置于中国的国情之下，尤其是渐进改革这一国情下考虑；否则，除了充满理想的批判，无助于现实的进步，甚至会断送掉已经取得的进步。国家让渡出空间，社会自身准备好没有，是否真能提供比过去更优质的公共产品，这也是需要认真思考的。

加快中国社会诚信体系建设若干思考

杨　雄[*]

加强诚信建设是培育和践行社会主义核心价值观的重要内容，是完善社会主义市场经济体制的重要基础，是加强和创新社会治理的重要举措。党的十八届三中全会提出："要建立健全社会征信体系，褒扬诚信，惩戒失信。"2014 年 6 月，国家颁布《社会信用体系建设规划纲要（2014—2020 年）》，对全面建设社会诚信体系做出了顶层设计和总体部署，这标志着中国社会诚信体系建设进入新常态、新阶段。当前，在不断推进行政管理体制和社会治理体制改革、发挥市场在配置资源中的决定性作用、进一步解放和增强社会活力的背景下，政府一系列改革成败与否的核心，在于政府向市场放权、向社会让权，同时改善和加强宏观管理，严格事中、事后监督。要真正做到这一点，加快社会诚信系统建设，特别是企业诚信系统建设任务尤其急迫和艰巨。国际经验表明，高效运作的征信机构、完善的信用评价系统和健全的法规是构建整个社会诚信系统的制度基础。

一　当前加强社会诚信体系建设时代意义

社会诚信体系建设是国家治理体系和治理能力现代化的重要举措。要解决中国当下可能发生的社会诚信危机，仅靠中国数千年传承下来的儒家信用伦理自然不行；而全靠发达国家成熟的信用管理制度、技术和方法更是不行。中国社会诚信缺失，尤其是企业失信状况，是长期观念落后、组

* 杨雄，上海社会科学院社会学研究所所长、研究员。

织体系不健全、技术手段单一等诸多因素的综合结果，更需要政府、市场和社会形成“三位一体”的协同共建格局。如何在社会诚信体系建设中发挥各方作用，构建各方在公共事务中实现合作治理新格局，为中国国家治理体系的完善和治理能力现代化建设提供了积极探索。

社会诚信本身也是一种资本。在现代经济生活中，促进经济增长的基本要素已不只是物质资本、技术资本、人力资本的投入量，社会资本投入量被认为是经济发展的关键因素。按照普特南（Putnam，2000）的观点，社会资本是指“能够通过推动协调的行动来提高社会效率的信任、规范和网络”，主要由公民的信任、互惠和合作有关的一系列态度和价值面构成，其核心与基础在于不同社会成员之间的相互诚信和相互信任。对于经济增长来说，这种社会资本具有的效率价值，不仅可以与经济资本相提并论，甚至还具有后者所无法产生的特别价值。

社会诚信系统建设将是中国经济发展的新“制度红利”。一是诚信可以降低交易成本。诚信对经济增长的直接影响主要表现为降低交易费用和提高资源配置效率。交易成本即交易费用，是指在市场机制下用于交易的非生产性成本，即“利用价格机制的费用，是获得准确的市场信息所付出的费用，以及谈判和经常性契约的费用”①。诚信可以降低交易过程中直接成本、防止由于机会主义行为而发生的额外成本，进而大大提高市场经济的规模与效率。反之，当一国的诚信缺失和制度机制不利于市场交易的发生与发展时，经济社会将要付出巨大的代价；二是诚信可以提高资源配置效率。诚信能够促进资本的自由流动，起到合理配置社会资源、提高资源配置效率的作用。这主要表现以下两个方面：第一，诚信在经济运行中的现实存在，可以减少社会资源的闲置。诚信的经济环境，可以减少交易的风险和不确定性，从而有利于动员和调动一切社会资源，减少由于交易风险带来的资源闲置；第二，诚信在经济运行中的现实存在，可以在范围和内容上扩大交易，增加交易的次数，提高资源在使用上的选择性，从而使资源转移到最高价值的用途上。

社会诚信系统建设是实施政府行政审批制度改革的前提。近年来，国务院加快了企业注册制度改革步伐，这既是对政府权力的规范和制约，更是对市场环境下政府治理能力的考验。放宽企业注册条件一方面降低了创

---

① 罗纳德·科斯：《企业的性质》1937年第4期。

业门槛，激活了企业的创业活力，激发了经济活力，促进了经济结构快速转型，这是一个简政放权的做法，也是发达市场经济体的惯例。但是，企业从“先证后照”改为“先照后证”的过程，虽释放了政府干预市场的制度性壁垒；同时也正是由于缺少了政府前期审查的背书“保障”，容易形成市场“泥沙俱下”的局面。因此，审批制度改革，不仅仅是做“减法”，还要把管理的范畴扩大到整个社会领域，让社会建立起正常的循环和淘汰机制，更好发挥市场配置资源的决定性作用，使市场更安全、难度更大、更需要政府监管机制创新。

二 近年来社会诚信体系建设取得的进步、面临的挑战及问题

强化社会诚信体系建设，是历届中央政府高度重视的一个重大议题，近年在政策、法制、信息等方面取得了显著成就，如在 2007 年，国务院颁布了《关于社会信用体系建设的若干意见》；之后，全国各地深入推进社会信用体系的建设，一批信用体系建设的规章和标准相继出台。全国集中统一的金融信用信息基础数据库建成，小微企业和农村信用体系建设积极推进；各部门推动信用信息公开，开展行业信用评价，实施信用分类监管；各行业积极开展诚信宣传教育和诚信自律活动；各地区探索建立综合性信用信息共享平台，促进本地区各部门、各单位的信用信息整合应用；社会对信用服务产品的需求日益上升，信用服务市场规模不断扩大。党的十八届三中全会提出“要建立健全社会征信体系，褒扬诚信，惩戒失信。”2014 年 6 月，国家颁布了《社会信用体系建设规划纲要（2014—2020 年）》，对全面建设社会诚信体系做出了顶层设计和总体部署，这标志着中国社会诚信体系建设进入新常态、新阶段。

在经济全球化、市场化、网络化、城市化进程中，中国的社会诚信体系建设主要存在以下几个问题。

一是社会诚信意识和信用水平偏低，履约践诺、诚实守信的社会氛围尚未形成。当今社会，由于过多强调物质享受、经济利益，人们不再注重精神的培养，诚实守信的传统美德被逐渐遗忘。关于诚信的网络调查中，有超过 88% 的受访者表示“曾因别人不诚信吃过亏”，75% 的受访者承认“自己有过不诚信行为并感到愧疚”。调查表明，不诚信的受害者也常常

是不诚信的参与者甚至制造者。上海社会科学院社会调查中心关于民众对“社会风气和市民素质”的调查表明，有21%的被访问者对此表示担忧。

二是商业欺诈、制假售假、偷逃骗税、虚报冒领、学术不端等现象屡禁不止，社会信用资本损失较大。调查问卷关于公众对“商人”信任度调查的结果显示，有32%的民众“不太信任”，49%的民众认为“说不清楚”。一项关于新能源汽车消费的调查结果表明，经销商和消费者最反感的不诚信行为是“口头承诺不兑现”，占到23%。《2011年中国质量信用白皮书》显示，中国每年因失信造成的经济损失高达5855亿元，相当于财政收入的37%，GDP因此少增长2个百分点。

三是信用服务市场不发达，服务体系不成熟，服务行为不规范，服务机构公信力不足，信用信息主体权益保护机制缺失。问卷关于民众对“私人信息安全感”的调查结果表明，仅9.2%的人认为“非常安全”，46.2%的人认为“非常不安全、不太安全、说不清”。

导致中国当前社会诚信体系建设存在问题的主要原因有如下几点。

一是中华传统文化及诚信教育的缺失。改革开放后，由于过分强调“以经济建设为中心”，忽视了中华优秀传统文化的传承教育，思想道德建设滞后，社会基本规则、基本规矩统统失范，使得民众心中失去了诚信之根，靠失信换取利益成为常态。西方发达国家建设市场经济诚信系统用了大概100年的时间，主要体现在诚信教育上。因此，“孝悌忠信、礼义廉耻”等中华传统文化教育的缺失，是当今社会诚信不够的根源所在。

二是有关社会征信的法律法规不够健全、不够配套。强调征信立法和制度建设是西方发达国家的主要经验，如美国与征信有关的法律达到17部之多，以不同方式规范征信活动。而中国目前只有一部《征信业管理条例》，对开展征信业务活动做出了原则性规定，但在多部门社会信用信息的整合共享、社会失信惩戒机制等方面缺乏实施细则，配套性不够，影响了社会诚信体系的建立。

三是覆盖全社会的征信系统尚未形成，社会成员信用记录严重缺失，守信激励和失信惩戒机制尚不健全，守信激励不足，失信成本偏低。在西方国家，大到集团公司，小到每个公民，都会对其信用信息予以记录，且对信息采集作了全面规定，保证信息采集的客观真实。在中国，尽管银行、工商、税务等部门开始建立信用体系，但存在信息不全、记录失真、体系之间分割等问题。再加上对失信者缺乏多部门联动惩戒机制，大大降低了失信成本，造成了“老实人反而吃亏”的悖论。

四是农业社会形态和计划经济政策的残留，给诚信建设带来了根本性制约。自古以来，中国是农业大国，小农思想占据大部分人的头脑，农村中自给自足的经济形态和固定的居住环境使人们的交往圈子很小，依靠伦理道德足以做到诚实守信。但随着市场化、城镇化发展，“熟人”圈子逐渐消失，人际关系走向防范、孤独、冷漠，人与人之间逐渐不再信任了。另外，以往由于在计划经济体制下，各种经济资源由政府直接配置，信用只是一种微不足道的辅助手段，而随着市场经济的发展，信用基础建设滞后，导致信用关系混乱、各种失信行为频繁发生。

三　加强社会诚信体系建设的若干思考

（一）当前加强社会诚信体系建设的基本思路

第一，是法治与德治并重。在注重制度建设、法律建设、加强失信行为惩戒力度的同时，更加强调德治的力量，强化传统文化教育，让诚信、友善扎根于所有民众内心之中。第二，是政府—市场—社会三位一体。以政府诚信为先导、商务诚信为重点、民众诚信为基础、司法公信为保障，构筑立体式、全方位的社会诚信体系。第三，是从特殊群体的诚信建设入手。从公务员、企业家、教师、医生、大学生、中小学生等重点群体入手，逐渐建立覆盖全民的社会诚信体系。

（二）加强社会诚信体系建设的基本对策

1. 开展中华民族优秀传统文化的全民学习教育，让人性回归真、善、美，构筑社会诚信的文化根基

一要在全国中小学设立国学课程。重点开展《弟子规》、《道德经》、《论语》等优秀传统文化的传承学习，让“孝悌忠信、礼义廉耻”在孩子们心中生根发芽。二要在全国城乡社区设立“道德讲堂”。由乡、镇（街道）基层政府组织，聘请国学专家学者、年度感动人物、劳动模范等，对普通百姓进行传统文化再教育。三要建立国家公务员定期学习制度。从中央到各级地方政府，每月一次（半天），围绕治国理政，开展社会主义核心价值观和中华传统文化的专题学习，引导全国公务员真正树立“为人民服务”的宗旨和意识。四要充分利用好主流媒体的作用。全国所有

电视台、广播、网络、报纸等各类新旧大众媒体，必须设置或开辟关于社会主义核心价值观和中华民族优秀传统文化的节目档期或栏目，进行持续性、系统性的报道、传播，教化人民大众。

2. 建立健全诚信建设的配套法律体系，为社会诚信体系建设提供强有力的法律支撑

越是发达的市场经济，也就越讲诚信，越讲法治。市场、诚信、法治形成现代社会不可分割的制度整体。建议国家在严格执行《征信业管理条例》的基础上，加快制定诸如《统一消费者信用准则》《统一商业准则》《社会信用控制法》《数据资料保护法》《个人信息保护法》《公平竞争法》等配套性法规，对征信数据环境、失信惩罚机制、公平授信的权利和保护个人隐私权等一系列重要问题做出规定，将信用产品加工、生产、销售、使用的全过程均纳入法律范畴，建立起比较完备的涉及信用管理各方面的法律体系，为国家信用管理体系的有效运转提供良好的法律环境。

3. 构建覆盖全社会的征信系统，打造全国统一、公开的信用信息服务平台和有效载体

一要针对企事业单位和社会组织，加快建立以组织机构代码为基础的社会组织统一信用代码制度，全面采集和完整记录各类信用信息，形成覆盖全部企事业单位和社会组织的征信系统、信用服务系统、信用查询系统和信用监管系统。二要在进一步完善金融、保险、海关、税务、交通、公检法、工商、质检、社会保障、环保、统计、社会事业服务等不同部门征信数据库建设的基础上，打造全国统一的信用信息网络平台，实现各单位信用数据的互联、互通、共享。这一工作，可以在某些省市先行试点。三要针对公民个人，加快建立以公民身份证号码为基础的公民统一社会信用代码制度，将公民户籍资料、个人信用、税收信息等关键信息全面整合到统一的个人身份代码之下，完善个人在经济社会活动中的信用记录，推动建立违法犯罪记录与信用、相关职业准入等挂钩制度。

4. 支持社会信用中介服务机构发展，建立社会信用评级和披露制度

一要按照特许经营的方式，设立信用法律执行机构，统一管理和规范信用评级市场和信用信息披露、使用行为。鼓励信用中介机构间的正当竞争，并通过建立比较明确的市场进入、退出机制的办法予以规范；二要建立健全企业信用评级制度，培育符合市场机制的商业性专业信用评级机构

和专门人才，通过明确评级单位的责任与权益来约束评级机构的行为，保证信用评级的客观、公正和准确；三要建立有效的信用信息披露制度，形成反映企业和个人信用状况的基础数据，并在各单位之间互联互通的基础上，向社会开放数据资源，实现信用信息查询、交流和共享。

5. 切实建立严厉的、多部门联动的失信惩戒机制，提高失信成本，遏制商业欺诈和社会失信行为

一要在法治的基础上，配套设立“国家信用发展基金”，在全国范围内开展年度“中国诚信 100 人”评选活动，并给予一定金额的奖励，向社会宣传其模范事迹。要求各省市也普遍建立诚信发展基金、开展年度诚信人物评选活动，让“诚信人物”或“中国好人”得到“好报”，获得社会认可和尊敬；二要在多部门信用信息互联、共享的基础上，建立失信企业黑名单制度和失信被执行人名单制度，通过最高人民法院向社会公布失信被执行人名单，对失信者实施多部门联动的惩戒机制。对失信被执行人在贷款办理、信用卡申办、乘坐飞机、酒店入住、购买不动产、旅游度假、子女就读高收费私立学校等方面予以限制，使失信者在一定期限内付出惨痛的代价，让其寸步难行；失信被执行人为单位的，在政府采购、招标投标、项目审批等方面予以限制。

6. 以司法诚信为抓手，着力推动政务诚信建设，发挥社会示范与引导作用

一要全面推行“阳光执法”，依法及时公开执法办案的制度规范、程序时限等信息，大力推进司法行政信息公开、公平，进一步规范和创新律师、公证、基层法律服务、法律援助、司法考试、司法鉴定等信息管理和披露手段，保障人民群众的知情权；二要对各级公安、司法行政等工作人员逐步建立其个人信用档案，依法依规将徇私枉法以及不作为等不良记录纳入档案，并作为考核评价和奖惩的依据；三要建立政府信用责任制度和行政失信行为追究制度，同时建立政务诚信约束和问责机制，把政务履约和守诺服务纳入政府绩效评价体系；四要建立完善政府公务员信用管理制度，为每个公务员建立诚信档案，依法依规将公务员个人有关事项报告、廉政记录、年度考核结果、相关违法违纪违约行为等信用信息纳入档案，并将其作为干部考核、任用和奖惩的重要依据。

天津市民生焦点问题调查

张宝义[*]

了解民情是改善民生的基础，天津市的老百姓生活得怎么样，他们有什么样的生活感受，他们在生活中有哪些苦难与烦恼，天津市需要改革和完善的民生问题是什么？针对这一系列的问题，天津社会科学院社会所于2014年5月进行了“天津市民生民情调查”（有效问卷1028份），对天津市居民的生活状态和目前社会中的热点问题做了调查。

一 生活得怎么样

调查显示，天津市的居民生活越变越好，对未来有信心。调查表明，66%的人认为自己在过去三年的生活变好了，认为没有变化的为20.2%，认为变坏的为8.9%，说不清的占4.8%（见图1）。

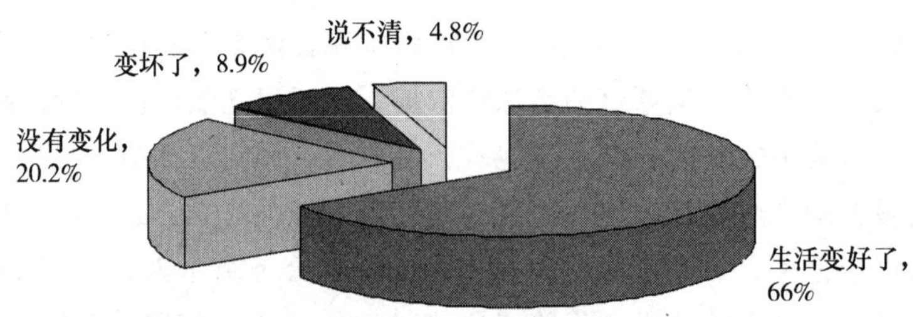

图1 对居民生活变化的调查

* 张宝义，天津社会科学院社会学研究所。

调查还显示，74.8%的人认为自己在未来三年生活会变得越来越好，4.1%的人认为自己的生活会变坏，11.5%的人说不清楚。可以看得出来，多数的天津居民生活越来越好，对未来有信心。另外，天津市居民的生活中也有一些需要解决的问题和烦心事。比如，房价太贵、交通拥堵、食品不安全、入学难、空气污染、工作压力大，等等。

调查显示，大多数的居民有工作的压力。其中压力非常大的比例为22.5%，压力比较大的比例为35.9%，一般的比例为27.1%，没压力和压力较小的比例为8.7%，还有5.8%说不清。也就是说，有近九成的在职者有工作压力，而承受着较大工作压力的在职者则将近六成。

调查还显示，多数居民认为目前的房价高、交通拥堵、食品不安全、空气污染等问题比较严重。87%的居民认为房价高的问题严重或比较严重；79%的居民认为交通拥堵问题严重；88.4%的居民认为空气污染问题严重或比较严重；74.1%的居民认为食品不安全问题严重或比较严重；70.2%的居民认为入托难；有73.8%的居民认为上好学校难；有72%的居民认为看病难。

在这些问题中，有些是客观的存在，比如污染问题、交通拥堵问题；有些则在一定程度上与人们的主观认知有关系，比如，上好学校难的问题。望子成龙是一种无可厚非的心态，而不能让孩子输在“起跑线”上也成为许多家长的育儿金律。从婴儿时期的早教、幼儿时期的各种培训班，到选择最好的小学为以后的升学打下好的基础，不少家长从孩子一出生就铆足了劲要为孩子创造最好的生活、学习条件。但是，家长要理智地看待学校这个问题。毕竟名气大、口碑好的学校永远是“稀缺资源”，而随着天津市教育资源不断合理调配，多数学校尤其是小学之间的差异并没有想象中那么大，多数学校都是校风好、学习氛围浓厚、教师认真负责的好学校。而且，有专家指出，睡眠在儿童、青少年的生长发育过程中起着至关重要的作用，而离家近，节约了上下学的时间，无形中就为孩子腾出了宝贵的睡眠时间。因此，一所离家近、校风好、教师认真负责的学校，虽然可能没有什么名气，但是对于孩子而言就是一所好学校。

二　要不要二胎

随着单独二胎政策的出台，以及大量双独家庭的出现，要不要二胎已经成为街头巷尾人们热议的话题之一，那么要不要二胎，人们喜欢男孩还是女孩呢？

从数量上看，多数天津市居民希望有两个孩子，比例为48.8%；喜欢一个孩子的比例为25.9%；希望有三个及以上孩子的比例为2.6%。另外让人吃惊的是，希望丁克的比例也达到了22.7%。当然，这只是个别的想法，具体到行动上多数人还是会选择生儿育女。但是，总的来说，天津市的预期生育率是比较低的。

对有生育二胎资格的居民调查表明，有58.6%的居民会选择生二胎。而有单独二胎资格的居民中，有68%表示会选择生二胎，单独家庭选择生二胎的比例明显高于双独家庭。由于单独家庭的育龄者的年龄普遍偏高，因此单独二胎放开后，很可能会出现高龄产妇扎堆的现象。医学调查表明，与适龄生育相比，高龄产妇要承担更多的风险，比如分娩时间越迟，越容易生下畸形儿；女性随着年龄的增长，子宫的收缩力和阴道的伸张力也会越差，容易发生大出血和难产。此外，高龄产妇可能面对的还有来自妊娠的并发症。因此，一方面，高龄产妇需要做好孕前准备、孕中检查，并做好心理、生理的调试，以最佳的状态迎接新生儿的到来；另一方面，高龄产妇的增多，也对医疗服务系统提出要求，针对高龄产妇增多的问题，医院要在孕检、产检以及分娩等各个方面做好应对措施。

从性别偏好上看，多数人喜欢儿女双全，比例为62.8%。喜欢女孩的比例是22.9%，喜欢男孩的比例是14.3%，喜欢女孩的比例比喜欢男孩的比例高出7个百分点，表明喜欢生女孩的居民要多过喜欢生男孩的居民。

性别偏好会受到一定的社会经济条件的影响。以前，人们偏爱儿子，是因为男性的社会地位高，通过娶妻生子可以获得更多的家庭劳动力，并使自己的老年生活尤其是物质生活有所保障。但是，随着社会保障与社会福利系统的完善，老年人基本能够实现经济的自我养老，对于养老更多的需要是精神安慰和日常生活的照料。而女性一般在家庭生活中占据主导地位，且更为细腻、温柔，并能更好地和自己的父母沟通。因此，有女儿的老年人可能获得更多的“养儿”收益。很多调查都表明，有女儿老年人的生活满意度要高于没有女儿的老年人。人们对男孩或女孩的偏好在一定程度上反映出了人们的需要。这也提醒男性们应当关注父母的需求，细心、耐心地对待自己的父母，使老年人获得更多的天伦之乐。

三　愿不愿意延迟退休

多数人不愿意延迟退休。调查显示，71.1%的居民不愿意延迟退休，愿意延迟退休的仅有13.1%，还有15.9%的人表示无所谓。

延迟退休是关系到每个人生活的大事，但是不同的人对延迟退休的态度也有所不同。对于多数工作压力大、工作条件艰苦、劳动强度大的人而言，延迟退休显然不大适用。而调查也显示出，工作压力越大，人们也就越反对延迟退休。

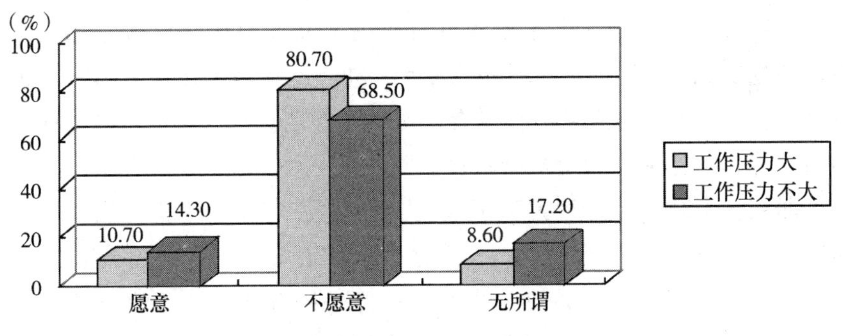

图2　对延迟退休的调查

如图2所示，工作压力大的人明确表示不愿意延迟退休的比例是80.7%，而工作压力不大的人明确表示不愿意延迟退休的比例是68.5%，二者相差了约12个百分点。显然，工作压力越大，人们越不愿意延迟退休。

另一方面，对于一些高学历的脑力劳动者而言，延迟退休则更为有利。高技术脑力劳动者往往有更长的受教育年限，因此其工作的年限就相应的缩短了。一个博士毕业后仅仅工作约30年，而到了目前的退休年龄多数人还是精力充沛，处于出成绩、出成果的高峰期，退休实在是一种资源浪费。相反，延迟退休却可以给社会带来明显的经济效益并有利于个人，因此，选择从这部分人开始推行延迟退休无疑比较适宜。

另外，女性反对延迟退休的比例要比男性高。调查显示，女性中明确表示不愿意延迟退休的比例为75.4%，男性的比例为66.3%。这可能与女性的生活重心以家庭为主有关。处于退休年龄的女性，正处在“上有老，小有小”的阶段。一方面，家里的老年人基本都到了需要人看护的阶段；另一方面，孙辈也已经或者计划出生，需要她们的照顾。因此，对于这个阶段的女性而言，早一点退休，可以比较轻松地应对家庭的需要，因此，她们不愿意延迟退休的比例相对要高一些。

总之，不同的工作状态和家庭生活需要决定了不同的人对延迟退休的态度也不相同。目前看，延迟退休虽然没有明确的时间表，但也势在必行，虽然对于不同人的影响是不一样的。因此，对不同的人实施不同的延迟退休方案十分必要。

四　减负的效果如何

2014 年 2 月，天津市教委发布的《关于义务教育学校减轻学生课业负担的规定》，从六大方面为学生减负，包括控制学生在校时间、禁止节假日补课、控制作业总量、控制考试次数、规范教辅材料使用以及落实文体活动等，被称为“史上最严减负令”。

那么这个减负令是否得到了人们的认可呢？调查显示，有 22.3% 的居民对减负给予了肯定的评价，认为“减负很好，学生的负担减轻了”；有 25.2% 的居民认为应该进一步减负；但是还有超过 1/3 的居民对“减负”投了反对票，认为“减负没有改变学生的负担，只是从学校转移到了课外补习班”。

而有 1/3 的居民认为减负是“转负”的担心也是不无道理的，毕竟在目前的升学体制中，学习成绩基本上是唯一的衡量标准，如果学校的减负影响到学习成绩，那么校内减掉的负担自然会转移到校外的补习班。

另外，减负令还有可能对一些学习成绩不好、家境经济困难的学生造成新的不公平。面对中考、高考，在师资力量强的重点中学就读的底子好、自觉性强的学生，正常的教学时间内就可以使他们获得比较好的成绩，轻松地应对中考、高考。而一些就读于普通学校、基础一般或者比较差的学生，规定内的教学时间是根本不够用的，补课、加长学习时间是没有办法的办法。如果不让学校补课，有经济能力的家长就会给孩子找课外的补习机构，孩子的课业负担并没有减少，而家长又增加了经济负担。而没有经济能力家庭的孩子，很可能在被减负的同时，也被淘汰了，这无形中可能会把他们通过教育改变命运的机会给剥夺了。所以，只有针对课业负担的减负，而没有相应配套的教育体制改革，减负的效果是很难评判的。

五　想不想创业

一直以来，天津人被认为相对比较保守的，他们更愿意找一份稳定的、风险小的工作，创业的积极性不高。但是，本次调查否定了人们的一贯印象。

调查显示，有47.3%的人有创业的愿望，而且有6.3%的人已经创业；有10.2%说不清，而明确表示不想创业的比例为36.2%。显然，天津市人的创业欲望还是比较高的。

对于创业方式，选择自主创业的比例为62.1%，选择合伙创业的为28.4%，选择家族创业的为9.5%，这在一定程度上反映出了天津人现代意识的增强。多数人不再依赖传统的血缘关系，而是通过自我努力、社会化的合作来实现自己心中的梦想。

同时，天津人对创业的风险还是有比较清醒的认识的。30%的人认为创业的风险很高，48.4%的人认为创业的风险比较高，10.8%的人认为风险一般，认为风险很小和无风险的只有2.6%，另外有7.6%的人表示说不清楚。

对于创业的困难，30.2%的人认为是资金不够，20.6%的人认为是选择行业困难，19%的人认为是风险太大，10.4%的人是不知道创业的方法，7.1%的认为是周期太长，5.8%认为是效益低，2.8%是家里人不支持，另外还有4.1%的人面临着其他的困难。总的来说，创业面临的主要风险就是资金不够、没有创业的方法和渠道以及风险太大。

相应的对于创业需要的帮助，第一是创业资金的支持，比例为19.7%；第二是创业政策的支持，比例为14.2%；第三为创业知识培训，比例为13.8%；第四为创业能力培训，比例为12.3%；第五为专家咨询主导，比例为9.4%；第六为创业场所支持，比例为9.0%；第七为创业硬件支持，比例为6.9%；第八为创业平台支持，比例为6.7%；第九为创业实践活动；第十为2.6%的人需要其他方面的支持。从上面的统计数据可以看出，虽然想创业的人不少，但是创业的准备并不充分，他们需要资金、创业技能、途径等方面的帮助。而且，虽然需要创业政策支持的比例占第二位，但是多数人对创业政策并不了解。调查显示完全了解天津市创业政策的仅有2.3%，了解一些的仅有27.5%，而高达70.1%的人完全不了解创业的优惠政策。显然，虽然多数人具备了创业的热情，但是从想法到实践还有相当的距离。因此，要鼓励创业，需要政府从政策、资金、技能、培训等多方面为希望创业者提供帮助，并加大宣传的力度，使得创业的政策优惠广为人知。

六　医患关系如何改善

最近，医患关系紧张，患者殴打医护人员的新闻屡见报端，医患关系成为一个不小的社会热点问题。而这主要源于看病难。由于医疗资源分配的不均衡，人们总是习惯去大医院去看病。调查显示，46.2%的居民生病后去市级综合医院，28.1%去市级专科医院，去区、县医院和社区医院的各占7.6%和7.3%，去社区卫生站（室）的比例为5.2%，去民营医院的比例为2.9%。可以看出，大多数的病人集中在了市级大医院，而这无形中增加了医院的负担和患者看病的难度。医生要高负荷、高效率地工作，才能应对源源不断的患者；而患者呢，排队几小时，看病几分钟，如果医生的态度敷衍、懈怠或者冷漠，治疗的效果不明显，患者心中自然会积攒出不少怨气，医患关系紧张就难免。那么如何消解这样的怨气呢？有22.1%的居民认为应该提高医护人员的职业操守，19.0%认为应该提高医护人员的专业水平，18.3%认为应该降低病人的医疗负担，15.6%认为应该改革医疗制度，8.6%认为应该加大伤害医生行为的处罚，8.5%认为应该提高人们的医学知识，6.2%认为应该加大对医护人员的保护，还有1.7%认为应该采取其他措施。从调查数据看，多数居民认为要改善医患关系应该从提高医德医术和改革医疗制度着手。但另一方面，患者也应该冷静地面对在治疗过程遇到的不如意、不顺心，毕竟医疗体制的改革不是一朝一夕就能完成的，绝大多数的医护人员也是尽职尽责的，在高强度的工作压力下，有些情绪也在所难免，积极沟通才是妥善解决问题的有效方法。

内蒙古民生改善的现状研究

苏　浩　陈新丽　党敏恺*

民生问题绝不能只谈不为，民生问题绝不仅是政府文件中提及的要事。民生改善应当是各级政府所为的重点工作，也应当是一线领导常抓不懈的实事。要完成一项民生工作绝非易事，为此本课题想针对民生改善之实况给予诠释，描述内蒙古近期民生改善的概况。

一　民生的现状

民生问题大体可包括就业、收入分配、教育、社会保障、基本医疗卫生、社会管理和社会稳定等几方面，说到底民生问题就是与百姓密切相关的事情。因此，从这些内容进行梳理，以示民生的概况。

（一）民生之本——就业

2012 年自治区城镇就业人数是 535.8 万人①，占全区就业人数的 41.2%，其中城镇单位就业人数占 50.5%，说明城镇个体户占就业人数的比重已接近半数，其余就业岗位仍在农村牧区。至今农牧区仍然是劳动就业的最大集散地，劳动就业主要来自高、中等学校的毕业生，退役军人，农牧业富余劳动力和城镇就业困难人员。2013 年 6 月进入内蒙古劳动力市场登记求职的劳动者 137193 人②，求人倍率为 1.13，从现场登记的人员来看，劳动力市场供求处在平衡状态。但岗位需求不均，知识性和

* 苏浩，内蒙古社会科学院社会学所研究员；陈新丽，内蒙古社会科学院社会学所助理研究员；党敏恺，内蒙古社会科学院社会学所助理研究员。

① 《2013 年领导干部数据要情手册》，第 53 页。

② 内蒙古自治区 2013 年第二季度劳动力市场职业供求状况分析报告。

专业性岗位求职人员大于现有需求岗位，服务性和营销性岗位需求量较大，求职人却显少。现在知识层次较高的求职人员愿意到轻松安逸的岗位工作，收入少也不在乎，说明民生改善已经有了新的变化，有较高层次知识的人员工作求安稳、不累，挣钱求稳定、有五险。农牧民工也改变了有活就干的想法，开始寻找有信誉的单位打工，年轻的农牧民工寻找有五险的单位。然而现在用人单位也在挑人，对男性的寻求量较大，据 2013 年自治区就业局对第二季度求职性别结构分析，74.08% 的单位对求职者有性别要求，对男性的要求占到 45.18%，仅此一条就把 2013 年第二季度 6 万多名女性求职者拒之门外。2013 年 10 月 26 日，企业经营管理者暨内蒙古秋季大型人才交流会提供了 5878 个工作岗位，入场近万人次，最终签约 1284 人，签约率仅为 21.86%。

（二）民生之基——教育

教育包括基础教育、特殊教育和扫除青壮年文盲教育、中等职业教育、成人教育、普通高等教育、现代远程教育和民办高等学历教育、民族教育等，教育涉及方方面面，是育人的基础工作。2012 年，全区教育经费总投入为 570.2 亿元，比上年的 504.56 亿元增长 13.01%。在教育经费仅占自治区国内生产总值 3.23%[①]的情况下，自治区从中拿出相应的资金，新建、改扩建 1480 所幼儿园，其中新建 847 所，改扩建 633 所，使全区学前三年入园率达到 70%。对普通高中蒙古语授课所有学生、中等职业学校所有学生及普通高中汉语授课家庭经济困难学生，实行免学费和免费提供教科书的政策。对中职及普通高中阶段学生，免学费标准是每人每年 2000 元，免教科书费每人每年 550—600 元，全区 54.3 万名学生获得资助。[②] 针对义务教育不均衡问题，自治区也正在拿出办法给予解决。

（三）民生之源——收入分配

2013 年金融机构加大了对现代产业体系、基础建设、民生和公共服务领域、城镇化建设、制造业的资金支持力度，其中对交通运输业新增贷

---

① 内教财字〔2013〕130 号。

② 景如月、刘军：《内蒙古 2012 年全面实现高中阶段免费教育》，新华网 2012 年 1 月 5 日。

款250亿元，同比增加57.05亿元。截至2013年9月末，涉农贷款余额4749.07亿元，比年初新增763.02亿元，余额同比增长22.91%，高于各项贷款增速8.41个百分点。保障房开发贷款增加较多，2013年9月末保障性住房开发贷款余额177.19亿元，同比增长49.6%。[①] 2013年1—7月，全区50万元以上项目固定资产投资额完成8174.13亿元，同比增长19.7%。[②] 这些实质性的资金投入直接提升了居民的收入，2013年1—9月全区城镇居民人均可支配收入18937元，同比增长10.1%；农牧民现金收入9144元，同比增长13.2%。[③] 截至9月底全区累计开工建设各类保障房17.7万套，基本建成16.1万套，分别完成全年计划目标任务的101.2%和89.4%。[④] 城镇居民可支配收入和农牧民现金收入主要来自工资性收入、财产性和转移性收入、家庭经营收入，这些收入均与社会资金的投入及生产有直接的关系，必然会拉动收入的增加。例如，2013年为148万名企业离退休人员调整养老金，月人均增加177元。调整后，企业退休人员月人均养老金达到1907元。从2013年10月1日起，自治区上调最低工资标准及非全日制工作小时最低工资标准，调整后的最低工资标准按地区分为4个档次。其中一类地区调整为1350元/月，非全日制工作小时最低工资标准为11.4元；二类地区调整为1250元/月，非全日制工作小时最低工资标准为10.6元；三类地区调整为1150元/月，非全日制工作小时最低工资标准为9.7元；四类地区最低工资标准为1050元/月，非全日制工作小时最低工资标准为8.9元。[⑤]

（四）民生之安全网——社会保障

截至2012年年底，全区共完成农村危房改造任务31.75万户，其中2012年度全区完成农村牧区危房改造16.75万户，超过国家下达自治区考核任务13.4万户的25%，同时也超过了2009—2011年3个年度的危房改造总量。全区解决了100万人的安全饮水问题，从内蒙古自治区水利厅农牧处了解到，截至12月初，全区共解决128.5万人饮水不安全问题，

① 自治区金融工作办公室，2013年10月29日。

② 内蒙古统计局综合处，2013年9月22日。

③ 同上。

④ 自治区全区保障性安居工程建设中期推进电视电话会议通报。

⑤ 郭俊楼、李虹影：《我区上调最低工资标准》，《内蒙古日报》2013年10月15日。

完成总投资94937万元。2012年，内蒙古切实把农村牧区公路发展作为一项重要的“民生工程”来抓，加大投资力度，加快发展步伐，全年完成总投资100.6亿元，建成沥青水泥路1.1万公里，打通不通沥青水泥路的村嘎查1087个。内蒙古自治区财政厅有关数据显示，截至目前，内蒙古城镇基本医疗保险参保人数达到976.36万人，覆盖率达到97.64%，完成全年任务的100.04%。内蒙古新农合人均筹资标准将从2012年的310元提高到今年的340元，其中各级政府补助增加到人均280元。[①] 社会保障的不断完善和提高，使得民生事业有了新的飞跃。

二　群众的呼声（问卷调查的结果）

（一）问卷的基本情况

本课题设计了民生改善调查问卷，旨在了解广大群众对自治区民生改善过程中的建议。问卷设计了10个问题，主要围绕就业、教育、收入、社会保障等内容由被访者自愿回答。发出问卷300份，收回问卷294份，有效问卷占98%。其中被访者男性占55.44%；被访者分别来自市区41.75%，镇42.46%，农村10.88%，嘎查2.11%，其他是乡、苏木；民族主要是汉族50.53%，蒙古族46.32%，其他民族有满族、回族、达斡尔族、鄂温克族；职业公务员占29.47%，事业单位人员占29.12%，学生占14.38%，农民占6.67%，服务行业员工占2.11%，牧民占1.05%，其他职业来自武警军人、公司员工、个体工商户、村嘎查干部、自由职业者、失业人员、离退休人员；年龄30岁以下29.25%，30—40岁23.13%，41—50岁24.49%，51—60岁21.09%，其他是61岁以上人员。被访者涉及方方面面的人群，具有一定的代表性。

（二）被访者回答问卷的内容

第一，对“您认为就业过程会遇到哪些尴尬和困难（多项选择）”，问卷提供了9项选择。被访者有48.07%选择了专业不对口；36.14%选择工资较少；32.63%选择学历较低；26.67%选择没有专业特长；

---

① 数据分别由内蒙古自治区人民政府网站及自治区交通运输厅、水利厅、住房和城乡建设厅提供。

25.61%选择男女不平等；11.93%选择少数民族语言文字授课；11.93%选择就业考试（面试）失误；6.32%选择没有可承包的土地和牧场；4.56%选择身体有缺陷。

从调查问卷的结果来看，就业的尴尬应当是由多方面原因造成的，主要有以下五个方面：一是大专以上的毕业生所学专业与市场岗位需求不对口；二是市场上岗位需求单位民营企业较多，入岗工资较低；三是有些岗位既要求学历，又要求专业，这样把一些有学历但专业不对口的求职者拒之门外；四是岗位要求男女有别，大多数岗位虽然不讲男女入职的要求，但在众多报名者中还是要选择男工作者，另外现在大学以上学历，尤其是文科男女生比例失调，内蒙古师范大学某文科学院，本科生在校生男女比例33.8∶66.2；五是少数民族的毕业生求职面较小，一般指向事业单位和公务员两个竞争较激烈的岗位去择业。

第二，被访者在选择“您认为现在就业容易找到岗位吗?”时，有85.96%的被访者选择了不容易，只有8.07%选择了容易，在选择职业时有时间限制的占6.67%。就业求职现在已经不是就业者自己的事情，它已经关系到整个家庭的稳定和幸福，尤其是一些独生子女家庭，就业时要启动家庭中所有可以利用的关系，来为子女找工作。尤其当前就业过程不是单靠个人的能力（个别强者不在其中），而必须利用社会综合关系网给予支持，个人综合能力与社会关系这两者的就业的成功率会大大提高。可是具有这两者结合的就业人员又有多少呢？另外还有时间限制的问题，有的要人单位都在每年的限制时间内招人，过了这个时间就会错过招聘的机会。

第三，被访者在选择“您认为什么情况较容易就业”时，有45.26%选择自己业务能力较强，有33.33%选择有人帮忙，有28.07%选择政府政策引导，有25.21%选择综合素质较高，自己创业、到农村牧区创业、参军、学历较高的选项分别占11.93%、7.37%、3.51%、14.74%。从以上较容易就业的情况来看，个人能力和有人帮忙排在前列的，两者均值是39.3%，也就是说在就业人群中，有1/3强的人群较容易就业，其余的就业者会在各种原因上遇到这样或那样的困难，甚至长期待业。

第四，被访者对就业的希望（多项选择）。有42.11%的被访者“希望政府对中小企业加大资金的支持力度”，有32.98%的被访者“希望扩大公务员和职员考试的指标”，有31.58%的被访者“希望扩大失业的救助范围”，有28.42%的被访者“希望解决农牧民失业的问题”，有26.67%的被访者“希望取消户籍限制的就业政策”，有26.67%的被访者认为“认真落实‘8337’自治区发展规划”，有22.46%的被访者“希望（凡是）到年龄（的公务员和职员、国企职工）即（刻办理）退休（手续）”，有21.75%的被访者“希望对个体工商户减免部分税收(的种类)”，有17.54%的被访者“希望出台农牧区遭遇自然灾害外出就业的政策”。从问卷汇总来看，被访者对就业实现目标的希望是比较分散的，这说明被访者都站在各自的角度看待这些问题，尤其是农牧民失业问题，被访者中近1/3认为农牧民也有失业的问题，例如，农牧区有些依靠自然天气种植田地的如果遭遇自然旱害，可能就会造成农田荒废，牧场牲畜无草觅食大量死亡，这就会造成农牧民年度失业，为此，政府应当积极考虑解决这个问题。仅有26.67%的被访者对“8337”发展规划寄予希望，所以必须加大“8337”规划在基层群众中的宣传。

第五，当问到“您对最低工资的要求”时有76.84%的被访者认为应当提高最低标准，这个愿望已在2013年10月实现。有8.07%的被访者希望提高农牧产品价格补贴水平，以此来提高农牧民的收入。

第六，“如何提高老年人的幸福指数”，有79.30%的被访者认为应提高老年人的养老保障金，有49.12%的被访者要求提高社区为老年人服务的医疗水平，有45.61%的被访者希望儿女们常回家看看，有44.61%的被访者希望增加老年人医疗报销药品品种，有35.09%的被访者要求老年人护理费纳入医保，有33.68%的被访者要求建设较高水平的养老院，有19.65%的被访者要求农村牧区建设集中养老院，有12.28%的被访者要求每千名老人有一所养老院。这些夙愿都关系到老年人的幸福，现在自治区的老年人口已经达到310万之多，老年人的民生问题牵扯着千家万户，虽然2013年企业养老金有所提高，但老年人关心的还是安全快捷就医、提高老年人药品报销品种和增加养老院的问题。

第七，提高医疗水平不仅是老年人的要求，全体民众都有对提升医药卫生服务水平的要求。有67.02%的被访者要求增加高水平的医生，有56.84%的被访者要求降低医治和药品的费用，有56.49%的被访者要求提高医疗机构的服务水平，有42.81%的被访者要求增加医疗机构，有36.14%的被访者希望各地区医保衔接，有35.44%的被访者要求加强药品安全监督监察，有27.08%的被访者建议提高农牧区医疗机构软硬件的建设水平，有26.67%的被访者建议提高农村牧区医生待遇。不管是大城市，还是农村牧区都希望有高水平医生为患者诊断，但是高水平的医生一般都在大城市，这样农牧民患者要想获得较好的治疗，其就医成本就要高于居住在大城市的居民，为此提升农村牧区医生水平和待遇应当与培养高水平医生同步进行。

第八，改善住房是民生改善重要问题之一，有67.37%的被访者认为只有提高了收入，才能解决自己的住房问题，有44.21%的被访者要求继续扩大公租房建设面积，有43.51%的被访者建议农村牧区也应当建立住房公积金制度，有33.68%的被访者要求建设青年公寓，有27.37%的被访者建议城市应当建设农牧民工公寓，有27.02%的被访者建议提高棚户区改造的速度。政府解决和改善居民住房问题，应当城乡统一考虑，这也是推进城市建设的重要环节。虽然每年政府都会对农牧区百姓的危房进行改造，但作为对城镇化建设的帮衬还有些薄弱。所以住房改善要从全局考虑。

第九，教育问题尤其是基础教育问题是民生之基，所以关心教育的人群涉及方方面面，被访者中有54.04%的人认为义务教育均衡发展理念下的择校问题治理是当前的一个难点，但这是关系着后代成长的问题。有51.93%的被访者认为高考招生制度要改革，有45.61%的被访者认为应当增加民族教育的投资，有42.46%的被访者认为要减轻中小学生学业负担，但这与当前教育制度有关。有39.30%的被访者认为还应当提高农村牧区教师待遇问题，有24.21%的被访者认为根据当前择校情况应当投资建设农村牧区小学陪读公寓。从被访者回答问题的侧重点来看，教育体制改革应当成为提高民生之基的重点问题，因为所有教育上出现的问题都与当前的教育制度有关系，不做改革势必带来更多的问题。

第十，社会稳定是维护民生改善的保证，有59.39%的被访者认为减缓物价上涨是确保民生改善的重要环节，有57.54%的被访者认为缩小贫富差距是维护民生改善的保证之一，有53.33%的被访者认为解决社会公共设施管理扎实有效是确保民生的基本工程，有52.98%的被访者认为有效惩治官员腐败有利于民生改善，有52.63%的被访者认为认真监管食品卫生安全对提升民生改善有积极作用，有49.82%的被访者认为尊重少数民族风俗也是维护民生改善的必要条件，有43.86%的被访者认为及时办理关系广大人民群众利益的事情是民生改善必须有所作为的事情，有42.11%的被访者认为基层公务员认真对待诉求人员的问题也是改善民生保证的基本内容；有41.75%的被访者认为制定政策要考虑生态环境的问题，资源开发要征求当地百姓意见，是民生工作实质性内容；38.6%的被访者认为有效控制失业人口数量是社会稳定的基本要求；37.19%的被访者认为治理污染企业问题和解决医疗负担过重问题是保一方百姓民生改善必须做的事情；35.09%的被访者认为依法解决医疗纠纷问题是维护稳定的基本措施；有11.93%的被访者认为解决大型商品理赔的问题也是维护社会稳定的方法。总而言之，民生问题小到一个家庭因为商品理赔与大企业之间的矛盾，大到公共设施的安全维护，都不能小视。

三　民生改善的政策建议

（一）就业的新思路

就业就需要有就业岗位，然而现在有很多就业岗位却招不到就业的人，反而又有许多人在待业和失业，那么是什么原因形成这种怪相呢？深层次的原因就是就业的大环境发生了变化，也就是就业人群知识结构发生了变化，就业岗位需求民营化。由2013年第二季度求职人员的学历看，职高、中专以上学历人员就占求职人员的48.79%，学历高于过去。2013年主要就业岗位来自有限责任公司、股份有限公司、私营企业、个体企业，这些民营企业在第二季度就有就业工作岗位103629个，占需求就业岗位的67.04%。[①] 而事业单位和国有企业只有就业岗位5474个，仅占就业岗位的3.53%。从调查结果看，大部分学历较高的人员愿意到事业单位和国有企业，所以使得民营企业出现空岗空位无人聘任的局面，主要原因还是工作不稳定和待遇相对较低的问题。这说明非公有制企业还有待于解决与国有企业权利平等的问题，因此，党的十八届三中全会《决定》明确指出，支持非公有制经济健康发展，坚持权利平等、机会平等、规则平等，废除对非公有制经济各种形式的不合理规定，消除各种隐性壁垒，制定非公有制企业进入特许经营领域具体办法。这些做法如果实现，会很好地解决就业不对称的问题。

---

① 内蒙古自治区2013年第二季度劳动力市场职业供求状况分析报告，第8页。

（二）教育要有新的路径

教育就是让所有人都能受到同等的教育，虽然普及教育已经非常普遍，但教育不平等的问题依然存在。因为我们现在的教育体制仍然是以升大学为目的。由于教育资源的不平等，很多经济较落后的地区教育资源也相对落后。这明显造成文化素质不平衡的问题，因此，必须给予相应的调整和改革。一是贯彻党的十八届三中全会的精神，统筹城乡义务教育资源均衡配置的问题；二是逐渐探索招生和考试相分离的教育改革。这些改革的最终目的就是使得受教育者能够得到平等的教育，使每个人都能通过教育找到理想的工作。

（三）收入方式要有新的变化

收入的增长归根结底是社会生产总值的增长。随着社会生产总值的增加，也应当调整相应的民生服务项目的投资，比如，农村牧区基础设施投资、农村牧区用电与城市居民用电价格同等、农村牧区陪读家长拥有陪读公寓、提升农村牧区医生水平和待遇、农村牧区失业救济补助等。这些问题的相应解决，能够间接提升农牧民的收入，从而从另一个角度增加农牧民的收入。同样，城市的弱势群体也要从公共服务的视角解决他们的收入问题。所以收入方式不要盯住个体劳动结果，而要与时俱进从间接视角考虑问题，只要实事求是地完成一项群众认为有益的工作，都会得到群众的拥护。

（四）社会保障要有新举措

社会保障工作已经得到国家的高度重视，现在社会保障存在的问题是社会保障如何合理发放和采取什么方式能够达到平衡合理的问题。社会保障的不平衡是城乡的差距造成的，城乡的差距是历史形成的，要使城乡达到平衡，首先就需要得到财政的支持，资金向农村牧区倾斜；其次新增出台的政策实施一定要城乡同步，才能推进社会保障的平衡，例如，整合城乡居民养老保险制度，就需要城乡统筹，统筹的基础是上提低的保障金，放缓高的保障金，农村牧区养老保险要有跨越式的发展才能得以整合。最后，“建立更加公平可持续的社会保障制度”是农村牧区改善民生的重头戏，只要改善了农村牧区民生问题，社会就会更加和谐稳定。

市场的决定性作用同样必须在社会建设中发挥

樊　坚[*]

中共十八届三中全会提出，要实现发展成果更多、更公平惠及全体人民，必须加快社会事业改革，解决好人民最关心、最直接、最现实的利益问题，更好满足人民需求；要推广政府购买服务，凡属事务性管理服务，原则上都要引入竞争机制，通过合同、委托等方式向社会购买；要加快事业单位分类改革，加大政府购买公共服务力度，推动公办事业单位与主管部门理顺关系和去行政化，创造条件，逐步取消学校、科研院所、医院等单位的行政级别。建立事业单位法人治理结构，推进有条件的事业单位转为企业或社会组织。这就要求在社会事业的改革创新中，同样也要发挥市场的决定性作用。

一　政府不是唯一的公共物品供给主体

现代发达国家以立法形式确保这个国家的公民享受基本公共服务不受任何条件的限制，是可被确认的权利，而非可被许可的权利。1935 年美国通过《社会保障法》，这部法律标志着美国基本公共服务体系的建立；英国是 20 世纪三四十年代建立公共服务体系；其他很多发达国家在 20 世纪六七十年代基本建立了公共服务体系。如果以此作为标志来看，中国最近发布的《国家基本公共服务体系“十二五”规划》具有里程碑意义，是全面建成小康社会的一个标志性事件。

---

* 樊坚，云南省社会科学院社会学研究所。

基本公共服务均等化的内涵主要有三点：①全体公民享有基本公共服务的机会应该均等。中国人口众多，人们的天赋能力各不相同，所占有的资源也差异，但在享受基本公共服务的机会方面应该是均等的。②国家的全体公民享有基本公共服务的结果应该是大体均等或相对均等。③在提供大体均等的基本公共服务的过程中，尊重社会成员的自由选择权，应尊重人民的自由选择权，尊重人民享有均等的基本公共服务的权利，应在基本公共服务的框架之内，让人们有自由选择的空间。

现代社会中，人们已经不再是传统地固定在土地上，鸡犬之声相闻、老死不相往来的“一袋马铃薯中”互不关联的个体，已成为在生产和生活上愈来愈依托于社会的基础性公共产品的人群。而公共产品的属性及其发展变化为公共产品的市场化提供了可能。

首先，以农村为例，绝大多数农村公共产品属于准公共产品。根据在消费过程中的不同性质，农村公共产品可区分为纯公共产品与准公共产品。现实中绝大多数农村公共产品是以准公共产品的形式存在的，如农村的小流域防洪防涝设施建设、农业科技成果的推广、农村职业教育、农村水利灌溉系统、农村医疗、农村道路建设，等等。根据公共财政理论，对于农村准公共产品的提供，市场机制可以发挥一定的作用。

其次，地区经济实体的发展和非正式组织的出现，为公共产品的市场化供给提供了可能。地区经济实体在自我发展的过程中，为了自身发展而投资建设的一些基础设施或者推行的一些管理规范，客观上解决了农村对公共产品的需求问题。浙江温州、绍兴等地设立的镇、乡、村级农业发展基金等非正式组织，对支农资金的筹集、使用和管理都有很明确的规定，在公共产品的市场化供给方面起了很大作用。

再次，农民知识水平的提高、市场意识的觉醒和观念的转变为农民自己通过市场解决公共产品提供了可能。资料显示，对于农村社区急需而政府又无力提供的农村电网改造、水利灌溉渠道等，农民自己组织劳动力，自己出资修建，然后由出资出力者共同使用，形成了独特的农村公共产品供给模式。

最后，现代社会中，政府不是唯一的社会建设和公共管理主体，政府也不是唯一的公共物品供给主体。美国非营利性组织提供了政府出资的所有社会服务的56%、就业和训练服务的48%、保健服务的44%。正因如此，中国政府要在公共物品供给中转变观念、提高认识、创新做法，树立供给主体多元化的理念。供给主体多元化要求中国政府把部分公共物品的供给职能转让给社会、团体，尤其是社会中介组织。社会中介组织运作方式较为多样，具有灵活性和非营利性。中介组织能够在社区内整合资源，强调民众自下而上的参与，又将公共物品的供给直接处于民众的监督和控制下，使其在供给物品时具有高效性，从而保证其所提供的公共物品的优质性。同时，社会团体尤其是中介组织作用的发挥也引进了市场机制，促进了供给方式的多元化。市场带来竞争，竞争提供选择的机会——只有存在竞争时，个人才能把他们的偏好选择显示出来，这就必然会对地方政府供给效率形成挑战。

二 当前社会建设存在的主要问题

近 30 年来，中国经济发展呈现出良好态势，人民生活质量不断提高，但片面的经济增长非但不能给人们带来幸福，反而导致了分配不公、两极分化、社会腐败、政治动荡、资源枯竭和生态恶化等问题。由于单纯追求经济增长，片面强调物质积累，过分追求经济利益，把社会事业建设摆不到应有的位置，忽视社会问题的配套，忽视公共财政对教育、科技、文化、医疗卫生等社会性公共服务的支出，把人的发展、社会发展问题排除在政府的管理视野之外，忽视了社会发展过程中各个领域的均衡，其结果势必造成“经济有增长社会无发展”的现实状况，出现了经济快速增长与人的发展危机共存的尴尬局面，造成忽视社会公平与正义，导致新的社会矛盾产生甚或升级。具体来说，社会建设存在的主要问题包括以下几个方面。

（一）公共服务供给无法完全适应日益增长的民生需求

公共需求是指社会公共利益，是社会公众具有不可分割性的共同利益需求，诸如社会公共秩序、环保等。当前，中国正在从传统农业社会向工业社会加速转型、从一般温饱社会向全面小康社会加快发展。随着生产力水平的不断提高，形成了公共需求快速增长的现实基础，人们的公共需求进入了高速增长期，无论是量还是质都在不断增加。同时，伴随经济发展水平的不断提高，公共需求结构也发生着显著变化，主要体现在公众的需求倾向日益多元化，需求层次逐渐由基本需求型向个性发展型提升，从改革开放初期的衣、食、住、行等基本的生存需求转向教育、文化等公共需求上。目前，公共安全、公共医疗、义务教育、就业和社会保障、收入分配等方面的需求已成为公共需求的结构主体。面对快速增长和日趋多元的公共需求变化，现行的以政府为主导的公共服务供给模式很难适应这一变化趋势，主要表现为低保群体的贫困预警和特困群体的帮扶机制亟待完善；缺乏跨部门的综合性社会救助协调机制；医疗服务整体水平不高，公共卫生服务体系亟待完善；食品卫生监督缺乏有效机制，假冒伪劣食品尚未得到根本控制；农村公共教育发展缓慢等。

（二）县、乡、村三级社会管理体制亟须完善

建立县、乡、村三级社会管理和公共服务管理体制，意在向基层组织下放社会管理和公共服务权限，赋予其更多工作权限，扩展基层组织的工作范围和空间，这有利于加快中心城镇的培育和农村新社区建设。建立县、乡、村三级社会管理和公共服务管理体制，必须结合县级政府的财政管理体制及人事制度改革方案，建立健全责、权、财、人相匹配的县、乡、村三级社会管理和公共服务管理体制，做到“放管结合、权责一致”。然而，当前大部分县级政府并未建立起这一管理体制，表现在职能部门联动机制欠健全，行政资源不能有效整合，各部门独立行事的困境制约着改革的深入推进；管理方式相对单一，欠缺培育社会组织和民间力量成长的能力，习惯性运用行政手段解决社会问题，柔性管理和民主治理水平不高，有意无意地强化行政资源配置，而忽略对社会组织的资金支持，甚至挤压社会组织的发展空间。

（三）城乡差别依然突出

在现有的城乡分隔的公共产品供给制度与市场经济条件下，农村公共产品结构不合理、基本公共服务非均等化现象突出，造成了农民应有的国民待遇与城市居民的国民待遇呈明显差异。在经济发展过程中，农村人口流失越来越严重，农村人力不断流向城市，尤其是青壮年人口流失严重，人口老龄化现象严重，经济也日渐萧条。这与水土流失一样，是一种社会流失。农村的人际关系及环境条件进一步恶化，农村生活质量进一步下降，留在村子生活的农民生活更加艰苦，也给政府与社会的扶贫开发带来了更大的挑战。公共产品在教育、卫生、道路、水电、通信、防灾、安全

等方面的供给相对成本在不断扩大，政府和社会投入的效率在降低，社会保障问题非常严峻。

（四）农民自我供给缺乏必要的制度化规范

农村公共产品供给体制尚未常态化。农村公共产品是具有非竞争性和非排他性特征，与农民、农村的生产生活息息相关，用来满足农村社区内的生产性或非生产性公共需要的社会产品。公平足量地有效供给农村公共产品，可以减少农民的生产成本，降低农业风险，增加农业收入，提高效益。新中国成立至今，中国的公共产品供给制度实施的是“城乡分治”的二元管理制度和优先发展城市的倾斜型发展战略和政策，“以农补工”“重城轻乡”。在这种供给体制下，形成了城乡失衡的国民收入和社会利益分配制度和格局，导致城乡公共产品供给差别明显。再者，中国农村公共产品供给采用政府主导型的行为模式，政府是单一的供给主体，但是，大部分基层政府财政紧张，提供农村公共产品的经济能力有限，难以进行投资兴建充足有效的农村公共产品。而受政府政策和产权界定的影响，私人投资难以大规模进入农村公共产品供给领域，这就形成了农村公共产品供给渠道的单一性和供给效果的有限性。此外，由政府主导的“自上而下”的农村公共产品的供给机制，在很大程度上取决于“上级”偏好，关系政治利益的公共产品供给过剩，而对农民急需但成本过高、效率过低的生产性农村公共产品供给严重缺乏，涉及农村可持续发展的公共产品供给严重不足。这种供给机制无法满足农民的真正需要，无法解农民的“燃眉之急”。

三　在社会建设中让市场起决定性作用

伴随中国现代化进程的加快以及社会主义市场经济体制的建立，在中国同样面临着与西方发达国家地方政府社会建设过程中出现的共性问题，如政府、社会和市场的关系问题，社会公正问题，公平与效率问题，阶层分化问题等。这些问题已经严重影响到中国经济社会的发展和人们对改革成果的共享。为妥善处理经济发展与社会建设的关系问题，摆正公平与效率的关系，合理解决差距问题，我们必须树立科学发展观，转变政府职能，转变治理观念。

第一，确立“多中心治理”理念，实现治理结构的均衡。在传统的治理模式下，政府组织在整个社会建设中担当着非常重要的角色。作为社会治理和建设的唯一权力中心，政府组织既拥有着合法使用暴力等其他组织所不能拥有的特殊权力，同时也承担着进行社会治理和建设的一切具体事务。而在当代“多中心治理”的模式中，一些非权力组织，如非政府组织、社区组织及公民自治组织也被赋予了一些组织权力，这些权力被社会和公民所普遍认可，从而能够与政府一起承担建设公共事务的职能。在这种合作治理过程中，社会组织的参与是一种自主治理。因此，各级行政部门及公职人员必须坚持平等合作的互动理念，与那些积极参与社会建设的社会组织构建共同治理的伙伴关系。但是，也必须看到，现代社会环境呈现出多元化、分散化的特征，存在各种各样的矛盾、冲突等偏激现象，影响到公共服务的质量和效果。因此，社会治理者应该善于通过谈判和协商，化解各种矛盾和冲突。这就是说，多中心治理并不拒绝控制和规范，而是在承认社会权力主体多元化的前提下，力争达到包括均衡的治理主体结构和治理价值结构的结构均衡。均衡的治理主体结构是指政府与非政府组织、社区组织及公民自治组织等权力单元在共同提供公共服务的合作治理过程中形成的优势互补、竞争博弈的平等关系；均衡的治理价值结构则是指政府与非政府组织、社区组织及公民自治组织等权力单元在共同提供公共服务的合作治理过程中寻求那些如公平与效率、民主与法治、活力与秩序等具有整体意义的、相互对应的价值范畴的平衡。在治理价值结构中，每一对价值范畴的平衡，都要靠多中心治理的格局来支撑。

第二，发展民间社会组织，提高社会的自主治理能力，实现政府权力的限制与收缩。民间社会组织是一种中介力量，能够将国家与分散的社会成员紧密联系起来。其中介功能主要表现为代表所属群体的利益，在需要的时候做出相应的利益表达；能正确理解并较好地传递党和政府制定的一系列方针政策，使组织内的民众较为顺利地接纳、遵守这些政策；进行不同利益群体的协调与对话。因此，让民间社会组织尽可能承接某些公共服务，可以给日益变化、复杂多样的公民需求提供更多的选择性。首先，介于政府与市场之间的民间社会组织承接某些社会管理职能和公共服务职能，能够改变由政府单中心治理导致的权力泛化，从而限制与收缩政府权力，消除权力寻租的空间。其次，民间社会组织来自民间，能够更加有效地吸纳相关民众的利益要求，反映它所代表的不同社会阶层的真实心声，充分表达它所代表的不同社会阶层的利益诉求，从而增进社会福利，促进社会公平。总之，民间社会组织因其所具有的自主性、中介性和公众性等特征，成为介于政府行政权力和企业经济权力之间的“第三种调节力量”，有助于我们重新理解、定位政府的社会管理职能。

第三，理顺政府和民间组织的关系，优化民间组织的运作机制。在社会建设实践中，政府应重新认识和定位民间组织的作用与重要性，培养民间组织的公共服务精神，将那些属于非营利性、社会性和公益性的事务交给民间组织，从而满足社会大众个性化的公共物品需求。首先，将民间组织视为政府与企业、政府与市场之间的纽带，使其承担起政府转移出去的微观管理和服务职能，如对农村地区传授种植技术，指导贫困、干旱地区的农民进行节水灌溉技术等；其次，充分发挥民间组织的各种优势，如成本低、效率高、与基层联系密切等，从而推动社会关注并帮助遭遇困难的弱势群体，解决社会福利、社区服务、循环经济等社会问题，缩小城乡差距、扩大社会公平，帮助政府排忧解难；最后，注重培养非政府组织的独立性，大力发挥民间组织在广开就业渠道、养老为老服务、技术培训服务、心理矫正服务等方面的积极作用，提高社会保障的社会化程度。因此，政府应理顺管理体制，对民间组织的管理应当由传统的包办角色转换到协办角色，按照政事分开、政社分开的原则，将非政府组织的人、财、物关系与行政机关脱钩，做到权责明确，实现非政府组织的独立运作，并自我发展、自我约束，使其在良好的法律、公共政策和公共道德的框架内运行。

第四，推进公共服务的市场化改革，提升公共服务效率。公共服务市场化是将市场竞争机制积极引入公共服务业的发展中，克服政府垄断经营弊端，并依托社会组织进行公共服务的一种管理模式。政府要推进公共服务的市场化，在竞争中创造公共服务事业的发展活力。具体来说，公共服务市场化改革就是要求各级政府根据本地的经济社会发展水平、财力基础以及广大农民群众对公共服务的需求，依照法律规定的具体程序来确定公共服务的供给内容，明确标准、条件和资质，制定准入制度；然后按照程序公开择优遴选承包商，将公共服务生产任务承包给有关社会组织主体。公共服务一旦被推向市场，政府的职责就体现在提供环节上，政府结合本区域的经济社会发展水平与实际状况，通过多样化的制度安排，收集本地居民具体的、迫切的公共服务需求信息，在此基础上明确公共服务供给的总体规模、具体标准、基本类型、先后顺序和空间分布，从而做到对公共服务供给进行总体调控，做出规划安排。

在推进公共服务供给市场化的过程中，政府作为公共服务的供给者、发包商，仍然需要对承包商或消费者给予一定的财政补贴。至于具体补贴的金额应该取决于所提供公共服务的属性，依据不同属性政府应承担不同的补贴责任。当然，政府必须承担起公共服务市场的监护者和监管者应担负的职责，应制定关于公共服务市场化改革的政策法规，确保改革的有序高效进行。这就要求政府及各部门加强政策研究，强化依法行政和司法保障工作的力度，切实保护各类公共服务市场主体的合法权益，防范市场风险，促进公共服务供给这一特殊市场的有序运营，保障社会稳定。政府及各部门还应加强建设服务标准体系，严格评估生产者的公共服务绩效，认真监督生产者的公共服务行为，让社会大众能够获取到数量更多、品质更优的公共服务，最终能够切实保护广大人民群众的合法权益。此外，政府还需要充分发挥组织协调优势，履行好市场化改革的组织者职责。政府及各具体职能部门应谋划市场化改革思路，制定具体的操作方案（比如明确服务外包或采购的品种、数量，制定招投标方案）。同时，政府及各具体职能部门应采取多种措施，创造多种机会，促进政府、社会组织主体与广大人民群众的合作互动，提高公共服务供给效率，构建和谐的公共服务供给秩序。

社会组织、民间机构和企业能够比政府更有效地提供公共品，其原因与市场经济对计划经济的优势一样，一是激励机制，二是竞争机制。政府官员管理公共品的生产和供应，既无降低成本和改进质量的激励，也没有市场竞争的压力。在缺乏公众监督的情况下，政府专营的公用事业还可能演变为高收费的行政垄断，伤害社会公众的利益。

事实上，当前社会上的看病难、养老难等问题，和过去的买肉难、买菜难的性质相同，都是由供给不足引起，对策应当是开放市场，尽快增加供给。如果一味用行政手段管制价格，只能阻止更多社会资源的进入，反而抑制了供给。另外，人为设定的低价又刺激了需求，供需失衡进一步恶化，消费者将不得不面对更大的价格上涨压力。

因此，我们不仅必须紧紧围绕使市场在资源配置中起决定性作用深化经济体制改革，同样应该紧紧围绕使市场在资源配置中起决定性作用加快社会事业改革，解决好人民最关心、最直接、最现实的利益问题，更好满足人民需求。这一点在经济社会发展水平落后的云南省尤为重要。

落实自治权，促进民族地区经济社会健康发展

樊　坚*

自治权是民族区域自治的核心，是民族区域自治法的核心内容与标志，自治机关的一切活动都是围绕自治权而展开的。自治权的完善与否，直接影响其实施的社会效果。民族区域自治法中有关自治权条款的完善应遵循最大化原则、可操作性原则、吸收借鉴原则。总的来说，正如邓小平同志曾指出的："实行民族区域自治，不把经济搞好，那个自治就是空的。"自治权由注重政治功能型的权利向注重经济功能型的权利转化，是自治权发展的一种趋势。少数民族地区的经济和社会发展问题，是实施民族区域自治法带有根本性、全面性的大问题，无论怎样加以改革和完善，都要以适应市场经济体制的建立、缩小与发达地区的差距、促进民族地区的经济迅速发展为出发点。这是在我们这样一个实行民族区域自治制度的多民族国家推进法治中国建设不可或缺的内容之一。

民族区域自治权可概括为，是指法律明确规定的，由自治机关根据法律法规规定的原则，结合当地民族的政治、经济、文化的特点，自主地管理本地方、本民族内部事务的一种特定权力。

2001 年 2 月 25 日第九届全国人民代表大会常务委员会第二十次会议通过了《关于修改〈中华人民共和国民族区域自治法〉的决定》，修改出台了新的自治法。较之从前，自治法在许多方面做了新的规定，但主要是在市场经济条件下，自治地方的自治权及上级机关保证自治地方行使自治权的规定。

---

* 樊坚，云南省社会科学院社会学研究所研究员。

一　有关自治权的新规定

第一，民族自治州、民族自治县的自治条例和单行条例的批准机关改为省、自治区、直辖市的人民代表大会常委会，备案机关扩大为全国人民代表大会常委会和国务院。

第二，增设了民族自治地方的自治机关录用人员对实行区域自治的民族和其他少数民族的人员给予适当照顾的条款。

第三，规定在坚持社会主义的原则下，合理调整生产关系和经济结构，努力发展社会主义市场经济，民族自治地方的自治机关坚持公有制为主体、多种所有制经济共同发展的经济制度，鼓励发展非公有制经济。

第四，扩大了自治地方的对外贸易自主权。

第五，在全国统一的财政体制下，通过国家实行的规范的财政转移支付制度，享受上级财政的照顾。上级财政对于自治地方在办学经费和助学金方面遇到困难的给予补助。各级人民政府在财政方面扶持少数民族文字的教材和出版物的编译和出版工作。

第六，民族自治地方根据本地方经济和社会发展的需要，可以依照法律规定设立地方商业银行和城乡信用合作组织。

第七，在民族教育自治权方面，自治地方享有优于其他地方的优惠。

二　有关自治权新规定的特点

从修改后的自治权条款看，自治权由注重政治功能型的权利向注重经济功能型的权利转化。

（一）与经济改革的原则相适应

目前，中国正在为实现经济体制改革的目标而努力，并把这一目标模式载入宪法，以此为原则中国制定了大量的法律法规。但作为重要的基本法之一的自治法，原有的关于自治权和其他条款的规定已明显与经济改革的要求不相适应。如：《自治法》在总则和第三章“自治机关的自治权”中多处规定“在国家计划经济的指导下”的内容，特别是在自治机关经济管理自治权方面计划经济的东西太多。所以，修改后的自治法按照宪法的规定摒弃计划经济，依据市场经济体制的原则赋予自治权新的内容。

（二）自治权的特殊性得以充分体现

随着改革的不断深入，自治法中原来体现照顾自治地方的一些规定已流于一般或已名存实亡。自治法赋予自治地方的一些特殊自治权由于国家计划体制的改革和双轨制的实施，而与一般地方和企业没有分别。

此外，关于贷款、投资等方面，曾经给自治地方以巨大支持的扶持性规定也已在改革的过程中或流于一般或已名存实亡无法执行，已无法体现给予自治地方优惠的宗旨。新的自治法对自治地方的某些自治权予以重新规定，充分体现其特殊性，如取消了原《自治法》第 31 条“任何企业和地方都可以自主安排国家收购上调任务以外的工农产品和土特产品等规定”；增补了“民族自治地方在全国统一的财政体制下，通过国家的规范的财政转移支付制度享受上级财政的照顾”；“各级人民政府要在财政方面扶持少数民族文字的教材和出版物的编译和出版工作”等具有特殊性的规定。

（三）自治权的扩大

首先，进一步扩大自治地方的对外贸易自主权。《自治法》第 61 条规定：“国家制定优惠政策，扶持民族自治地方发展对外经济贸易，扩大民族自治地方生产企业对外贸易自主权，鼓励发展地方优势产品出口。”第 31 条规定：“民族自治地方在对外经济贸易活动中，享受国家的优惠政策。”这改变了过去自治地方生产企业在商品出口权方面的限制性规定，扩大了自治地方在对外贸易活动中只享受外汇留成方面国家优惠的规定。新自治法做出了这一修改适应了社会主义市场经济发展的需要，也为民族地方的经济发展做出了更大的贡献，使自治地方形成以边境贸易为先导、逐步开展地方贸易的窗口与桥梁，促进了民族地区与周边地区外向型经济的发展。

最后，加大扶持力度，通过国家的财政转移支付制度，扩大自治地方的财政自主权，在金融、教育投入、投资方面享受上级财政的照顾。同时，赋予自治地方设立地方商业银行和城乡信用合作组织的自治权。

（四）重视民族化和民族教育

由于中国的民族自治地方多数位于偏远、贫困地区，经济基础薄弱，教育条件艰苦，许多少数民族教育严重滞后，延缓了地方经济的发展速度。“百年大计，教育为本”，教育是经济发展的基础和关键。为了全面提高自治地方的教育程度，《自治法》第37条第1款改为：“普及九年义务教育，采取多种形式发展普通高级中学教育和中等职业教育，根据条件和需要发展高等教育，培养各少数民族专业人才”。第2款增补：“保障就读学生完成义务教育阶段的学业。办学经费和助学金由当地财政解决，当地财政困难的，上级财政应当给予补助”。第22条新增：“民族自治地方的自治机关录用工作人员的时候，对实行区域自治的民族和其他少数民族应当给予适当地照顾”。这充分体现了国家对民族地区民族化的特殊照顾，同时“应当”二字使这一特征更具保障性。

三　自治权内容范围有限

中国实行民族区域自治制度，颁布自治法，赋予自治地方以政治、经济、管理等多方面的自治权，自治地方在各个方面的建设上取得了很大的成绩。但就自治地方的现实状况而言，对自治权仍有不断扩大的需求。由于市场经济体制的确立，原有的计划经济体制被打破，许多在计划经济体制下被限制的自治权伴随着新体制的建立应赋予新的内容，以体现出国家对自治地方的特殊政策。在具体行使中，许多自治权已流于一般，其特殊性无法体现，这对于民族自治地方的发展极其不利，特别是在大力发展市场经济的新时期。目前中国正处于社会发展的转型时期，市场经济使交易更加具有竞争性、自主性。民族地区作为经济发展相对落后的地区，在市场经济发展的今天始终处于竞争的劣势。为此，应当赋予自治机关适应市场制度的自主权，使自治地方享有因地制宜推动本地社会经济发展的自主权，为经济发展提供保障。

另外，尽管国家给予自治地方财政上的扶持，但对税收方面自治权的限制仍然较多。税收是国家的经济命脉，当然也是自治地方的经济命脉，税收方面的更多照顾对于民族地区是至关重要的。自治法规定，国家在税收方面给予自治地方一定的照顾，目前的优惠政策对于经济落后的自治地方而言是远远不够的。因此，落实民族地区自治权，使自治地方财权和事权实际对应，才能为民族地区市场经济的发展开辟道路。

四　自治条例和补充、变通规定方面的立法较薄弱

从自治机关目前的权力（主要指立法权）配置状况来看，其仍有待改进。就自治机关变通规定和补充规定而言，制定机关各授权法律的机关不尽一致，在某种程度上形成冲突。而且，自治条例和单行条例的批准机关也不一致，出现立法权自相矛盾的情形。这种冲突和矛盾削弱了自治法规的效力，严重影响了自治机关的工作。

中国目前已颁布自治法及实施细则，关键是自治条例和补充、变通规定方面的立法较薄弱。

一是自治条例滞后。自治条例是民族自治地方的人民代表大会，依照当地民族的具体情况而制定的全面调整自治地方事务的综合性法律法规文件。但中国目前尚有 26 个民族自治地方没有制定自治条例，尤其是五大自治区的自治条例尚未出台，这不能不说是极大的遗憾。自治条例的滞后一方面影响到整个民族法规体系的完备，另一方面直接影响到民族地方自治权的实现。

二是变通、补充规定没有用足用活。一些民族自治地方对上级国家机关制定的不适应本地实际情况的决定，照抄、照搬、照办的多，有针对性地作出变通规定的少。他们或是不敢变通，怕应付不了上级国家机关的对口检查；或是不愿变通，认为制定有关的变通规定太麻烦，程序太烦琐。这些主观和客观上的原因，导致了民族自治地方制定补充、变通规定的积极性不高，因而利用补充、变通权的效果不理想。据有关资料显示，目前中国授予民族自治地方变通或补充权的法律有 13 部，而民族自治地方只对 4 部法律，即婚姻法、选举法、继承法、森林法进行了变通和补充，其中 80% 又集中在婚姻法方面。对其他 9 部法律的变通或补充规定还是空白。

五　民族地方自治权是少数民族政治权利的具体体现

在新的历史时期，充分实现民族地方自治制度所赋予的权利，关系到西部大开发的成败，更关系到中国社会主义和谐社会的建设。因此，我们

应采取切实有力措施，以保障民族自治地方自治权的充分体现。

第一，转变观念，形成民族地方自治权的法意识。首先是国家各级党政机关及其工作人员要转变观念，不能将自治权简单地看作是权宜之计，认为其只是一种民族政策；要从法治、人权的高度来认识民族地方的自治权问题。对民族地方自治权的保障，应从以政策保障为主、法律保障为辅，转变为以法律保障为主、政策保障为辅；其次是民族自治地方的领导和各族群众要树立起自治观念，改变长期以来形成的“政策依赖”思想，即等、靠、要思想。同时自治机关还要树立起用法律来维护自治权的维权意识；最后，自治权作为一项法定权利，当然要受到法的保护。民族区域自治法作为国家的法律，具有普遍约束力和强制力，任何单位、任何团体、任何个人都应该遵守，不得违反。当上级国家机关的决定同自治法相抵触时，要理直气壮地予以抵制，必要时还可进行行政诉讼。

第二，完善立法，使民族区域自治法律法规体系日臻完善。国家应以《宪法》《民族区域自治法》和《立法法》为标准，对有关涉及民族区域自治的法律法规进行清理。将那些不符合市场经济、民主法治精神的予以废止，另立新法。对部分符合的予以修改，确保民族区域自治法律法规体系的统一性、完整性。

第三，自治机关要有创新精神，用足用活宪法和法律赋予的自治权。首先要善于利用变通权。变通执行是为了使国家的法律、政策能更好、更准确地在民族自治地方贯彻执行，促进和保证民族自治地方的经济文化事业迅速发展。其次，民族自治地方要善于利用这一规定，通过合法程序去变通执行或停止执行。其次要多采取适应本民族自治地方的特殊政策和灵活措施。《民族区域自治法》第 6 条规定：“民族自治地方的自治机关根据本地方的情况，在不违背宪法和法律的原则下，有权采取特殊政策和灵活措施，加速民族自治地方经济、文化事业的发展。”最后，民族自治地方的自治机关要解放思想、大胆创新，在充分研究本地的情况之后，有针对性地出台新的政策，以推动民族自治地方各项事业的发展。

第四，加强执法，保证民族区域自治法规体系发挥法的效力。法的效力直接体现在法的实施上，法律规范之所以不同于其他社会规范，就在于法的强制性。目前，加强民族法规执行的关键在于建立起责任机制和权利救济机制。对那些违反民族自治地方自治权的行为要真正进行法律制裁，使其承担应有的法律后果；对自治权受到侵害的要进行司法救济。

违规红利、制度均衡与法治国家

——对社会主义法治体系的内涵与价值的思考

谢志岿　孙　莹*

党的十八届四中全会明确了建设中国特色社会主义法治体系的目标任务，但这一体系是一个什么样的体系，其内在价值规定和根本目的是什么，什么样的法治体系才是符合中国经济社会发展要求的、能得到普遍认同和遵循的好的法治体系，则是需要进一步探讨的问题。改革开放以来，中国的法治建设取得了长足进步，但是，全社会知法、信法、守法的观念和习惯还没有养成，有法不依、执法不严、违法不究的现象仍然存在，尤其是社会上还比较普遍地存在一种通过不正常途径获取额外利益的博弈动机和格局，甚至为了一己私利不惜损害他人利益。一个时期以来，网络媒体上广为流传的所谓"互害社会"、"互害模式"的说法，虽然有些言过其实，但反映的即是此类社会现象。① 不走正常途径办事或者通过不合规途径谋取额外利益的心理和动机，严重影响了公民法治信仰、法治习惯和社会法治秩序的形成，是当前中国法治建设面临的一个突出问题和困境。造成上述困局的原因见仁见智，但最直接最根本的原因之一，是在中国经济社会转型过程中，一些法律制度还不适应由此带来的利益格局的变化，相关行为主体间合理的权益边界还没有形成，导致在一些领域，人们通过合法途径往往难以实现其利益，而通过不合法（合理）的途径则往往可以获得更多的利益，由此造成法律制度难以得到普遍的认同、信仰和遵

* 谢志岿，深圳市社会科学院；孙莹，中山大学。

① 张光芒：《警惕互害型文化蔓延》，《人民论坛》2012 年第 19 期；杨耕身：《媒体称中国陷入互害怪相，底线失守无人幸免》，《中国青年报》2013 年 5 月 9 日。

循，法治秩序难以形成并维持。本文旨在提出“违规红利”这一概念，揭示违规红利博弈与法治困局之间的关系，在此基础上阐释中国特色社会主义法治体系的基本内涵。本文认为，社会主义法治体系的根本目的和内在价值，是要塑造和保障各类行为主体和相关方认同的合理的权利和利益边界，通过权利、利益的平衡建构法治认同、法治习惯和制度均衡，从而夯实法治秩序的微观社会机制，破解通过不正常途径谋取额外利益的心理动机和博弈格局，在全社会建立起法治信仰和法治秩序。社会主义法治国家建成的根本标志，就是为各方公认合理的各类行为主体的权益边界得到塑造并切实保障。

一　利益平衡与法治秩序的建构

（一）利益是解释人类行为的钥匙

马克思说：“人们的奋斗所争取的一切，都同他们的利益有关。”[①] 人作为一个生命体，有各种各样的需求，包括生理需求、安全需求、社交需求、尊重需求和自我实现方面的需求，每个方面的需求下面又包括若干具体的需求。[②] 人类的一切行为，都需要从对上述需求的追求中得到解释。这些需求构成了人类的利益，对于人类行为的解释和人类社会的治理，都必须从这些利益诉求和满足中获得答案。脱离利益去解释人类行为及社会的治理，无异于缘木求鱼。因此，从利益出发揭示人类社会的运作规律成为历史唯物主义的重要基础。历史唯物主义不同意将历史的发展归因于暴力、意志、神、自我意识等因素，而是注重思想背后的利益基础。[③] 因此，马克思指出：“‘思想’一旦离开‘利益’，就一定会使自己出丑。”[④] 利益既包括上述的内容分类，也包括主体分类，如国家利益、地域利益、团体利益、个人利益等。这些利益关系，构成了人类社会的基本社会关系。

（二）法律关系就是权利和利益关系

法律是规定各类行为主体的权利和利益边界并具有强制力的制度体

① 《马克思恩格斯全集》（第 1 卷），人民出版社 1956 年版，第 82 页。

② ［美］马斯洛：《动机与人格》，中国人民大学出版社 2012 年版。

③ 彭劲松：《利益理论：历史唯物主义的重要一环》，《重庆社会科学》1998 年第 1 期。

④ 《马克思恩格斯全集》（第 2 卷），人民出版社 1957 年版，第 103 页。

系。马克思和恩格斯在《德意志意识形态》中指出，那些绝不依个人“意志”为转移的个人的物质生活，即他们的相互制约的生产方式和交往形式，是国家的现实基础，而且在一切还必须有分工和私有制的阶段上，都是完全不依个人的意志为转移的。这些现实的关系绝不是国家政权创造出来的，相反，它们本身就是创造国家政权的力量。在这种关系中占统治地位的个人除了必须以国家的形式组织自己的力量外，还必须给予他们自己的由这些特定关系所决定的意志以国家意志即法律的一般表现形式。这种表现形式的内容总是决定这个阶级的关系，这是由例如私法和刑法非常清楚地证明了的。这些个人通过法律形式来实现自己的意志，同时使其不受他们任何一个单个人的任性所左右，这一点不取决于他们的意志，如同他们的体重不取决于他们的唯心主义的意志或任性一样。他们的个人统治必须同时是一个一般的统治。他们个人的权力的基础就是他们的生活条件，这些条件是作为对许多个人共同的条件发展起来的，为了维护这些条件，他们作为统治者，与其他的个人相对立，而同时却主张这些条件对所有的人都有效。由他们的共同利益所决定的这种意志的表现，就是法律。[①] 上述论述表明，法律是由体现统治阶级的生活条件的共同利益所决定，同时反映统治阶级的利益。

（三）利益平衡是法治社会的微观机制和基础前提

法律制度为社会提供了一套游戏规则和行为结构，规范着人类的互动行为。法治的微观基础在于对法律的认同和遵循，因此，法治就无从谈起。在现代法治社会，对法律的认同和遵循，最根本的就是法律为各类行为主体确定合理的权利和利益边界，如果权利和利益边界不合理，行动者就可能不会从内心形成对法律的认同，反而可能诉诸机会主义行为以维护自身的利益，造成不合作博弈的困局。因此，现代立法的核心是确定各行为主体之间合理的权利和利益边界，使法律得到社会的认同和拥护，从而提高法律的认同性，从内心消除各行为主体不合作博弈的动机。

有效保障合理的权利和利益边界，是建构法治秩序的又一重要方面。如果一个好的法制确定了一个各方面认可的权利和利益边界，但这些利益

① 《马克思恩格斯全集》（第3卷），人民出版社1960年版，第377—378页。

边界并没有得到有效保障，一些群体或个人僭越法律侵害另外一些群体和个人的利益，并且得不到惩罚，那么好的法制就会形同虚设。因此，加强执法，公正司法，惩治腐败，使违法乱纪的人得到公正的、应有的惩罚，使守法人的权益得到确当保障和实现，才能建构起法治的信仰，树立法制的威信，否则，必然造成法治崩坏，社会混乱。

二　利益失衡、违规红利博弈与转型期社会失序

按照中央决定的表述，国家法治建设存在的问题，表现在立法、执法、司法和法治意识各个方面，这些问题违背社会主义法治原则，损害人民群众利益，妨碍党和国家事业发展。从法治的微观基础角度分析，中国转型期社会存在的行为失矩和社会失序，主要是在经济社会生活的一些领域，各方面公认的合理的权利和利益边界还没有得到确立并切实保障，利益平衡还没有实现。

（一）转型期的利益失衡

转型期的利益失衡问题已经引起了学术界的广泛注意。叶富春认为，利益失衡是指一定社会的利益结构违反社会发展规律，违背大多数社会成员的利益愿望，不适应社会构造的要求，不利于社会稳定和社会发展的变化状态。① 汪玉凯、黎映桃归纳了利益失衡的主要表现，体现在经济、政治、文化和民生诸领域。经济利益失衡主要表现为社会成员收入差距拉大，各种所有制成分收益水平畸高畸低等。政治利益失衡主要表现为社会成员宪法意义上的权利存在事实上的不平等，人们的参政议政愿望得不到有效满足，政治资源封闭流转而未向社会成员平等分配。文化利益失衡主要表现为社会成员不能平等分享公共娱乐设施和公共文化服务等。民生领域的失衡体现在教育、住房、医疗等方面，如教育方面，教育产业化进程使教育沦落为经济的附庸；住房方面，高企的房价使房地产成为暴利行业之冠，也与普通人的收入严重倒挂；医疗方面，医疗费用提升过快，成为

---

① 叶富春：《利益结构、行政发展及其相互关系》，社会科学文献出版社2004年版。

社会成员的沉重负担，医患关系紧张甚至恶化。[①] 李军鹏认为，当前社会利益冲突呈现出如下特点：一是阶层利益冲突加剧；二是贫富分化加速；三是利益关系的多样化导致了社会矛盾增多，行业之间、地区之间、城乡之间、阶层之间、群体之间的利益差异加大，利益群体之间的利益协调难度加大；四是由公共权力行使不当导致的社会利益冲突增多；五是利益冲突的组织化程度上升。[②] 马晓强则认为，中国现阶段存在的利益矛盾主要包括近期利益与长远利益的矛盾，不同区域之间的利益矛盾，不同所有制、不同行业之间的利益矛盾，强势群体和弱势群体之间的利益矛盾。[③] 马艳、张峰则从政府和市场两个方面解释经济社会转型期的利益失衡，包括工业化进程中工农业之间的利益失衡、经济体制改革造成的利益失衡以及市场失灵导致的各种利益失衡等。[④]

上述研究从不同角度讨论了经济社会转型中利益失衡的表现，但没有从制度上分析利益失衡与社会问题的关系。当前，一些领域的社会矛盾和问题比较突出，根源在于这些领域法规制度所规定的权利与利益的失衡或得不到保障。比如土地领域的权利和利益失衡，导致了如下问题：（1）政府强制低价征地、高价卖地，导致被征地拆迁者抵制和群体性事件频发；（2）农民违法用地而不用承担相应处罚，导致政府和社会利益事实受损，违法建筑泛滥；（3）各地竞相用地而疏于保护耕地，导致土地资源过度使用、耕地锐减，等等。土地领域是中国市场经济改革比较滞后的一个领域，在产权上仍然保留了传统的公有制特征。在资源配置上，土地领域则是计划经济时期未实行计划管理、市场经济时期反而实行计划管理的一个特殊领域。尤其是集体土地，所有、使用、处置、收益等财产权利都不完整，政府可以强制低价征收，然后高价转让给开发商用于商业开发，村集体没有相应的法定财产权利。另外，对事实上违法违规使用的集体土地，国家也缺乏完善的财产义务（税费）制度，导致大量违法建筑和小产权房无成本地获取了土地利益，致使国家和全社会利益受损。因

① 汪玉凯、黎映桃：《当代中国社会的利益失衡与均衡——公共治理中的利益调控》，《国家行政学院学报》2006 年第 6 期。

② 李军鹏：《当代中国的社会利益冲突及其调节》，《北京行政学院学报》2006 年第 1 期。

③ 马晓强：《利益关系问题是社会和谐的本质问题》，《高校理论战线》2007 年第 2 期。

④ 马艳、张峰：《利益补偿与我国社会利益关系的协调发展》，《社会科学研究》2008 年第 4 期。

此，由于权利和义务的双重缺失与失衡，国家、集体和个人在土地利益上实际上都缺乏公认的制度化的实现途径，导致了集体土地利用上的囚徒博弈和公地悲剧，造成了城市化过程中以政府强制征地、农民违法用地为特征的土地利用和管理乱局，成为城市化过程中的一个严重问题。① 又如医疗、教育、科研等公益性公共事业领域，职工工资标准仍然沿袭传统社会主义的工资体系（没有实行市场化的工资），而福利待遇（包括社会保障）则在进行市场化方向的改革，没有充分反映专业人员的劳动价值，客观上导致一些医院、医生和教师不认同当前的利益分配格局，于是背离公益目标，通过不正当的途径获取补偿性收益，造成医疗、教育领域的一些乱象。在政治（行政）领域，由于政府与市场、社会的权利和利益边界不清，政府不适当地干预市场和社会，导致市场和社会主体各种潜在的机会主义行为。一些官员以权谋私，助长行为相对人采取不正当途径获取利益，扭曲了正常的经济社会秩序。干部评价选拔不公平公正乃至买官卖官和逆淘汰的现象，助长了官场的各种不正之风，影响了政府的服务质量和效率，也直接影响了社会风气。在经济生活领域，诚信缺失、道德滑坡，制假售假、商业欺诈、经济诈骗等违法行为泛滥，一些机构和个人为了一己之私不惜侵害他人的利益。这种违规获取利益的行为模式损害了他人利益，最终也会使自己的利益受损，造成了社会转型期种种矛盾和问题。

（二）违规红利与社会失序

一般而言，如果权益边界清晰合理并得到有效保障，通过正常渠道，每个成员可以各得其所，那么社会成员一般会选择遵循现有法律法规的规定，从而形成法治秩序。而在合理的权利和利益没有得到明确界定和充分保障的情况下，人们通过正常的途径往往不能实现其利益，而通过一些不正常的途径往往可以获取甚至可以获取更多的利益，这致使人们习惯借助不正常途径谋取利益，这样，就形成了“违法得利，老实人吃亏”的博弈格局。这种博弈格局，往往诱使人们通过违规或不合规的途径获取利益，致使法制得不到遵循。违规获利的博弈格局如下表所示。

---

① 谢志岿、曹景钧：《如何制度化解决当前中国土地问题》，《中国行政管理》2012 年第 1 期。

违规获利的博弈格局

甲方＼乙方	守规	不守规
守规	1，1	-2，2
不守规	2，-2	-2，-2

在上表的博弈格局中，有四种情形，双方都守规的情形，单方收益均为1，双方总收益为2；一方守规一方不守规的情形，一方收益为2，一方收益为-2，总收益为0；双方都不守规矩，单方的收益均为-2，双方总收益为-4。可见，在一方守规的情况下，如果另一方不守规且不受处罚，不守规的一方可能获得较双方均守规更为丰厚的收益，于是双方均可能采取不守规的选择，结果是双方收益均为-2，社会总收益为-4。

上述通过违法、违规行为获取的法律和制度限制之外的利益，本文称之为“违规（法）红利”。在权利和利益边界没有得到明确界定和充分保障的情况下，各方都可能求助于不守规的方式谋取利益。违规红利博弈格局以及由此造成的社会不公平，严重影响了人们在公共选择中的动机和行为，甚至会直接导致一些严重的社会越轨行为。这种谋取违规红利的博弈心理和行为机制，深刻影响了当前的政治、经济和社会生态，是国家法治建设的一个巨大障碍，也是当前经济社会领域诸多矛盾和社会失序的根源。

改革开放以来，中国的法制建设取得了极大进步，已经形成了比较完善的社会主义法制体系。但是，在一些领域，旧的制度体系形成的权利和利益格局尚未被打破，公认合理的权利和利益边界尚未形成，制度变迁还没有充分反映和适应经济社会发展带来的权利和利益格局的深刻变化，导致了政治、经济和社会领域的一些失序和混乱。因此，进一步通过利益平衡实现制度均衡，仍然是国家法治建设的关键环节和重大任务。

三　当前法治建设的重大任务：从利益平衡到制度均衡

按照制度主义的解释，制度均衡是指这样一种状态：在给定的一般条件下，现存制度安排的任何改变都不能给经济中任何个人或任何团体带来额外的收入。这样，现存的制度结构就处于一种均衡状态，即制度均衡。制度均衡表明，制度变迁的供给完全适应制度变迁的需求。但是，现实社会中，制度均衡是暂时的，许多外部事件能导致新的外部利润的形成。影响外部利润的主要因素包括规模经济、外部性、风险和交易费用等。当这些外部因素所引起的潜在收入的增加不能内部化时，一种新制度的创新则成为可能。也就是说，制度变迁的根源在于预期收益的变化，“如果预期的净收益超过预期的成本，一项制度安排就会被创新，只有当这一条件得到满足时，我们才可望发现在一个社会内改变现有制度的产权结构的企图”①。

改革开放和经济社会转型极大地改变了社会各方的利益结构和利益预期，如果制度变迁不能适应这些利益预期的变化，社会将处于利益失衡和制度失衡的状态。如果这种失衡长期得不到合理解决，则可能导致各类主体以新的利益为目标的机会主义行为，并进而加剧经济社会的失序。

因此，社会主义法治体系建设的重要任务和目标是塑造并保障合理的权利和利益边界。为适应改革开放以来利益结构及利益预期的深刻变化，国家必须重新构建和切实保障各方面公认的合理的权利和利益边界，从而，从利益平衡走向制度均衡，重塑人们对法治的信仰和尊重，在根本上构建起法治的秩序。因此，实现与平衡各方面合理利益的制度建构能力，是国家治理能力现代化的重要内容。

（一）进一步构建和形成合理的权利和利益格局

当前一些法律制度所规定的利益秩序仍然保留了诸多传统计划社会主义的成分，不适应社会主义市场经济发展引起的利益格局的深刻变化。因此，构建和形成合理的权利和利益结构，就成为法治体系建设的基础环节。以土地管理为例，针对土地领域利益失衡所造成的问题，应该建立起国家、集体和个人合理的利益边界及制度化的实现机制。在土地的权利和利益关系中，政府的合理权益是土地的增值收益和土地用途的规划与管制等，获取收益的制度化途径是征收增值税等各种税费，政

① L. E. 戴维斯、D. C. 诺斯：《制度变迁的理论：概念与原因》，载《财产权利与制度变迁》，上海三联书店 1994 年版，第 274 页。

府权利的边界是，除非公共利益否则不得强行征收集体所有的土地。集体土地所有者的权益是完整的财产权利所规定的处置权和土地的市场价值等，其义务则是土地的用途管制和相关税费（按照各国的惯例，其中土地增值一般实行累进税率，增值超过200%的部分，税率可达60%）。通过构建公认的权利和利益边界，可使各方的权益均得到制度化的实现，从而终结当前政府低价强征土地获取土地收益、农民违法用地获取土地增值所造成的土地管理困局，建立起土地利用和城市发展的法治秩序。如果没有建构起公认合理的权利和利益边界，法治秩序就缺乏必要的认同基础。其他领域亦是如此，国家必须深入分析研究经济社会转型过程中各个领域发生的利益结构的变化，并适时地予以调整，从而在各个领域构建起合理的权益格局和秩序。

（二）切实保障合理的权利和利益边界

合理的权利和利益边界为公共秩序提供了基本前提，但如果这些权益边界得不到保障，法律就得不到遵循，法治也无从谈起。因此，中共中央《关于全面推进依法治国若干重大问题的决定》中提出的高效的法治实施体系、严密的法治监督体系、有力的法治保障体系等内容，其主旨就是实现和保障法律体系所确定的各法律主体的权利和利益边界。在合理的权益边界基本确定的情况下，维持这一边界的关键，就是惩戒对这一边界的侵害，以遏止一些人试图通过不正常途径获取违规红利的动机和行为。其一，必须厘清政府职能，防止公权力不当使用对市场和社会主体的侵害；其二，必须严厉惩治腐败。政府腐败行为直接违反法律谋取私利，扭曲社会行为，制造社会不公，是对法治秩序最具破坏力的源头性因素，建设法治国家，必须严惩腐败；其三，必须公正司法，加大对各类违法行为的惩戒，改变守规吃亏、违规得利的博弈格局，引导全社会自觉地遵循法治。通过严格公正的司法，维护全社会公认的权益边界。

（三）塑造全社会的法治认同和法治信仰

建设法治国家离不开全社会的法治认同和法治意识的养成。法治思维和法治意识的养成，最根本的当然在于法治的实践（立法、执法和司法），但法治的宣传和教育也具有重要作用。因为法治是一个复杂的社会实践过程，合理的权利和利益边界的形成，既是一个法律制定与实施的过程，也是一个认识和妥协的过程，需要对其有全面的认知，也需要遵循法治的精神，否则将难以形成共识，公认的法律制度也难以形成。因此，需要在全社会普及相关的知识，提升政府、组织和个体的权利意识、法治观念和公民参与意识，自觉地参与塑造和维护全社会的合理权益，形成崇尚正义和秩序的法治文化。

四　关于转型期国家法治建设的内在逻辑的讨论

（一）立法、司法和执法并重

当前，关于中国法治建设的重点，有三种倾向性主张。第一种是司法中心主义，主张法治建设的中心是司法。20 世纪 90 年代以来，一些法律学者基于法律程序尤其是诉讼和审判程序与过程的公正合理对中国法治建设的重要性，主张将法学研究的重心从实体合法性向程序合法性转移。在司法中心论者看来，法学研究的重点是“依据法律的思考”，而不是“关于法律的思考”，[①] 立法者并非万能，司法权的行使才是法律的实现过程。[②] 新程序主义论对程序的强调影响了 90 年代以降中国法律秩序的建构，民事、刑事、行政等诉讼规则的修正就是其果实，其对程序话语的强调弥补了中国传统法律文化的不足，有其重要意义与价值；第二种倾向是执法中心主义。执法中心主义认为在国家法律体系日益完善的情况下，法律的生命力和关键在于法律实施（执法）。在执法中心主义看来，中国虽然制定了大量的法律和法规，并取得了很大进展，但在执法方面却改进甚微，法律在社会生活中的权威并未真正树立起来，“人治”现象在中国仍然严重存在。[③] 中国社会秩序混乱和公共治理失效，背后无不暗含着行政执法的缺位，公共秩序失范的根源是执法不严；[④] 第三种倾向是立法中心主义。改革开放以来，中国整体上采取的是一条“立法中心主义”路径。立法构成了法治建设的首要和核心环节。通过经济、行政、社会领域的立

---

① 陈金钊：《法学的特点与研究的转向》，《求是学刊》2003 年第 2 期。

② 曾德军：《从立法中心主义到司法中心主义的转变——关于法治另一条道路的思考》，《求索》2007 年第 6 期。

③ 严存生：《我国法制建设的战略中心应转向执法》，《理论导刊》1997 年第 5 期。

④ 傅达林：《从立法中心主义到执法中心主义》，《民主与科学》2014 年第 6 期。

法，最终形成了“中国特色社会主义法律体系”。[①]

司法中心主义遵循英美法系的传统，将司法作为法治的核心，以为在现有的法律框架下，提高司法的程序合法性就可以实现法治；而执法中心主义以为，目前只要加强执法就可以实现法治，这都是值得商榷的。如前所述，当前法治建设最大的困局是违规红利博弈，其原因是一些领域利益和制度的失衡，在这种情况下，单纯的司法和执法并不一定能够建构起全社会对法治的信仰和习惯。在英美国家，司法中心主义其实是建构在比较成熟的法治体系的基础之上的，法治体系所确定的权利义务关系基本得到全社会的认同，也就是说，其形式正义是基本符合实质正义的。因此，目前将法治建设的重心从立法中心主义转向司法中心主义或者执法中心主义，都仍然存在偏颇。而立法的目的在于实施，只强调立法，不加强司法和执法，当然也达不到法治。因此，转型期法治建设应该是完善法律与加强司法和执法并重。

在国家经济社会转型的过程中，外部利益变化是一个常态，在因应外部利益变化形构新的制度均衡的过程中，势必涉及现有法制实施过程中的形式正义与构建新的法律制度所追求的实质正义的关系问题。实质正义与形式正义分别包括三种对应的形态，即社会正义与制度正义、具体正义与抽象正义、实体正义与抽象正义。总体而言，形式正义必须服从实质正义，只有某些表现为具体正义和实质正义的实质正义可以被舍弃或牺牲。[②] 因此，建设法治国家，必须在坚持形式正义的同时，因应外部利益的变化，适时通过制度变革构建新的合理的权益边界，通过夯实实质正义为形式正义奠定基础，尽量实现二者的动态统一与平衡。这是由转型期国家法治建设的现状和内在要求决定的。

（二）实质正义的立法原则

法治是良法之治。[③] 良法是形式正义与实质正义的合体。“实质正义是指制度本身的正义，形式正义是指对法律和制度的公正和一贯的执行。”[④] 法律所提供的社会正义应当与社会理想相符合，保证人们的利益

① 傅达林：《从立法中心主义到执法中心主义》，《民主与科学》2014 年第 6 期。

② 孙笑侠：《法的形式正义与实质正义》，《浙江大学学报》（人文社会科学版）1999 年第 5 期。

③ 亚里士多德：《政治学》，吴寿彭译，商务印书馆 1983 年版，第 199 页。

④ 沈宗灵：《法·正义·利益》，《中外法学》1993 年第 5 期。

与愿望。[1] 实质正义要求立法在确定人们实体权利义务时遵循平等、公平和合理等价值标准，是对社会资源的公平分配。[2] 在当下的中国，要从形式正义和实质正义两个层面理解法律，不仅把法律理解为“向当事人、律师、法院以及行政机关提供了再进行过程性选择的工具、方式和步骤”，更要认识到法律“是经历了民主的正当过程的结构性选择的结果”。[3] 学者不仅要关注如何依据法律解决纠纷的“下游研究”，更要注重法律产生过程的“上游研究”。[4]

达致实质正义的立法，需要民主立法、科学立法与法治认同。形成合理的权利和利益边界，要防止部门立法和关门立法形成的制度惰性。通过建立多元化立法起草机制、人大代表议案转化推动机制、法规实施与立法完善互动机制、立法参谋班子职业化机制、完善立法审议及辩论等方式强化人大在立法过程中的主导功能。要畅通和扩大社会参与及表达的渠道，加强利益表达和利益综合，提升立法的参与性和科学性，在此基础上，形成较为合理的权益边界。

---

① 庞德：《通过法律的社会控制——法律的任务》，商务印书馆 1984 年版，第 55 页。

② 肖建国：《程序公正的理念及其实现》，《法学研究》1999 年第 3 期。

③ 季卫东：《法律程序的意义——对中国法制建设的另一种思考》，《中国社会科学》1993 年第 1 期。

④ 喻中：《从立法中心主义转向司法中心主义？——关于几种“中心主义”研究范式的反思、延伸与比较》，《法商研究》2008 年第 1 期。

第　三　编

社会治理体系建设与创新

以法治、德治、自治“三治”融合推进山东省“十三五”基层社会治理创新

张述存[*]等

社区治理是社会治理的基础环节，是创新社会治理的重要突破口。当前山东省基层社区治理亟待解决的突出问题，一是基层社区治理主体职责不清，基层政府与村（居）党委、村（居）民委员会等社区自治组织之间、社区内部各组织之间的职责边界模糊；二是基层政府和城乡社区居民的法治意识和法制观念淡薄，社会道德滑坡现象突出；三是社区自治机制不健全，社会力量参与不足，社区居民缺乏归属感，社区共治共享、良性互动的局面尚未形成；四是社区公共物品需求和利益表达机制缺失，社区服务行政化、碎片化特点明显，社区治理的系统性、回应性和协同性不足。“十三五”时期，山东基层社会治理创新应当围绕着增强改革动力、激发社会活力来推进，借鉴全国各地已经探索的基层治理创新经验，我们提出：坚持以法治为纲、德治为基、自治为标，构建法治、德治、自治“三治”融合的基层社会治理新模式，以此推进山东省基层社会治理的现代化。

一 以“法治”为纲，为德治和自治划定底线，提供保障

要运用法治思维、法治方式，坚持功能互补、错位服务、民主协商的原则，清晰界定“权力—权利”以及“责任—义务”之间的关系。

第一，全面推行社区工作准入事项清单制度和社区自治清单制度，解

---

* 张述存，山东社会科学院院长。

决社区治理主体职责不清问题，理顺政府与社区自治组织的权责关系。

社区行政化、负担重是长久以来一直得不到有效解决的问题。青岛市民政局2014年对所辖的10个区（市）、20个街道、42个社区的调研发现，社区需要承担中央、省、市、区、街道层层交办的工作任务，多达307项（法定日常类占38%、委托办理类占30%、其他占32%），其中，承担市级部门任务118项，分别涉及党政、群团、执法等30余个部门单位。[①] 社区工作人员一人身兼数项，要完成几十项工作任务，为社区群众提供服务的时间和精力实在有限。2015年8月青岛市开展了社区进行减负治理，着重厘清社区工作事项清单，缩回政府不应伸向社区的手，让社区工作"清单之外无权利"。

制订社区工作事项清单，要实行社区工作准入制度。列入社区准入工作清单的事项，按照任务性质由相应责任主体负责实施；未列入清单的事项，社区有权拒绝办理。社区工作事项应按照法定职责工作事项、委托协助工作事项实行分类管理。其中，法律、法规、规章，党中央、国务院及其部门，省委、省政府及其部门，以及市委、市政府明确要求应当由社区承担的工作事项，列为法定职责工作事项。除法定职责工作事项外，市直部门需进入社区的其他工作事项，均为委托协助工作事项。社区承担的招商引资、协税护税、经济创收等任务指标，以及社区作为责任主体的执法、拆迁拆违、环境整治、城市管理等事项应予以取消。应将各职能部门对社区工作的考核指标一并统一到市里，建立统一的考核评比指标体系，对社区工作实行综合考核评比，各职能部门不应再单独组织考核评比活动，取消对社区"一票否决"事项；应大力压缩乡镇政府、街道办及其职能部门要求社区参加的各类会议和活动；大幅减少各职能部门针对社区的各类台账和材料报表，整合内容重复、形式雷同的材料报表；统一制订《社区印章使用范围清单》等。

对于委托社区协助办理的工作事项，应严格实行"费随事转"。委托部门应当明确工作事项的目标任务、权责划分、责任主体、服务对象、工作标准、完成时限和经费保障等具体内容，并与委托对象签订委托协议。涉及经费的，应当在该事项有关专项资金管理办法中明确付费标准并合理安排资金。委托协助工作事项，原则上不得要求社区成立相应机构、设立

① 姜宁、于晶：《青岛：缩回政府不该伸向社区的手》，《中国社会报》2015年9月23日。

专门场所、加挂名称牌子、建立工作台账。

实行社区自治清单制度，就要将关系群众切身利益、需要群众自我决策的重要事项以目录形式予以规范，并对需履行的程序予以明确，2014 年山东省日照市在全市范围内建立农村社区自治清单制度，主要有医疗救助、临时救助、五保供养、贫困户及残疾人危房改造的初审等 21 项，由社区村民代表会议或村委会会议评议、村务公决决定，巩固完善现有农村社区民主决策办法。事项涉及两个及两个以上原行政村的，由社区村民委员会组织协调办理；对于集体土地、资产等应当由原集体组织管理完成集体资产改制的，由集体经济等组织按照有关规定处理，未完成改制的，涉及原行政村一个村的由原行政村组织按照相关规定办理，否则，由社区村民委员会组织协调办理。

青岛市对社区居委会印章使用管理也进行了规范。社区居委会印章主要为居民提供能如实掌握的居住、政审、申请救助、抚恤、高龄补贴、残疾保障、职工和居民社保、计划生育婚育情况、就业扶持、子女助学金、学杂费减免、青少年课外实践活动、志愿服务等方面的证明，不得用于承担法律责任、经济连带责任等超出印章使用范围的证明。

社区工作准入制度、社区自治清单制度和社区居委会印章管理办法让社区自治组织有规可依，值得推广。同时，要引导社区组织开展创制行动，分别制订社区党组织、村（居）委会、社会组织、业主委员会、物业服务企业、嵌入社区的社工机构事务清单，以此解决社区组织之间功能不明的问题。

第二，要完善基层政府的规范性文件、重大决策、行政合同合法性的审查机制，健全事中事后监管制度等，以进一步规范公共权力的运行，强化依法行政和公正司法。针对一些基层政府和部门规范性文件、重大决策、行政合同合法性审查机制不健全，不严格遵守相关程序规定，以一般文件形式替代规范性文件、规避虚化合法性审查等现象，要强化合法性审查工作机制，重点加强公众参与和专家点评机制，采取听证、征求意见、召开座谈会等形式吸收公众参与，并组织专家进行点评，突出对基层改革和发展事项、关系群众切身利益和社会热点等方面规范性文件、决策的点评。同时强化监督检查机制、定期清理机制、责任落实和追究机制。要创新基层政府监管方式，健全政府的事中事后监管制度，解决监管人员与监管对象比例不平衡，监管中权力寻租，自由裁量权过大，以罚代管、推诿不管的不良习惯和作风，以机制创新推动基层政府由“全能型政府”向有限政府、责任政府、透明政府和服务型政府转变。

第三，应加强法治宣传教育、强化法律服务，保障社区居民依法表达诉求，切实维护其合法权益。一要拓展宣传渠道。针对不同受众对象，充分利用村社讲堂、宣传栏、网络等多种媒体和渠道，广泛开展普法教育宣传；二要联系实际，注重宣传实效。围绕与群众利益密切相关的房屋拆迁、土地承包、婚姻、赡养等问题，开展法律宣讲，让群众充分相信法律、正确运用法律、严格遵守法律；三要强化公正司法，突出法律服务。针对基层群众的需求，提供优质高效的法律咨询和法律帮助，将法律服务送到农家田头，送到基层社区，不断提高民众的法治意识和法律素养，切实维护基层群众的合法权益。

二　以“德治”为领，通过榜样示范和道德教化，引领社区居民向善

法治离不开德治。即使好的制度建立起来，如果没有人的良好的精神状态和心理状态，也不能实现制度设计的良好预期。德治注重自律，强调通过对人内心的规诫来规范、引导个体的行为。德治建设要围绕着弘扬社会主旋律、创新道德环境、强化道德养成，提升道德水平的目标，加强社区居民的道德建设。

第一，以评促德。通过大力宣传和弘扬群众身边看得见、摸得着、学得到的“身边好人”、“平民英雄”和“凡人善举”等，充分发挥典型示范、道德激励在基层社会治理中的积极作用。

第二，以规立德。结合经济社会发展需要，系统梳理村规民约、居民公约等有关规章制度和行为准则，在居民充分酝酿、讨论的基础上修订完善，彻底改变公约制定后束之高阁成为摆设的习惯，使其在居民的日常生产生活和村务管理中得到不折不扣的执行，使每一个居民都成为公约的执行者和监督者。

第三，强化道德阵地建设。以公民道德馆、村（社）文化礼堂和乡民风民俗馆等建设为抓手，加强社会主义核心价值观的宣传教育，倡导崇德向善的社会风尚。同时，在移动互联网时代，要充分利用网络论坛、微

博、微信所拥有的即时传播和社会动员优势，支持城乡基层社区网络论坛、社区微博、社区微信平台的建设和传播，打造社区网络的传播品牌，使社区新媒体在聚焦社区民生服务，实现社区信息有效触达的同时，传播正能量。

第四，创新道德激励机制。以"道德银行"、"道德积分"等形式，记录社区居民道德践行凡人善举，引导居民"积小善为大善"，"积小德为大德"，加强诚信建设。

第五，培育发展基层文化团体。引导支持其选取主旨向上、富有基层特色、群众喜闻乐见的文化节目，开展城乡舞台巡演，丰富基层群众的精神文化生活。

第六，推进城乡文明共建。结合城镇化和城乡一体化发展的要求，开展城乡文明的一体化建设，组织城市机关、社区文明单位与农村社区结对共建，发挥城市文明的带动作用。

三　以"自治"为标，激发居民的主人公意识，提高基层治理水平

自治是实现基层群众当家做主最有效、最广泛的途径，也是构建现代社会治理体制的基本目标。要围绕着保障城乡居民民主权利、扩大有序参与、提高社区治理水平的目标，强化基层社区自治建设。

第一，建立和完善城乡基层基本公共服务需求和利益表达机制，以民主的方式促进基层民生问题的解决。建立和完善基层公共物品需求和利益表达机制，对于保持公共物品供求关系的相对平衡、减少公共资源浪费、减轻农民负担、维护农村贫困人口合理权益、改善干群关系、维护社会稳定，都具有非常重要的意义。"十三五"时期，政府对基层尤其是农村的投入，要充分吸取民意。要建立政府听证制度、行政承诺制度、信息查询咨询制度，使基层社区需要什么样的公共物品、偏好如何、优先次序如何、需要多少以及利益诉求等，均可通过恰当的机制充分表达出来，并通过一定的程序，使这种需求转变为政策决策的参考依据和行动目标，确保基本公共服务供给充分体现公众需求。同时，在实施一些符合农村实际、民众迫切需要的基层服务项目时，要让居民充分参与到政府服务项目的各项规划和实施方案的制定中来，以基本公共服务促进基层社会治理方式逐

步实现双向互动。

第二，以“三个直接”和“四个明白”来宣传、发动和组织农村基层的换届选举，进一步完善村庄民主选举机制。针对长期以来村庄选举中贿选、操纵选举等现象屡禁不止，建议“十三五”期间在农村的换届选举工作中，深入开展“三个直接”和“四个明白”的宣传、发动和组织活动。采取“直推、直选、直通”的“三个直接”办法，由党员和群众推选产生村庄党组织候选人，由村民直接选举产生村民委员会，村民小组长直接连通群众服务百姓，实现民主选举、民意直通。“四个明白”即明白下一届干什么事、明白以什么标准来选人、明白选什么人来干事、明白选的人干得怎么样。要宣传、推动广大农村群众以“四个明白”来选择村两委成员，保证依法选举和公平、公正、公开。

第三，以“两公开一会审”为主要内容，规范村庄事务的民主决策、民主管理和民主监督。针对村干部在选举时表态积极而上任后难以监督和约束的问题，实施“两公开一会审”制度，村委会每月要对村庄当月财务收支现金结余和下月财务收支预算进行公开，村民代表对相关事项进行会审、讨论、集体表决。为此，建议推广莒县“议事·学习日”的经验，将村庄重大事项的管理置于阳光下，保证群众的知情权、参与权、管理权和监督权。

第四，优化治理结构，挖掘和动员新的治理资源，搭建基层社区多元参与民主协商的制度框架。将社区作为一个开放的治理平台，构建包括基层党委、人大、政府及其派出机构、驻区单位、社区自治组织等多层复合型的网络治理结构，并划分清楚这些主体在协商中分别承担的角色和职责。培育和鼓励社区新型社会组织及社区精英参与民主协商，并在制度、空间和财政上予以支持。分层次筛选协商议题并有序推进。可优先解决与群众利益最直接相关的基层民生问题，再逐步把基层政府事务例如政府预算纳入协商议题。

第五，搭建基层社区民主协商制度化的平台和载体。一是要开发和利用已经被居民认同、可操作的协商民主形式，例如恳谈会、听证会以及票决式协商等，挖掘每种形式的适用情况和范围，在试点的基础上逐步推广，真正落实居民的知情权、参与权、表达权和监督权；二是加强信息化社区建设，创建社区论坛，推动网络协商平台的建设，打通网络问政“最后一公里”。

当前社会基层治理面临的问题、挑战与未来改革趋势

杨　雄*

一　深刻把握基层社会治理的国家战略

从党中央提出社会建设的指导思想、发展脉络和战略定位观察以来，党的十六大提出“扩大公民有序的政治参与”，“健全基层自治组织和民主管理制度，保证人民群众依法直接行使民主权利，管理基层公共事务和公益事业”；十六届六中全会又提出了建设“和谐社会”的四位一体战略任务；十七大报告首次提出把“基层群众自治制度”增加确立为中国民主政治的四项制度之一，即“坚持和完善人民代表大会制度、中国共产党领导的多党合作和政治协商制度、民族区域自治制度以及基层群众自治制度”。2011 年 2 月中央召开省部级领导社会管理创新研讨班，再次强调要最大限度激发社会活力、增加和谐因素、减少不和谐因素的总要求。十八大则提出“加快社会体制改革”目标，指出要加快形成“政社分开、权责明确、依法自治”的“现代社会组织体制”的基本原则和要求。党的十八届三中全会又明确提出“推进国家治理体系和治理能力现代化”、解放和增强社会活力的总体目标，成为从行政化“管理”转化为社会化“治理”的全面深化改革的基本指导思想。

在笔者看来，治理体系现代化主要是“治理结构”现代化。十八届三中全会“改革 60 条”提出，全面深化改革的总目标是完善和发展中国特色社会主义制度，推进国家治理体系与治理能力现代化。新一轮改革的

* 杨雄，上海社科院社会学所。

重点是深化政府职能改革和社会体制改革，基层作为政府行政系统末梢是与社会实体接触的基本面，在新一轮改革进程中它构成了推进和建构国家治理体系的“新基石”。什么是“治理结构”现代化？即要处理好政府、市场、社会三者的关系、边界与功能。上述三个主体，各自有自己的利益，无论是公开的还是隐形的利益。我们讲治理体系现代化，不仅是“党政关系”，还涉及“党社关系”、党与政府哪些领域应“退出”等深层次问题。当前执政党面临的最大问题其实是既要保证政权巩固、领导权不丧失，又要在市场放权、社会许多领域赋权这两难问题。

加强基层建设关键是要解决、处理好几对治理主体的关系。“新两个凡是”解决了指导思想上的困扰，但到了社会，尤其到了基层，仍然面临如何操作的难题。现在一方面鼓励社会发育，一方面又害怕“公民社会”出现，这在实践中，需要处理好基层多个主体间的复杂关系。现在，居委会、业委会、物业三者关系是城市现代社区最难处理的关系。基层自治，要解决一堆“利益关系”问题。居委会是自治主体，但它是计划社会的产物；在市场经济环境下，业主其实才是主体，真正的利益主体。有恒产才能有恒心，其他利益都是围绕它生存的。为何现在小区业委会、居委会、物业各自不认同？就是因为各个主体都有各自利益，相互扯皮，不能真正合作。故要厘清各自功能边界、职权，找到共同利益，才能谈合作自治。今后，基层治理改革应朝着“权职对称、边界清晰、合作共赢”多元目标推进。

当前基层社会建设亟待破解的问题，尤其是像上海这样的特大城市面临的难题，可概括为：（1）探索党在新形势下基层组织执政方式、主导作用、职能转变的问题；（2）破解社会管理的“城乡一体化”（二元结构、公共服务、治理主体）等问题；（3）协调基层（居委会、业委会、物业等）治理主体“多元化”等问题；（4）破解基层社区自治方式、社会组织如何发挥作用，以及居委会基层组织“行政化”等问题。

二　当前上海社会基层治理亟待破解的瓶颈问题

（一）基层建设的体制、机制问题

当前街道—居委会社区体制模式往往较多凸显为自上而下的纵向体系特征，社区发展的资源也主要依赖于行政性资源，社区自治组织往往形成对上负责的取向与应对考核的导向。主要包括：(1) 街（镇）、村（居）两级的社区治理架构缺乏科学设计，相应职能较为模糊，运行机制较乱；(2) 街镇层面条块矛盾突出，缺乏相应统筹主体，应对社会管理难点问题的联动联勤机制薄弱；(3) 政府公共服务和社会管理向社区延伸的平台建设存在不足；(4) 街（镇）、居（村）之间，既有的街（镇）居（村）矛盾、条块矛盾突出，政府行政管理与基层群众自治有效衔接不足，存在政府职能延伸与社区准入机制建设、“费随事转”机制落实等具体问题。

(二) 基层建设的活力问题

基层社区建设的行政化色彩过浓，社区活力与创造力严重不足。主要包括：(1) 居委会（村委会）疲于应付所承接的政府职责，在一定程度上忽略了社区自治主体（如楼道建设、社群领袖、社区志愿团体等）的培育问题；(2) 居委会、业委会与物业管理公司三者之间的矛盾冲突较为普遍；(3) 社区活动内容单一，活动主体目前主要集中在退休中老年人、儿童等弱势群体，对于在职白领、年轻人、较高阶层人员等优势人群缺乏吸引力；(4) 基于居住地的社区建设成效显著，但基于工作地、休闲地、交通地等的社区建设较少，难以对人群的主要活动地点形成全覆盖等。

(三) 基层建设的资源问题

基层社区建设的内生性资源较为丰富，但外生性资源严重不足。主要包括：(1) 社区居民日益增长的专业社区服务需求与现有社区工作者“全科型”定位之间的矛盾；(2) 街镇社会组织服务平台建设严重滞后，政府购买服务机制往往具有年度性限制，很多专业服务难以持续性开展；(3) 专业社会组织、专业社工进入社区的机制建设严重滞后，社区居民的服务需求与专业化服务资源之间的对接存在问题；(4) 现行的居（村）社区组织架构迫切需要调整以适应“三社”联动的发展形势等。

(四) 基层建设的配套政策问题

基层社区建设的重要性得到公认，但相应的配套政策迟迟无法落地。主要体现在：(1) 社区工作者队伍的职业化、规范化、专业化建设问题；

(2) 社区工作者的薪酬体系缺乏统一标准，各区县、各街镇之间的差距很大；(3) 社区工作者的职业培训、职级晋升机制缺乏，缺少上升空间，存在队伍不稳定的问题；(4) 大学生社区工作者的角色尴尬，往往短期内就辞职，或被街镇挪用，或沦为电脑操作员，无法发挥优化社区工作者结构的作用；(5) 社区工作者考取专业社工证书或心理咨询师证书后，缺乏相应的优惠政策，专业化发展十分有限；(6) 社区协管员队伍的整合问题等。

三 未来创新社会治理改革的总体思路

(一) 创新社会治理、加强基层建设，构建基层社会与社区分层治理新体制

一是围绕结构功能属性，合理布局，形成街道、街区、居民区三层结构的社区体系。当前，基层治理的核心问题是“社区”概念、范围和规模的科学界定。基层社区的构成要素既包含基层群众自治，也包含社会共治和政府服务管理，不能简单地将之分为街镇层面的社区共治、村居层面的社区自治。科学的功能设置应该是街道作为行政性领域的主导层面，配置行政资源，协调行政机构，将行政管理和代理事务向下延伸到街区(网格)；街区是居民群众日常生活圈的服务性领域，市场组织、公共服务组织以效率最优化配置服务资源；居民区则是自治领域，处理邻里关系和小区公共事务。这样一种以功能结构和格局为基础的社区体制，有助于厘清解决目前组织体系和队伍建设等一系列复杂问题。而且还应该按照社区类型多样化特点注重分类指导，在发展目标、工作重心和资源配置方式等方面避免一刀切。

二是以党建联建为平台，构建多元主体的社区协同治理机制。协调基层社区（居委会、业委会、物业等）多元主体“共治”方式。进一步推广“三会制度”和以人员交叉任职来实现组织间良性互动的基层工作经验，促进社区共治和社区自治。进一步增强基层协商民主机制建设。扩大基层社区参与城市重大公共事务和公共政策决议的范围，尤其是当重大公共事项涉及特定社区的公共利益时，须认真听取社区意见；社会成员要能够通过基层社区对整个城市公共事务和公共政策进行利益表达；积极探索形成行政事务、公共服务事务和居民自治事务三支不同身份属性的成员队

伍，这不仅能完善社区治理结构和功能体系需要，且能有效运作不同禀赋资源，发挥社会化、多样化机制的活力与合力。

三是探索“社区”与“选区”勾连的可能性与立法依据。基层建设需要与整个社会的政治经济系统相衔接，否则基层建设容易与社会治理相脱节。上海应积极探索人大代表联络社区的工作机制、增加人大代表中来自基层社区工作者的名额、强化人大代表从基层社区而非工作单位产生的机制，基于选民利益提交议案，帮助基层解决实际问题，实现社区与选区关联，乃至最终合而为一。

（二）创新社会治理、加强基层建设，重新探索与构建“党、政、社”关系

一是认真思考、探索执政党的执政方式现代化。党如何进入社会、如何领导社会，是执政方式现代化的核心问题。未来执政党要想获得更多选票是在社会，因此，今后社会很可能将取代企业成为执政党工作的重点。现在一提社会组织中党建，往往仅在党务层面，想到的就是如何“全覆盖”，这是做表面文章。深层次问题是“党社关系”如何定位。为此，要努力实现基层党的建设、政府职能转变、社会发育成长三者的相互协调、相互匹配和互为依托。结合街道体制改革和乡镇体制改革的契机，以区域化党建、网格化管理、社区委员会三大平台为基础，进一步理顺党政关系、条块关系、街（镇）居（村）关系，逐步完善社区共治机制，并通过信息化建设的方式和手段增强社区共治的效能。

二是改变传统执政动员的理念方式。基层社区到底是姓“政”还是姓“社”？市场经济条件下，许多治理方式应由社会来选择配置，不要老想着所有东西都由政府来配置、由党来包办。今后上海需要什么样的基层社区？是高度行政化、半行政化还是自治社区？我们认为，今后党“进入”社会，应主要体现在意识形态上的主导；党的执政合法性应更多通过为人民服务来体现；加强党的建设主要是保证国家安全、政治安全；而党的领导、影响力应通过党员在社区中联系群众的方式来体现，还可通过社会组织中的党员行动来体现。

三是借鉴、探索“政退党进”的新型“党政社关系”。可借鉴新加坡人民行动党的一些经验做法。该党单独执政 40 多年，在基层治理方面有许多成功经验：（1）人民行动党在每一个社区建立“民众联络处”，每周

须接待访民；认真将大家意见一一登记，事事有落实。类似上海社区中的“党员服务站”，但人家做得更加到位；（2）“选区”与“社区”合二为一，作为选区每一位议员必须在所在社区为民众服务，才能获更多“选票”；（3）党员须定期为“社区基金”捐款，这成为加入人民行动党的先决条件等。新加坡基层治理经验提示我们，在政府“退出”社会的同时党要积极“进入”社会。上海应大力倡导通过党员联系社区、接待居民、组团式服务、担任社区领袖等方法，进一步发扬光大党的群众路线。党员作为社会成员的精英分子，必须将“从基层中来，到基层中去”制度化，成为社区联系群众、为民服务的模范，这样才能取信于民、夯实党的执政基础。

（三）创新社会治理、加强基层建设，大力发挥社会组织参与社区治理的作用

一是将社会组织治理现代化摆在重要位置。创新社会治理体制，不仅要协调政府内部各部门之间的关系，还要协调政府与社会的关系。尽管政府在公共事务中发挥重要作用，但它仅仅是公共事务决策中的角色之一，社会问题越复杂，政府就越需要与其他社会部门合作。

二是规范、完善社会组织立法。坚持培育发展与监督管理并举，形成“法律规范、分工有序、管理有效、培育得当”的多元化社会组织治理体系。加快形成“政社分开、权责明确、依法自治”的现代社会组织体制；保障实现政府的行政职能与社会的自我管理职能分离、行政权力与自治权利分离，以促进社会组织健康发展。

三是积极探索社区、社团、社工“三社”联动，进一步发挥社区社会组织作用。按照“政府扶持、社会运营、专业发展、项目合作”的思路，推动建立以社区为平台、社会组织为载体、专业社会工作人才队伍为支撑的社区服务管理新机制。完善社区社会组织发展和社区社会工作专业人才队伍建设的政策，推行政府购买服务制度，建立公益创投机制，充分发挥社区社会组织作用。

四是健全行政执法监督体系，强化社会信用体系在社会治理中的功能。按照不同治理问题的需要，推进相对集中的行政处罚权改革，建立综合执法机制；实施行政执法自由裁量基准制度；加快各类公共信用信息平台的归集统一和信息服务体系建设；通过依法合理征信，逐步扩大社会信

用体系覆盖领域；建立健全个人和组织在社区公共生活的社会信用体系；实现人口管理制度衔接挂钩机制；建立社会专业力量和公众参与信用评价工作机制；加快公民意识和法治精神的养成。

关于推进社区治理现代化的思考

沈跃春*

党的十八届三中全会将“完善和发展中国特色社会主义制度，推进国家治理体系和治理能力现代化”确立为全面深化改革的总目标，同时明确提出了“创新社会治理”的新要求。[①] 以“治理”取代“管理”，虽然只是一字之差，但是含义更深刻、内容更丰富、要求更明确。这种执政理念的变化，标志着中国共产党的执政理念更加开放、更加深刻、更加成熟。

在国家治理体系中，社区治理具有基础性地位和作用。在国家治理体系和治理能力现代化中，社区治理体系和治理能力发挥着重要的基础作用。社区是社会的基本单元，社区治理是社会治理的重要基础，也是国家治理的重要内容，社区不仅是构成城乡基层政权建设的基础，也是加强和创新社会治理的重心。创新社区治理是推进国家治理体系和治理能力现代化的重要方面和必要保证，因此，推进社区治理现代化应该从创新社区治理入手。

在传统向现代转型的大背景下，创新社会治理体制必然要求推进社区治理现代化。而推进社区治理现代化，必须正视和解决当前中国社区治理领域存在的突出问题。近年来，中国在和谐社区建设方面进行了积极探索，各地在探索中创造出许多好的经验，取得了显著成绩。但是，随着改革的不断深入，一些深层次问题日益凸显，当前中国社区治理仍然存在一些亟待解决的问题，主要表现在以下几个方面：一是一些地方社区居委会

---

* 沈跃春，安徽省社会科学院社会学所所长、研究员。

① 《中共中央关于全面深化改革若干重大问题的决定》，人民出版社 2013 年版，第 49 页。

行政化倾向严重。重行政命令、轻依法行政，重行政作用、轻社区居民参与，重考核检查、轻依法治理。特别是偏离社区自治功能和居民参与不足，没有形成依法自我管理、自我服务、自我教育和自我监督；二是社区管理体制滞后，政府公共服务向社区延伸不够，社区自治和服务功能不强；三是社区治理力量缺乏整合，当前社区负担依然较重，基层政府、社区组织、市场主体和社会力量之间多元共治、有效衔接的格局尚未形成。这些问题制约了社区发展，迫切需要在社区建设实践中加以解决。

创新社区治理是推进社会治理现代化的基础性工程。那么，在国家治理语境下，如何推进社区治理现代化呢？笔者认为，加快从传统社会管理向现代社会治理转变，实现从社区管理到社区治理的飞跃，关键在于创新社区治理。从一定意义上说，推进社区治理现代化，就是要以社区党建创新为引领，创新社区治理体系，不断提升社区自治和社区服务能力，建立和完善多元主体参与的现代城乡社区治理体制机制，实现社区公共利益最大化。

一　创新社区党建，夯实党的执政基础

党的基层组织是党全部工作和战斗力的基础，是团结带领群众贯彻党的理论和路线方针政策、落实党的任务的战斗堡垒。党的十八届三中全会指出："要创新基层党建工作，健全党的基层组织体系，充分发挥基层党组织的战斗堡垒作用，引导广大党员积极投身改革事业，发扬'钉钉子'精神，抓铁有痕、踏石留印，为全面深化改革做出积极贡献。"① 这为新形势下基层党建工作指明了方向。社区党建是社区建设的政治保证。创新社区党建，必须坚持党对社区建设的领导和人民群众当家做主、依法治理的有机统一，推进社区居民依法直接行使民主权利，管理社区公共事务和公益事业，健全社区党组织领导下的充满活力的基层群众自治机制，充分发挥社区党组织在社区建设中的领导核心作用，把社区党组织建设成为推动发展、服务群众、凝聚人心、促进和谐的坚强领导核心。

第一，充分发挥社区党组织的领导核心作用。明确社区党组织的领导核心地位，健全和优化社区党组织设置，完善社区党建管理体制和组织体系，构建分类管理与分级负责相结合的社区党建管理体制，保证社区建设

---

① 《中共中央关于全面深化改革若干重大问题的决定》，人民出版社 2013 年版，第 58 页。

的正确方向和支持条件。打破地域界限、条块分割、建制束缚和行政壁垒，探索建立更加灵活有效的设置模式，实现党的组织和工作全覆盖。按照“便于党员教育管理、便于党员参加组织生活、便于党组织开展活动”要求，在社区下辖的居民区设立党支部，在党员集中居住的楼栋建立党小组，在社区设立网格党小组，形成社区党总支（支部）、居民区党支部、功能党支部、楼栋党小组、网格党小组的多级组织网络。要适应党的工作向非公企业、社会组织延伸的趋势，扩大驻区非公企业党组织覆盖面。按照社区“两委”工作规则，建立健全党组织学习、班子成员谈心、党务公开等配套制度，规范社区党建工作运行机制。通过开展社区党建规范化建设和党建工作示范点等创建活动，促进社区党组织加强自身建设。

第二，完善社区党建工作联席会议制度。社区党组织是社区各类组织和各项工作的领导核心，主要负责社区党建工作，并牵头研究、协调社区重大事项，统筹、组织各类主体共同参与社区建设。完善社区党建工作联席会议制度，必须强化社区党组织建设，必须在明确社区各类组织的职责的基础上，进一步理顺社区组织体系中各要素之间的关系，加快建立健全社区党组织领导，社区居委会主导，社区（公共）服务机构承载，社区社会组织、业主委员会、驻区单位和社区居民广泛参与、多元共治的社区治理体制机制。进一步健全社区党员代表议事制度，积极探索党内基层民主的多种实现形式。完善社区“两委”议事协调机制，改进社区党组织的工作方式，通过支持社区居委会充分行使自治责权来落实党的任务，通过支持社区居民开展自治活动来赢得群众拥护，通过支持社区各类组织参与服务管理来体现带动作用。

第三，加快推进服务型社区党组织建设。健全党组织体系，创新服务平台，完善共驻共建机制，提升基层区域化党建工作水平。社区居委会是在法律规定范围内自我管理、自我教育、自我服务、自我监督的群众性自治组织，主要负责依法组织居民开展自治活动，依法协助基层政府或其派出机关开展工作，依法依规组织开展有关监督活动。要围绕建设文明和谐社区搞好服务，定期开展民情恳谈，组织在职党员到社区报到，为群众服务，开展群众喜闻乐见的文化活动。建立在职党员到社区报到机制，鼓励流动党员到社区参与组织生活，大力开展社区党员志愿服务、结对帮扶等活动，充分发挥党员在社区服务管理中的先锋模范作用，带动社区居民广泛参与社区自治和服务活动。

二　构建社区治理五大体系，推进社区治理体系现代化

随着新型工业化、城镇化、农业现代化、信息化的推进，构建新型社区治理模式已成为刻不容缓的现实需求。当前，我们必须从社区建设实际出发，围绕以下五个方面创新社区治理体系，推进社区治理体系现代化。

第一，加强社区文化建设，培育社区治理公共价值体系。文化是社区共同体意识构建的精神纽带，社区文化是社区建设的灵魂，社会主义核心价值体系则是当前社区文化建设的重要内容。塑造社区精神，培育形成社会主义核心价值观，必须将社会主义核心价值体系建设内容渗透到具有实践性的社区文化活动中去，通过形式多样、内容丰富、喜闻乐见、鲜活引人的社区教育、社区宣传与社区文化活动等表现手段，推动严肃、深奥的价值理论大众化、普及化；以培养文明新风、满足文化需求、普及科学精神、形成社区治理公共价值体系为目标，把践行社会主义核心价值观作为社区治理的重要内容，融入社区精神文明建设全过程；采用科学有效的方式、丰富多样的形式，提高社区居民法律素质、道德素质和科学素质，营造健康文明的文化环境，加快构建社区治理公共价值体系；改善社区的文体设施条件，丰富社区的文化娱乐项目，增加社区的图书藏书量，满足居民开展群众性健身活动和终生学习的需要，从而形成健康向上、文明和谐的社区文化环境；要建成基本公共文化服务体系，形成完备的省、市、县（区）、街道（乡镇）、社区五级公共文化设施网络；要坚持均等性原则，将农民工纳入城市公共文化服务体系，让全体市民群众均等公平享有公共文化服务和产品。

第二，创新社区治理体制，健全社区治理扁平化组织体系。按照理顺关系、完善结构、提高效能的基本思路，扎实推进社区管理体制改革。从推进职能扁平化入手，深入推进社区管理体制综合改革，创新社区治理体制。通过调整街道职能、完善社区功能，逐步建立区直接管理与服务社区的工作体制。街道负责辖区内综合管理和协调落实工作，引导社区居民依法自治。县（区）级部门负责行政执法和行业管理工作，对口社区开展服务管理，接受街道、社区监督评议。社区在街道和区级部门的指导、支持和帮助下，承办直接为居民服务事项。尽量减少街道承担的程序性复

核、数据汇总、材料转送等工作环节。完善省、市、区、街道、社区协调联动机制。统筹推进社区建设与管理，强化信息支撑，提高工作效能。坚持权随责走、费随事转、人随事迁，调整街道职能配置，优化街道机构设置，精简街道工作人员。健全社区服务体系，完善社区服务设施，增强社区服务功能，充实社区工作力量，提升社区居民依法自治水平。

第三，探索社区治理多元化，规范社区治理民主化协商体系。适应社区多元化合作治理的需要，实现社区治理主体多元化、社区治理方式多元化以及社区治理结构多元化。通过一定的制度安排，构建一个包括政府、社区组织和社区居民等多元治理主体的社区治理共同体，采用多元化的治理手段和方式，协同管理社区公共事务、提供公共产品，实现社区公共利益，努力形成党委政府、社区组织、社区居民、驻区单位多元主体共同治理的格局。一是完善社区议事决策机制。进一步完善社区居民会议和居民协商议事会议制度，健全民情恳谈、社区听证、社区论坛、社区评议等对话机制，推进社区民主协商的制度化、规范化、程序化。要把涉及居民利益的公共服务事项纳入协商议事范围，使公共政策的制定和实施符合群众意愿。要按照党的十八届三中全会提出的要求，开展形式多样的基层民主协商，推进基层协商制度化，推动建立党代表、人大代表、政协委员联系社区制度，就经济社会发展重大问题和群众普遍关心的实际问题听取社区群众的意见；二是建立协调联动机制。加强对社区治理的统筹协调，建立统一的社区事务监督指挥体系，推进各级各部门的信息系统对接、工作力量对接和业务流程对接，逐步实现信息平台互联、信息资源共享、工作网上调度，形成“一个部门公务员对应若干社区网格责任人”的工作格局；三是推进社区治理民主协商。扩大多领域、多层次、多渠道的基层民主协商，建立重要情况通报制度，市、县（区）两级部门的行政执法和行业管理工作涉及社会稳定等重要情况时，应及时向街道、社区通报，街道负责协调解决相关问题，社区负责做好宣传教育、信息收集、接受申请和协调群众等工作。

第四，充分发挥社区居民的主体作用，拓展社区治理平等化参与体系。引导社区居民主动参与社区治理，提升群众参与社区治理的素质与能力；拓展社区居民参与社区治理的渠道，为社区居民参与社区治理创造条件，努力形成社区治理人人参与、和谐社区人人共享的良好局面；大力培育社会组织，保障社区居民通过社会组织参与社会治理的权利；完善社区居民参与的工作机制，提高社区居民参与的有效性；规范参与行为，提高群众参与社区治理的组织化水平；创造平等化的利益表达格局，通过制度安排，畅通群众利益的表达渠道，落实不同利益主体拥有平等利益表达权利，完善社区居民利益表达机制；坚持科学民主决策，广泛收集和听取群众意见，健全社区公共政策的居民参与机制，确保民意在社区公共政策中得到充分体现。通过激励促进更多社区居民平等地参与到社会治理中去，使居民参与到与其自身利益休戚相关的社区治理和决策活动之中，让社区居民充分感受到被尊重，个人价值得到肯定，享受到参与社会治理的乐趣与成就。

第五，加强社区制度建设，完善社区治理规范化制度体系。明确责任，强化措施，坚持用制度管人、管事，让每一项工作都有章可循、有理可依，使社区工作逐渐走向制度化、规范化。重新修订社区治理规范性文件，健全完善社区治理规范化制度体系。完善基层民主制度，扩大有序参与。加快完善发展社区居民自治的制度，稳步提高社区居委会直接选举比例。发展院落（楼宇、门栋）自治、业主自治、社团自治等民主形式，创造农村进城务工人员融入社区、参与社区管理的条件，拓宽利用社区媒体、互联网络、移动设备等参与渠道。把民主选举、民主决策、民主管理和民主监督的实践贯穿于社区建设的全过程和各方面。通过相关的教育和培训，激发培育公民的共同意识和集体意识，增强社区认同感，培育社区信任网络和体系，形成良好的社区规范。强化目标管理考核制度，推行社区目标治理考核制度，将社区日常涉及的计生、民政、卫生、信访、安全等重点工作细化，建立社区工作目标考核管理细则，规范社区治理工作，使考核体系纵向到底、横向到边，激发社区治理创新的动力和活力。

三　提升社区自治和服务能力，推进社区治理能力现代化

党的十八届三中全会明确提出：“建立健全居民、村民监督机制，促进群众在城乡社区治理、基层公共事务和公益事业中依法自我管理、自我服务、自我教育、自我监督。”① 这对加强社区建设、推进社区治理提出

① 《中共中央关于全面深化改革若干重大问题的决定》，人民出版社2013年版，第58页。

了新的更高的要求。推进社区治理能力现代化，必须强化社区自治和服务功能，这对于提高居民群众的参与程度和社区服务水平、巩固党在基层的执政基础、促进基层社会的和谐稳定具有重要意义。

第一，必须强化社区自治功能。社区治理是行政管理服务和群众性自治的有机结合，具有明显的“共治”属性。应加快政府角色的转型，切实转变基层政府职能作风；强化社区居委会的自治组织功能，剥离社区居委会行政事务，使其集中精力组织居民自治。针对当前政府在社区治理中存在着缺位、越位和错位现象，必须进一步转变政府职能，还权于民，还权于市场，把管理权细化到小区、院落、楼栋，还权给居民小组、院落管理委员会、楼栋自治小组，真正实现由全能型和管理型政府向服务型政府的转变。要培育社区多元治理主体，构建多元化的社区组织体系。加强社区组织的培育，构建包括社区自治组织、社区基层党组织以及社区社会组织等在内的多元化组织体系，明确各类组织的职责和权力，实现社区各类组织之间的合作互动。要采取切实措施，激发社会组织活力。各社区组织各司其职，共同参与社区事务的管理与决策，充分发挥社区组织在社区治理中的作用。

第二，必须提升社区服务能力。社区治理主要依托社区服务来推进实施。社区服务是保障和改善民生的重要依托，必须把服务居民、造福群众作为社区建设的主要任务。坚持以社区居民的需求为导向，着力将社区打造成集就业、社会救助、安全、科教文体、社会保障、卫生和计生、流动人口、为老服务、党员服务等为民服务的一站式服务平台，为社区居民群众提供方便快捷的社区服务。加快建立多元化的社区服务体系，推进社区综合服务设施建设，不断丰富社区服务内容，增强社区服务功能。推进社区基本公共服务均等化，提高社区服务设施使用效率，提高服务项目的普惠性，提高社区服务的便捷性。当前，尤其要建立起面向困难群众的社会救助服务，面向孤、寡、老、残等特殊人群的社会福利服务，面向下岗失业人员的社会保障服务等多类型、多层次、广覆盖的社区服务体系。要细化社区服务项目，加强公共服务项目有效衔接，指导社区开发自治服务项目，鼓励市场化服务进社区。培育社区公益性社会组织和志愿者队伍，引导各类社会组织和志愿者为社区居民提供服务。加强直接对口社区工作的指导，开展针对社区工作人员的经常性教育培训，提升社区工作人员的业务水平。建立健全机关公务员到社区挂职和结对联系社区制度。加快推进社区信息化建设，逐步实现社区公共服务事项的全人群覆盖、全口径集成和全区域通办。

第三，必须优化社区治理运行机制。建立社区党组织、社区居委会、业主委员会、物业公司、社会组织、驻社区单位“六位一体”的社区多维联动工作机制，推行分片包块、上门走访、服务承诺、结对帮扶等做法，实行错时上下班、全日值班、节假日轮休、网格化管理等工作制度，方便群众办事，实现服务领域、服务人群“两个全覆盖”。创新监督考评机制，包括完善社区监督委员会的监督机制，完善社区党务、居务、财务、服务等信息公开机制，建立社区服务项目动态监督机制。充分运用社区信息化建设成果，探索建立电子监察系统，对职能部门、责任单位进行在线直接监督，全过程记录各级各部门服务流程和服务质效，监察情况定期通报。同时，委托第三方机构开展对社区服务类的社会组织或项目的绩效评估，评估结果与目标管理考核、公务员年度考核挂钩。有序开展社区居民对基层政府及其派出机构工作情况的评议、对服务单位和物业服务企业服务情况的监督，切实维护居民民主权利与合法权益。

提升社会治理精细化水平的“宁波实践”及反思

史　斌*

党的十八届三中全会审议通过《中共中央关于全面深化改革若干重大问题的决定》，把“推进国家治理体系和治理能力现代化”作为全面深化改革的总目标，首次将“创新社会治理体制”写入党的纲领性文件，并明确提出要坚持系统治理、依法治理、综合治理和源头治理。从“社会管理”到“社会治理”这一表述的变化，体现出党对社会运行规律和社会结构特点的认识进一步深化，治理理念进一步提升。“社会治理”突出以权利为主导，强调治理合法权利来源的多样性，社会参与活力的最大化，就是要推动政府、经济组织、社会组织和人民群众等多元主体的良性互动、共管共治，其追求的理想状态是在党的领导下和法的基础上，社会管理与社会自治有机统一、和谐运行的“善治”。这无疑对我们做好新时期社会治理各项工作提出了新的更高的要求。

近年来，宁波“加强和创新社会管理”各项工作中，实际已在“从单一社会管理向多元社会治理转变”上探索实践了不少行之有效的路径方法，比如全会明确提出要推进综合执法、相对集中执法权等，我们已经展开试点；又比如我们建立了社会组织服务中心，加强社会组织培育扶持等，这为我们在新的历史起点上进一步“创新社会治理体制”，推进“社会善治”打下了良好基础，提供了丰富的素材和鲜活的经验。针对社会治理改革新要求新任务，面对社会治理挑战越来越大、难度越来越高的现实，宁波要更好地实现社会治理效益的最大化、运行成本的最小化，着力

* 史斌，宁波市社会科学院社会发展研究所所长，副研究员，博士（后）。

提升社会治理的整体效能和质量水平，就必须进一步审视现状、厘清问题，积极探索更精细、更科学、更富效益的社会治理新模式。致力提升社会治理精细化水平，已成为当前和今后一个时期宁波创新社会治理体制、提高社会治理水平的必然趋势和必然选择，是一项需要我们着力研究和探索的重大课题。

一　提升社会治理精细化水平的研究背景

（一）社会治理精细化的内涵特征

“精细化管理”是源于发达国家的一种企业管理理念，主要提倡精益求精的工作态度、创新务实的工作精神和科学高效的管理理念。自20世纪50年代诞生以来，精细化管理思想经历了泰勒的科学管理、戴明的为质量而管理和丰田的精益生产方式（TPS）三个发展阶段，由工人现场操作管理扩大到质量管理的每一根神经末梢，再延伸到企业的生产系统管理，发展至今已运用到公共管理领域，并向社会治理范畴深度拓展。当前，精细化管理思想已趋成熟，其在社会治理领域的应用及研究正逐渐为人们所重视，但对于社会治理精细化的理论研究还很不充分，甚至在内涵界定上都没有全面统一的认识。当前，国内学者对精细化思想的理解和阐释大致有三种观点：第一种主要强调细节治理；第二种主要强调从手段、技术上达到精细化目的；第三种则强调了精细化治理要求动态修正、持续改善这一特性。综合来看，精细化治理既是一种理念和文化，也是一种治理技术和手段，即通过规则的系统化和细化，运用程序化、标准化、数据化和信息化手段，使组织管理各单元精确、高效、协同和持续运行。在梳理分析现有文献的基础上，我们将社会治理精细化的基本内涵界定为：在社会治理活动中引入精细化理念与原则，利用更低的成本、更专业的治理手段，实现更优质、更关注细节和更加人性化的治理效果。即按照“精益、精确、细致、严格”的原则，以标准化、科学化、规范化、人性化的思路，实现社会治理理念、制度、手段和技术的精细化，实现社会治理活动的全方位覆盖、全过程监管、高效能运作。基于以上内涵，社会治理精细化至少应有以下七个方面特征。

第一，治理理念人性，即要体现以人为本，以便民、利民、为民为原则，以公民需求为出发点和落脚点，更自觉地关注民生、发展民利、维护民权、保障民安。

第二，治理主体多元，即“加强党委领导，发挥政府主导作用，鼓励和支持社会各方面参与，实现政府治理和社会自我调节、居民自治良性互动”[①]，这本身也是现代社会治理的重要特征。

第三，治理资源集成，即打破部门界限和条块分割，实现社会治理资源特别是执法资源的集约化配置、系统化整合，致力覆盖治理盲点和真空，杜绝治理交叉与推诿。

第四，治理流程精密，即重视治理过程每一个环节并作出最优设计和全程监管，确保各环节各流程无论是信息互通共享，还是资源流通运用都能步调一致、无缝对接、统筹联动无短板。

第五，治理手段专业，即社会治理各系统运用专业化队伍及专业化技术手段，有效遏制治理过程中的资源浪费，实现高效治理。这也是实现治理细节化与人性化的基础。

第六，治理成本精算，即通过公共预算和财政管理精细化等降低社会治理成本，遵从“低投入、低消耗、高效率”原则，最大限度减少社会治理中所占资源，避免劳民伤财。

第七，治理效果精益，即社会治理要体现精益求精的精神，永不满足于当前治理的效果，不断优化社会治理中的各个环节，追求更好的治理效果，形成持续改进的动态机制。

（二）社会治理精细化的战略意义

1. 社会治理精细化是经济社会发展的必然要求

全球化、信息化和市场化等现代社会的特征与趋势都对政府社会治理和服务质量水平提出了新的更高要求。当前，中国正处于改革发展“攻坚期”和社会矛盾“凸显期”，复杂多变的经济发展形势、日益多元的群众利益诉求对社会治理提出了严峻挑战，信息网络、流动人口、“两新”组织等领域给社会治理带来了许多亟待解决的突出问题。传统的社会治理模式和手段已不适应日益复杂的社会治理形势和任务。要解决这一现实矛盾，实现社会治理的高效、优质、有序、节约，就必须在社会治理领域引入精细化管理理念和管理模式，运用精细化手段，有效应对现代社会的要

① 中共十八届三中全会审议通过的《中共中央关于全面深化改革若干重大问题的决定》。

求，有效履行现代政府职责，使整个社会实现规范有序运行，公众能更好参与城市的定位、发展和管理。

2. 社会治理精细化是社会治理全面提升发展的必然趋势

精细化管理思想是科学管理理论的重要组成部分，在经济领域已经得到了广泛应用和良好效果，并逐步在各国乃至各个管理领域成为主流，这为社会治理精细化奠定了思想和实践基础。社会治理精细化的本质意义在于它是一种对社会治理战略和目标分解细化和落实的过程，是让战略规划有效贯彻到每个环节并施展作用的过程，同时也是提升社会治理整体执行能力的一个重要途径。在社会治理领域引入精细化管理的思想，有利于理顺工作机制、细化关键节点、精细工作方式、优化工作效能，重构一种更先进更高效的治理模式，全面提升社会治理的科学化水平。

3. 社会治理精细化是巩固提升宁波社会管理创新成果的必然选择

宁波于 2010 年被中央和省委确定为社会管理创新综合试点城市，作为全国社会管理创新的先行先试地区，近年来全力破难创新，取得明显成效，但总体上仍处于探索试点及经验总结阶段，距离“社会治理”的新目标、“社会善治”的高要求，都尚有较大差距。我们要把改革创新的成熟经验上升为制度规范，把社会管理中的成功做法综合成规范化、长效化的治理体系，就必须走精细化之路，着力塑造精益求精的治理文化、形成资源整合的治理模式、打造精密科学的治理流程、提供精心细致的公共服务，实现社会治理各领域各环节的精细化，逐步形成具有宁波特色的社会治理新体系。

二　提升社会治理精细化水平的经验启示

（一）美国：基层社会治理“三社联动”，统筹协作

美国强调以家庭为中心的社区服务模式，社区家政服务领域非常广泛并已形成一项分工精细的产业。比如针对无人照顾的老人和孩子可提供各种上门服务；重视社区教育服务，普遍设立教育学院，针对不同年龄层次居民提供艺术、保健、家政、家教、职业技能等方面课程；社区卫生服务体系也比较完善，58% 的社区医疗中心被医院兼并成连锁医院，等等。在多元多层的社区管理与服务中，美国政府推行多方利益协同的自治型社区治理模式，让渡空间并给予经费补贴，通过项目发包、购买服务等方式将

相关项目交由适配的非营利性社会组织操作。美国非营利社会组织发展植根于社区，至今已有 200 多年的历史，逾 180 万个。这些社会组织分担了政府大量服务管理职能，有效提升了政府社区服务的效率和品质。美国社工队伍庞大并拥有较高学历、地位和薪酬，社会工作者的培养也形成了包括学历教育、社会实践和职业准入等在内的一整套专业化机制，很多专业机构为社会工作实务、教育、考试等提供全方位的规范、管理和引导。综上，美国的主要经验在于：通过政府与社会组织分工合作、统筹配合，以及社会工作队伍的高度职业化，共同构成层次丰富、门类齐全、精细完善的基层社区服务管理体系。

（二）德国：基层社会治理制度精密、配套完善

德国是世界上社会治理制度、福利制度最完备的国家之一，制度设计和措施具体周密、可行性强、灵活高效。比如建立了社会治理预算编制、执行及监督相互分离的制衡机制，政府社会治理活动项目名称、用款时间、支付方式等必须由议会严格审查和批准，由财政等有关部门严格执行。此外，德国特别注重公共设施建设前期规划，避免低水平重复建设和资源浪费，尤其是城市公共交通系统合理、实用便捷，新区建设必须先确定公交线路，轨道交通和巴士每车到达时间精确到分，并建立全自动化泊车动态信息显示系统，各类交通工具相互配套衔接精密。德国在公共服务监管中引入“标杆管理”的绩效评估模式，通过“公共交互指标网络”，各个城市（或部门）之间可以互相交换绩效数据，比较优劣并吸收经验。此外，还设立秩序局实行综合执法，集中行使规划、建设、交通、卫生、工商、环保等多部门行政处罚权，其他部门发现城市管理方面违法行为后，也必须将案件移交秩序局。综上，德国的主要经验在于：极其严密精细的制度设计，高度重视绩效管理，科学严谨规划公共设施，集中整合行政执法资源。

（三）北京：以标准化建设夯实社会治理精细化基础

北京市将标准化原理与方法引入社会治理领域，发布实施《首都标准化战略纲要》和《北京市“十二五”时期标准化发展规划》，围绕公共安全、公共服务、城市管理和民生保障等领域，推动实施了一批重大标准化项目建设，发挥了示范和带动效应。特别是重点推进了公共安全、健康、环保、节能减排、城市基本建设、公共交通和其他相关公益性事业标准研究、制定、推广和实施。比如大力推进医疗、教育、养老、社会保障等领域标准化，通过标准手段推进各类社会保障制度的整合衔接，配合医改制定健康体检和公共卫生应急队伍建设的标准规范，建立多层次、一体化的社会救助标准体系等。又比如建立健全社区基本公共服务标准体系，在社区基础设施建设配置、社区公共环境治理、社区服务站和社区工作者管理、社区志愿服务等方面推进规范化、标准化。此外，东城区还研究制定了《东城区网格化社会服务管理标准化建设工作方案》，以综合运行管理和社会公共服务保障为基础，以数字化信息管理为平台，从层级管理、网格划分、数据结构、管理方法、业务流程等各个方面进行了全方位的标准化设计，建立了标准体系总体框架。综上，北京市的主要经验在于：系统推进社会治理领域标准化、构建网格化管理标准化体系、突出抓好公共服务标准建设。

（四）上海：以系统化协作提升社会治理精细化实效

上海近年在推进社会治理精细化建设方面探索了很多创新举措，取得了显著成效。比如打破行业、部门、领域限制，集成相关部门力量，整合上与下、条与块、政府与社会的各类服务管理资源，建立条块联建的资源整合制度，构建优势互补的条块协同机制，探索实践大联勤大联动工作模式。比如整合各地各部门综治资源力量，构建起以街面巡逻防控网、城乡社区农村防控网、单位和行业场所防控网、防控合作网、技术视频防控网、虚拟社会防控网“六张网”为骨架，人防、技防、物防相结合的社会治安防控体系。又比如整合公安110指挥中心和政府应急平台，统筹有关职能部门应急服务管理资源，改进完善应急预案体系，构建起统一指挥、快速反应、协同配合、覆盖全市的城市应急联动体系。再比如综合社会力量加强社区青少年以及社区矫正、刑释解教、社区戒毒等人员教育服务管理，探索社工联校、涉罪未成年人社会观护等预防青少年违法犯罪工作新机制，健全民政、公安、卫生“三合一”联合救助管理机制，构建起开创性运用社会力量服务教育特殊人群的预防和减少犯罪体系。此外，上海还将原人口综合调控制度调整为人口综合服务和管理机制，坚持实有人口、实有房屋“两个实有”全覆盖管理，整合社保、教育、卫生、人口计生等部门资源形成分层、分类、有梯度的一条龙服务制度，并建立全覆盖的人口基础信息员队伍。综上，上海市的主要经验在于：突破现有体制框架、打破条块分割，推进社会治理资源的系统集成、条块的统筹联动、网格的实体运作。

（五）深圳：以科技化手段助推社会治理精细化升级

深圳建立了全市统一、互联互通的社会管理信息系统平台，集业务数据收集系统、业务数据交换系统及信息检索系统于一体，实现信息多方向搜集与传递，实现单位网、局域网、社会网全面联动，实现社区、企业、治安部门、交警部门、大众传媒等单元的监测资料共享。比如建成了三个中心（应急指挥中心、维稳综治中心、矛盾纠纷调解中心）管理、两个技术平台（数字信息、电子监控）支持的数字化维稳综治模式。其主要支撑是以航拍地图为基点，结合深圳计生 IPS 系统的人口管理信息、出租屋管理系统的编码信息、维稳综治系统受控制的特殊群体和人员信息、社会事务管理系统的特殊阶层人员信息等静态信息，以及电子监控、数字化城管等动态信息共同形成一个全覆盖、动态化信息体系。运行中，依托网格人员随身携带的掌上电脑与街道总值班室信息系统的全天候无缝对接，通过数字平台对信息报送、处置过程的自动化处理，传递最及时准确的信息，启动优化有效处置方案。又比如从居住证入手，建立了“1 + 3 + N”[①] 信息化应用系统，把流动人口的就业登记、居住证申办、居住登记三个信息采集入口合为一体，流动人口信息与劳动就业、房屋租赁信息双挂钩，[②] 突出服务功能，构建起属地化、动态化、精细化的流动人口服务管理体系。特别是通过“1”的平台，实现联网共享，系统掌握了办证人居住、就业、社保、计生、教育等 38 项基础信息，形成了“三合一”闭环式管理机制。综上，深圳市的主要经验在于：依托科技优势，建立统一联通的社会管理信息系统平台并深化实效应用；以人口与地理系统为基础，构建数字化维稳综治模式和流动人口服务管理信息化应用系统。

---

① 其中“1”是指市政府电子政务信息交换平台；“3”是指居住证信息系统、就业登记信息系统和出租屋综管系统，分别由市公安局、市人力资源和社会保障局以及市流动人口和出租屋综管办管理；“N”是指拓展信息源和应用系统，包括公安机关重点人员管控、违法犯罪信息、网络矩阵社会信息、出入境信息等系统以及计生、教育、市场监督等部门的信息资源。

② 用工必须录入系统，就业才能长期租房，居住证设置“休眠”和“激活”方式，确保信息动态准确。

三　提升社会治理精细化水平的现实基础

（一）宁波推进社会治理精细化的探索与实践

第一，大力开展标准化建设。围绕《社会管理和公共服务标准化工作“十二五”行动纲要》和《宁波市标准化战略“十二五”规划》，逐步形成了“五个一”[①] 的推进模式和工作机制。先后印发《宁波市地方标准管理办法》、《宁波市服务业标准化试点项目管理办法》、《宁波市服务业标准化补助经费管理办法》等政策文件，成立了4个与社会治理相关的市级标准化技术委员会。[②]《宁波市加强和创新社会管理规划纲要（2012—2016年）》提出的主要指标体系，也为社会治理工作评估标准提供了依据。加大相关标准规范的研究、制定和清理修订力度，目前已建立相关地方标准规范32项并取得明显成效。如通过实施养老机构评定等标准，加快居家养老服务机构标准化建设，切实提高了城乡居家养老服务整体水平；通过推广实施《宁波市城市道路清扫保洁质量要求和作业规范》，有效提升了中心城区城市环境。同时，按照《社会管理和公共服务综合标准化试点细则（试行）》要求，组织申报国家社会管理和公共服务标准化试点项目，目前已有15个试点项目，其中国家级1项、省级1项。

第二，全面推行网格化管理。持续加大社会治理资源整合力度，开展了城市管理综合执法试点，建立社会矛盾联合调解中心，推广应用社会管理综合信息平台，建立综合性的基层公共安全监管体系等，全市以“综合性、一条龙、一站式”为关键词的各类创新举措取得了明显成效。特别是探索创新的“网格化管理、社会化服务”打破了领域、行业、人群等的传统分割，在管理空间上划分若干个物理网格，给每个网格注入原本被条线分割的社会管理资源，建立网格管理服务多元团队，加强对单元网格的部件和事件巡查，推动监督与处置相对分离，初步形成了发现、立案、派遣、结案四个步骤的“封闭环”，基本实现了网格管理的敏捷、精

---

① 即建立一个领导组织，形成一个实施意见，构建一套标准体系，成立一个标准化技术组织和推进一批标准化重点项目。

② 即宁波市安全防范工程标准化技术委员会、宁波市家政服务业标准化技术委员会、宁波市体育服务标准化技术委员会、宁波市行政审批服务专业标准化技术委员会。2012年3月成立的宁波市交通与物流标准化技术委员会也将“公共交通”纳入工作范畴。

确和高效。同时，根据网格范围大小和服务内容不同，分级分类组建互助服务、自治服务、基础服务、专业服务等团队，开展组团式、订单式、多元化服务，使这些拥有“管理到最边缘、服务到最底层”属性的网格成为基层社会治理的新单元。这项工作目前已全面推广，全市共划分网格12000多个，网格专（兼）职管理员2.8万名。

第三，持续加强信息化支撑。积极探索建设基层社会管理综合信息系统，该系统集信息收集、事件处理、数据分析、检索研判、情况报送和考核监督等功能于一体，有效整合了社会管理工作部门、综治成员单位等的信息资源，基本满足了从省、市、县、镇（街道）到村居5级社会治理工作需求，也为“网格化管理、社会化服务”提供了有力的信息支撑。自2011年10月运行以来，现已覆盖全市所有乡镇（街道）和村（社区），并在全省推广。宁波市于2010年9月率先在全国启动智慧城市建设，斥资100多亿元启动十大应用体系①，取得显著成效。“十二五”期间智慧城市规划建设的87个项目中，逾1/3涉及民生服务和社会领域。智慧城管中心、81890服务平台、网络舆情导控中心、社区警务e超市等已成为宁波社会治理信息化的品牌。同时，持续建设和优化各类电子政务应用平台，并在全省率先开发电子行政审批和监察系统，该系统综合各种审批业务流程，初步实现了政府内部的协同作业，简化流程、降低成本、提高办事效率，提升了社会治理效能与质量。

第四，扎实推进项目化试点。按照“综合性试点、项目化管理”的总体要求，逐年梳理确定一批重点项目组织实施，紧紧抓牢关键环节，集中力量“抓点拓面”，致力推进成果转化，切实做到了试点成熟一个、面上推广一个、成效巩固一个，创新试点的示范带动效应持续显现。实践过程中，既抓经验落地又抓效果落地，既强化成功经验的推广普及，又重视现有创新平台的推广应用，各大项目建设（见表1）从试点到深化，再到推广，步步紧扣，形成了一批富有宁波特色的实践成果、理论成果和制度成果，推动了全市社会管理创新工作走在全国全省前列。

---

① 即智慧物流体系、智慧制造体系、智慧贸易体系、智慧能源应用体系、智慧公共服务体系、智慧社会管理体系、智慧交通体系、智慧健康保障体系、智慧安居服务体系、智慧文化服务体系。

表1　2010—2013年宁波社会管理创新综合试点项目基本情况

年份	2010	2011	2012	2013
项目数量	12	14	10 +10	5 +5 +5
说明	12个重点项目	在2010年的基础上增加2个项目	10个推广项目 10个重点建设项目	5个深化实施项目 5个推广实施项目 5个试点实施项目

（二）宁波推进社会治理精细化的问题与不足

提升社会治理精细化水平是一项复杂长远的系统工程，宁波的社会治理精细化有关工作虽然取得了一定的成果，但整体上仍处于研究探索的"初级阶段"，还存在不少问题和差距。

第一，社会治理精细化理念存在"认知误区"。各地各部门对"精细化"到底是什么、有哪些要求、要做到什么程度，缺乏清晰正确的认识，进而导致执行实施或探索创新中或重视不够、或认识不清、或方向有误。有的是把精细化等同于细节化，认为精细化就是把事情做得特别细致，停留在丰富社会治理具体细节、完善具体方式和手段的层面上，降低了精细化管理理念的价值层次；有的把精细化混同于标准化，过多地、片面地强调标准化，不仅会导致社会治理方式僵化、治理手段生硬、灵活不足、人性化缺失，更可能会限制社会治理创新的生机与活力。我们必须清醒认识到，社会治理比企业管理、工程管理更为复杂，社会治理的精细化对规范化与人性化平衡的要求更高。

第二，社会治理制度体系尚未"健全成熟"。当前宁波市从法律法规到制度设置，以及各类标准规范体系等精细化建设赖以依托的制度规范还不够齐全细致，部分配套操作机制和细化标准或老化或缺位，已严重影响了社会治理的精度、准度和效能。比如两新组织管理服务、流动人口动态管理服务、虚拟社会管理、老小区物业问题等，这些新领域新问题的处理当前很难与现有法规制度适配对接，存在大量制度化、标准化的真空盲点；又比如个别地方的"网格化管理"缺失务实管用的流程标准和操作规程，导致网格管理的"流水线作业"随意性很大，问题反应欠灵敏，案件处置欠快捷，甚至个别还出现了"有网格没管理、有常态没动态"的状态。

第三，社会治理资源整合缺乏"化学反应"。突出表现在三个方面。一是整合内容不够丰富。特别是个别基层服务管理平台布局不合理，网格划分不太科学，功能设置或重叠繁复或功能单一，一些社会治理重点难点问题没有更全面地纳入综合性、网格化的管理范畴；二是整合层次不够高。就宁波市各地的实践来看，资源整合大多局限于某个或几个地域、领域、部门，更高层次的资源集成、统筹协调需要加大力度，多网络力量并联、多系统资源整合工作亟待深度破题；三是统筹联动不够有力。资源要素的“物理堆砌”是为了产生“化学反应”，而当前各综合治理系统、各服务管理中心间存在有集成无联动、各自为政、配合不力的问题，缺乏统筹联勤联动机制，缺乏统一指挥调度能力，往往会出现重复操作、交叉执法，造成社会治理人财物的浪费。

第四，社会治理信息共享存在“玻璃挡板”。当前宁波市社会治理信息资源的整合与平台系统的联通仍比较有限，共享互通存在诸多障碍。各县（市）区、各部门、各系统之间的数据信息平台大多各自采集、分散存放、互不联通，造成了数据信息资源的重复建设、重复采集、重复分析，许多信息采集任务重复下达到基层，社区工作人员也不堪重负。当前，由于各类信息系统在应用范围、构建方式、系统结构、数据标准等方面存在差异，导致了数据整合、交互、兼容的困难很大，一些现成的数据库无法相互接驳，无法大范围统筹分析或应用。比如社区警务e超市的数据信息，目前联通运用到“智慧城管”工作上的难度就很大，反之亦然。为避免信息资源浪费，部门间系统间被迫采用“数据交换”的粗放形式，与社会治理精细化的要求“背道而驰”。这些问题的形成，根源在于缺乏一个强有力的统筹体系和前瞻性的规划，缺乏全市社会治理各部门、各条线数据平台的整体架构设计。

第五，社会治理创新项目亟待“齐头并进”。当前宁波市重点项目建设进度不平衡，各部门的参与重视程度不平衡，各项目的深化、推广、试点的成效不平衡的问题仍然存在。比如在应急联动和应急平台体系建设方面，个别地方人员没到位、经费没落实，也没有纳入管理考核，影响了全市重点项目整体推进实效。实践中，还存在个别创新项目单兵突进的问题和“头痛医头、脚痛医脚”问题，从整体上统筹协调、协作配合的程度不高，很容易导致社会治理创新的“碎片化”和“过度项目化”，使创新的“盆景”难以连点成片形成“风景”。调研还发现，创新试点经验成果上升为制度架构甚至是法律法规的步伐还不够快，极个别创新项目还存在“后续乏力”的问题，往往是开个会就算推广了，缺失保障项目推广落实的强力制度设计，成为“半拉子工程”。此外，社会组织发展培育水平与公众参与社会治理程度依然是当前宁波市社会治理的两块“短板”。这些都不利于社会治理精细化水平的整体提升，亟待破题前行。

四　提升社会治理精细化水平的基本遵循

提升社会治理精细化水平，必须针对长期以来社会治理领域存在的“粗而不细、疏而不密、慢而不快、松而不紧、效率低而不高、配套不完善”等现象，整体破解问题，逐步改善质量，持续提升层次和水平。我们认为，提升社会治理精细化水平的基本遵循应为：将精细化管理理念和手段引入社会治理各个组成部分、各个领域、各个环节，致力推进社会治理的“精、全、细、严、灵”，实现由“事倍功半”向“事半功倍”的跨越。“精”就是坚持不懈地追求最优社会治理效果，这是整个社会治理精细化工作的指导思想；“全”是指社会治理精细化要涵盖全领域、全方位、全过程，不留漏洞、盲点和空白；“细”就是注重细化分工、细化流程、量化标准规范；“严”就是严格遵守规范、执行标准，严格检查监督、控制偏差，严格落实责任、追究责任；“灵”就是灵敏、快捷与高效，特别是面对社会治理实践中复杂多变的情况要快速反应、高效处理，应变措施务实而准确。

（一）精：树立精益求精的工作目标

没有一步到位的精细化，由粗放到精细的转变必将是一个永无止境的过程，必将是一项持续推进、永续精进的工程，需要自上而下的积极引导和自下而上的自觉响应，共同树立精益求精、不断进取的理念，尽早确定提升社会治理精细化水平的整体规划和长远目标。要立足长远发展，摒弃粗放式管理的短期效益模式，耐心细致地做好基层基础各项工作，追求和谐健康可持续的社会发展。要持续改进和提升社会治理精细化水平，还必须时刻关注和探讨各个层次、各个环节、各个部分的改良与完善，不断纠错、不断修正、持续优化。

（二）全：完善全面覆盖的工作体系

精细化的前提是全面与完备，社会治理精细化要求完善自身工作体系，为具体工作任务的细化优化奠定基础。要重视顶层设计，加快对现有体系的查漏补缺，全面梳理社会治理各个领域各项职能，构建一个权责对应、层次清晰、分工明确、协同合作的完备体系；要强调无缝化衔接，避免多重治理或治理真空。社会治理强调单元与流程的无缝衔接配合，统筹协同动作，从而提高系统的整体效能，而这恰恰是社会治理精细化的难点所在。因此，必须下大力气在社会治理各地各部门之间、各领域之间、政府和社会力量之间以及各项工作的具体单元和环节之间，建立强有力衔接配合、信息互通、统筹协调的指挥调度和流程操作体系。

（三）细：细化分解、量化要求

要横向细化，即将一项工作或任务，按合理的逻辑结构，分解为若干组成部分，每个部分再继续分解为若干更小的部分，直到不能再分或不必再分为止，这既有利于明晰整个工作任务的具体事项、局部细节，做到管理不漏项，又可以明确各部门和人员的任务职责、具体要求；要纵向细化，即按照工作的时间顺序，将工作、任务纵向分解为若干组成环节，同样也要分解到不能再分或不必再分为止，也就是细化程序，这有利于建立和改进工作流程，也有利于工作时间控制和各环节执行时限的确定；要全面量化，量化是细化的深入，是更精确的细化，要针对当前社会治理工作中仍然存在许多需要量化而没有量化的问题，研究制定量化标准和具体规范，保障每一项工作、每一个细节都有标可循、有据可依、有量可考。

（四）严：严格贯彻、规范执行

社会治理精细化要真正落到实处、抓出效果，最终还是要依靠严格到位的强力贯彻与执行。首先，认真的态度是精细化管理的题中应有之义，严谨自律才能带来强大的执行力度和可观的执行效果，要在主观上强化责任意识、严格依规行事；其次，只有对治理行为和责任的监督落到实处，并以制度化形式加以奖惩，才能保障社会治理精细化各项要求的真正实现，要在客观上强化制度保障，完善考评机制，严于责任追究。最后，这里特别强调的是，责任必须落实到具体部门、具体责任人，必须要明确责任内容、责任承担方式以及责任追究程序，并明确检查、监督人，及其具体责任和失职后果。

（五）灵：灵敏快捷、灵活高效

这一点在处置重大公共安全事件、重大突发性群体事件、重大网络舆情事件以及破解多元化群众利益诉求时尤为重要，有时甚至起决定性作用。我们必须加快建设和整合覆盖全域的综合性应急预案体系，形成统一指挥、结构合理、反应灵敏、运转高效、保障有力的突发性事件应急管理机制，真正做到第一时间发现问题、第一时间解决问题。在横向上，要研究建立因多方面因素引发的复合型突发事件预警机制，特别是建立部门间针对突发事件的快速协调机制；纵向上，要根据事态发展可能出现的阶段特征，事先设定多个梯队的处置力量和程序模式，确保突发事态通过整套系统的标准化运作，快速合理地处置问题，不卡壳、不拖延，一气呵成。对群众的诉求，要做到动态实时掌控，做到快速反应、及时答复、限时处置。

五　提升社会治理精细化水平的重点内容

提升精细化水平应当成为当前和今后一个时期宁波社会治理创新发展的一个重要方向和抓手。加快引入精细化管理思想，有效依托标准化、流程化、信息化等手段，将全面质量管理等科学方法运用到社会治理实践中去，实现社会治理各要素精确、高效、协同和持续运行，推动宁波加强和创新社会治理工作更上一层楼。按照党的十八届三中全会精神要求，结合当前社会治理新形势新任务，以及宁波社会治理精细化的实践与不足，我们认为，当前和今后一个时期，宁波在提升社会治理精细化水平上，至少要抓好以下几个方面的重点工作。

（一）推进社会治理多元主体协同化

总的一个目标就是加快建立以政府干预和协调为主导、基层社区自治为基础、非营利性社会组织为中介，动员公众广泛参与的社会治理多元互动新格局。

1. 政府转型步伐要提速

这个转型的方向就是由全能向有限转变，从管制向服务转变，从审批向监管转变。实践中，要精确定位政府在社会治理中的职能范畴，加快行政体制改革和政府职能转变步伐，致力解决职能错位、越位、缺位和不到位的问题。要改变政府包揽社会治理的传统方式，大幅减少管、控、压、罚等手段，向社会开放更多的公共资源和领域。凡适合社会组织承担的事务性工作和管理服务事项，公民、法人或者其他组织能自主决定的，市场竞争机制能够有效调节的，行业组织或者中介机构能够自律管理的，政府都应逐步退出，并通过委托、招标、合同外包等方式交给社会承担，从而尽快从微观社会治理中抽身出来，把更多的时间、精力和财力精确投入到立法立规、制定规划、政策引导、宏观治理、执法监管和为公众提供更多优质公共服务上来。当前，重点是要抓紧研究制定向社会组织转移职能、购买服务的具体举措和相关目录，逐步实现政府购买服务的常态化、制度化和透明化，加快构建具有宁波特色的服务型社会体系。

2. 社会组织发展要给力

要根据党的十八届三中全会精神和十二届全国人大一次会议要求，加快社会组织培育和管理体制改革。要把中央明确的四类社会组织①作为发展重点，在政府购买服务、财政资助、税收优惠、培育孵化等方面加强政策倾斜，加大支持力度。要尽快确立直接登记和双重管理相结合的登记管理体制，按照“统一登记、各司其职、协调配合、分级负责、依法监管”的登记管理体制，厘清民政部门、综合职能部门和行业主管部门职责。要分类分步推进社会组织和党政部门脱钩，特别要保证社会组织在决策、人事、财务等方面的自主权，逐步扭转社会组织行政化倾向。要加强对社会组织的服务引导，尽快完成市和县（市）区两级“社会组织服务中心”全覆盖，配备适当人员，承担相应的管理服务责任。同时，还要扎实推进社会组织综合监管，积极构建自我监督、行政监督和社会监督良性互动的社会组织监督机制。

3. 公众参与活力要激发

要努力让“公众参与”成为一种执政文化和社会习惯，不仅要畅通公众的参与渠道，更要在体制机制甚至是政策和法律保障上下功夫。实践中，要深化完善“一委一居一中心”的新型社区服务管理体制机制，全面实行社区“党组织统一领导、居委会组织自治、服务中心承担事务”的工作格局，形成社区“三驾马车”职责明晰、分工协作的科学机制。

① 行业协会商会类、科技类、公益慈善类、城乡社区服务类社会组织。

同时，要明确部门“行政权力”与社区“自治权利”的界限，全面清理和长效规范社会创建评比等事项，制订出台和严格执行职能部门进社区的行政事务目录，对党政部门、群团组织向社区设机构、派任务、下指标实行准入报批制度，减轻社区行政事务压力、优化基层自治工作环境。要以深入开展党的群众路线教育实践活动为契机，进一步完善公众决策参与、诉求表达、利益协调、矛盾化解、志愿服务等方面的体制机制，特别要大力拓宽公众参与社会治理的渠道，消除参与障碍、降低参与成本，着力打造“参与式社会治理”模式。比如要促进人民调解与行政、司法、仲裁调解的程序对接、制度衔接和效力对接，充分发挥人民调解“自我定纷止争”的基础性作用。又比如要针对各地开通的各类型、各方面的民意热线，下大力气进行整合优化，并把相应的跟踪办理、回访反馈及监督问责机制建设好，确保民意诉求不会“有来无回”。

（二）推进社会治理操作规程标准化

社会治理标准化体系建设和操作流程的规范化运作是社会治理精细化的前提和基础，也是提高社会治理精细化水平的必经之路，具有战略性的重要地位，必须加快推进。

1. 建立健全社会治理通用与分类标准体系

研究确定社会治理领域标准化建设总体方案，尽快形成与《宁波加强和创新社会管理规划纲要（2012—2016 年）》相配套的标准化建设思路、目标、路径和政策措施。在此基础上成立专项课题组，全面开展社会治理标准化体系框架研究、设计和构建，建立统一、科学、符合宁波实际的市级社会治理通用标准体系。这个通用标准体系要横向覆盖社会治理各个领域，纵向细化到各类事项办理流程。同时，要有计划性、有针对性地分步推进社会治理各个领域适用标准和配套规范的制定发布、清理更新、推广应用和监督执行工作，并梳理汇总相关法规列入标准体系框架，把空缺、抽象或过于陈旧的法规、标准分类列入修订完善计划。在当前的实践中，可采取先试点后推广、示范点创建等方法，重点突破城市管理执法标准化、城市社区建设规范标准化、社会治理信息数据采集标准化、电子政务标准化和公共服务标准化等重点工作。总之，就是要力求形成涵盖社会治理与服务全过程、全细节的技术标准，使各项工作在对与错、质与量、时限与速度方面都有标准可依，真正通过扎实有效的标准化建设，使社会治理成为目标明确、责任具体、可量化考核、可责任追溯的科学过程。

2. 着力推进社会治理流程的规范与优化

要全面梳理现有社会治理各领域流程，绘制简洁直观、规范可行的流程图，并尽可能升级为时间矩阵流程、空间矩阵流程和责任矩阵流程。流程图不仅要标明工作任务的具体环节内容和先后次序，还应标出每个环节的作业时间和总的活动周期，每个环节实施的空间布局，以及每个流程环节的责任人，使社会治理各项工作的操作过程更为清晰、准确、严密、环环相扣。实践中，要对社会治理流程进行逐类逐项逐个的分析和诊断，对一个完整流程内部的各个方面和环节（流程环境、成本投入、人员、环节时序、无缝衔接、产出效率等）进行逐一清理、简化、整合或改良。以行政审批为例，要在行政许可的范围内，通过削减审批事项（要从目前自上而下单向确定放权事项的做法，向上下级政府之间以及政府与市场、社会之间双向博弈确定放权事项的做法转变）、减少审批环节（流程再造）、集中审批窗口、压缩审批时间（流程优化）来提高流程效率。要通过有效的制度机制和技术手段来固化和规范社会治理各项流程，确保治理流程的主体权责一致、执法内容和尺度准确、执法程序清晰到位、执行过程公开透明、保障程序合法合规。比如在城市管理综合执法以及"网格化管理"工作中，要制订明确的管理标准表和详细的流程操作手册并严格执行，事件"发现→立案→派单→处理→核查→结案→反馈"等一整套流程必须有执行标准、操作规范、考勤制度，有时间限制、有责任追究。

（三）推进社会治理资源统筹联动化

以社会治理精细化为标杆，以"资源集成、统筹调度、协同联动、信息共享"为核心，突出抓好"资源集成"和"统筹联动"这两个关键环节。

1. 进一步提升社会治理资源集成的科学性

借助社会治理体制改革的东风，按照上下对接、左右联通、资源通用的要求，进一步打破部门界限、体制壁垒和条块分割，稳步推进多领域、多系统社会治理网络或平台的兼容与合并，统筹开展各类社会治理资源的集约化再配置、系统化再整合。比如充分发挥社情民意调查中心作用，并整合调解委员会、和谐促进会、"小巷法官"、"老何说和"等各种资源，促进社会矛盾调处信息联网、部门联手、上下联动、条块联合，加快形成矛盾纠纷“大调解”工作机制。要针对当前的“网格化管理”现状，以“人、地、物、组织”等为主要参数，科学合理地调整网格规模、优化网格布局，并最大限度地与现有社工责任区以及党员责任区划分相对应，与社区社会服务管理中心功能相对接，与大信访、大调解、大综治工作体系相衔接，与城市管理综合执法系统相兼容，推动治理职能、治理队伍以及法规、政策、技术和人财物的充分整合、统筹调配，确保基层社会治理无缝隙、全覆盖、零距离，提高整体功效。比如就队伍整合而言，可在人员编制不增加的前提下，充分统筹公安、交巡警、工商、食药监、城管、安监等专业行政执法力量，并把市容协管、房屋协管、法治促进员、和谐促进员等综合协管力量统一整合为“网格综合治理协管员”。同时，还要持续为网格单元充实和注入新的社会治理职能和资源，比如流动人口管理服务、特殊人群服务、社区矫正、出租房屋管理等社会管理重点难点问题都应逐步纳入综合性、网格化的治理范畴。

2. 进一步增强社会治理统筹联动的执行力

社会治理资源不能为了整合而整合，要考虑各类资源的兼容性，更要考虑整合集成后能否运作有序，能否实现“1 + 1 > 2”的倍增效应，而统筹联动是确保各类资源在“物理整合”基础上实现“化学融合”的基本要求。实践中，首先要从制度设计入手，建立健全系统化、集成化的社会治理资源指挥调度机制。比如象山县的社会治安动态防控联勤指挥中心和社会应急联动指挥中心，能够联合调度公安各警种力量、政府相关部门和社会防控资源，并取得了显著成效。就下步“网格化管理”工作而言，可在乡镇（街道）层面建立“网格综合治理指挥中心”，通过划分若干个单元设立“网格综合治理工作站”，并建立一套包括建设、岗位、流程、行为、办公等内容的管理运作规范，确保指挥中心处于高位独立的核心指挥地位，确保工作站在指挥中心的管理下规范操作、高效运行，确保实现“指挥是一个系统、执法是一个整体、服务是一个平台、管理是一个模式”，着力形成“一体化指挥、多元化联动、实体化运作、无盲点治理”的新型社会治理综合性“大网格”模式。值得一提的是，我们在开展社会治理工作创新项目过程中，也要注重统筹联动、协调一致，避免盲目的单兵突进。比如在流动人口管理服务上，要同非公经济组织管理、社会组织培育、城市管理、社会保障等问题一起研究、协调推进，努力做到各个创新项目串点成线、联线成片。

（四）推进社会治理信息支撑现代化

信息化建设可以倒逼业务标准化、流程合理化、操作规范化、管理系统化，是一举多得的实事工程。特别是在大数据时代背景下，必须做好“信息科技”与“社会治理”结合文章，推进现代化信息资源在社会治理领域中的整合、交互与共享。

1. 消除“信息孤岛”现象，建设社会治理综合信息系统

加快构建以信息共享、动态跟踪、系统集成为突出特征的人口、法人、地理信息、企业征信等基础通用数据库。加强社会治理电子化设备、信息化软件和智能化应用技术、服务平台等的研发运作力度，制定并推广统一规范的基础数据信息采集和储存标准，建立社会治理数据交换交互系统，逐步消除数据直接调用的技术障碍，实现各平台、各系统间业务数据交换沟通，推进各级各类社会治理服务网络互联互通、资源共享。比如对各级社会服务管理中心、网络舆情管理平台、综合执法指挥中心、社区警务e超市系统以及其他各类市民服务管理中心的信息系统进行技术化接驳，实现互通共享；比如加快整合110、119、120、122等各社会紧急救助电话后台信息，实现“一口受理”；又比如对治安、交通、城管等领域监控探头的监控信息进行统一管理、联合使用，等等。在此基础上，要加快建成一个全市统一的全面覆盖、动态更新、信息共享、功能齐全的枢纽型、一体式、集成化的社会治理综合信息系统，并积极运用大数据技术，对社会治理历史数据进行挖掘和深度加工，为社会治理科学决策提供参考依据。

2. 依托“智慧城市”建设，拓展社会治理信息技术应用

要依托电子政务和智慧城市等现代信息建设成果，持续扩大信息技术在社会治理领域的实体应用。要进一步优化电子政务顶层设计，调整和优化电子政务的核心架构，整合现有门户网站、政务微博和相关业务系统资源，实现多向联结，构造电子政务综合平台体系，增强服务功能。要依托智能手机、笔记本、平板电脑等各种移动智能终端，开发完善新型电子政务，把社会治理服务全面延展到社会末梢，使普通群众能够像使用电话那样方便地使用相关业务系统。要通过智慧城市应用系统开发，切实解决一批宁波社会治理的重点难点问题，比如通过建设“智慧交通”，助力破解交通拥堵难题，通过配发手持网络移动智能终端机（PDA），实现网格执

法信息的实时传输等。同时，要高度重视民生服务领域的信息化建设，充分整合教育、医疗、就业、社保、民政等社会公共资源，打造智慧医疗、智慧家政、智慧教育、智慧社保、智慧生态、智慧社区等智慧化综合民生服务平台，真正以智能化促治理增效、服务升级，以信息化促资源优化统筹、互联共享。

（五）推进社会治理队伍建设专业化

科技是第一生产力，人才是第一资源。提升社会治理精细化水平，离不开科技的有力支撑，也离不开多样化、职业化人才队伍的强力保障。

1. 健全社会治理人才建设政策体系

通过举办专场研讨会或立项专门课题，对全市社会工作人才发展情况进行深入调查摸底，全面"把脉会诊"，更准确地把握宁波社会治理专业人才的数量、结构、岗位需求、未来趋势等，为今后一个时期的社会治理人才队伍建设提供决策参考。要将社会治理专业化人才建设纳入人才强市战略总体部署，研究制订社会治理中长期人才规划，统筹制订人才培养和引进计划，出台针对性、指导性纲要文件，确立社会治理人才队伍建设的目标、任务和实施方案等。按照专业化、职业化方向，制定并试行宁波市社会工作者培养、管理、评价、使用、激励系列政策，建立健全社会组织人才引进、薪酬社保、职称评定、职业规范等制度。推广社工职业资质准入制，尽早普及社会工作职业水平考试，鼓励参加专业职称的评定，逐步把社会工作人才纳入全市专业技术职务制度统一管理。

2. 加强社会治理专业技能教育培训

加强与高校、社科机构的合作，推动高等教育社会工作专业等学科建设，努力培养专业人才，不断扩大社会治理工作人才队伍的规模。开展多层次、多门类的专业培训和继续教育，提升行政机关涉及社会治理的公务员业务水平和专业服务水平。重视订单式、应用型社会治理工作人才培养模式，根据社会治理岗位的需要，培养社会治理急需的各类人才，并把他们充实到社会治理岗位上去，加快改善当前人才结构不够合理的问题。

3. 拓展社会治理专业人才工作领域

要针对新兴的社会福利服务领域，重新设置一批社会工作岗位并为之配备专业的社会工作人员，把社会工作事业逐步扩展到教育、医疗、文化、心理等各个领域。尤其是针对各类公益类社会组织，可根据需要灵活开发和设置相应的社会工作岗位，广泛吸纳社会治理工作人才。要建立社会工作岗位设置标准和职业体系，在涉及社会治理工作的党政机关、人民团体、事业单位和公益性社会组织中，科学地设定社会工作岗位的名称、职级、等级、数量、比例及其相应的岗位要求、任务和目标。比如针对预防和减少青少年犯罪工作，我们除吸收各类社会力量广泛参与外，还可以建立一支青少年事务专职社工队伍，来提升预防和减少青少年犯罪工作的职业化水平。同时，要着力加强新建社区和农村社区工作者队伍建设，逐步推进城乡社区工作者全面专业化，不断将优秀社会治理人才充实到街道社区。

（六）推进社会治理绩效管理动态化

科学、细致、严格的绩效管理和评估，是持续优化社会治理手段方法，有效提升社会治理精细化水平的重要保证。

1. 构建绩效评估多维指标体系

建议根据当前社会治理领域改革创新的大趋势以及宁波的现实情况，坚持以“公平正义”和“以人为本”为价值取向，以建设廉政、高效、负责、透明的善治型服务政府为目标，尽快构建社会治理绩效评估多维指标体系，并充分发挥好“指挥棒”的作用。该指标体系要建立在严密数据分析基础上，体现科学、统一、完整、精细。指标设置要坚持定性与定量相结合，科学设置指标权重，逐步提升公众满意度评价权重。实践中，既要有合规性的评价指标，更要有针对效益的评价指标，特别是要注重围绕人民群众利益诉求和民生需求进行有针对性的设置。此外，还要围绕评估目的，科学配置评估办法、评估手段和评估流程，充分利用现代信息技术、数据分析等技术支撑，积极引入第三方评价，拓宽商业评估机构的参与渠道。

2. 强化绩效评估动态应用

要有效应用绩效评估的结果，边评估边总结、边修正边完善，持续改进、不断优化社会治理的流程、手段、方式方法等。要建立“考、评、议”相结合的机制，在绩效评估中引入更多“评”和“议”的成分。要探索引入全面绩效管理，融合多维价值诉求，把阶段性评估结果体现到社会治理的预算配置、机构设置、工作计划和人员考核等方面，该奖励的要奖励，该问责的则要问责，从而不断发现问题、诊断问题和改进问题，更好地发挥绩效评估的“纠偏”功能，促进社会治理各要素不断均衡化，社会治理各部分各环节不断精细化。当前的一个重点，就是要加快健全以绩效管理为导向的财政支出管理机制，构建完善社会治理重大项目支出预算事前评审机制，大力推行预算支出绩效考评，健全覆盖各级财政的预算执行动态监控机制，持续提高预算执行的均衡性、透明度和资金使用效率。

辽宁省社会管理创新实践与思考

王　磊*

改革开放以来，辽宁省经济持续快速发展，居民收入从中等收入水平向高收入水平迈进。一些国家（地区）的发展历程表明，国民收入从中等收入向高收入提升时期，往往是经济关系容易失调、社会秩序容易失常和人们心理容易失衡时期。当前，辽宁省正经历着经济社会结构、社会秩序和社会观念的急剧转型与变迁，面临着比以往任何时候都更加复杂多变的发展环境。可以说，辽宁省既处于"黄金发展期"，又处于"社会矛盾凸显期"。加强社会管理创新，准确把握辽宁省社会管理创新中存在的突出问题和解决之策对于新形势下保持党同人民群众的血肉联系，加快经济社会转型升级，建设富庶、幸福、文明的新辽宁，全面实现辽宁"十二五"宏伟目标及社会长治久安有着重大战略意义。本文以辽宁省鞍山、大连、丹东、盘锦、锦州等市的社会管理创新实践调研为基础，对辽宁省社会管理创新进行了研究。

一　辽宁省社会管理创新现状

近年来，辽宁省对创新社会管理进行了积极探索。辽宁省社会管理创新实践大致可以归结为以下方面。

（一）建立社会矛盾调解机制

维护社会稳定一直是社会管理最基本的任务之一。面对经济社会转型

* 王磊，辽宁社会科学院社会学所所长，副研究员，研究方向为社会保障。

中不断显露出来的社会矛盾，建立社会矛盾调节机制十分必要。辽宁省从四个方面建立社会矛盾调解机制：一是健全舆情信息定期报送制度。深入了解和把握舆情信息是化解各种社会矛盾的基础。辽宁省建立健全舆情信息定期报送制度，通过对突发、典型、影响大的民间纠纷信息随时报告，做到报送的信息源头可查，信息反馈及时。如盘锦市兴隆台区以基层调解为重点，通过在街道选拔一批责任心强的综合治理信息员，确保做到对突发性事件早发现、早控制，从而达到预防、预警、化解、处理社会不稳定因素的目的；二是实现人民调解与“三调联动”对接。辽宁省尝试以人民调解为基础，逐步建立人民调解、司法调解和行政调解三位一体的调节新机制。通过整合多种社会资源，形成一种部门联手、上下联动的调解工作新格局，为化解社会矛盾开辟一条有效途径。如通过落实人民调解、行政调解和司法调解“三位一体”的机制，辽阳市把一些曾经远近闻名的“问题镇”建设成和谐镇；三是确立处理社会矛盾的危机公关管理机制。辽宁省在社会管理中重视矛盾激化时期的危机公关管理。辽宁省在全国率先出台了专门应对突发事件的省级地方性法规《辽宁省突发事件应对条例》。该条例的制定与执行有利于规范全省突发事件应对机制，提高处置突发事件的效能；四是完善社会矛盾的责任评价机制。辽宁省在矛盾调解机制中重视各级人大、政协、工会、民主党派和社会各界履行事前监督和事后评估职能，确保重大决策和重大项目公平、公正、公开实施。通过加大社会监督和舆论评价力度，建立多项有效的、广泛的监督保障和评价制度保障，从而实现化解矛盾于无形。

（二）大力推动社区组织参与社会管理创新

近年来，在强化“党委领导、政府负责”的前提下，辽宁省沈阳、大连和鞍山等市大力推进了“社会协同、公众参与”，构建“共建共享”的社会治理结构，通过不断出台政策法规培育发展了基层社会组织。社区社会组织的发展，承接了大量社会服务功能，弥补了政府和市场缺陷；与此同时，社区社会组织通过组织社区活动，促进了居民的全面发展，提升了居民自我管理、自我教育和自我服务能力。目前辽宁省各类社区社会组织发展迅速，已成为社会管理创新的一个亮点。如沈阳大东区津桥街道莱茵河畔社区发掘各自的人才、资源、技能等优势，组建了具有本社区特色的社区社会组织，其中，连续多次受邀参加中央电视台春节晚会的老年合唱团等已形成品牌效应。又如大连西岗区将加强社区服务与管理作为重点工作，按照“政策扶持、发挥作用、分类指导、典型引路”原则，积极培育、扶持、发展社区社会组织，强化社区社会组织建设。2010 年大连西岗区扶持社区社会组织发展资金达到 150 万元，资金的支持促进了社区社会组织的规范管理。同时，西岗区在社区社会组织的发展中还加强了党组织建设，社区社会组织在共建和谐社区等方面发挥了积极作用。

（三）以改善民生为目标，开创社会管理新模式

近年来，辽宁省以改善民生为宗旨，以改革创新为动力，不断开创社会管理工作新模式。沈阳市作为全国社会管理创新综合试点城市开展了大规模的社会管理创新“百点示范工程”建设。大连市开展了以便民、利民为主线的社会管理创新活动。鞍山市开创了辽宁综治工作的先河，通过不断努力，从地方立法的高度，把工作中一些长期以来行之有效的经验做法加以确定和完善，出台了《鞍山市社会治安综合治理条例》。铁岭市和朝阳市从着力解决好事关民众切身利益的教育、就业、医疗、社保等基本民生问题入手，逐年提高用于民生事业的财政支出比例，深入推进社会管理创新。大连、营口和葫芦岛等市在流动人口管理工作上提出“人性化管理、亲情化服务、本土化融合、市民化对待”的创新理念。葫芦岛市积极推进户籍管理制度改革，着力解决流动人口就业、居住、就医和子女入学等突出问题。营口市实现了流动人口与本地职工同管理、同福利和同使用的举措。这些举措有力地保障了流动人口的民生权益，为社会和谐稳定与经济发展奠定了良好的基础。

通过社会管理模式创新，辽宁省落实“以人为本、民生为本”的理念。卓有成效的社会管理创新实践极大地激发了社会各方的活力，影响社会和谐稳定的民众最关心、最直接、最现实的问题得到了解决。

（四）进行社会治安防控体系建设

为提高驾驭社会治安局势的能力，消弭社会风险于无形，辽宁省部分城市开始进行社会治安防控体系建设。如大连市以人技物防相结合为重点，加强社会治安防控体系建设。鞍山市采取三项措施进行了社会治安防控体系建设。一是通过改革派出所勤务方式和明确民警下社区（村）工作时间实行警务工作前移，着力加强社区（村）安全防范工作；二是坚

持专群结合，不断壮大群防群治队伍；三是通过加大技防建设投入及提高技防设施的科技含量等措施提高技防的科学化水平。

二 辽宁省社会管理创新中存在的主要问题

近年来，辽宁省在创新社会管理领域进行了一定探索，但是，在经济转轨和社会转型复杂背景下，辽宁省社会管理创新面临严峻形势，社会管理中依然存在诸多不容忽视的问题。

（一）社会管理理念和认识存在偏差

社会管理理念和认识存在偏差是制约辽宁省社会管理创新发展的最重要因素。实践中，这种理念和认识偏差表现为：（1）重视经济增长，忽视社会管理和社会建设。一些领导把经济发展当作“硬任务”，而把社会发展当作“软任务”。这部分领导干部对招商引资和吸引大项目的热情远远高于对改善民生和科学化社会管理的重视。他们对经济建设胸有成竹，对社会建设却力不从心，对于突发事件和社会矛盾只能用临时抱佛脚的态度对待和处理；（2）把社会管理等同于社会控制。有一些领导者仍然沿袭传统的管理理念，认为控、管、压、罚等刚性的行政手段是最有效的，政府特别是一些执法机关权力滥用，社会管理一词在现实中被颠倒成管理社会，公众在社会管理中处于被动地位，成为管理的对象；（3）重视管控，轻视服务。对社会管理来说，管理和服务并行不悖，管理是手段，服务是目的。但目前社会管理中的强制型和高压型思想依然根深蒂固，这在现实中容易导致因权力滥用而形成公众与政府的对立。政府花费大量时间和财力成本用于刚性维稳，却很少思考如何从根本上解决社会问题，事前不采取预防性和疏导性措施，而在事后花费巨人代价善后；（4）把社会管理当成政治管理和控制，不承认社会的自治逻辑，没有正视并理性扶植“国家和社会的分化”。

（二）社会管理参与主体不足，社会组织不发达

随着新兴社会力量的发育和成长，社会管理的组织基础已从单一走向多元，由党委领导、政府负责、社会协同、公民参与的社会管理运行模式已渐明朗。而社会组织由于其成员具有特有的献身精神和较高的工作效

率，完全可以担负起一部分政府和市场无法完成的社会责任，在一定程度上解决政府失灵和市场失灵的问题。新时期辽宁社会组织发展迅速。近5年来，辽宁省社会组织总数每年增长近1000个，年均增长率5%左右。截至2013年年末，辽宁省社会组织总数已达到37768个，占全国社会组织总数的7.9%，列全国第七位。然而，辽宁省社会组织发展仍面临着诸多问题。长期以来，政府没有完全从计划经济体制中解脱出来，在面对纷繁复杂的公共事务时，习惯于通过政权组织、工青妇组织等所谓“体制内”的组织来进行社会管理。对“体制外”社会组织的作用重视不够，致使政府对社会组织的管理走向了无为放纵和过度干预的两个极端，结果该管的事情没有管起来，却管了许多管不了也管不好的事。政府对社会组织监管的“缺位”与“越位”不但直接影响了社会组织的独立性，而且导致了政府在与社会组织互动过程中定位不清、角色模糊，政府该放的权力没有真正下放给社会，社会组织该做的事情也没有足够的权力和空间进行，这在一定程度上挤占了社会组织的发展空间，社会组织的功能发挥也受到极大限制。

（三）社会管理手段落后

随着经济社会的发展，新生事物层出不穷，这需要政府不断扩大管理领域，改善社会管理手段。而信息化社会的到来对于传统社会管理手段冲击最大。近年来，我国网络虚拟社会迅猛发展。截至2013年12月，中国网民规模达6.18亿，互联网普及率为45.8%。其中，辽宁省网民规模为2453万人，网民规模增速11.6%，互联网普及率全国排名第七位。信息网络发展给社会管理带来严峻挑战，社会问题与社会矛盾日益复杂化。一是现实社会的违法犯罪已经开始向虚拟社会蔓延，利用互联网和手机等新兴媒体进行赌博和诈骗等违法犯罪活动猖獗。二是网络虚拟社会对现实社会的影响日益增强，一些公共事件网上网下遥相呼应，导致各种热点敏感问题快速放大，严重影响社会稳定。而在现实中，社会治理手段远没有达到应有的多样性和现代化要求，一些地方政府仍然沿袭传统的高压手段，致使其在实践中陷入了非常尴尬境地。

（四）公众参与社会管理能力不足，渠道不畅

当前，公众参与意识薄弱，能力不足，渠道不畅。中国走过了两千多

年的封建社会，正如邓小平所说的："旧中国留给我们的封建专制传统比较多，民主法制传统很少。"[①] 这种封建主义的政治文化经过长期积淀所形成的道德、伦理、思维模式和文化心理结构，至今仍影响着广大社会公众的思想与行为。目前，中国教育发展不平衡，文盲、半文盲还占相当大的比例，公众整体素质较低。即使有的社会公众希望参与社会管理，但是限于能力不足，其管理国家和社会事务的权力也难以实现。社会管理的范围涉及社会生活的方方面面，科学的社会管理需要科学的公众参与，科学的公众参与则有赖于人民群众素质普遍提高。不仅如此，目前社会公众参与社会管理的渠道依然不畅。中国除了宪法明确规定中国公民享有参政权、监督权、言论自由等基本政治权利外，还没有任何其他的法律法规提出公民参与的制度、方式及渠道等方面的具体规定和可操作性的解释。中国建立了诸如人民代表大会制度、政治协商制度、基层群众自治制度、信访制度等，经过几十年的发展，成就显著。然而，不可否认的是，这些制度执行过程中还存在着许多偏颇，公众参与社会渠道狭窄且不畅通，合理利益诉求往往不能获得充分表达和实现，各阶层利益协调机制缺乏科学性和有效性。

（五）社会管理创新难度加大

当前，辽宁省社会管理创新面临严峻形势。首先，收入分配差距加大造成阶层之间对立情绪增加，化解难度加大。辽宁省在经济社会发展过程中，出现了比较严重的城乡、地区收入差距扩大现象。改革开放以来辽宁省城乡收入差距从 1978 到 2011 年的 34 年间有 14 年超过两倍，而且在 2000 年以后，城乡收入差距有缓慢扩大趋势。近年来，辽宁省城乡居民相对收入差距基本维持在 2.4 左右，2011 年辽宁省城乡居民相对收入差距为 2.47。

其次，人口管理难度加大。2012 年，辽宁省城镇化率为 65.7%，仅次于广东省，居全国第二位。随着城镇化发展，辽宁省的人口结构发生了变化。当前辽宁省流动人口和特殊人群增加，给社会管理带来了巨大压力。据统计，中国有 2.3 亿农民工，辽宁省就有近 300 万农民工。农村劳动力大范围流动，不仅造成数以千万计的农村留守儿童、留守妇女和留守

---

① 《邓小平文选（第二卷）》，人民出版社 1994 年版，第 332 页。

老人，而且导致城市的违法犯罪行为增多。而辽宁省在1996年就进入老龄化社会。第六次全国人口普查的数据显示，辽宁省人口老龄化程度居全国之首，65岁及以上人口占常住总人口的比重已达10.3%，但应与之相应的社会养老服务还明显不适应养老需求。

最后，辽宁省社会管理除存在管理难度方面的挑战外，一些社会矛盾呈现出的新特点也增加了社会管理的难度。如社会矛盾往往涉及多阶层，既有农民、城镇居民、离退休人员、个体工商业者、出租车司机，也有军队退役人员、原民办教师、退休教师等特定人群。又如，当前人流、物流、资金流不断加大，在整个社会的防范管理机制相对薄弱的情况下，违法犯罪有大量的可乘之机。

三　关于辽宁省社会管理创新实践的思考

（一）转变政府管理观念，构筑多元主体共同参与的社会管理模式

社会转型期，社会矛盾凸显，政府包揽一切的社会管理方式已使政府力不从心，特别是突发公共危机事件往往复杂性强，牵涉面大，仅仅依靠政府力量已经很难顺利地解决。这需要政府转变社会管理意识，构筑多元主体共同参与社会管理的新模式，建立政府与非政府合作、公共机构与私人机构合作、强制与自愿合作的社会治理机制。因此，辽宁省社会管理创新需要发挥党在社会管理格局中总揽全局、协调各方的领导作用。同时也需要政府逐步从“全能政府”向“有限政府”转变，解决政府在社会管理中存在的越位、缺位和错位问题；加强各种社会组织服务社会的能力；发挥城乡基层组织协调利益、化解矛盾的作用；提高公众素质，增强公众参与社会管理的意识和能力，为公众参与社会管理提供渠道和平台。

（二）加强社会组织培养，建立政府与社区组织间的合作关系

新公共服务理论认为，各种社会组织在社会管理过程中发挥着至关重要的作用。实现辽宁社会管理创新要积极扶持、培育基层社会组织发展，加强社会组织的活动资金、活动场所等方面的支持；要充分发挥社会组织在表达民意诉求、民主参与和协商、协调利益关系等方面的积极作用；要发挥党组织对社会组织的引领作用，鼓励党员参与到社会组织活动中去，发挥党组织的政治核心作用，使社会组织始终保持正确的政治方向，促进

社会组织健康有序发展；要依法加强对社会组织的监督和管理，确保社会组织依法成立，依据法律和章程提供社会管理和服务。需要强调的是，当前，辽宁省社会组织与政府的相互关系实际上还并不是合作伙伴关系。绝大部分的社区组织都是由政府主导的，具有半官方性质。为此，应借鉴国外先进经验，在完善法律、制度的前提下，实现政府通过委托合同与采取招标等形式与社会组织建立合作伙伴关系。

（三）健全利益协调机制，畅通社情民意诉求渠道

马克思曾说："人们奋斗所争取的一切，都同他们的利益有关。"利益严重失衡，不仅会葬送改革开放的成果，严重时还可能导致亡党亡国。社会管理创新的一项重要工作是建立健全利益协调机制，均衡不同阶层之间的利益关系，使全社会范围内的社会资源分配处于均衡合理的分布状态，以此达到化解社会矛盾、维护社会秩序的目标。健全协调利益机制，要围绕群众最关心、最现实的利益诉求，加强社会矛盾源头治理，回应公众利益诉求，消除公众不满与抱怨，统筹协调各方面利益关系，妥善解决人民内部矛盾。政府要综合运用教育、协商、疏导等方法和法律、法规、行政等手段，把人民调解、行政调解和司法调解有机结合起来，化解矛盾纠纷。政府要拓宽、畅通社情民意诉求途径，通过网络舆情收集、领导信箱、手机短信等多种渠道，广泛收集民意，把握社会焦点，了解公众诉求；重视社会舆情汇集和分析，形成社情民意反馈机制，积极建设群众平等表达利益诉求的制度化平台。此外，要在社区服务中心设立信访和调解等服务窗口，密切干群联系。

（四）改善网络社会管理，加强网络制度建设

互联网为人们的相互交流和表达意见提供了更为宽广和便利的平台，已成为思想文化的集散地和社会舆论的扩大器。借鉴西方发达国家的网络管理经验，结合辽宁省实际，加强和改善社会管理，一方面是建立政府与公民之间良性互动的网络社会关系。而建设这种良性关系的基石是做好网络制度建设。网络制度建设是加强网络虚拟社会管理、促进互联网健康有序发展的最重要因素，其核心内容是正确处理互联网、政府、公民之间的关系。网络制度建设应使互联网成为政府与公众之间沟通的桥梁，应对政府信息公开、公民诉求表达等做出规定，保障公民的知情权、参与权和表

达权；另一方面是通过手机短信、网络舆情收集等多种渠道和方式发挥网络媒体优势，促进网民有序地政治参与。发挥网络媒体信息传播的优势和网络互动平台交流沟通的优势，及时把握公众利益诉求；发挥互联网作用，创造公众监督政府的有利条件，积极推行网络反腐等有效监督手段。同时，要提高网民政治参与的组合化、科学化程度，引导网民有序的政治参与。

让社会科学走向社会

——社会治理体系创新与杭州市社会科学普及工作的实践与探索

张祝平*

一

社会科学承载着“认识世界、传承文明、创新理论、咨政育人、服务社会”的重要使命[①]，它的繁荣与发展既取决于社会科学研究的深化，更体现为社会公众对社科基础知识的了解、理解、掌握和运用程度。深化社会科学普及工作，让社会科学走向社会，其意义就在于展现和延伸社会科学的社会价值和功能，使人文社科成果走到群众之中，惠及群众、服务群众，成为百姓的精神食粮，进而为“全面建设小康社会，开创中国特色社会主义事业新局面提供思想保证、精神动力和智力支持”[②]。十余年来，在社会各界和广大社科工作者的参与支持下，杭州的社会科学普及工作得到不断拓展和深入，为实现更高起点上建设生活品质之城、幸福和谐杭州发挥了应有的作用，并在广大人民群众中产生了良好的影响。在全面深化改革新时期，“人们思想活动的独立性、选择性、多变性和差异性明显增强”，对社会科学知识表现出新的渴望和需求，同时，推进社会治理体系和治理能力现代化的目标也对广大群众的人文社会科学素养提出了更

---

* 张祝平，杭州市社会科学院社会学研究所副研究员。

① 袁贵仁：《加强学术规范与学风建设，推进哲学社会科学繁荣发展》，《中国教育报》2004年11月5日第1版。

② 关颖：《提高科学素养，促进社会和谐——社科普及周谈社会管理》，《天津日报》2011年8月29日第9版。

高的要求。[①] 这就需要我们进一步提高对深化普及社会科学及其对提升公众素养的重要性的认识，创新载体，丰富内容形式，力求虚功实做，努力解决好社会科学普及工作与当下经济、政治、社会、文化、生态“五大建设”协同推进之间的差距和不适应问题，特别是与广大人民群众日趋旺盛的精神文化需求之间的不适应问题。也唯有如此，才能为杭州全面深化改革、实现高起点上的新发展注入更强大的动力。

二

十余年来，杭州市社科界认真贯彻落实《中共中央关于进一步繁荣发展哲学社会科学的意见》（中发〔2004〕3号）精神，紧紧围绕各级党委政府中心工作，依托杭州历史人文资源和社科人才优势，坚持贴近实际、贴近生活、贴近群众，务实创新，着力推进马克思主义时代化、中国化、大众化，探索实践社会主义核心价值体系大众化、具体化、生活化的“杭州路径”，不断提高社会科学普及工作针对性、实效性和科学化水平，在服务杭州经济社会发展、提升城市文化生活品质、促进城乡民众人文社科素养提升和人文精神培育等方面发挥了积极作用。

（一）以扩大影响覆盖为重点，持续举办社科普及周（月）活动

自2002年以来，杭州市每年组织开展社科普及周（月）活动，并以此为抓手，推进社科普及内容创新、形式创新、载体创新，横向延展、纵向拓展，不断扩大社会覆盖面和影响力。社科普及周（月）紧紧围绕中央、省、市党委政府中心工作，结合新形势新任务，针对群众关注的热点、难点问题，设计年度主题，通过论坛、讲座、专题报告会、社科咨询、展览、知识竞赛、赠送社科书籍等多种方式开展。为了提高实效、形成声势，全市上下通盘考虑、统一实施，市、区（县、市）两级联动，各学会组织积极参与，形成了共同推进实施的工作格局。十余年来，全市共组织开展了广场咨询服务600多项（次），设立广场咨询服务展棚1200多个，参与社科专家3500多人（次），人文社科知识咨询服务惠及逾千

① 吴颖文：《社会科学普及立法的必要性》，2008年9月，光明网（http://www.gmw.cn/content/2008-09/09/content_834658.htm）。

万人次，发放各类科普资料 372000 多份；举办社会科学普及专题讲座 300 多场；展出宣传图板 1300 多幅。通过举办社科普及周（月）活动，全市的人文社科资源得到了有效的整合，社科工作者的积极性不断被激发，社科知识传播的辐射面和影响力进一步扩大。

（二）以提升活动品质为引领，精心打造各类社科论坛（讲堂）

杭州市社科工作坚持“三贴近”，立足打造高端品牌，建立论坛（讲堂）体系。一是打造“钱塘论坛”电视理论宣传品牌栏目。“钱塘论坛”以杭州市经济社会发展战略决策和市委、市政府中心工作为重点，以干部群众关注的理论、政策焦点和热点、难点问题为抓手，通过对专家、学者、研究部门和实际工作部门领导的访谈，讲理论议时弊、谈政策解难题，以喜闻乐见的方式传播社科理论知识和政策主张，为群众释疑解惑，深受社会各界欢迎。节目至今已持续播出 300 多期。2003 年，“钱塘论坛”被浙江省委宣传部列为浙江省基层宣传思想工作“贴近实际、贴近生活、贴近群众”100 个成功实例的首位。2007 年 1 月 17 日，中宣部舆情信息局编发的《宣传信息清样》，大篇幅介绍了杭州打造“钱塘论坛”品牌的成效和经验。2011 年起，“钱塘论坛”又推出公民价值观、职业道德观系列主题，比如针对医务人员的“医乃仁术”、针对文艺工作者的“艺德香馨”、针对教师职业道德观的“为人师表”等，不断探索创新推进社会主义核心价值观的方式方法；二是立足推进杭州学习型城市建设，开设了“西湖文史讲堂”，旨在普及地方历史文化知识，提高市民人文素养。“西湖文史讲堂”依托杭州市的人文社科资源优势，定期邀请省内致力于杭州地方历史文化研究领域的著名专家学者，结合特定主题，以叙述的方式，重点就杭州地方历史事件、历史人物与听众进行面对面的交流与沟通，展示他们的最新发现，为杭州地方历史文化爱好者提供高品质的文化享受。各类论坛（讲堂）精选主题、优选专家学者、广泛宣传推介，特别是注重依托电视、报纸、网络等媒体，构建起了电视版、广播版、网络版、报刊版、图书版和音像版等立体传播体系，强化了社科普及的力度，增强了社会公众的认知度和认同度。

（三）以创新理论宣传载体为关键，深入推进开展科普下基层活动

杭州市于 2007 年组建成立了市级哲学社会科学宣讲团，由市社科界知名专家、学者组成，旨在服务基层、服务大众、服务社会。它的主要任务是普及社会科学知识，提高市民人文科学素养，共建共享“生活品质之城”，推进和谐社会建设；主要服务对象是街道（乡镇）、社区、学校、企事业等基层单位。2008—2009 年，又先后在全市 13 个区、县（市）设立了 30 个“基层理论宣讲点”。杭州市哲学社会科学宣讲团成立以来，紧紧围绕市委、市政府实际工作中的理论宣传需求和项目决策的理论前沿动态，深入基层开展集中宣讲活动。至今，已组织宣讲 300 多场次，受众达 6 万余人次。社科理论下基层以讲座为主要形式，坚持面向百姓宣讲普及，推行“菜单式”服务，正日渐成为干部群众信赖、分享的“流动课堂”。杭州市的社科理论下基层活动，多次得到省、市领导，相关部门和社会各界的高度认可，并引起媒体的广泛关注，《中国社会科学报》、《浙江社科界》、《杭州日报》、《都市快报》、《西湖之声》等对杭州市社科理论下基层宣讲活动作了大量报道并给予积极评价。

（四）以满足群众需求为动力，持续推出社科普及精品读物

通过编写优秀科普读物、制作影视专题片等方式，积极拓展人文社科基础知识的学习和传播路径，提升公众人文社科素养。比如，2011 年 9 月，杭州市举办了以“修身明德　共建精神家园”为主题的第十届社科普及周活动，借此平台，杭州市社科联通过“西湖之声”举办了“社科知识大冲关”问答竞猜，历时近 50 天；向市民发放了 2000 余套社科联组织编撰的《杭州社科知识 1000 题》科普读物。2012 年，市社科联组织有关高校和社团组织的社科专家共同编撰了《杭州市社科知识普及丛书（第 1 辑）》，共 10 册，包括礼仪篇、法律篇、财税篇、统计篇、社保篇、金融篇、审计篇、档案篇、城管篇、家教篇。2013 年编撰出版了《杭州市社科知识普及丛书（第 2 辑）》，共 10 册，包括历史篇、文博篇、国土资源篇、物价篇、旅游篇、文化篇、保健篇（上、下）、世界语篇、翻译篇。丛书将学术性、实用性、通俗性和知识性、趣味性、可读性相融合，已成为杭州市社科界资政育人、服务社会的一种有效载体，也是杭州市社科界奉献给全市人民的文化大餐，深受广大市民欢迎，在社科普及中发挥了积极作用。《杭州市社科知识普及丛书》还被评为“全国优秀社科普及读物”。

（五）以完善社科普及组织网络为抓手，扎实推进科普基地建设

认真落实《中华人民共和国科学技术普及法》和《杭州市科学技术普及办法》，积极贯彻《浙江省社科联关于加强浙江省社科普及示范基地建设的若干意见》，高度重视科普阵地建设，制定实施《杭州市社会科学普及示范基地建设实施办法（试行）》，依照“方向清晰、主题鲜明、目标明确”的原则，按照“有场地、有人员、有活动”的要求分级分类建立了一批社科普及基地。目前，全市已建有省级、市级社科普及示范基地25家，并积极推动形成省级基地、市级基地、县级基地三级网络体系，每年开展“先进社科普及示范基地”和“社科普及示范基地先进工作者”评选表彰，定期对基地进行评估。社科普及示范基地根据各自特点，充分发挥自身优势，紧密结合当地经济社会发展、自然生态和人文资源实际，以报告、讲座、咨询、培训、展览、图书创作等多种多样的形式开展人文社科知识普及活动。示范基地每年至少组织一场大型科普宣传活动，定期向社会公布活动时间和活动内容安排，主动吸引、组织公众到社科普及示范基地接受社会科学普及教育，并积极与新闻媒体合作，做好基地社科普及工作的宣传，扩大辐射面和影响力。

（六）以提高社科普及针对性为目标，深入开展调查研究工作

社科普及本身也是一门值得研究的学问，只有深入的调查研究，有效鉴别和正视社会生活中的热点、难点、焦点，关注干部群众的所思、所想、所需，才能增强社科普及工作的针对性和有效性，社会社科普及也才能为公众所接受、认可和支持。[①] 为推进调查研究工作，杭州市社科联建立了“进村入户问情于民”调研制度和“社会科学基层调研点”制度等，不定期组织社科工作者到“调研点”对接科研项目，了解基层干部和群众真实需求，这为深入做好社科普及工作提供了鲜活的事例，可靠的材料和便捷、有效的需求信息，增强了人文社科研究和普及工作的针对性、实效性。近两年，围绕推进社会主义核心价值体系大众化这一主题，杭州市组织科研人员在社会科学基层调研点先后开展了杭州不同社会阶层核心价值观认同、“最美小营人”、长运集团企业文化和临安村级“文化礼堂”

---

① 李洪波：《尽科普之责、筑振兴之梦》，《鄂尔多斯日报》2014年6月30日。

建设等专题调研，以及《社会主义核心价值的普及与实践机制研究》、《高校大学生学习现状及对策研究——以杭州市为例》和《社会主义核心价值观融入人心的路径探讨》等10多项课题研究。同时，在广泛深入调研的基础上，建立健全社科普及规划项目的管理体制机制，完善社科普及规划项目的申报、立项、结题等管理制度，并推进了规划项目成果的转化应用。十余年来，杭州市连续5次蝉联“全国大中城市先进社会科学界联合会”，每年被评为省级科普先进集体。

十余年来，杭州社会科学发展的实践表明，社会科学普及与社会科学研究具有不可分割性，做好社会科学的普及工作能有效延伸社会科学研究的价值和功能，同时激励社科研究的深入广泛开展。所以，深化社科普及工作是促进人文社会科学繁荣发展的应有之义，是让社会科学走向社会、传播先进文化、弘扬科学精神、提高公众素养的必然要求。当然社会科学的普及工作也是一门独立的学问，有其自身的特点和规律。有效开展这项工作，需要我们对其功能定位和动作规律有准确的界定和清醒的把握：第一，社科普及既要有高度，也要有广度。所谓高度，即指社会科学普及工作要传播符合先进文化发展要求的人文社科知识和相关研究成果，以弘扬社会主义主流文化为己任。所谓广度，是指社科普及工作要坚持“三贴近”，体现大众化，满足广大人民群众对自身现实问题的关切和需求，当然要避免陷入低水平重复甚至产生误导，真正发挥好人文社科知识对人精神成长到引领和启蒙作用；第二，人文社科知识的普及既要有一定的深度，也要能深入浅出。社会科学普及的基本前提是对相关问题进行研究，没有扎实的理论研究为依托，没有日常积累为基础，普及就成了无源之水、无本之木。[①] 杭州市社科普及工作的积极成效，正是得益于广大社科工作者的潜心研究和指导实践，以生动活泼、通俗易懂、喜闻乐见的形式向群众传播社科理论成果；第三，社科普及既要有专家的引领，也要有多方通力合作。社会科学普及是一项系统工程，需要有相关各方的协调配合，调动各方资源，通力合作，包括不同学科领域专家学者的合作、新闻出版单位的支持、基层单位的配合和参与等，只有相关各方优势互补、相互协同、各得其所，才可取得良好的社会效益；第四，社科普及既要有基本的保障，也要有高度的责任感和担当精神。社会科学普及工作是一项公

① 《践行科学发展观，普及社会科学》，《天津日报》2008年10月20日第9版。

益事业，需要有一定的人、财、物的保障，同时，社科普及也是一项弹性较大的工作，靠的是专家学者对这项工作的热爱、高度的责任感和锲而不舍的担当精神。

三

党的十八届三中全会吹响了中国进入全面深化改革新时期的号角，改革的总目标是完善和发展中国特色社会主义制度，推进国家治理体系和治理能力现代化。为深入贯彻党的十八届三中全会精神，杭州市委做出了《关于全面深化重点领域关键环节改革的决定》，提出要再创十个方面体制机制新优势，为实现高起点上的新发展和建设东方品质之城、幸福和谐杭州提供强大动力。改革的全面深化和推进是一个复杂的、综合的系统，要确保其始终沿着正确的轨道发展，实现社会治理体系和治理能力的现代化，人的素养，尤其是人的社会科学素养水平始终是关键性因素。发达国家的经验表明，随着现代国家建设和经济社会的发展，人们对精神文化和社会科学知识的需求呈现出了迅猛增长的态势；中国改革开放30余年的发展事实也呈现给我们这样一个基本事实：自然科学技术越发展，经济改革成就越大，社会发展程度越高，人民群众对社会科学的期待就越大。[①]社会建设从社会管理走向社会治理，无论是人们的理念转变，还是方式方法的革新、制度体系的更新与完善，都需要社会科学理论的及时跟进并为其提供有力支撑，当然更离不开社会科学普及这一基础。一方面，从政府层面来看，创新社会治理体制，首要的是转变治理观念，既坚持发挥好政府的主导作用，又树立有限、责任、法治、服务政府的观念，确立社会治理多元主体间的现代平等关系。长期以来，“官本位”、“权力本位”思想，以及政府“大　统”的管理理念在社会建设和管理中居主导地位，实际已难以应对当下纷繁复杂的社会事务，但其在思想和行为上的惯性依然强大。在创新社会治理体制、提高社会治理水平的过程中，解放思想、创新思维对干部素质提出了严峻挑战，对其现代民主政治意识和法治思维等社会科学素养的提升有更高的要求和更强烈的期待；另一方面，从社会

① 关颖：《社科普及周谈社会管理：提高科学素养　促进社会和谐》，2011年8月，中国文明网（http：//www.wenming.cn/ll_ pd/lldt/201108/t20110829_ 300073.shtml）。

环境和公众参与的层面来看，在政府职能逐渐“瘦身”，摒弃用行政手段包揽一切社会事务的同时，必然要求社会组织和普通民众更多地参与到社会治理和公共服务中去，这就对社会组织建设和公众的能力与素养提出了更高的要求。现代社会治理是多主体、多层次的“共同治理”模式，公众不仅是和谐社会关系调整的对象，更是和谐社会关系建构的主体，在社会治理中，政府与公众是合作互补的关系，没有公众的有效参与，就难以形成共同治理社会的合力。因此，全面深化改革，创新社会治理体系，不仅要重视社会硬环境建设，而且要更加重视公众人文社科素养这一软环境的建设，完善与社会治理现代化水平相适应的民主政治意识、法治精神、道德秩序、诚信体系和行为规范。而为公众提供科学知识和思想方法，恰恰就是广泛深入地社会科学普及的本质要求。

（一）凝聚改革共识，激发创新活力

加强和创新社会治理是思想创新、理论创新以及将其付诸创新实践的过程，社会普及就是在这一过程中不断地将作为社会科学研究新成果的新知识、新发现以及新方法、新精神普及全社会，为公众所了解、取得公众的认同，并引领其内化为新观念，得以用新思想、新方法来分析、认识和应对各种社会现象和社会问题，转化为社会各界共同关心、共同参与公共事务的实际行动。[①] 社会科学繁荣发展的现实也告诉我们，社会科学的研究成果，不应当成为理论家们自己欣赏的作品，而应当成为各行各业改革实践的思想和行动指导。[②] 但我们也看到，在现实生活中，一提到科普工作，人们往往想到的都是自然科学知识的普及，很难会想到科普还包括了大量的社会科学知识的普及。有调查显示，进入21世纪以来，公众的社会生活与社会科学的关联度呈快速提升的趋势。诸多社会问题，如陋俗的复燃及在部分区域的盛行，社会矛盾的频发，一些群体的消费需求畸形、发展失衡、价值观念错位等，在很大程度上就折射出公众人文社会科学素养的缺陷，成为社会治理创新的障碍。历史演进的事实也反复证明，经济和社会的改革发展，必须以先进的社会科学理论创新为先导，并作为唤醒

---

① 关颖：《提高科学素养，促进社会和谐——社科普及周谈社会管理》，《天津日报》2011年8月29日第9版。

② 叶南客：《深入普及社会科学服务经济社会发展》，《群众》2007年第9期。

民众、激发民众活力的重要力量。社会科学普及正是连接科学理论、先进思想与民众之间联系的重要纽带。

（二）引导信息良性传播，扩大公民有序参与

社会科学素养包括政治素养、法律素养、道德素养、文化素养、媒介素养，以及与其相联系的自由平等的政治观念、社会参与的权利意识、社会规范的行为习惯和参与技能，等等。[①] 社会公众参与社会治理有一个不断走向成熟的过程，而社会公众与行政领导者社会科学素养的同步提升，则是社会治理创新成功和水平提高的关键因素之一。而公众的社科素养的提升和人文精神的培育，仅仅依靠学校系统化的理论教育显然是不够的，更多的还是依赖于广泛深入的社会科学普及，通过多渠道、多途径、多形式广泛的社会教育和纷繁复杂的社会生活实践加以丰富、滋养和培育发展，使公众逐步增强担负社会治理责任的意识和能力。这其中，社会科学普及的重要功能是引导信息传播，让社会主流的声音为公众所了解，为公众提供解释党和政府方针政策的理论依据和分析社会现象的思想方法，理智地面对和解决各种社会问题，清醒地履行社会监督义务，减少社会参与行为的盲目性。[②]

（三）拓展社科服务平台，推动公众自我教育

尽管社科普及量大面广，但面对海量知识信息和尘世喧嚣、纷繁复杂的社会，其传播内容还是相当有限的，更难以及时、完整地给公众以具体的传授和指导。因此，创新载体，为公众学习、掌握和运用社会科学知识搭建和拓展平台就成为社会普及的重要任务之一。这些平台包括信息平台、活动平台、互助平台等。所谓信息平台，即在社科普及中要综合运用传统媒体和现代传媒，把握信息时代特点，把人文社科的基础知识、改革发展领域的倾向性问题及新理论、新思想、新成果等通过各种媒介传播出去，更好地满足不同群体的精神文化需求，把选择权更多地交给公众。所谓活动平台的建设，是指要通过创新活动内容、丰富活动形式，营造社科

---

① 关颖：《提高科学素养，促进社会和谐——社科普及周谈社会管理》，《天津日报》2011年8月29日第9版。

② 关颖：《社会科学普及——社会管理创新中的奠基工程》，《理论与现代化》2012年第4期。

普及的氛围，为公众创造更多更好地学习、参与、分享、展示的机会，发挥人文社会科学“潜移默化、润物无声”的作用，同时促进人们对问题的理解思考，进而践行优秀理论成果，提升人文品格。而互助平台的创建，其目的在于倡导、鼓励和指导公众建立社科普及小组、结对子等方式，相互学习，关注和探讨共性的问题，通过自主交流和学习，解决对经济社会现象的疑惑，提升认识和理解水平。

（四）加强社会组织建设，提升专业化水平

社会科学普及工作涉及面广泛，是一项长期、持久地面向广大民众的社会公共事业，需要有效的组织载体予以保障，特别是离不开广大社会组织的支持和参与。改革开放以来，各级各类社会科学学会、协会、研究会、民间研究机构等学术社团得到了长足发展，聚集了各领域的专家学者和实际工作部门的有识之士。事实证明，各类社科类社会组织是推动社科普及工作深入有效开展的重要依靠力量。经验表明，加强社科类社会组织建设，一方面需要社会组织既有较好的专业化的社会科学研究基础，也要具备较强的传播能力以及有人格影响力的科普专门人才的汇集，这是社会科学大众化、社会化、经常化的必要前提；另一方面，需要政府有针对性地加大对社会组织的扶持力度。在新形势下，要进一步“完善社会组织培育和管理体制机制，加大对社会组织的政策扶持和分类指导，充分发挥社会组织作用”，只有这样，才能有效激发社会组织活力，使其在深化社科普及这项工作中发挥应有的、更大的作用。

社会治理体系创新的南京实践

许益军　李义波*

党的十八届三中全会把推进国家治理体系与治理能力现代化作为全面深化改革总目标的重要内容，这为新时期进一步深化改革指明了方向。国家治理体系与治理能力是相互联系的两个方面，国家治理体系是一个复杂的系统，它构成了国家治理能力的基础，社会治理体系是其中十分重要的组成部分，完善社会治理体系对推进国家治理体系与治理能力现代化都具有十分重要的意义。南京市作为东部沿海地区的特大型城市，近年来，在率先基本实现现代化的目标引领下，高标准谋划社会建设，大力度推进社会治理创新，形成了一系列具有现代都市特点的社会治理经验，初步形成了具有南京特色的现代社会治理体系，对进一步探索与深化社会治理体系建设具有借鉴意义。

一　构建"四位一体"的社会治理体系架构

一是民生导向的社会治理理念。首先，突显"民意为大、民生为本"社会治理理念，将市民满意度作为评判政府社会治理成效的首要标准。南京市在全国率先推进服务型政府建设，从 2001 年开始启动"万人评议机关"活动并持续至今。建设幸福都市，把老百姓幸福感、满意度作为幸福都市考核评价指标重要内容，占整体权重的 40%。从 2008 年开始，市级机关电视公开直播述职述廉，建立民意评价长效机制。畅通民意表达渠

* 许益军，南京市社会科学院社会发展研究所所长、研究员，博士；李义波，南京市社会科学院社会发展研究所副教授，博士。

道，开通“12345”政府服务热线，2013年荣获“全国加强和创新社会管理最佳案例”。南京市成立由人大代表、政协委员以及群众代表组成的民情志愿服务队，深入了解民意诉求，及时反馈政策反响，反映社会热点问题。其次，2012年制定出台民生十大体系，围绕民生“五有”目标，着力构建现代公共服务体系。出台《关于加快电子政务建设构建权力阳光运行机制的意见》，编制《南京市行政职权目录》，构建行政权力阳光运行机制，全力推进“阳光政务”、“透明政府”建设。其次，坚持“富民、便民、安民”社会治理价值导向。围绕增加城乡居民工资性、经营性、财产险、转移性收入，制订城乡居民收入双倍增计划，全面实施富民工程188项政策，全力落实科技创业创新“1+8”、“科技九条”、“创业七策”、工资集体协商等项政策，努力增加城乡居民收入。最后，围绕加快推进基本公共服务均等化，加快学校、医院等社会事业项目建设，打造“10分钟社区服务圈”，被首批命名为“全国社区建设示范市”，玄武区、白下区、秦淮区、建邺区、鼓楼区先后成为全国社区建设示范区。推进“1+X”便民服务中心建设，在2万人以上的特大型社区实行“一居多站”，为社区居民提供“全天候”、“零距离”服务。深入开展“平安南京”创新系列活动，“社区六进”、“检务直通车”、“法律援助社区行”、“五有五无”社区（村）创建等活动已见成效，率先在全国推行技防设施网络建设，率先建设覆盖基层大调解体系，社会矛盾纠纷调处成功率连续四年位居全省第一，公众安全感明显提高。

二是多元共治的社会治理主体。首先，社区民主自治不断发展。2009年，全面实行社区居委会民主直选，全面建立社区“当家人”民主直选制度。原下关区东井亭社区居民民主听证会、阅江楼街道社区自治协会、原白下区瑞金新村社区论坛、鼓楼区工人新村社区议事园等社区民主治理特色鲜明，社区用群众自治填补物业管理空白。农村社区建立村务公开电子信息平台，农民参与村民自治特别是参与民主选举积极性逐年高涨。其次，政社协同治理不断推进。启动综合改革工程，明确要求“发挥群团组织桥梁枢纽作用，市政府工作部门简政放权、向群团组织转移事务”，制定《南京市政府购买公共服务的意见》及“指导目录”系列政策，加快建立政府购买公共服务机制。围绕推进社会公共服务与社会公益组织有效对接，研究制定促进南京公益事业发展的意见；探索实行社会组织备案制，推进社会组织快速发展。围绕发挥各类企业在管理服务中的作用，制定企业履行社会责任评价标准。最后，“社工＋义工”的社会动员和服务联动模式初步形成，形成了一支职业化、专业化、公益化的社区工作者队伍。2007年起，按每300户配1人的标准选配社区工作者，每社区不少于6人。全市配置社工近万名，其中6个主城区平均每社区专职社工10人，每社区至少1名大学生社工、1名社会工作师或助理社会工作师。

三是全域覆盖的社会治理机制。首先，构建、完善多层次社会治理方式。完善小区防范设施、落实夜间巡防力量、提高居民自防意识、加大破案打击力度综合施策，在治本上下功夫，确保每年有效解决一批影响群众安全感的突出问题。全面落实特殊人群服务管理措施，探索政府主导、部门负责、社会参与的特殊人群服务管理新路子。健全公共安全建设体系，推进城乡一体化、时空化巡防机制建设，加强经济适用房、农民复建房、城乡接合部小区治安防范薄弱地区的防控工作。扎实开展迎“青奥”安全生产、食品药品安全、信访维稳、行政执法200天专项整治行动。其次，“网格化”和“扁平化”实现全域覆盖。全面推行“网格化”和“一委一居一站一办”服务管理模式，覆盖率城市社区达100%、农村社区达96%。栖霞区仙林街道率先探索建立“网格化”服务管理模式，“人往格中去，事在网中办，服务零距离”，被评为全国社会建设示范典型。最后，2011年6月，南京市下发《关于推进一委一居（村）一站一办建设和“扁平化”社区管理工作的意见》，在全市建立“一委一居一站一办”社区组织架构，构建起社区党组织领导、社区居委会依法自治、社区管理站承接公共服务、社区综治办负责综治维稳工作的社区管理格局。

四是机制完善的社会治理保障。首先，推动法治化保障，制定《南京市法治政府建设行动计划》，将实施法治建设工程、争创全省法治城市创建绩效首位市确立为经济社会发展重要发展战略；将法治建设工程与综合改革工程、党建创新工程并列为“十二五”时期“三大重点工程”；全面实施“八大法治保障”、开展“六项提升行动”，努力为率先基本实现现代化创造良好的法治环境；把法治建设纳入党政领导干部政绩考核，纳入区县和部门经济社会发展目标考核，纳入镇街分类考核。其次，实现信息化支撑。运用数字化、信息化现代技术手段，不断推动社会管理体制机制、方法载体、手段途径的改革创新，启动“智慧社区”、“智慧城管”、“智慧医疗”、“数字管网”等系列项目，推进城市管理智能化与信息化建设。自2002年起，全力构建网络综合办公平台、电子监察平台和网络监督平台。2006年，在全国率先研发应用案件管理信息系统，积极构建网上信访举报受理机制，建立政风行风热线媒体联动机制。2011年开发“e路阳光”建设工程网上招投标平台，启动以“两卡一中心”为基础的智慧城市建设。最后，完善标准化管理。在全国较早启动和谐社区标准化工作。玄武区锁金村街道首创和谐社区千分评价体系，在全国产生较大影响并得到民政部充分肯定。白下区率先在全省推出“和谐社区建设评价总则”，率先全国制定实施“和谐社区建设评估指标体系”，率先制定出台《和谐社区基本标准》。

二 推动社会治理方式方法“四大转变”

一是实现治理理念由“管控为主”向“服务为主”转变。传统的城市治理模式是一种政府主导的行政化模式，突出特点是“管控为主”，目的是便于自身管理和控制。政府运用其掌握的行政资源，包打天下、包揽一切，通过行政手段、动用行政人员，管理和治理城市。在这种传统社会管理思维及模式下，城市社会的运转由政府主导推动，公共服务提供的内容与方式往往由政府单方面决定甚至强制性实施。随着城市越来越异质化，居民的意愿诉求也变得越来越差异化，政府统揽一切的治理方式已经变得不合时宜了。传统社会管理理念下的官本位、政府本位、权力本位，必须向民本位、社会本位、权利本位的现代社会治理理念转变。南京市社会治理体系创新的重要特点，就在于它充分体现和贯彻了民本导向与现代服务型政府理念，通过有效的方式与手段，主动回应和满足群众最关心、最直接、最现实的利益诉求，扎扎实实做到扣民生之本、解民生之急、排民生之忧。

二是实现治理方式由“粗放机械”向“精细整合”转变。当前城市基层管理的一个明显特点是“街居体制”，在管理流程上，街居体制主要接受上级党委政府和部门的指令，社会治理的快捷性、针对性与有效性明显不足。伴随着城镇化快速推进，新建社区规模普遍较大和管理半径过大，当前情况下街居体制的局限性和不足进一步凸显，社会治理方式上的“粗放”和“分散”特征一览无遗。南京市社会治理体系创新紧扣街居体制之不足，着力打造精明政府，科学规划、科学行事，反对庸懒散，不断提升行政执行力，增强对外部环境的回应性，率先提出和推广“网格”

管理，将社会治理的神经末梢伸进社会最基层。同时，搭建整体性政府框架，借用组织流程再造思想，推动机构整合，打破政府信息资源开发的孤岛状态，通过网络信息技术的运用和行政业务流程再造的有机结合，推动服务与沟通渠道的整合。

三是实现治理资源由“单一分散”向“上下贯通”转变。长期以来，基层社会管理的主体与资源主要为基层党委政府，而且这一单一的资源由于条块分割使得基层党委政府在面对群众日益复杂多样的诉求时显得力不从心，有时甚至无能为力。要基本实现城市社会治理的综合效益最大化，必须形成治理资源上下贯通、政社联动的局面。一方面，要整合条块资源。充分调动相关单位和职能部门积极参与和支持社会管理工作，充分整合公安、人防、计生、民政、社保等多部门的信息资源，实现信息共用共享，建立起覆盖人口计生、政法综治、社会事务、城市管理、信访维稳、文明创建、医疗卫生等方面的基础信息库。另一方面，也要整合社会资源，充分发挥南京市社会组织资源丰富、社会公众素质较高的特有优势。南京市目前共有各类社区民间组织近 2 万家，是全国同类城市中社区民间组织数量最多的城市。南京市民积极参与志愿者活动，以“志愿服务我先行”、“美化金陵大家行”、“文明执法社区行”、“城市治理监督行”等特色化途径，有效优化治理资源。

四是实现治理机制由“职责难分”向“完善机制”转变。传统的社会管理，由于职责不明、机制不全、考核不清，导致基层干部在进行社会管理、开展群众工作过程中存在被动应付、放任自流的现象，或者出现简单化、表面化的倾向。健全与完善社会管理、群众工作的运行机制是创新社会治理体系的重中之重。南京特色社会治理体系创新，始终把体制创新、制度建设作为加强社会管理的根本动力与基本保障，通过加强规范化、法制化、制度化建设，着力解决社会建设与管理中的一些基础性、普遍性、根本性问题。2010 年 3 月，南京在全国同类城市率先成立了社会建设工作机构，是全国最早成立社会建设工作委员会的城市之一，南京市建邺区按照“大部制”改革思路，在全国率先成立了社会管理服务局。强化督查考核机制是南京推进社会管理工作的重要手段，南京市建立了一套科学描述全市推进民生现代化与社会现代化的工作指标体系，并将其融入率先基本实现现代化的指标体系中，把社会管理创新作为评价地区发展水平和领导干部政绩的重要内容，实行部署、推进、考核三同步。围绕考核指标体系、考核评价方法和考核评价机制，区别对待不同地区、不同部门、不同单位的实际情况，把社会治理创新工作任务逐一分解落实到相关部门、单位，建立督查制度，强化责任追究，确保目标任务按节点推进、按责任落实，初步形成了党委领导、政府负责、社会协同、公众参与的社会治理格局。

三　实现社会治理目标追求“三个最大限度”

一是最大限度夯实了基层基础。社区是各类群体聚集点、各种利益交汇点和各种矛盾聚焦点。南京始终把加强社区管理作为创新社会治理的基本方向，坚持工作重心下移、工作力量下沉，推动服务触角向基层延伸，打牢基层工作基础，探索创新街道和基层社区的工作体系，形成以夯实基层组织、壮大基层力量、整合基层资源、强化基础工作为主要内容的基层基础工作新格局。出台《南京社会建设网格化服务管理工作指南》，基本实现街镇网格化工作全覆盖。受理各类矛盾纠纷6.2万余件，调处成功率达95%以上，城市居民小区、农村居民户技防入户率分别达到76.1%和55.6%。全市社会组织总数达2万家，登记注册的社会组织党组织组建率达75%。推进街道五个中心等“优街强居”改革探索。社区民主直选制度的直选面占社区居委会总数的99%，是全国直选面最大、直选社区数最多的城市，农民参与村民自治和民主选举积极性高涨，2010年南京市村委会换届选举，民主直选面100%，“海选”比率80%以上。

二是最大限度促进了社会和谐。首先，努力解决民生难题，充分利用人民信访、市长信箱、网络在线、市民论坛和民意调查等形式，开展驻点调研、“联系市民、服务百姓”、“四解四促”、“百企走访”、“牵手行动”等活动，广泛收集社情民意，督促民生难题解决。围绕群众关心的食住行等民生难题，率先在全国同类城市中实现养老、医疗保险制度的全覆盖，率先在全国全面实施将1983年以来52万被征地农民纳入城市社会保障政策，率先在全国实施“幼儿助学券”制度，率先在全国建立最低生活保障等18项社会保障标准的联动调整机制，率先在全国建立投资项目就业评估制度，实施老人和残疾人免费乘车等政策。其次，健全矛盾纠纷化解体系。2004年开始，健全和完善矛盾纠纷“大排查、大调解”机制，构建全领域覆盖、全过程跟踪、多方力量参与的“大调解”工作网络，推广“7+1”社会矛盾调解工作法。《有请当事人》人民调解委员会与地方调解组织联动联调，开创全国城市电视台和省内电视调解节目先河。“12345”服务热线及时解决了群众的大批民生难题和矛盾。最后，组建市10个矛盾纠纷专项协调小组，积极推进大调解中心实体化运作，在街镇建立“为民服务信访代理中心”、居村设立代理点，大型小区设立综治调解“社区服务站”，社会矛盾纠纷调处成功率连续四年位居全省第一。

三是最大限度激发了社会活力。首先，全面调动市和区县（园区）两个方面的积极性。通过两轮综合改革，解决好政府宏观统筹与微观放权都不够到位的突出问题，做强经济主体、做活基层一线、做大发展空间、做优管理体系。进一步厘清市与区县的关系，实现决策、执行、监督的科学分置和有机统一。市里把工作重点放在决策、监督上，区县把工作重点放在执行上，把宏观管理权留在市里，把具体管理权限下放给区县，切实激发区县（园区）发展活力，切实发挥好区县（园区）干部群众的积极性、主动性和创造性，促进区县（园区）大发展。其次，基层社会服务管理创新活跃。建邺区加快“宜居幸福圈”建设，在全市率先调整、取消街道经济管理职能，增强街道公共服务和社会管理能力。沙洲街道打造“乐立方民生服务幸福圈”，构建多元化、立体式、全方位、零距离服务体系。栖霞区仙林街道“网格连心、服务为先、多元联动、协同发展”的网格化服务管理模式将街道、社区工作人员下沉到最基层，调动了区域内包括机关、企事业单位、居民等各类主体参与社会服务管理的积极性。鼓楼区大力推进公共服务外包，建立市场化运作、契约化管理、企业化经营和多元化评价等公共服务外包运行机制。玄武区锁金村街道开展“五个中心”建设，增强了街道社区基层的公共服务能力。再次，社会力量已成为社会治理重要组成部分。近年来社会组织获得较快加大发展，在组织总量、组织备案注册比例、组织年增长率等方面，高居全国副省级城市首位。最后，志愿服务也得到较大发展，目前南京市已有注册志愿者128万人，志愿服务团队近万个，成立了南京市志愿者协会和南京市城市治理志愿者协会，创办了南京市志愿服务网，专门颁布了《南京市志愿服务条例》，2013年的亚青会充分展示了南京市志愿者的风采。

总之，建设现代社会治理体系是一项新任务，也是一项重大民生工程，南京市立足于东部地区特大型城市的发展特点，在率先实现基本现代化的历史进程中，积极探索，大胆创新，初步形成了一些实践经验，这对进一步推进其他地区的实践探索具有一定的启示意义。同时，现代社会治理体系建设也是一个长期渐进的过程，在此过程中，需要边实践边总结，有些初步经验还需要再放到实践中去进一步检验，有些经验在一个地方有效在别的地方还不一定有效或者效果可能会打折扣，这就需要我们在中央基本精神指引下，大胆探索，积极创新，相互借鉴，不断开创社会治理体系理论与实践工作的新局面。

以法治理念推进社会治理创新

史　斌*

加强和创新社会治理，是提升党的执政能力、实现长治久安的基础工程，是建设中国特色社会主义的一项重大战略任务。法治既是现代文明的标识，也是社会发展的必然选择，是实现社会治理的基本手段和理想模式。[①] 要实现社会的长治久安和谐稳定，就必须充分依靠法治引导和规范社会秩序，协调整合社会利益关系。坚持以法治要求统领社会治理创新，将社会治理创新工作整体纳入法治化、制度化轨道，对于促进社会治理科学化和民主化、维护社会和谐稳定具有十分重要的意义。

一　社会治理创新与法治的相互关系

（一）社会治理创新和法治社会建设有着共同的价值目标

理性高效的社会治理与良好公正的法律治理，从本质上高度契合，社会治理创新与法治社会建设的价值目标具有一致性。首先，在核心理念上具有一致性。法治的核心强调“良法权威”[②]，以“公平正义、良法善治”为价值标准。而加强和创新社会治理的根本目的与核心理念，就是依良法、行善治，形成解决问题和创新发展的长效机制来维护社会秩序、促进社会和谐、保障人民安居乐业。良法的权威运行正是规范社会治理的理念前提和制度支撑，经过创新的理性高效社会治理模式则是“良法之

* 史斌，宁波市社科院社会发展研究所所长，副研究员，博士（后）。

① 司春燕：《法治是一种较为理想的社会治理模式》，《行政与法》2009 年第 4 期。

② 廖奕：《法治化的社会治理创新》，《法制日报》2012 年 5 月 2 日第 10 版。

治”的逻辑延展和细节完善。其次，在主要任务上具有一致性。法治建设旨在建立民主立法、公正司法、严格执法、有效监督以及公平的市场资源配置等一系列制度，并培养高素质的执法队伍，提高全民的法律意识，实现通过法律控制公权力，保护公民的自由、平等及其他基本政治权利的中心任务。而社会治理的基本任务包括协调社会关系、规范社会行为、解决社会问题、化解社会矛盾、促进社会公正、应对社会风险、保持社会稳定等方面。当前社会治理创新的主要目标之一就是在有效规范政府行政权力的同时为社会和群众的自我管理留下足够的空间，探索更为民主科学有效的社会治理模式，实现社会领域权力与权利的均衡，促成社会和谐。最后，两者的基本价值目标都在于构建政府与公民、市场和社会之间良性互动的关系，形成政府依法行政、社会共同依法参与管理、公民依法表达诉求和行使权利的良性社会发展模式，并可以互为助力在推进发展中实现交融。

（二）社会治理创新是法治建设的重要内容

社会治理创新在某种程度上可看作社会主义法治理念在社会治理领域的具体化，是整个法治建设的组成部分。首先，社会治理创新过程意味着现代社会治理法制体系的建构，对整个法制体系进行调整和完善。当前的现实是，不论是国家层面还是地方层面，现有的法律、制度与社会治理领域的需求还不相协调，社会治理创新中必然面对和解决相关领域法律制度的建设问题。社会治理创新包括对社会治理格局、维护群众权益机制、流动人口和特殊人群管理和服务、基层社会治理和服务体系、公共安全体系、非公有制经济组织社会组织管理、信息网络管理等方面的加强和完善。这些都会推动相关领域法律、法规的制定、修改与废除：一方面是社会治理创新与不合时宜的法律、法规发生冲突时，需根据实际情况尽快修改或者废止上述法律，打通管理创新的法律通道；另一方面社会治理创新中构建了新的社会治理机制和制度，其中一部分证明有效的核心机制与制度要以法律形式固定下来，形成长效规范。其次，以法治化为方向的社会治理创新，也正是现代法治的内容范畴和实现过程。社会治理创新中对治理主体、治理理念与治理方式的改变和调整，尤其是它所注重的依法行政、公共决策、民主参与和公共权力规范限制等方面，也正是现代法治的内容范畴。最后，创新社会治理的实质是政府转型，实现“有限政府”，实现各类社会主体在社会治理中的各居其位、各司其职，也就是对政府的管理行为作出规范和限制，实际上也就是现代法治在社会治理领域的实现过程。

（三）法治化是社会治理创新的内在要求

现代社会治理是政府向社会提供公共服务并依法对有关社会事务进行规范和调节的过程，同时也是社会自我服务并依据法律和道德进行自我规范和调节的过程，因此，“规则之治”，也就是法治化的社会治理，是当前社会治理创新的内在要求和必然取向。首先，法治化是创新社会治理、促进社会和谐的重要手段和根本保障。法律具有一般性、权威性、公开性和稳定性，是社会治理多种方式、多种手段中最为重要的一种，在推进社会治理创新中具有不可替代的地位和作用。社会治理及其创新都必须有法规制度作为支撑与保障，要推进社会治理创新健康发展，确保社会治理创新的实效性和持续性，就必须切实致力于相关法规制度的完善，用法治化引导、促进和保障社会治理及社会治理创新。其次，社会治理法治化有助于公民权利的实现与公共利益的和谐。只有把法治化落实到社会治理的各领域、全过程，才能实现国家与公民社会、权力与权利的有机统一，社会依法管理与民众参与治理的有机统一，民生法治导向性与管理主体多元化的有机统一，利益诉求渠道与各种社会矛盾化解的有机统一，社会维稳和公民维权的有机统一。[①] 最后，社会治理实践的困境亟须以法治化作为创新方向进行突破。就当前的现实而言前，社会治理实践中与民争利、损害群众利益，执法、司法不公等现象仍较为突出，人民群众对民主法治的诉求日益强烈，对依法行政、公正司法的要求不断提高，对保障和改善民生有了更高的期望。因此，社会治理创新必须尽快纳入法治化轨道。

二　以法治理念推进社会治理创新的几个着力点

以法治理念推进社会治理创新是一项系统工程，必须立足实际，找准

① 青海法学会：《青海省法学会“社会治理创新与民主法治建设理论研讨会”综述》，2012 年 8 月，（http：//www. chinalaw. org. cn/html/dfxh/zhbd/2775. html）。

切入点和着力点，充分发挥法治在社会治理创新中不可或缺的基础性作用，努力推动社会治理创新工作沿着法治化轨道取得更大的突破和进步。

（一）加强法治理念建设，营造良好的社会治理法治环境

深入推进社会治理法治化，首要任务就是要严格贯彻落实依法治国基本方略，牢固树立社会主义法治理念，努力在全社会形成崇尚法治、遵循法治、弘扬法治的良好氛围。

第一，深入推进法治文化繁荣发展。首先，要加强工作机制和合力建设。要坚持和完善“党委领导、人大监督、政府实施、部门配合、社会参与”的法治文化建设领导机制，形成规范、有序、稳步推进的法治文化深入建设态势。其次，要重视理论研究和队伍建设。调动广大法学教育研究人员、法律工作者和社会各界的积极性，加强法治文化建设的理论研究和应用研究。最后，要创新载体平台和阵地建设。加强报刊、电视、广播、网络等媒体法治专栏专刊建设；推进青少年社会活动实践基地、法治文化广场、法治公园、街区建设以及大中小学校的法治文化基础设施建设；运用公交车载视频、公益广告屏、电子显示屏以及手机短信等载体传播法治信息。

第二，加强社会治理领域普法教育。首先，突出加强社会治理领域法律法规的普及传播。以保障和改善民生为任务，以解决人民群众最关心、最直接、最现实的民生利益问题为重点，深入宣传与人民群众切身利益相关的社会治理法律法规。其次，针对社会治理重点人群进行普法教育。重点人群包括两类，一类是各级领导干部和广大公职人员，另一类是流动人口、青少年、农民等。最后，要着力培育公民的权利义务意识、法治心理和法治习惯，增强群众合理表达诉求、依法维护权益的意识和能力。

（二）加强地方立法修订，构建完备的社会治理法治支撑

完备的法律体系、法规程序和规范，是社会治理的重要支撑。当前中国特色社会主义法律体系已经形成，随着社会治理创新力度的加大，社会治理法规制度还将在动态、开放的格局中不断发展，因此必须要针对现有社会治理中存在问题和矛盾，通过制定、修改和完善，为社会治理创新提供完备的法律制度支撑。

第一，强化前瞻性立法和总结性立法。在认真总结社会治理创新综合

试点经验的基础上，积极发挥地方立法“拾遗补阙”的“先行性立法”功能，把反映民众意愿、符合民众利益的前瞻性主张及被实践证明积极有效的措施，转化为法律规范、准则制度等。一方面，要认真梳理把握立项项目重点，优先安排科教文卫等社会事业发展和公共服务方面的立法项目，重点解决群众反映强烈的就业、社会保障、食品药品安全、环境保护等民生领域突出问题，主动探索网络管理等热点难点领域立法；另一方面，要重视地方性法规配套制度建设，要着重针对市容管理、客运管理等存在标准陈旧、规定模糊等问题的社会治理领域，加快法规细则的更新出台，改变威慑不足、管理执行难的现状。

第二，切实提高立法质量与效果。立法的追求是“良法”，必须能切实反映社会发展客观规律，体现人民意志，并且符合实际、具可操作性。首先，要尊重民意，开门立法。既要进一步拓展立法信息公开的广度和深度，确保立法信息公开的连续性、完整性；又要进一步推进人大代表和社会公众参与立法，在立法征求意见的各个阶段，积极吸收人大代表和社会公众参与立法征求意见。其次，要针对地方现实，科学立法。要针对地方问题和主要矛盾，符合现实需求、时代发展和地方条件，形成具有现实可行性和地方特色的法律法规。最后，要加强对法规贯彻实施情况的跟踪督查和效果评估，在保障法的基本稳定性和延续性的前提下，及时清理与修订、更新不合时宜的地方法规、政府规章和政策规定。

（三）加强公正司法规范执法，维护严明的社会治理法治程序

中国特色社会主义法律体系的形成，从总体上解决了有法可依问题，在这种情况下，有法必依、执法必严、违法必究问题就显得更为突出。为确保法制的严肃性与威慑力，行政、司法、执法必须按照法定职权程序，对有关社会治理事务进行规范和调节。

第一，加强执法规范化建设。首先，严格规范行政执法行为。政府法制机构依法界定社会治理执法职责，防止部门职能重叠交叉、缺位错位越位。全面开展行政处罚裁量权规范工作，坚持开展行政执法检查活动，促使行政执法规范、公正、透明、高效运行。加大行政许可、行政强制实施主体的清理，严格规范行政许可、行政处罚、行政强制行为，全面落实行政执法责任制。其次，探索和推广社会治理执法方式创新。积极探索行政指导、说理性执法等执法方式创新，不断推行说理性行政处罚文书。最

后，还要文明执法，注重执法手段刚柔结合，提高文明执法水平。尤其在对困难人群和特殊群体进行执法时，在注重以法律为依据的同时，也要体现人文关怀，争取执法效果和社会影响双赢。

第二，建设公正、高效、权威的司法。司法是实现公平与正义的最后救济途径，也是实现社会治理法治化的基本保障和重要力量。首先，强化自身建设，保障司法公正。要抓住影响和制约司法公正的人情案、关系案、金钱案等问题，规范司法行为，强化内部监督，严格执行案件质量评查制度，提高依法办案能力。其次，发挥司法定分止争功能。司法系统要加强依法调处社会矛盾纠纷的能力，提高办案水平和办案效率，切实发挥司法在矛盾纠纷化解中的终局性作用。最后，扩大司法机关在促进社会治理法治化中的作用发挥。司法机关在参与加强和创新社会治理中，不仅要全面履行职能、依法公正办案，而且要针对办案中发现的问题、总结的规律，积极向党委政府提出建议，促进社会治理的法治化、规范化。

（四）加强依法监督力度，形成有力的社会治理法治保障

依法加强对国家机关和其他社会治理主体的监督，是充分发挥社会各界协同作用、人民群众主体作用的重要途径，也是实现党的领导、人民当家做主与依法治国有机统一的现实需要。

第一，健全社会治理各项公开制度。依法维护人民群众的知情权、参与权、表达权，以“公开”为核心，积极稳妥推进党务、政务公开，推进社会治理各项工作透明、有序展开。首先是社会治理决策公开。建立健全社会治理决策意见征集系统，着力建设好网上双向互通渠道，满足不同层次群众参与社会治理决策的需求。其次是扩大政务法务程序信息公开。在完善现有信息平台的基础上，进一步提高信息公开质量，促进社会治理执法和司法更加透明、公正。最后要注意针对突发公共事件的信息公开。突发公共事件的处理应对是社会治理的重要内容之一，而信息公开是其中重要一环。要加快建立健全应急预案，根据突发事件演进过程，及时有序恰当地进行事前、事中和事后公开。

第二，大力完善监督问责机制。完善对社会治理主体的职权监督和问责制度，保证党和国家机关及其工作人员按照法定权限和程序行使权力。首先，构建党内监督、人大依法监督、政协民主监督、行政监督、司法监督和社会监督有机结合的全方位监督体系。其次，健全问责制度。全面推

行问责制，认真执行党政领导干部问责规定，明确岗位职责，规范工作程序。最后，加强绩效管理，健全责任体系，对决策失误、违法行政、滥用职权、失职渎职等行为，要严格依法追究有关领导和工作人员的责任，做到有权必有责、用权受监督、违法受追究、侵权须赔偿。

第　四　编

新型城镇化与城市社区治理

新媒体环境下社会诉求的变化及应对思路

王金玲　姜佳将*

在新媒体环境下，政府的执政环境发生了深刻变化，科学地运用和利用新媒体，及时把握民众诉求动态，实施有效的应对理念、策略和方法，是政府实现有效管理和社会治理的重要途径。

一　新媒体环境下民众诉求的内容及特点

据笔者对人民网舆情频道、浙江舆情网及百度热搜的相关内容统计，浙江民众诉求主要包括以下五大内容及特征。

第一，环境保护和食品安全等涉及民众健康的社会问题是民众广泛和持续关注的主要热点，也是群体事件的首要爆发点。

第二，医患、城管与小贩、政府工作人员与民众、劳资等涉及不同社会群体利益的社会问题，是舆情的主要聚焦点，也是群体性事件的潜在爆发点。

第三，危及民众人身财产安全的社会问题是民众恐慌的易爆点，交通、教育等涉及民众生活的社会问题，也是舆情的重要关注点之一，是民众不满情绪的一大积聚点。

第四，暴力恐怖、恶性伤人等涉暴、涉恐、涉邪事件，正成为社会舆情的新聚焦点，具有十分强大的引发社会大恐慌的张力。

第五，针对未成年人及其他弱势群体的伤害事件易吸引民众的注意力，对社会舆情具有较大的引爆力。

---

* 王金玲，浙江省社科院社会学所；姜佳将，浙江省社科院社会学所。

二 新媒体环境下民众诉求的变化

从网络舆情热点特征可见，浙江省民众诉求表达的五大变化如下。

第一，诉求内容表现为从温饱等生存取向向自身发展的权利取向转变，从涉及拆迁等直接利益受损后的维权行为向生活的风险预防转变，而驱动力也由单一的经济利益驱动向情感驱动加利益驱动的双向驱动转变。

第二，组织形式表现为个体行动及实体组织减少，自组织化、虚拟化的组织形态增多。

第三，行动方式表现为非行动化减弱，容易从网上活动扩展到面对面的网下活动，直至发展为突发性、扩大化的集群行动。

第四，民众情绪表现为理性和非理性并存，舆情反转多发，无论是碎片化信息、失实性报道还是偏激性话题都极易激起网民情绪，引发网民的非理性言论直至社会行动。

第五，信息调控表现为政府对网络舆论调控力不足，境外媒体/机构对舆情炒作的介入加快、加深、加多、加大，成为省内乃至国内舆情事件的一大推手和操作手。

三 民众诉求从网上舆论发展为网下行动的运作机制

民众诉求从网上舆论发展为网下行动的运作机制包括三大前提条件、两大引爆力、两大助燃力，而从网上舆论到网下行动也有自己的演化路线。

（一）新媒体环境、社会结构性压力和网民特有的心理机制构成三大前提条件

1. 新媒体环境下的“舆论雪崩”效应扩展了舆情影响力和影响范围，对网民具有广泛的波及力乃至冲击力和引导力

新媒体独特的功能不断拓展舆论表达与传播的覆盖范围，提升舆情信息汇聚的速度和数量，联结舆论参与甚至集体行动的有效渠道和社会网络，强化了舆情的影响力和作用力，这是民众诉求从网上舆论到网下行动

的一大前提条件。由此，网络民意诉求能迅速形成舆论张力甚至形成“舆论雪崩”效应，舆情如雪崩般瞬间形成，迅速扩散，无极传递，多极超倍增量，后果难以预料。

2. 社会矛盾和心态形成的社会结构性压力集聚了行动力量

现有社会矛盾和社会心态下形成的社会信任感下降、自我被剥夺感强化、心态普遍浮躁等社会结构性压力，凝集了自我抗争和集体行动的力量，是民众诉求从网上舆论发展为网下行动的另一前提条件。由此，政府工作人员、警察、富人、名人、专家等典型人物的负面消息，往往容易引发围观直至网下行动。

3. 网民的心理特征削减了网络舆情民意中的理性力量

调查表明，“无人知晓”心理下的随心所欲乃至恶意，使得造谣惑众、恶意中伤等层出不穷；“从众心理”下的道德失范，易产生盲从、去个性化、集体无意识等群体行为；“固有成见”心理导致的认知失调，容易使网络监督、网络维权转变为“网络审判”和“网络暴力”；信息不对称导致的盲从或不信任，容易产生集体恐慌，从而引发过激情绪和过激行为。正是上述四大网民心理特征，较大程度上削减了网上舆情民意形成中的理性力量。

（二）突发事件和网络谣言是网上舆情发展为网下行动的两大引爆力

1. 突发事件是激发和激化集群行为的导火索

激起公议和令人震撼的突发事件被传播后往往引起围观和评论，是激发或激化网下集群行为的导火索，其一旦被点燃，网上的情绪就会向现实的行动转化。调查表明，政府/国企工作人员的违法乱纪行为、涉及衣食住行等的民生问题、社会分配不合理贫富分化严重引起的社会问题、涉及国家利益和民族自豪感的事件、重要或敏感国家/地区的突发性事件以及公众人物的火爆事件等，是最容易引起突发事件的六类典型议题。

2. 网络谣言是激发和激化集群行为的点火器

网络谣言已成为导致民众诉求从网上舆论发展为网下行动的另一引爆力，具有点火器的作用。据《中国新媒体发展报告 No. 6（2015）》显示，以下七类主题“谣言”数量最多：食品安全、人身安全、疾病治疗、健康养生、防骗、金钱、亲子关系处理。而最典型的网络谣言包括“PX 项目”、“垃圾焚烧会致癌”等，常常引发误解性恐慌。

（三）两大助燃力：政府失控失调和社会力量负向动员是激发、激化网下行动的两大助燃力

1. 政府失控失调是激发、激化网下行动的首要助燃力

重大公共危机事件发生后，政府如果处置不当或失控失调，就会对相关舆情的生成、传播和负向发展产生不可低估的影响，是激发或激化网下行动的首要助燃力。而相关责任方的不当表现、有关官员的严重失当言行更会激起公众的义愤，直接激发或激化群体事件。如温州高铁事件中，新闻发言人的“不管你信不信，我反正是信了”成为舆情直接激化点。

2. 社会力量负向动员是激发、激化网下行动的风向性力量

在以权威人士为代表的社会力量所发表的带有风向性的负面言论的导引下，网络舆论极有可能转变为集群行为。因此，社会力量负向动员是激发或激化网下行动的又一主要助燃力。如黄浦江漂浮死猪事件，薛蛮子等大 V 发挥了重要的激发、激化作用。而目前在雇主指挥下，网络水军与网络推手利用信息鸿沟和信息特权，在短时间内集中发帖、回帖，蒙蔽和欺骗网民，绑架民意也屡见不鲜。

（四）舆情演化路线：形成→爆发→高峰→减弱/反复→消散

网络舆情的演化主要有形成、爆发、高峰、减弱/反复、消散五个时期，若控制得当，呈现出单峰形态，遵循着形成期→爆发期→高峰期→减弱期→消散期演变（见图 1）；若控制得失当，则会呈现出双峰甚至多峰形态，出现反复或多次反复（见图 2）。

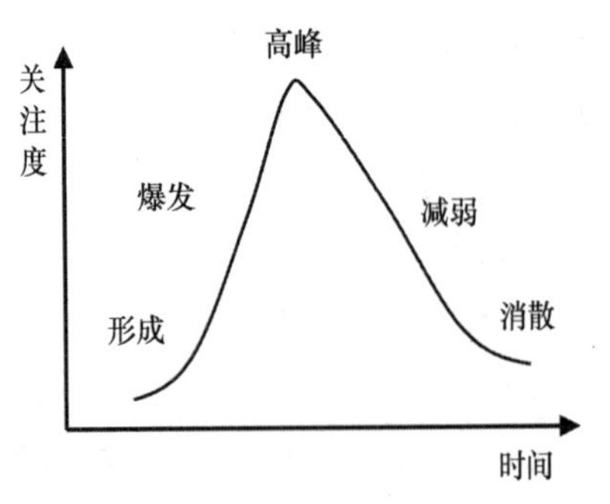

图 1　单峰形态

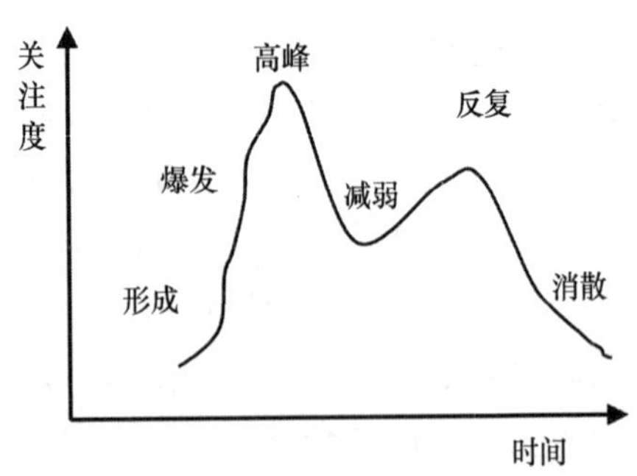

图 2　双峰或多峰形态

四　新媒体环境下民众诉求的应对思路

在新媒体环境下，民众诉求的内容、方法、途径、手段等都发生了巨大的变化，为此，本文提出以下四大应对思路。

第一，管理理念从“权力控制”转向“规则导向、知识导引”，推进网络治理。

改变目前以“权力控制”为主的管理理念，转向“规则导向、知识导引”，注重包括法律、政策、规章制度、道德规范、社会伦理等在内的行为规则的导向作用和自然科学、社会科学、人文知识的教育作用，提高民众的科学素养；强化权威/专家人物和平民英雄等的正向社会引导和风气引领；加强重大决策出台前的社会协商和民意征询，重大社会事件出现后的及时发布信息和解决问题；增进权利与义务意识的教育，提高民众社会参与的能力和水平等，进而有效地规范民众的网络和社会参与行为，疏解民众的不满/不良情绪，消解民众因信息不对称、知识匮乏产生的恐慌，将新媒体建树成民众积极参与社会治理的正能量场域。

第二，管理机制从“点加线管控”转向“点、线、面结合，全面运作”，建树系统治理。

针对网络舆情的演化路线和阶段性特点，网络管理改变目前“点加线管控”、发生后启动的运作机制，加强前序监控、中间调控、后序重建/回归工作，建立健全包括相应的预警机制、调控机制、舆论重建机制、社会秩序回归机制在内的治理体系，实现系统治理。

第三，管理策略从“封堵为主”转向“加强监控，疏导为主”，注重柔性治理。

管理策略应从“封堵为主”转变为“加强监控，疏导为主”。通过对网络舆论的梳理，找出有可能演化为网络舆情的议题进行跟踪监测，研究其有可能扩展的前提条件、引爆力和助燃力，厘清相关的推手和操作手，然后有针对性地进行控制，使之消解在萌芽状态。而对于已具有群体性的舆情和社会行动，可用以“疏导”型柔性管理为主，辅之以“封堵”的铁腕的方法，更快更好地进行消解，建设网络舆论新秩序。

第四，管理手段从“单方主攻”转向“一方主导，多方协作”，加强协同治理。

管理手段从目前宣传部的“单方主攻”转向“一方主导，多方协作”。建议以宣传部为主导，通过加快健全应对新媒体事件的联动体系——包括建立各方联动的应对工作组及部门会商联席会议制度，完善处置联动机制；建立网络舆情评估指标，处置跟踪反馈体系，完善信息数据库建设；主动培育民间自组织力量，推进网络社区自治等，加强协同治理。尤其是随着辟谣联盟等民间自组织的兴起，网络自净化机制正在逐步形成，政府应该重视和发挥这一民间正能量的作用，形成政府与社会的合力，使社会自治力量成为网络治理的一大重要和主要力量。

推进农民工市民化
加快新型城镇化步伐研究

王　健*

党的十八大提出了走中国特色新型工业化、信息化、城镇化、农业现代化道路，推动四化联动，实现同步发展的新思路。对于处于经济结构转型期的中国来说，城镇化是扩大内需、促进经济增长的最大潜力所在。但由于以往的城镇化与传统经济发展方式相伴生，过于注重城镇规模扩张而忽视人的城镇化，带来资源浪费、环境破坏、城市二元结构等突出问题。进入新的发展阶段，传统城镇化道路面临的矛盾和问题日益凸显，难以为继。新型城镇化要求从产业结构、就业方式、人居环境、社会保障等一系列经济社会层面，实现由“乡”到“城”的重要转变，真正实现以人为本、公平共享的城镇化。

人口的城镇化，其中农民工的市民化是牵动和影响全局的最核心要素。党的十八大报告中首次提出要有序推进农业转移人口的市民化，其主要还是指农民工的市民化。推进农民工市民化，是推动经济内生性增长、实现经济结构转型的需要，也是化解城乡二元矛盾、解决“三农”问题的需要，是实现社会和谐的需要。成都市有460多万流动人口，其中农民工390多万人，如何实现农民工市民化，这是一个综合性、科学性和前瞻性要求都很高的历史任务，需要全面研究，早作规划。

一　农民工市民化的内涵

“农民工”这一称谓与中国特有的户籍制度相关联，主要指户籍在农

* 王健，成都市社科院社会学与法制研究所所长、研究员。

村，但从事非农产业的劳动人口，广义的农民工还包括在农村从事二、三产业的人员。中央提出农业转移人口市民化之后，学术界的研究重点仍主要集中在进城外来农民工方面，相对于失地农民和本地农民工而言，外来农民工市民化的难度更大，人数也更多。所谓农民工市民化，就是指农民工转变为市民的过程，它不仅仅意味着将农业户口改为城镇户口，而是包含着多方面的丰富内涵：它是指农民工在取得城镇户籍的基础上，在政治权利、劳动就业、社会保障、公共服务等方面享受城镇居民（市民）同等待遇，并在思想观念、社会认同、生活方式等方面逐步融入城市的过程。因此，农民工市民化的过程又主要体现在基本公共服务均等化的过程上，这涉及打破既有户籍制度城乡二元分治的樊篱，构建城乡一体的户籍管理制度（见图1）。

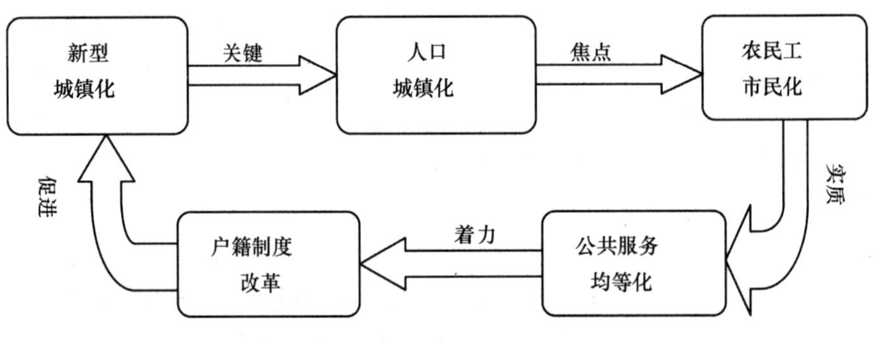

图1　农民工市民化与新型城镇化的关系

打破传统城镇化惯性思路，积极推进人口城镇化，尤其是农民工市民化，伴随着深刻复杂的利益关系调整和发展理念转变，需要进一步解放思想，以政策和体制创新释放城镇化这个扩大内需的“最大潜力”。

二　成都市外来人口结构特点及发展趋势

近十年来，成都市人口规模呈高速增长态势，人口结构发生了重大变化。截至2012年年底，成都市实有人口1634.64万人，其中户籍人口1171.43万人，流动人口463.21万人。其中2010—2012年，人口流入速度进一步加快，成都市实有人口由1405.23万人增长到1634.64万人，增长229.41万人，年均增长114.71万人。增长的人口中以流动人口为主，年均增长103.53万人，占新增人口的90%。若按农业户口人口占流动人口总数的85%[①]计算，成都市2012年有393.73万农业人口。根据2013年11月的调查，有51%的外来人口有定居成都的打算，则需市民化转移的人口为200万人。

成都市流动人口呈现出以下基本特征。

第一，近年来持续增加的流动人口主要向城市特别是中心城区集聚，目前已逐步形成以中心城区为重心、以城市边缘为集聚点，向小城市、城镇辐射的流动人口分布格局。据相关统计，成都全市范围内户籍人口和流动人口比为5∶2，即实有人口7人中户籍人口5人，流动人口2人；而中心城区户籍人口和流动人口比已接近1∶1。流动人口的拥入加速了成都城区和城镇的人口总量和结构的改变，成都人口结构的内密外疏空间分布特征更加凸显。“六普”数据显示，成都主城区人口密度为11388人/平方公里，近郊区和远郊区分别为1338人/平方公里和528人/平方公里。

第二，“80后”流动人口呈上升趋势。出生于20世纪80年代以后，年龄在16岁以上的新生代流动人口共计237.59万人，占流动人口总数51.29%，在成都市经济社会发展和统筹城乡建设中日益发挥主力军的作用。

第三，成都市流动人口中，受教育程度达到大专以上者占18.46%。高中及以上文化程度者占44.58%。出生于20世纪80年代以后的流动人口受教育程度达到高中及以上文化程度的有152.36万人，高达64.13%，高于全市流动人口总体水平19个百分点。

第四，流动人口中灵活就业人口数量庞大，比例高，占总就业人口的73.82%。灵活就业主要表现为家政服务、做临时工、摆摊设点等，缺乏劳动合同约束，缺乏劳动保护，无固定工作时间，无固定工作地点，往往为低端就业，最容易产生劳动纠纷，最容易成为管理空白。同时，不容忽视的是全市流动人口中仍有28.92万人处于无业状态，加强对无业流动人口的服务管理应当成为各级各部门的重要工作内容。

第五，流动人口享有的公共服务和社会保障水平相比户籍人口有较大差距。全市187.77万流动人口租房居住，占流动人口比例40.54%。一些用工单位逃避其为职工缴纳社会保险费的义务，致使非正规就业群体与

---

① 根据2011年全国流动人口动态监测调查，在全部流动人口中，农业户口人数占85.9%。

部分正规就业群体无法参与到社会保障体系中。近三成流动人口未签订劳动合同，近五成流动人口未参加社会保险。参加社保 232.8 万人，未参加社保 230.26 万人，参保率 50.27%，较 2011 年下降 2.53 个百分点。18 周岁以上就业流动人口中，12.11% 的人享有养老保险、44.39% 的人享有医疗保险、4.74% 的人享有失业保险、7.48% 的人享有工伤保险、4.66% 的人享有生育保险。

第六，省内流入比重继续扩大。来自省内其他市州的流动人口 335.78 万人，占总数的 72.49%，较 2011 年增加 111.6 万人，增加 15.35 个百分点。

可以预见，随着成都城市核心区扩大和产业规模化发展，外来流动人口将会进一步聚集，农村富余劳动力的非农化转移和流动人口规模也将会持续增加。大量流动人口，特别是新一代农民工的进入，延长了成都市经济发展的“人口红利”，为成都经济社会全面进步做出了极大贡献。但这一庞大的群体多数人处于就业不稳定、生活水平低、社会保障覆盖面窄的窘况之下，难以享受城市公共服务和发展进步的成果，形成城市内的二元结构，这对他们是不公平的，同时，也为城市的和谐稳定留下了不安定因素。

三　农民工市民化面临的主要障碍

一是农民工市民化的成本障碍。农民工到城镇定居生活并获得相应福利待遇和均等化公共服务，需要进行各种经济投入，这种市民化成本主要包括公共成本（政府成本）和个人成本两部分。其中公共成本主要是政府为农业转移人口提供的各项公共服务、社会保障和基础设施新（扩）建所需要增加的财政支出。个人成本主要指农民工及家庭在城镇定居所需要支付的生活费用和发展费用。据中国社科院研究测算，目前中国农业转移人口市民化的人均公共成本约为 13 万元，其中东、中、西部地区分别为 17.6 万元、10.4 万元和 10.6 万元，人均个人支出成本分别为 2 万元/年、1.5 万元/年和 1.6 万元/年。成都市社科院采用每增加 1 个城镇户籍人口所需要的财政支出的增量来反映农民工市民化的成本方式，而财政支出主要是城镇的基本公共服务与基础设施建设支出，据此测算得出：就成都市而言，在其他条件不变的情况下，城镇户籍人口每增加 1 个单位（即每增加 1 个城镇户籍人口）所需的财政支出增量为 16.8 万元。

据此成本测算，对成都市需市民化转移的200万人口进行简单的市民化成本计算，预计成都市财政为此需要支出的增量为3200亿元。从2012年到2025年，如果按13年时间分解3200亿元，年均财政支出约为246.15亿元，比对2012年成都市全市公共财政支出983.9亿元，市民化支出占比25.02%。财政年均增加246亿元市民化资金，而这还是一个现有存量的计算，如果加上每年新增的市民化人口，这一数字还将大大增加。高额的市民化成本给政府带来较大的财政压力，而这是成都市地方政府难以负担的。

此外，绝大多数农民工还需要集中支付一笔可观的购房成本，按房屋建设成本价计算，东、中、西部城镇分别需要12.6万元/人、8.4万元/人和9.1万元/人，全国平均为10.1万元/人。个人所承担的市民化成本更给大部分农业转移人口带来难以承受的经济压力。两方面因素对市民化进程都产生巨大的阻碍。

二是现有户籍及附属社会福利政策对市民化的阻碍。城乡二元户籍制度是横亘在城乡不同身份居民之间的根本制度障碍。虽然成都市在2010年即实行了统筹城乡的户籍制度改革，在就业援助、社会保险、住房保障、“三无”人员供养标准和低保标准、计划生育政策、义务教育公平化等十个方面实现了城乡统筹，城乡居民权利一致，但离真正实现城乡公共服务均等化的发展目标还有相当大的差距，这在城乡公共资源配置不均，社保、教育、卫生、公共文化等制度保障及实际享有方面都有体现。而对于外来人口，特别是农民工，户籍的限制使其难以享受城市公共服务与社会福利。

三是土地制度对市民化的阻碍。作为统筹城乡综合配套改革试验区，成都市在农村产权制度改革上已先行一步，在成都农村剩余劳动力向城市转移的过程中，赋予了农民“带着产权进城”的权利。但现行《物权法》《土地承包法》以及其他涉及土地的相关法律，对诸如集体建设用地流转、宅基地使用权的流转等，都作了较为严格的限制，农民还无法自由地利用产权置换迁往城市生活的必需物质条件，从而使农村的非农人口向城镇转移受到了较大制约，增加了农民转市民的难度。

四是城市承载力的障碍。农民工市民化还要受到城市资源承载力的约束，不可能无限扩大城市规模和接纳外来转移人口。但也不能以城市承载力有限作为限制农民工市民化的借口。而且，硬性的行政政策的限制也并不能阻挡外来人口流向大城市的脚步，北京、上海等特大城市已采取严格的行政管理手段控制人口规模但成效依然不明显就是例证。成都市也面临着加快人口城市化与城市资源环境约束的两难选择。

四 有序推进农民工市民化，加快新型城镇化步伐的几点建议

以人口城镇化，特别是农民工市民化为着力点的新型城镇化发展道路，是一项综合性、科学性和前瞻性要求都很高的历史任务，就成都市而言，完成这个任务需要着重解决以下几个方面的问题。

第一，深刻认识新型城镇化的内涵，转变发展观念。新型城镇化伴随着深刻复杂的利益关系调整和发展理念转变，需要政府部门对此有清醒的认识，摒弃以土地城镇化为抓手的传统城镇化发展道路，转变发展观念，以政策和体制创新释放城镇化这个扩大内需的“最大潜力”。同时，也要充分认识到农民工市民化是推进新型城镇化健康发展的必然选择，是实现社会和谐稳定的基础。为此，需要政府部门科学规划，统筹安排。其中首先是要弄清现有的基本人口信息，弄清楚成都市人口结构基本状况和未来发展趋势，如成都市有多少外来务工人员，其中有多少是农民工，来自哪里，人口结构、就业分布及生活、居住状况如何，他们对公共服务的需求主要是什么，等等。其次，在此基础上科学规划成都市新型城镇化发展战略，统筹规划包括城镇布局、产业发展、基础设施网络、公共服务制度、户籍制度、公共财政保障制度等系统和制度设计，引导城市发展方向。在公共设施建设及公共服务提供上，将外来人口，特别是农民工纳入考虑范畴，以常住人口作为公约数进行设施建设和公共服务预算，逐渐推进公共服务覆盖常住居民。

第二，深化户籍制度改革，分阶段稳步推进市民化进程。户籍制度是实现人口城镇化的重点和难点。作为一个实有人口规模已超过 1500 万的西部特大中心城市，面对超过 350 万并仍然继续增长的农业转移人口，一方面要创造城乡常住居民共创共享改革成果的体制机制，逐步实现基本公共服务和社会福利全覆盖；另一方面，要引导外来人口合理有序流动，减少对大城市的资源环境压力，繁荣和发展中小城市。

国际上以人口城镇化水平来对城市型社会进行阶段划分，即城镇化率达到 60% 左右，进入中级城市型社会；越过 70% 的拐点，进入城镇化缓

慢推进的后期阶段；超过 80%，逼近城镇化率 85% 的峰值或饱和度，进入城镇化相对稳定状态。据此，成都市 2012 年新型城镇化发展程度测算数据为 60.2%，表明成都市已经进入中级城市型社会，预计至 2015 年，成都的新型城镇化率将达到 64.4%，处于中级城市型社会中期；至 2020 年成都的新型城镇化率将达到 71.4%，进入城镇化缓慢推进的后期阶段；至 2025 年左右，成都的新型城镇化率将达到 80%，城镇化处于相对稳定状态。

按照成都市城镇化进程的三个重要阶段，建议分阶段推进户籍制度改革，明确各阶段的目标、任务和具体措施，力争在 2025 年，从根本上解决农民工市民化问题。第一阶段，（到 2015 年）。分类剥离附加在户籍制度上的各种不平等的经济福利和社会福利，对于义务教育、就业培训、基本社会保障、公共卫生等影响人一生发展的基本权益，实现常住人口共享。制定“成都市居住证积分管理办法”，按照“开门、设槛、渐进”的原则，以就业年限或居住年限或社保参与年限为基准，制定公平透明的外来农民工落户政策，调控外来人口落户规模和速度，引导农民工合理预期和流向。重点解决一批“有稳定劳动关系并在城镇居住一定年限的农民工及其家属”的落户问题和地方待遇的享有问题。第二阶段，（到 2020 年）。全面剥离附着在户籍上的基本权利和福利，全面建立户籍管理、居住一元化管理的体制机制，实现基本公共服务城乡常住人口全覆盖，形成市民化的长效机制。城乡居民政治权利在居住地得到行使，包括选举权、被选举权和公共福利享有权等。第三阶段，（到 2025 年）。建立市民化与城镇化同步推进机制，确保农民工在政治、经济、社会、文化等方面全面融入城市，户籍制度恢复其本职功能：一是证明公民身份，二是提供人口数据。

第三，优化公共财政支出结构，建立农民工市民化多元分担机制。公共财政应为农民工市民化提供财力支持，以基本公共服务均等化为重点，以保障和改善民生为核心，促进更多财政资金投向公共服务领域，逐步建立起城乡居民平等享有就业、教育、社会保障、公共医疗、住房保障等基本公共服务的体制机制，让农民工能够享受与城市居民一样的福利待遇。但农民工市民化的成本需要形成多元分担机制，其中关键是进行国家层面的制度设计和整体推进。中央政府应承担更大的责任，主要负责提供与人的生存发展密切相关的公共服务和具有溢出效应的公共产品，如义务教育、社会保障、医疗卫生、就业服务等基本公共服务，由中央政府统一支付成本。保障性住房、社会治安（包括社会管理）、社区服务和文化体育服务等公共服务应坚持中央政府与地方政府共同担责的原则，由中央财政和地方财政各自承担50%的成本。其余纳入国家基本公共服务体系的项目均实行中央和地方财政按比例分摊成本的原则，予以供给。中央政府对基本民生公共服务项目的财政支出要跳出户籍的限制，建立以实际居住地为依据，实现“财随人走”的财政分成和转移支付机制，促进区域协调发展，引导农民工合理流动。

第四，完善产业支撑和公共设施建设，引导外来人口向中小城市合理流动。“四化同步”、“产城一体”是新型城镇化的基础，也是农民工市民化的动力和支撑。要按“产城一体”的发展思路，即将产业功能、城市功能、生态功能融为一体，构筑起宜居宜业宜人的城市发展新格局。要通过产业规划和城镇化发展规划，分散中心城区的部分功能，大力扶持县城和重点镇发展，统筹市域城镇体系和产业布局，实现不同规模城市和城镇（包括市域外城市）产业梯度分工协作。同时，大力推进和完善中小城市、重点镇交通运输、医疗卫生、教育、公共文化、生态环境等基础建设，将中小城市和重点镇打造成既具有产业支撑，同时又具有完善公共配套和高品质生活环境的卫星城，吸引中心城市人口外流，承接外来人口就业和定居，减少中心城区的人口压力。

第五，深化农村土地制度改革，增强农民工市民化的物质基础。成都市作为统筹城乡综合配套改革试验区，在农村产权制度改革、城乡基本公共服务均等化、城乡社会保障一体化、统筹城乡的户籍制度改革等方面已经进行了一些创新探索，有了很好的基础。现在应抓住十八届三中全会深化城乡改革的契机，担负试验区开拓创新的重任，进一步深化农村土地制度改革，建立和完善归属清晰、权责明确、流转顺畅、符合市场经济规律的现代农村产权制度，充分发挥市场调节和配置资源作用，切实推进农村资产资本化，盘活农村土地资产价值，赋予农民更多财产权利，推进城乡要素平等交换和公共资源均衡配置，为农民进城提供基本保障和原始积累。

以法推进城市治理体系和治理能力现代化探讨

于淑娥*

《中共中央关于全面深化改革若干重大问题的决定》(以下简称《决定》)指出，“全面深化改革的总目标是完善和发展中国特色社会主义制度，推进国家治理体系和治理能力现代化”。国家治理体系和治理能力现代化是理念和制度层面的现代化。在社会领域推进国家治理体系和治理能力现代化就是要“创新社会治理，提高社会治理水平，维护国家安全，确保人民安居乐业、社会安定有序；改进社会治理方式，激发社会组织活力，创新有效预防和化解社会矛盾体制，健全公共安全体系”。城市是国家重要的组成部分，城市治理体系和治理能力建设是落实依法治国方略的重要举措，城市治理体系和治理能力现代化是国家治理体系和治理能力现代化在城市的重要体现。

一　城市治理体系和治理能力现代化是国家治理体系和治理能力现代化的应有之义

国家治理体系现代化涉及政治体制、经济体制、文化体制、社会体制、生态文明体制和党的建设等各领域体制、机制、法律法规安排，中国进入现代化发展阶段以后，城市成为国家发展与治理的重心，因此，城市治理体系现代化是国家治理体系现代化的应有之义。其一，就价值层面而言，城市治理体系和治理能力现代化的价值意蕴与国家治理体系和能力现

* 于淑娥，青岛市社会科学院社会所所长、研究员。

代化具有一致性。通过城市治理体系和治理能力建设，弘扬以人为本、人民主权、保障人权、权力制约等法治理念，对于提高各级领导干部的法治意识、启迪民智、增强民众护权守法意识意义重大，对国家治理体系和治理能力建设无疑具有价值上的促进作用；其二，城市治理体系和治理能力建设本身就是国家治理体系和治理能力的重要组成部分。国家治理体系和治理能力除了要处理好国家政权体制的架构、制衡等宏观问题之外，一个重要的内容就是中观、微观的政治、经济、社会生活的民主化、制度化。城市作为地方政治、经济、文化生活的聚集地，也是法治的承载体，它的治理体系和治理能力的程度对于国家治理体系和治理能力具有重要的指标意义。城市治理体系和治理能力是国家治理体系和治理能力在地域范围内的具体表现和全面实现，它将地方市场经济、民主政治和社会主义精神文明建设都纳入法治的轨道；其三，城市治理体系和治理能力建设为国家治理体系和治理能力建设提供经验和参考。中国建设法治国家的过程实质就是政治体制改革的过程。通过城市治理体系和治理能力建设，可以为全面改革以及国家治理体系和治理能力建设积累经验；其四，城市治理体系和治理能力建设也是因地制宜推进国家治理体系和治理能力建设的有力举措。中国虽然是单一制国家，但由于多种原因，各地区经济社会发展不平衡。民主法治是以经济发展为物质基础的，经济发展水平的差异使治理体系和治理能力建设的一般要求在不同地区的实现存在时间、程度等方面的差异。因此，中国的治理体系和治理能力建设不可能搞一刀切，有条件的地区可以率先建成治理体系和治理能力现代化城市，不同地区结合经济、社会发展状况建设治理体系和治理能力城市，是适合中国国情的推动国家治理体系和治理能力建设的有力举措。

二　城市治理体系和治理能力建设面临的挑战

城市是中国重要的政治经济中心，在国家的格局中占有重要的位置。一个城市的治理体系和智力能力要达到现代化，至少需要具备四个基本要素，即较为完整齐备的法律法规体系、依法行政的有限责任政府、自律活跃的非政府组织体系和广泛参与公共事务的广大民众。改革开放以来，在国家统一领导下，城市的治理体系和治理能力建设取得了重要进展，但在新形势下，以上述四个基本要素来衡量中国城市的治理体系和治理能力依然面临着一些无法回避的挑战。

（一）法律法规体系需要进一步完善

治理能力现代化涉及治理主体、治理理念、治理内容和治理方式等内容，其中的任何一个方面都离不开法治的轨道。

城市法治体系建设就是要建立起与国家法律法规相配套、与国际通行惯例相衔接、与城市经济和社会持续稳定相一致、与现代化城市管理和维护社会主义市场经济秩序相协调的地方性法规和公共政策体系。众所周知，立法和制定政策是为一般人创设行为规范，对人们权益和社会秩序的形成影响很大。立法和政策制度从内容上必须在遵守宪法、法律和上位法规的基础上制定。同时，结合地方城市特有的经济发展与社会情形来加以合理安排，体现权利保障和最大利益的实现。必须确立严格的法规制定程序，确保人民的意志能够真正得以体现。改革开放以来，伴随着“四个现代化”的实现，具有中国特色的社会主义法律体系也逐步建立起来，国家治理日益步入法治的轨道。但也应当看到，现有的法律体系还不完善，特别是城市法律法规体系不仅有许多不完善的地方，而且，由于各地经济社会发展的不平衡也存在较大差异，法律执行中也还存在诸多的问题，距离真正意义上的法治社会还有较大差距。

（二）依法行政的有限责任政府建设任重道远

从世界范围看，依法行政是现代化城市治理机制的核心部分，这种基本治理理念要求我们不仅在认识上要抛弃根深蒂固的人治思维方式，而且在实际行动上不再重复人治的老路，要以法治的可预期性、可操作性的优势来实现社会各方的共识，使不同的利益主体能够求同存异，依法追求和实现自身的利益。有限政府的理论本身就是以承认人民的自主、自治地位为前提的，真正体现人民自治的基本理念。同时，政府必须是阳光政府，即政府的重大决策必须向社会公开。这一方面是政府推行其决策的前提，另一方面也有利于人民参政、议政，对保证决策的科学性、民主性也是有益的。具有普遍约束力的规范性文件必须公开，这些规范性文件尤其是政府规章往往直接关系到企业、公民的切身利益，没有公开的规范性文件不应具有约束力。行政行为内容、结果以及行政程序必须公开，这既方便了企业和老百姓办事，又有助于加强对行政机关的监督，减少乃至避免暗箱操作。因此，确立依法行政的基本理念，既能够为建立依法治市的治理体系奠定良好的思想基础，又能够有效地树立起法治的权威性、公平性和稳定性。但是，长期以来，中国在很大程度上还处于“大政府小社会”状态，我们的政府还在扮演着“全权家长”角色，对社会治理多用行政手段、家长制办法。部分党员干部看不到时代发展变化带来的新形势、新问题和新矛盾，仍然沉醉于用过时的简单的命令式的方法思考问题、解决问题，缺乏工作上的创新性，导致干群矛盾激化，群体性事件时有出现。因此在依法构建城市治理体系的实践中，仍然热衷于下文件，以行政命令层层落实，万能政府、人治政府在一定区域、一定程度上存在。政府在城市构建治理体系中对各个领域全面抓、全面管，结果导致城市治理的重点不突出、效果不明显。

（三）自律活跃的非政府组织体系需加快步伐

首先，社会组织数量少、结构不合理。就自身而言，截至 2013 年 6 月底，全国依法登记的社会组织有 50.67 万个，其中社会团体 27.3 万个，民办非企业单位 23 万个，基金会 3713 个，从业人员超过 1200 万人。但是与发达国家相比仅社会组织数量就有较大差距，如美国每万人拥有 51.79 个社会组织，即不到 200 人就拥有 1 个社会组织；日本每万人 97 个；法国每万人则高达 110.45 个；而中国每 10 万人不到 4 个。就社会组织的结构而言，既存在某些类型的社会组织数量相对不足，也存在某些类型的社会组织数量相对过剩的现象，其结构不够均衡合理，与经济社会的全面协调发展显得不相适应。在社会团体中，官办社会团体占大多数，真正民办社会团体数量较少，同时低层次、传统型的多，高层次、现代服务型的少。其次，社会组织良性成长的外部环境尚未形成。政府职能转变不到位，致使社会组织生存和发展空间被挤占。再次，社会组织自身能力不足，没有做好承接政府职能的准备。社会组织普遍弱小，对政府依附性较高。最后，社会组织的监管工作存在薄弱环节。作为业务主管部门由于受制于人力物力，对社会组织的监督不够。而鉴于现实和历史的因素，无论是新闻媒体，还是广大的社会民众，不仅对社会组织知之甚少，即使是想进行监督，也因为缺少监督途径或不了解情况而难以实现。

（四）广大民众广泛参与公共事务的积极性亟须提高

由于长期以来中国以行政治理为主，没有形成民众参与社会事务的主题氛围，再加上社会治理体制不完善以及社会事务本身的复杂性，社会领域也存在诸多失范现象，民众参与社会事务积极性小、范围窄，社会矛盾触点多、燃点低、关联性强。加之民众的利益诉求表达渠道不畅，部分社会群体倾向于用极端方式解决矛盾。

三 以法推进城市治理体系和治理能力现代化的建议

（一）转变思维方式，让法治思想深入人心

一是确立依法治理和现代化法治治理理念。推进城市治理体系现代化是一项前所未有的事业，更是一次新的思想大解放。它不仅要求有良好、健全的法律体系、制度规范，同时还包括法律得到普遍的遵守。并且，人们守法不仅仅是出于对法律的畏惧或功利的考虑，而是内省式的守法，是基于对法律的价值认同和信仰，即将法律的要求内化为主体自觉的行为方式的选择，法律发挥着实质效力。正如美国法学家伯尔曼所言，法律必须被信仰，否则它将形同虚设。没有信仰的法律将退化成僵死的教条。必须端正思想，增强责任感、使命感和紧迫感，充分认识依法构建城市治理能力现代化的重要性，彻底摒弃根深蒂固的人治观念。

二是转变治理理念，从事后治理变为事前介入。法制是底线不是目的，应按照十八届四中全会的要求，深入开展社会主义核心价值观和社会主义法治理念的教育，把法治精神、法治意识、法治观念熔铸于每个公民的头脑之中，体现于日常行为之中。因此，从政府机构、官员到普通市民良好的法律意识、执着的法律信仰，自觉守法、用法甚至护法，是城市治理体系和治理能力现代化的应有内涵。

（二）创新机制，以完善的法律和完备的法律服务构建依法行事的社会氛围

一是建立完备的法律服务体系。城市和国家治理现代化的基本要求和基本标志就是科学配置权力、有效监督权力、正确行使权力。现代社会与

传统社会的不同之处在于法律日益繁杂，所涉及事项越来越难以为普通人所知悉。为此，城市治理体系和治理能力现代化应把解决现实问题、补齐制度短板作为立足点，建立完备的法律服务体系，拥有健全和完善的律师、公证、仲裁、司法鉴定等制度和机构，满足经济建设、社会生活等各方面对法律服务的需求。

二是合理确定政府的行政边界。政府治理能力的现代化，涉及政府的机构、人员、行为、观念、组织、制度以及技术等各个层面。合理界定政府的行政边界，客观上要求政府依法转变职能、理顺关系、优化结构、提高效能，加快行政管理体制的改革。着力做好宏观调控和市场监管的事情，把主要力气用在社会管理和公共服务上。减少对微观经济的干预，减少行政审批；要在积极借助民间组织力量的同时，整合各种社会资源，使政府与社会之间构建起一种新型的多赢合作伙伴关系，进而逐步实现从传统的社会管控向社会治理的转变；努力完善信息公开制度，使财务透明、用人透明成为一种常态。积极探索和完善民众评议政府、民众评议官员和第三方评估政府绩效体系；加强对公共权力的合理配置和依法制约，把权力关进制度的笼子，把治理纳入法制轨道，突出有权必有责、用权受约束、行政受监督、违法受追究、侵权须赔偿，形成办事依法、遇事找法、解决问题用法的良好氛围，促进民主政治进一步发展。

（三）模式上，创立社会主体参与社会管理的积极性和主动性

一是积极探索发挥社会组织主体作用的途径，完善各项配套政策。包括改革登记制度，建立社会组织发展专项基金，在文化教育、心理咨询、医疗服务、科技创新、法律保障、养老托残等与居民生产生活息息相关的社会服务领域，通过政府购买社会组织提供的服务，引导社会组织朝公益性方向发展。建立政府补贴制度。对于经费相对紧张的行业类、慈善救助类、维权类等社会组织，政府应采取补贴、合同、贷款和贷款担保等多种形式给予资助。同时，完善规范社会组织发展的监督机制。要在社会组织自律的基础上，建立接受包括理事会监督、行政监督、监事监督、评估监督、公众监督、新闻媒体监督等的监督机制，以保持良好的社会公信度。通过加强监督，强化它们的责任意识，形成有效的问责机制。

二是完善和发展民众参与制度。实现社会治理的现代化，最终就是要通过法治来分配社会利益、协调社会关系、规范社会行为、解决社会问题、化解社会矛盾、促进社会公正、应对社会风险、保持社会稳定，就是要践行法治价值，构建法治秩序，维持国家的长治久安和社会的和谐稳定。

协同、参与的治理模式是实现社会治理现代化的一个重要举措。协同治理是指行政部门之间、公权力机构之间的合作治理；参与治理是政府与民众之间、公权力主体与私权利主体之间的合作，而参与治理的更高形态叫做共同治理。参与治理、共同治理的前提是政府职能调整、行政法制革新。要研究参与治理在不同参与程度下的运行模式，深入分析在不同社会背景条件下参与治理的深度、广度问题及其与治理创新的关系，以及提升治理水平、实现共同治理的基本路向，从而提升法治建设水平。社区作为社会治理最基本、最直接的层面，是城市治理的细胞，应该采取积极措施，实现社区治理与城市治理相互衔接。一方面，要让社区成员的力量成为创造社区秩序的主体。居民应该成为治理社区、维护公共秩序的力量，成为创造公共物品、享受公共服务的主体；另一方面，民众参与治理的权益需要制度化的保障，要建立有效的利益表达机制，让民众参与城市治理的需求能得到满足，让公民参与有法可依、有法可循，维护公民参与城市治理的合法权利，使参与制度化、规范化和程序化。

三是在推进方式上，鼓励不同区域创新符合自己实际的模式和推进方式，实行一（社）区一（方）法。由于各区域经济发展和社会实际情况的不同，不可能一个模式解决所有问题，必须根据不同情况加以选择。因此，应鼓励各区域因地制宜，发挥各参与主体的主观能动性，创造出符合本区特色的治理模式，以推进城市社会治理和治理体系现代化。

新型城镇化背景下拆迁安置型社区治理的对策研究
——以南京市浦口区为例

张　卫*

一　问题的提出

日前，南京江北新区获得国务院批准成为全国第十三个国家级新区，作为其核心的南京市浦口区迎来了转型发展、创新发展、跨越发展的重大机遇。浦口区地处南京城郊结合地带，地域广阔、社会治理情况复杂，在多年的发展过程中形成了商品房社区、老城区社区、拆迁安置社区、纯农社区等多种类型的社区。在社区类型多样化、发展阶段不统一的情况下，各种类型的社区治理面临着不同的问题。各辖区内小区种类繁多，既有涉农小区，又有拆迁安置小区，更有超大型楼盘社区（小区），随着全区新型城镇化进程不断加快、住宅开发日趋繁荣、农村土地逐步征用，新建住宅小区呈现出规模大型化、功能综合化的特点。房地产市场的繁荣加速了郊区的城市化步伐，但是这一城镇化过程中依然存在一系列难题——拆迁安置社区、涉农小区以及旧城老小区管理可以说“旧问题未解、新问题层出”，而由城市规划前瞻性不足导致的公共配套建设短板、社会管理执行力不足等难题，使得社区治理难上加难，社会问题与矛盾时常爆发，群众对此反映强烈。

* 张卫，江苏省社科院社会学所所长、研究员；南京农业大学社会学系兼职教授、硕士生导师。

社区治理是中国新型城镇化发展的必然，是组织体制转型的产物，是社会治理理念转型的要求，更是改进社会治理方式的重要承载对象。社区建设是中国基层社会管理体制改革的重要内容。英国学者吉登斯提出，社区这一主题是新兴政治的根本所在；而社区良性健康发展是提升国民素质、增加公民福祉、减少矛盾冲突的根本途径。

二　拆迁安置型社区治理面临的主要问题

南京市浦口区现有常住人口 71 万，占南京市总人口的 1/10 左右，全区现下辖 9 个街道、2 个农（林）场、1 个度假区，即江浦、顶山、桥林、汤泉、星甸、永宁、泰山、沿江和盘城 9 个街道，老山林场和汤泉农场，以及珍珠泉度假区。随着南京江北新区战略规划的逐步推进，浦口各街道的拆迁安置小区陆续建成，成为浦口区近年来新社区发展的主流之一。目前全区拆迁安置小区主要有两种模式：一是城镇拆迁整体安置，即对已列入城区规划和重点项目规划的城中村、城郊村在土地统一征用后实行整体搬迁，集中安置，按照城市社区的要求建设硬件，按照城市市民的服务方式和保障政策支撑软件，最终建成完善的城市社区功能体系；二是农民拆迁撤村并居，即土地部分征用后实行部分拆迁，将分散的拆迁户并入中心村，以中心村为基础建成新社区，这类小区往往流动人口众多，情况复杂，对其管理带来很大压力。

（一）城镇拆迁整体安置社区存在的管理服务问题

第一，区位边缘、公共服务不配套。由于大多数的拆迁安置小区属于原拆原建或者位于政府即将开发的新城，周边的交通设施、教育设施和其他生活配套设施还处于规划发展阶段。小区的公交、银行、商场、超市等配套设施未能及时跟进，更缺乏优质教育、卫生、文化公共资源配置，这给业主生活和社区管理带来较多不便。在公共服务方面，大多数拆迁安置小区由于不够便利，很多居民不能方便地享受到政府提供的如劳动保障、就业扶持、健康检查、成人教育、文化活动等惠民服务。

第二，小区、社区的管理没有完全理顺。目前大部分小区的管理和社区隶属关系未理顺，管理经验缺乏，管理措施不到位，客观上形成了一些无组织、无管理的状态，造成小区的计生、卫生、综治等各项管理因无明确直接的管理责任人而混乱的状况，给部分小区安置户在户籍隶属、子女就学等问题上造成麻烦。

第三，后续安置工作不到位，居民诉求困难。有部分被征地拆迁的农民在征地拆迁中对自己损失的利益感到不平衡，无论在拆迁补偿的问题上还是在安置小区配套等问题上，都存在或多或少的意见。而相关职能部门没有做好相应的后续管理和安抚工作，对于存在的设施配套问题、房屋质量问题以及其他的居民生活困难等问题未能及时解决，也在一定程度上造成了该群体对政府产生不满情绪。

第四，物业费用收缴不齐，物业难以有效管理。由于居民原有自建房不缴纳物业费，对入住居民区后需缴纳物业费的要求十分排斥，导致物业公司收费难。物业管理费免交期满后，拆迁安置户对缴纳物业费有抵触心理，拒绝缴纳，这样的恶性循环导致最终物业企业因收缴不上物业费而无法经营只能撤走了之，于是小区物业管理瘫痪，小区环境也越来越差，导致安置户意见大、怨气多。由于物业费收取困难，基本依赖政府补贴为主，加大了政府负担，相关服务又因受经费制约而难以满足居民的需求。

（二）农民拆迁撤村并居社区面临的转型问题

第一，城市生活观念薄弱。原有村民组成的社区业主在社会职业、文化程度、生活习惯、兴趣爱好等生活方式方面高度一致，业主之间家族裙带关系复杂，联系紧密。进入安置小区后，居民流动性大，居民的工作方式、生活习惯发生了较大的改变，原来以血缘、业缘纽带为主的关系逐渐需要以地缘为纽带结成共同体，人们出现不适应的反应。另外，有些老年农民对燃气、电梯等新生事物的安全使用认知不足，严重缺乏公共的防火防盗意识。

第二，小农意识比较浓厚。虽然已搬入新居，但其观念还停留在农村的居住模式，很多居民为了自己方便，私人废弃物品堆放楼道、私拉乱接电线、小区绿地变成“菜地”，违章装修、违章搭建、乱停乱放等现象时有发生，甚至公共场所养鸡养鸭也有发生，严重影响小区的美化整洁。这些现象都带有群体性特征，增加了小区管理的难度。

第三，小区居住但仍然实行村居管理。由于集体产权问题而难以脱离原来的人口管理模式，小区大多仍然是原有的农村管理模式即为村组式的以生产队为基本单位的管理模式，导致在相当长一段时间内，社区成员身份与村组成员身份共存。这状况很容易造成户籍管理与日常服务管理脱节的现象，造成管理、服务的滞后，也使得管理成本大为增加。

第四，就业难度大造成生活成本增加。拆迁安置户在拆迁安置前，大多数是靠种地或养殖的经济收入来维持生活。拆迁安置“农转非”后，中年人普遍因为年龄偏大、文化程度低、缺乏工作技能和社会竞争意识，就业面很狭窄，一般只能从事土方、搬运、保洁等相对低端、低收入的工种，这种粗活劳动相对工资标准较低。

三 拆迁安置型社区治理存在问题的原因

浦口区社区治理中存在的各种矛盾与现实问题，直接反映出目前浦口乃至整个城市社区治理机制存在的管理不顺、权责不清、执行不严等问题，也在一定程度上反映出社区治理过程中政府管理、社区自治、小区管理脱节，没有形成有效的衔接。具体而言，有以下几个方面的深层次原因。

（一）自我管理服务的能力较弱

浦口区由于历史原因，存在大量的拆迁安置与保障房小区，与商品房等房屋类型更适合专业化的物业服务模式不同，保障性住房实行建设、分配、管理一体化的大包大揽做法，不利于保障性住房物业管理的可持续性发展。而《国务院办公厅关于保障性安居工程建设和管理的指导意见》（国办发〔2011〕45号）中提出：“保障性住房小区可以实行住户自我管理、自我服务，也可以聘请专业机构提供物业服务。”但目前，尚未发现保障性住房由住户自我管理、自我服务的实践特例，在这种情形下，由于居民业主本身素质等因素，导致保障性小区物业费欠缴、社区环境脏乱差等问题迟迟难以得到根本性解决。

（二）权责不明，导致管理存在弊端

社区居民既是村民又是居民的双重身份使居民在利益选择上两头靠，如在属地社区居委会协助物业公司管理环境卫生时，居民往往以原村民身份拒绝承担责任，而遇到私人财产在属地社区公共地带遭受损失时，又以社区新居民身份主张权利。社区居委会与村委会虽然是两块牌子，但基本上是一套人马，人员交叉兼职，居委会工作与村委会难以分开，带来一些管理麻烦，比如存在利益面前的相互争执和责任面前的相互推诿。特别是

由于安置居民来自不同街道、社区，人员管理上主要还是户籍管理制，日常服务管理上可能存在脱节现象。社区精力不足，不仅承担着原行政村的基础设施维护等工作，还承担大量来自职能部门的行政性任务，大大消耗了居民服务工作的精力。

（三）拆迁安置多经历转型过渡的阵痛

针对拆迁安置小区的治理，存在一个由原来的生活工作环境、原来的管理模式向新的生活工作环境、新的管理模式的转变，在这种转型期出现阵痛是一种正常的现象。目前拆迁安置小区也出现了诸多由于转型引起的多方面的问题。在管理方面，大部分安置小区的物业和居委会都刚刚成立，管理经验缺乏，管理措施不到位，而新的管理模式尚未形成，造成小区的计生、卫生、综治等各项管理因无明确直接的管理责任人而混乱的状况。对于拆迁安置居民来说，有部分被征地拆迁的农民在征地拆迁中对自己损失的利益感到不平衡，无论在拆迁补偿的问题上，还是在安置小区配套等问题上都存在意见。对于一些拆迁安置农民来说，拆迁安置前大多数是靠种地或养殖的经济收入来维持生活，拆迁安置后失去了这些收入来源。部分小区安置户在户籍隶属、子女就学等问题上还未理顺，带来一些迷茫、失落等负面情绪。再加上一些后续管理不到位，在一定程度上造成了拆迁安置户认为政府不管其生活和出路的印象和怨言。

四　拆迁安置型社区治理的对策建议

（一）探索实践社区化管理模式

第一，体制上要坚持“破”、“立”结合。对拆迁安置小区实行社区化管理，首先需要在思想上深刻认识到，社区化管理是推进农村城镇化、农民市民化、城乡一体化的有效手段。在理念定位上，要坚持因地制宜、以人为本，探索特色鲜明、功能齐全的建设路子。在体制机制上，要坚持资源共享、齐抓共建，形成关系顺畅、管理统一的建设格局。在原则方法上，要坚持重点突破、整体推进，确立管教并重、破立结合的建设模式。为此，在推进安置小区社区化管理中，必须立足当前，突出重点，有破有立，着力解决居民最直接、最现实、最关切的现实问题，以成果受惠于民、取信于民，增强工作的针对性和实效性，积小胜为大胜，不断提高居民的文明素质和社区的文明程度。

第二，行动上要坚持“社区服务”为主。坚持“以人为本”，以社区服务为载体，以创建服务型社区为抓手，促进文明社区的建设。坚持“围着群众转，贴近实际干”的原则，开展社区服务的各项工作，努力培育“诚信、敬业、务实、创新”的社区精神。一方面突破小区内所属村（居）各自为政、自主管理的格局，解决社区管理工作难度大、成本高、管理模式不统一、服务水平有高低的问题；另一方面突破小区单一的物业管理服务模式，拓宽社区管理功能、增强社区服务能力、丰富社区工作职能和内容。

第三，工作上要努力推进并实行“四个统一”。一是实行党总支统一领导。从小区内占多数居民比例的行政村（居）党支部成员中抽调相关人员组建社区党总支部，并在小区党建、管理、服务、平安、文化五个方面，对小区内各行政村（居）组织和全体拆迁安置户进行统一领导，以实现社区统一管理服务的格局和模式，促使小区内的村（居）干部和居民尽快形成社区化管理意识，为社区创建的顺利推进奠定组织保障。二是实行工作人员统一集中办公。按照“配齐、配强、配优”的基本要求，进行社区干部配置，并统一集中办公，这既是组建社区的需要，更是深入开展社区工作的前提。三是实行资源、制度统一配置、制定、执行，切实解决社区管理工作难度大、成本高、稳定隐患凸显等问题。四是实行工作人员工资奖金、福利统一筹取、考核、发放，进一步调动社区干部工作的积极性和主动性，切实增强社区干部的凝聚力和战斗力。

（二）物业管理逐步向公司化过渡

第一，强化社区居民的物业意识。加强小区业主有关物业管理相关知识的宣传。物业与业主之间是相互依存、相互关联的，只有加强与住户的沟通交流才能搞好安置小区物业管理，只有让业主真正了解物业这个行业才能让物业管理工作更加顺利地进行。要向业主宣传物业管理的相关法律法规，定期组织召开物业管理工作座谈会，宣传物业管理政策，汇报物业管理工作，听取业主意见，多争取业主的理解和支持，要让业主明白他们在享受权利的同时也要履行义务。

第二，提升物业服务的质量。业主最看重的就是物业的服务质量。只有服务质量好了，业主才能心甘情愿地交费。首先，应该加强物业管理人员的培训，管理人员接触业主最多，只有提高管理人员的素质，业主才能更好地享受服务。其次，要提高物业人员的办事效率，针对业主提出的问题，应该尽快处理并且在短时间内给予答复。最后，对于业主报修的问题要及时回访，询问业主的意见并做出适量的调整。

第三，解决部分居民就业。物业管理要考虑向小区内没有工作的居民提供一些技术含量较低的工作岗位，经培训考核合格后让他们参与小区的物业管理，如保洁、安保、客服管家等工种。他们自身的加入，就更能体会到物业管理工作的重要性及全体业主积极配合物业管理的必要性。让他们通过实践来劝解、影响甚至改变小区住户的不良生活习惯，从而让广大的农民逐步适应现代化的社区生活，这样不仅能解决部分农民的失业问题，还能在一定程度上降低物业管理与社区维护的成本。

第四，多渠道筹集资金。拆迁安置小区的物业管理目前还处于起步阶段，部分拆迁安置农民有的由于生活困难一时难以全额负担物业管理费，有的由于观念一时难以改变不愿意缴纳物业管理费。针对这种情况我们可以按照政府、企业、住户共同合理负担的原则来有效地整合物业管理的资源，不断完善物业管理工作。要从城镇长远建设利益出发，从土地收益中拨付一部分用于支付物业管理费用。开发公司应给予适当的补贴，承担起绿化、管理、维修等费用，住户仅承担保洁、保安费用。这样就可以降低物业费的收缴标准，从而在一定程度上提高物业费的收缴率。要增强物业公司的造血功能，对于小区内的商业街、店面房、停车场等可以交与物业来经营，物业可以从开展的多项经营服务的收入中提取一定的比例来弥补物业管理费用的不足。

城乡统筹下农民居住行为变化的调查分析
——以重庆为例

钟瑶奇*

30 多年不断发展的打工经济以及近几年逐步升温的新农村建设，使农民的居住方式、居住地选择发生了很大变化，农民工在城市的住房问题也引起了政府和社会各界的广泛关注。保障和改善农民和农民工的住房问题成为一个重大的民生问题。基于重庆城乡统筹发展试验区的经验，以及城乡二元结构状态下大城市带大农村的现实条件，国家软科学重大项目“城乡统筹下农村生活形态调查”课题组 2012 年在重庆通过 753 份问卷对农民和农民工的住房现状、住房需求、住房选择意愿等基本情况进行了全面调查，并深入分析了农民和农民工居住行为的变化趋势，在此基础上提出保障和改善农民和农民工住房条件的对策措施。

一　基本现状

（一）居住类型

本次调查显示，受访的农民和农民工大部分（农村的住房）分散居住在村庄，占比达 96% 以上，其中又以“分散居住的村子，周围有几户人家”这种类型最多，占总数的五成以上。居住在“集中居住的村子”和“新建农民新村”的比例很少，5 年前的情况与现在比，变化不大。与 5 年前相

---

* 钟瑶奇，江西萍乡人，研究员，现为重庆社会科学院社会学所所长，主要从事城市社会学、人口社会学研究。

比，虽然居住在“新建农民新村”和“小场镇”的比例有所提高，但提升的幅度很小，这样的居住方式主要与重庆的地形地貌有关（见图1）。

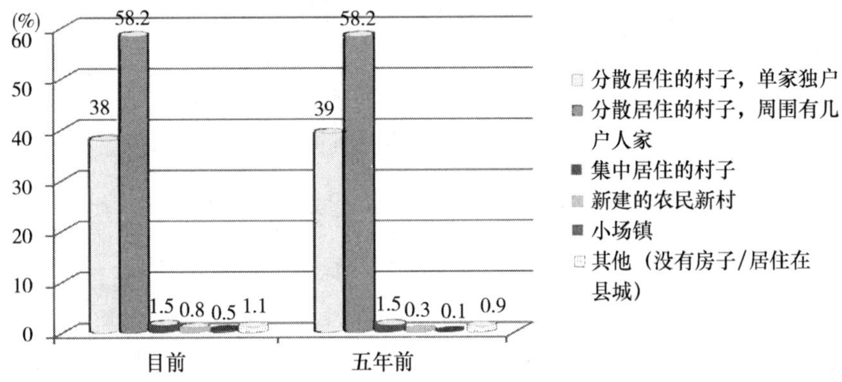

图1　居住类型比较

（二）房屋质量

从本次调查的情况看，农民居住的房屋63.2%属于新修的楼房或平房，其中楼房的比例最高，占五成以上。居住在原来的老房子（瓦房、土砖房）的受访者也超过了1/3（35.1%），而居住在农村集中修建的成套房的比例只有0.4%。与5年前相比，居住在新修的楼房或平房中的比例明显上升，居住在原来的老房子（瓦房、土砖房）中的比例下降了9.4个百分点。可以看出这5年来农民的住房状况有了明显改善（见图2）。

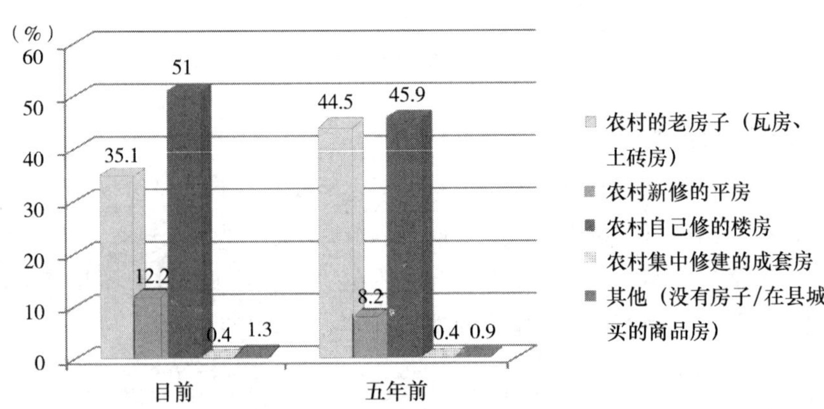

图2　居住房屋质量比较

（三）居住环境与设施配套

1. 设施配套

调查显示，七成以上的受访者表示“居家的便利性（包括用水、电的方便程度）”变好了，27%的受访者认为没有变化，回答变差了的只有0.5%。认为公共交通设施“变好了”的占73.8%，感觉“没有变化”的有23.8%，2.4%的人认为“变差了”。显然，近几年来政府对农村基础设施的大量投入使农村的水、电、交通条件得到了较大改善。

2. 居住环境

有69.7%的受访者表示自己的居家环境“变好了”，回答“没有变化”的占28.6%，认为“变差了”的只有1.7%。认为自己居住的镇/村的整体居住环境“变好了”的比例更高，达到了85.9%。

（四）对未来居住的选择

从本次问卷调查的结果看，在未来的一年里，有可能从现在居住的镇/村搬走的人占受访者的24.2%，75.8%的人表示这种情况“完全不可能”。

当问及“如果让您选，您最愿意居住在以下哪个地方”时，只有不到两成的农民工和四成的农民及帮工选择愿意居住在农村，49.2%的农民及帮工愿意居住在县城或场镇，而选择住主城区和县城的农民工的比例分别达到了35.8%和33.3%。从受教育程度来看，受访者受教育程度越高，愿意居住在农村的比例越低，选择居住在主城区的比例越高。从不同收入程度的统计分析，受访者月收入越高，愿意居住在农村的比例越低，月收入1000元以下的受访者有40.3%愿意住在农村，而月收入在3000元以上的只有10%愿意住在农村（见图3、表1）。

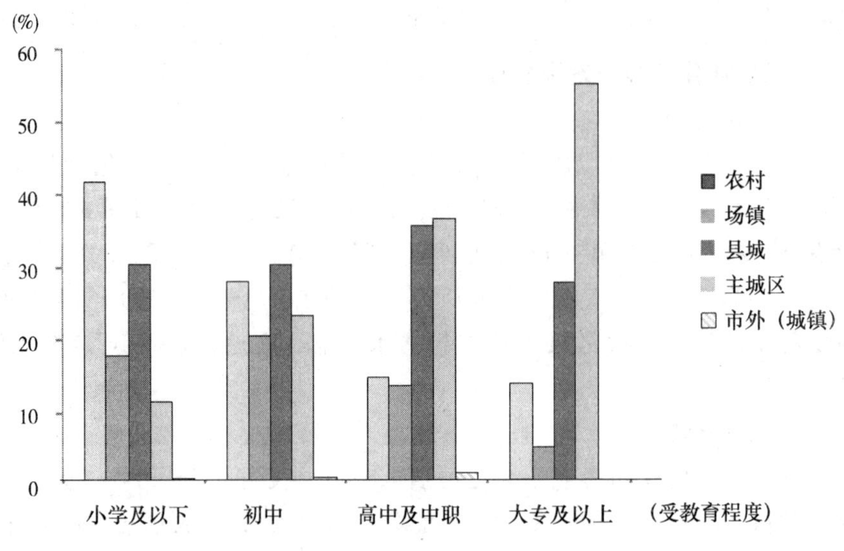

图 3 最愿意居住地方选择

表 1 **分教育程度住房规划** （%）

	小学及以下	初中	高中及中职	大专及以上
在农村老宅上建新房	38.1	20.5	12.1	9.1
在农村新居民点建新房	10.0	16.5	4.4	9.1
在场镇购（建）新房	11.8	13.1	14.3	—
在县城购新房	22.1	23.1	29.7	18.2
在主城购新房	18.0	26.8	39.6	63.6

关于未来的住房规划，在有钱修建或购买房屋的条件下，农民工的第一选择是“在主城区购买新房”，占 41.2%；其次是“在县城购买新房”，为 26.7%。农民及帮工的第一选择是“在农村老宅上建新房”，比例有 35.7%；其次是“在县城购买新房”，为 20.8%。受教育程度越高，选择“在主城区购买新房”的比例越高，选择“在农村老宅上建新房”的比例越低（如图 4 所示）。

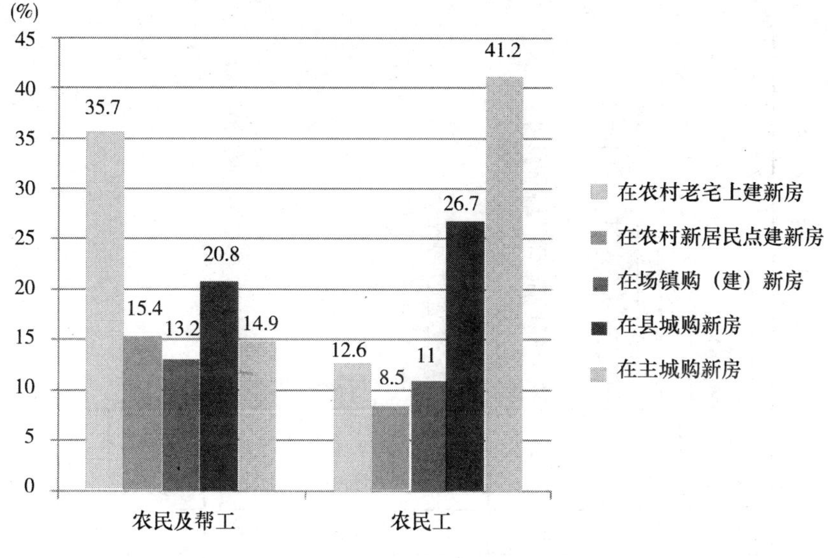

图4 未来住房规划

（五）农民工在城市的居住状况

1. 居住形式

2009年，为了摸清进城务工人员，特别是进城稳定就业人员的居住现状、意愿和要求等方面的情况，重庆市国土房管局和重庆社科院组成联合课题组，在全市范围共选择了10个进城务工经商人员较为集中的地区进行了2000份问卷调查。从该次调查统计结果看，进城务工人员以在外租房和居住用人单位提供的宿舍为主，自己单独租房和合伙租房所占比例达到59.3%，而在城里买房居住的仅为8.7%（见图5）。

而本次“农民生活形态调查”的数据统计显示（见表2），农民工在城里单独租房的比例最高，达到了51.9%；其次是自己买房，为25.5%；合伙租房的比例只有10.1%，和3年前的那次调查结果相比下降了近18个百分点；居住在用人单位提供的宿舍的比例也从21.3%下降为9.4%。这一方面是因为近几年来农民工收入增加，且夫妻双双进城打工并将儿女接到城市生活的比例上升；另一方面，也与本次调查的对象不仅有农民工，也有农民及帮工，农民工的样本量和覆盖面受到一定限制有关。

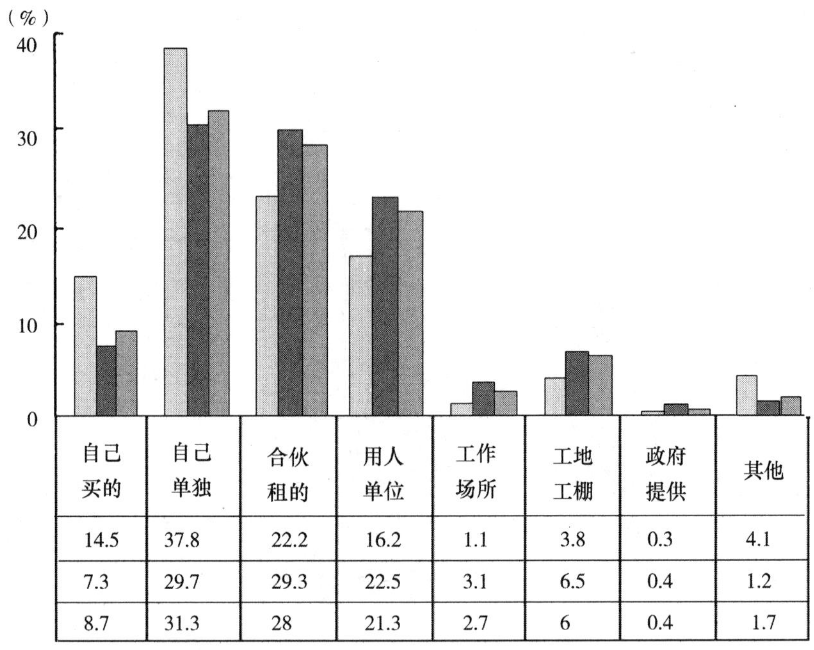

自己买的	自己单独	合伙租的	用人单位	工作场所	工地工棚	政府提供	其他
14.5	37.8	22.2	16.2	1.1	3.8	0.3	4.1
7.3	29.7	29.3	22.5	3.1	6.5	0.4	1.2
8.7	31.3	28	21.3	2.7	6	0.4	1.7

图 5　进城务工人员居住类型

数据来源：2009 年重庆社科院和重庆国土房管局“关于进城务工人员住房状况调查”。

表 2　**农民工目前的住房情况**　(%)

月收入（元）	1000 以下	1001—2000	2001—3000	3000 以上
自己买的房	16.7	26.4	24.7	32.0
自己单独租的房	56.7	46.6	58.8	60.0
合伙租的房	3.3	12.4	9.4	4.0
用人单位提供的集体宿舍	20.0	11.8	3.5	
工作场所	3.3	1.7		
工地工棚			2.4	4.0
公租房			1.2	
其他		1.1		

2. 居住条件

本次调查的数据显示，被访的农民工目前的居住面积在 30 平方米以下的占 24.5%，居住面积在 30—50 平方米的有 23.3%，36.2% 的农民工居住面积在50—90平方米，16%的农民工居住面积在90平方米以上。而从2009年重庆国土房管局与重庆社科院联合调查的统计数据看，进城务工人员人均居住面积在10平方米以下的比例为46.7%，居住面积在30平方米以上的比例只有9.8%。这一方面是因为2009年的调查对象中有大量居住在集体宿舍和工地工棚的农民工，他们的人均居住面积较小；另一方面也跟近年来农民工收入增加，且他们中越来越多的人接家眷进城导致共住人数增多有关。

本次调查统计表明，目前农民工3人共住的比例最高，为34.9%；其次是2人共住和4人共住，分别为17.3%和16.7%；有14.5%的农民工一个人住。

对租房的农民工关于租金情况的调查显示，55.56%的人房屋租金在每月500元以下，39.39%的租金每月为500—1000元，只有5.06%的每月的租金在1000元以上。

3. 居住满意度

调查显示，对目前自己的住房状况和居住条件感觉“很满意”的农民工有9.7%；感觉“比较满意”的比例为55.7%，超过了半数；认为“不满意”的农民工占比32.7%；只有1.9%的人感到“很不满意”。收入水平越高，感觉“很满意”的比例越高，感觉“不满意”的比例越低（见表3）。

表3 **对目前的住房状况和居住条件是否满意** (%)

月收入（元）	1000以下	1001—2000	2001—3000	3000以上
很满意	3.3	7.9	14.1	16.0
比较满意	50.0	56.7	51.8	68.0
不满意	46.7	32.6	32.9	16.0
很不满意		2.8	1.2	

关于住房不满意的原因，占比最大的是“房屋质量差，配套不全”，为52.7%；其次是“人多拥挤”，比例是35.5%；再次为“生活设施不齐全”，有31.8%（此题是多选题）（见图6）。

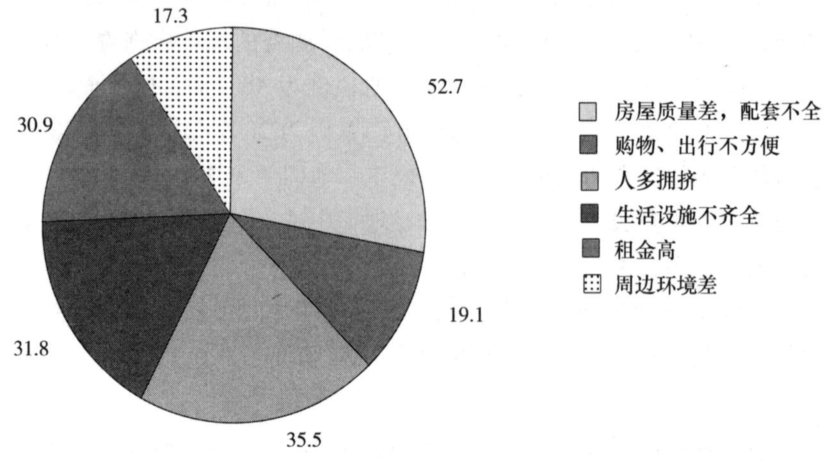

图 6　对目前居住不满意的原因

在 2009 年重庆社科院和重庆国土房管局“关于进城务工人员住房状况调查”的问卷中，进城务工人员对住房状况和居住条件的满意度较低，回答“不满意”的比例最高，达 41.4%；其次为比较满意，为 33.6%。不满意的原因，“人多拥挤”和“生活设施不齐全”是主要原因，选择的比例超过 40%；接下来依次是“周边环境差”、“房屋质量差”、“租金高”、“购物、出行不方便”。

4. 住房意愿

在 2009 年重庆社科院和重庆国土房管局“关于进城务工人员住房状况调查”的问卷中，对于如何解决在城里长期务工期间的住房问题的回答，大多数人的首选还是买房，其中选择最多的是“买经济适用房”，其次是“买新建商品房”和“二手商品房”，而选择“租城里的公房”和“住单位的集体宿舍”的比例也超过 10%。5 年以上进城稳定就业人员选择买房的比例更高，选择租房的比例相对较低（见图 7）。

2009 年对进城务工人员的调查还发现，对于是否愿意用农村老家宅基地换保障性住房，相当一部分人表现出观望的态度，选择了“很难说，看具体情况再决定”，而表示愿意的只有 38.1%。而对于“在城里有了固定住房后，是否愿意在城里落户”，超过半数的人表示愿意，但仍然有 34.5% 表示“很难说，看具体情况再决定”（见表 4）。

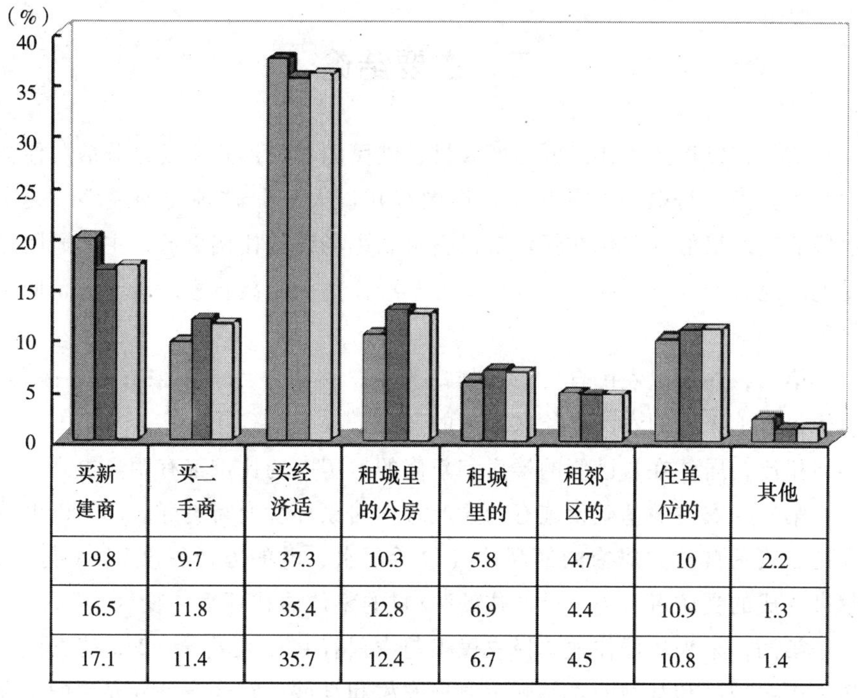

图 7 进城务工人员住房意愿

数据来源：2009 年重庆社科院和重庆国土房管局“关于进城务工人员住房状况调查”。

表 4 **你愿意用农村老家的宅基地换城里的保障性住房吗？** （%）

	5 年以上	5 年以下	合计
愿意	38. 3	38	38. 1
不愿意	20. 9	24. 3	23. 7
看具体情况再决定	40. 8	37. 7	38. 3

数据来源：2009 年重庆社科院和重庆国土房管局“关于进城务工人员住房状况调查”。

从调查中可以看到，进城务工人员对这个问题相当理性，因为本身文化水平低、技能少、收入低、工作不稳定，且缺乏养老保障，进城务工人员对“割尾巴”、“断后路”的做法十分谨慎，而且他们深知其中的难度，对其可操作性存在不少疑虑。

二　主要结论

第一，以重庆为代表的西部农村，农民的居住形式主要是分散居住为主。尤其以“分散居住的村子，周围有几户人家”这种类型最多，集中居住的比例很低，居住在新建农民新村和小场镇的比例更低，主要原因是受地形地貌的限制，高山深沟地形分散居住是为了离自家的田土近，便于耕种。

第二，住房以农民自己修的楼房为主，住房条件 5 年来有明显改善。尽管仍有 1/3 强的农民仍住在原来的老房子（瓦房、土砖房）中，但与 5 年前相比，居住在自己修的楼房和新修的平房中的比例都有明显提高。

第三，农村的基础设施有明显改善，居家环境变得更好。70% 以上的受访者表示自己“居家的便利性（包括用水、电的方便程度）”变好了，超过八成的受访者认为自己居住的镇/村的整体居住环境“变好了”。

第四，未来的居住地选择农民工与农民存在较大差异。2/3 的农民工选重庆主城区和县城，农民则主要选农村和县城。在经济条件允许的情况下，农民工的第一选择是“在主城区购买新房”，农民及帮工的第一选择是“在农村老宅上建新房”。

第五，农民工在城市居住以租房为主，自己买房的比例逐渐提高。过去农民工大部分住在用工单位提供的集体宿舍中，随着经济收入的提高，越来越多的农民工将妻子儿女接到城里共同生活，单独租房的比例不断上升。

第六，近几年来农民工的住房满意度有较大提升。对目前自己的住房状况和居住条件感觉“比较满意”的受访者超过五成。影响农民工住房的主要因素是居住成本，由于农民工收入不高，只能选择房屋面积小、设施配套不全、条件差的老旧房子，房屋质量差、配套不全和人多拥挤成为其不满意的主要原因。

第七，农民工在城市买房的意愿较高。对未来在城市长期务工的住房问题，大部分农民工表示出买房的意愿，但目前现实的房价和他们的收入存在矛盾，如果房价处于农民工经济收入可接受范围内，他们中的大部分人会在城市购买住房。

三　实施城乡统筹政策的影响

第一，实施城乡统筹政策后，政府财政资金加大了对农村基础设施的投入，大大改善了农村的道路交通、水、电供应状况，使农村的居住便利性和居住环境明显改善。

第二，实施城乡统筹后，政府在改善进城农民工居住条件上的政策力度逐步加大。2009年年初，《国务院关于推进重庆市统筹城乡改革和发展的若干意见》提出“完善保障性住房制度，加大廉租房和经济适用房建设力度，增加廉租房和经济适用房供给，逐步将进城稳定就业人员纳入廉租房和经济适用房供应范围”的要求，明确了解决“进城稳定就业人员”住房问题的规范化和制度化路径。重庆市委市政府随即下发了《贯彻落实〈国务院关于推进重庆市统筹城乡改革和发展的若干意见〉的通知》，2010年重庆开始大规模的公租房建设，并将农民工纳入公租房的保障范围。本次调查统计结果显示，近几年来农民工在城市的居住面积、居住条件都有较大改善，农民工的住房满意度有较大提升。

第三，实施城乡统筹后，农民工子女进城读书不再缴赞助费，于是越来越多的农民工将留在农村的儿女接到自己务工的城市共同生活，减少了农村留守儿童的数量，也促使更多的农民工在城市过上了正常的家庭生活。

第四，实施城乡统筹后，重庆市加大了户籍改革力度，放宽了农转城的条件，鼓励农民工在城市落户，大大激发了有一定经济条件的农民工在城市购买住房的积极性，也影响了他们对未来居住地的选择。本次调查表明，大多数农民工将自己未来的住房规划放在城市。

四　政策建议

（一）新农村建设要因地制宜，注重农民的实际需求

方兴未艾的新农村建设被视为城乡统筹的重要内容，其初衷是改善农村面貌，缩小城乡差距。使分散的农户集中居住，不仅有利于节约土地，而且便于实施基础设施建设和提供公共服务。但农村的地形地貌千差万别，有一望无际的平原，也有很多像重庆的渝东北、渝东南这样山大沟深

的山区，村民集中居住对山区农村并不适用，也无法适应农民就近耕种的实际需求。在这些地理条件受限制的农村，小规模几户、十几户农户相对集中居住或许更为可行，因此，新农村建设一定要因地制宜，要倾听农民的意见。

（二）城市化进程中注重以县城为中心的中小城市建设，依托产业打造一批特色小城镇

目前至2020年，中国都处于城镇化快速发展时期，在这个阶段每年都有大量农村人口进入城市，这些进城农民要想都扎根大城市是不可能的，其中相当数量的人口将最终落户以县城为中心的中小城市和场镇。本次调查也显示不少农民和农民工选择县城和场镇作为自己未来的居住地，可以预见未来一个时期，县城和小镇的建设将有一个快速发展。其发展的规模和速度将取决于其产业发展的状况，各级政府在城市化进程中要注重以县城为中心的中小城市建设，结合乡村工业化和旅游业发展打造一批特色小城镇，满足农民就近城镇化需求。

（三）扩大保障性住房房源，满足不同职业的农民工的需求

随着城镇化的快速推进，新增进城人口会不断增长，因而扩大保障性住房房源，确保基本供求的动态平衡是农民工住房保障制度正常运行的必要条件。为了增加保障性住房供给，在增加公租房建设的同时，还需要多管齐下，采取灵活多样的方式扩大房源，如在老城区收购居民的小户型旧房或从城镇居民手中成规模租下闲置住房，然后作为廉租公房再转租给农民工，等等。目前农民工租住公租房的比例偏低，主要因为一部分低收入农民工觉得公租房租金偏高，他们无法承受；一部分农民工在市中心从事服务业，需要早出晚归，认为公租房离市中心太远，不方便。位于市中心的小户型旧房正好符合这类农民工的需要，增加这类保障性住房供给，可以降低这部分农民工在城市的居住成本。

沈阳市创新社会治理对策研究

王　磊　闫琳琳*

社会治理创新，是适应发展新特征新变化的时代课题。目前，社会变革日新月异，阶层分化，流动加速，利益多元，社会转型犹未完成，社会活力蓬勃迸发，新老矛盾叠加交织。社会建设和社会治理的任务之重、挑战之大、难度之高，举世罕有，这就迫切要求我们的社会治理更好地体现时代性、把握规律性、富于创造性。党的十八大报告也指出要社会治理创新，提高社会治理科学化水平，改进政府提供公共服务方式，加强基层社会治理和服务体系建设，引导社会组织健康有序发展，充分发挥群众参与社会治理的基础作用。

一　沈阳市社会治理的现状分析

沈阳是东北地区最大的中心城市，有“东方鲁尔”、“共和国第一长子”的美誉。沈阳是正在建设中的沈阳经济区（沈阳都市圈）的核心城市，地处东北亚经济圈和环渤海经济圈的中心，工业门类齐全，具有重要的战略地位。以沈阳为中心，半径150公里的范围内，集中了以基础工业和加工工业为主的八大城市，构成了资源丰富、结构互补性强、技术关联度高的辽宁中部城市群。沈阳拥有东北地区最大的民用航空港、全国最大的铁路编组站和全国最高等级的“一环五射”高速公路网；沟通世界各大港口的大连港、正在开发建设的营口新港和锦州

* 王磊，辽宁社会科学院社会学研究所，所长，研究员；闫琳琳，辽宁社会科学院社会学研究所，副研究员。

港，距沈阳均不超过400公里。作为东北中心城市的沈阳，具有得天独厚的地理区位优势，对周边乃至全国都具有较强的吸纳力、辐射力和带动力。

作为全国社会治理创新综合试点城市，沈阳市委、市政府始终把社会治理创新作为一项重大政治任务，作为一项全局性、战略性工作来抓，在全国率先建立与社会主义市场经济体制相适应的社会管理体系，为经济发展和社会稳定创造了良好的社会环境。沈阳市把全市社会治理创新工作分解为6大方面、28项重点工作，把15个社会治理创新项目列入了相应的“十二五”专项规划，并把着力点放在社会治理创新综合示范点建设上，实施社会治理创新“百点示范工程”，注重解决好社会管理中存在的“盲区”和“错位”问题，做到把管不到的地方管到、把管不好的地方管好。

沈阳市在具体实践中，创造性地构建了六大社会管理体系。首先构建了多元化的社会矛盾纠纷排查调处体系。通过开展社会矛盾化解年活动，建立解决群众诉求的“绿色通道”，搭建党性锤炼、预警防范、诉求等六大平台。对涉及群众利益和重大民生问题的项目决策，全部纳入风险评估范围。同时把两级信访大厅建成集“接待受理、直接调处、协调督办、责任追究”为一体的综合办事机构，使信访大厅真正成为解决群众诉求的“终点站”。构建以保障和改善民生为重点的社会公共服务体系，把促进基本公共服务均等化作为社会管理源头治理的重要基础。扎实推进了基层社会就业服务平台、教育优先发展战略等举措，率先在全国建立农村低保边缘户制度，扩大救助范围。

沈阳市还以服务管理重点人群为主，建立社会事务管理体系，组织实施“牵手计划”“新生计划”“关护计划”等。同时，以科技防范为牵动建立社会治安防控体系，构建了覆盖全市的视频监控网，全市视频监控探头达50万个；还有全警参与的公秘巡逻网、群防队伍的社区防控网、单位内部的安全保卫网以及虚拟社会的舆情监测网。在此基础上，沈阳市加强了对社会管理数据资源和信息管理平台的整合，“数字化沈阳”城市管理系统通过了国家住建部专家组的验收。此外，还通过应急电话查询电子通信录系统、“卡片式”引导管理、信息快速流转“绿色通道”等建立了符合区域中心城市特点的社会公共安全体系。

二　沈阳市社会治理创新存在问题

（一）社会治理体制仍然存在缺位和越位的情况

一方面，政府的社会管理部门权力比较集中，一些应由市场和社会承担的、按照市场规则来运行的社会事务却由政府部门依靠行政权力来管理，比如环卫保洁、道路养护、供热等造成政府负担沉重、社会管理效率低下，甚至是该管的没有严管抓牢、不该管的却插手管控，导致政府社会管理职能的“越位”。特别是政府在履行社区管理职能时，存在以指导为名行领导之实的情况，过多介入社区组织的自治事务，包揽了过多应由社区组织承担的职能，导致社区居委会等社会组织出现了政治化、行政化倾向，社会组织没有很好地补充政府管理与公民自治之间的管理盲区，反而充当了政府干预社会自治的工具，约束了社会组织自身的发展与提高，也影响了人们参与社会管理的积极性，导致了社会组织发展较慢；另一方面，随着经济社会快速发展，新的社会问题和社会矛盾不断涌现，比如维护社会稳定和社会公平、环境资源管理、人口和就业管理、公共安全管理、对弱势群体的保护等，传统政府社会管理体制对此重视不够，管理部门没有形成工作合力，导致了政府重点管理的领域和环节因措施不到位、政策执行不得力，形成了职能“缺位”现象。

（二）社会管理的方式和手段单一

传统的社会管理思维和习惯做法强调政府管控，强调政府对社会的控制，现在依然存在。目前社会管理的方式和手段仍然主要依靠管、控、压、罚等行政手段，社会管理政策不完善，不善于运用党的群众路线、群众工作等政治优势，不善于运用道德约束、舆论引导、心理疏导等手段，不善于运用现代信息技术手段，尤其是一些干部素质能力不高，依法管理的能力和水平亟待提高，工作方法简单、作风粗暴，形式主义、官僚主义严重，侵犯群众利益，严重损害党群干群关系，人民群众对管理的效果不是很满意。比如，交通执法、城管执法、环保执法、卫生执法、文化执法等管理行为，是为了维护更有序更安全的生活环境。但在执行过程中，往往首先想到的就是罚款收费，而不是以教育为主，这种以罚代管的方式无异于“与民争利”。这种落后单一的管理方式遏制了社会的创造力和积极性，不但不能收到预期的效果，长此以往还会影响政府的公信力。

（三）社会矛盾纠纷解决渠道不畅

随着改革和发展进程的加快，各类社会矛盾纠纷日益增多，并且呈现出一些新的特点：矛盾纠纷的双方以个人同组织、群众同干部之间的纠纷为多数；群体性纠纷突出，对抗程度增强。但面对不断产生、不断变化的社会矛盾纠纷，现有的行政复议、诉讼、司法调解等纠纷解决机制又显得力不从心。许多矛盾纠纷不是通过正常的法律途径解决，而是更多地采取信访或堵路、堵党政机关大门等其他非法律途径寻求解决，这也在一定程度上反映出司法的权威性不高、独立性不强，行政权力被滥用的情况。同时，现在实行的属地化管理模式，给维稳工作造成了很大压力。由于负责维稳的属地单位很多不是责任单位，责任单位又不主动靠前解决，属地单位与属事单位之间沟通协调不畅，导致属地单位在沟通协调问题时当事人不买账，特别是一些责任属于其他兄弟单位的问题，工作起来难度更大，往往是事倍功半，造成矛盾的化解难度更大，也进一步加大了党群、干群之间的矛盾。

（四）社会安全体系还不完善

安全稳定的社会环境是经济社会发展、人民安居乐业的前提，也是加强和创新社会管理的内在要求。应急管理机制还需要进一步健全，特别是面对自然灾害等灾难的响应，对公共卫生、公共安全事件的处置，反映出应急机构协调联动的能力不强、处置问题的能力不强。群众对食品安全不放心，特别是相关的职能部门缺乏检测鉴别的设施和技术，处罚力度不大，也加剧了相关问题的发生，降低了人民群众的安全感。

（五）信息网络建设管理面临严峻挑战

网络、手机等新媒体的迅速普及，既为传播先进文化搭建了平台，也为文化繁荣开辟了新空间。同时，也给社会管理带来了不少新情况、新问题。一是现实社会违法犯罪向虚拟社会蔓延，利用互联网和手机等新兴媒体传播淫秽色情信息和进行赌博诈骗等违法犯罪活动猖獗；二是虚拟社会对现实社会的影响日益增强，一些影响较大的公共事件网上网下遥相呼应，许多非利益相关方的群众也受到煽动，导致各种社会矛盾和热点敏感问题快速扩散放大，造成严重后果，影响社会稳定；三是国家信息安全和网络运行安全面临较大风险，网上窃密泄密事件频发，危害国家安全和利益。

三 社会治理问题产生的动因

（一）计划经济向市场经济转型

30多年的改革，特别是以市场经济为趋向的改革，使原有的社会结构和经济结构发生了深刻变化。一些政府部门在发展经济的同时，忽视了社会治理中的新情况新问题，依然采取传统管理手段，难以适应社会发展的需要。特别是利益格局的大调整，使利益格局发生了很大变化，成为各种矛盾增多的深层次原因。

综观各种矛盾的发生和各类信访案件，无论是征地拆迁、安置补偿，还是企业改制、劳资纠纷、涉法涉诉等，它们之间贯穿的权益得失之争已成为共性问题。许多经济收入、社会地位、文化水平相对较低的弱势群体，在解决诉求中能够动用的社会资源有限，而其他一些解决利益诉求的渠道有的门槛较高，有的成本较高、耗时较长，因此他们选择通过坚持不懈的信访来达到目的。这应当是经济转型、社会转轨阶段的一个“阵痛”。

（二）政府公共服务的效率不高

随着经济社会的快速发展，群众生活水平不断提高，群众对生活品质的要求也越来越高，特别是与日常生活息息相关的城市管理、市政建设、水电气保障等问题，群众的关注度和要求更高，解决这些问题也要求更快捷。但由于一些单位工作不到位，部分干部宗旨意识不强，导致了政府公共服务的效率不高。

（三）社会治理体制机制不顺

近几年，随着社会治理任务的增多，基层社会组织管理服务的重要性日益显现。但由于社区居委会长期受传统行政管理体制的影响，街道办事处将社区居委会当作其下属机构，更多地将本应由其承担的行政性工作转移给社区居委会，社区居委会大部分时间都花在“协助”政府工作上，导致社区居委会的职能“行政化”色彩较重。同时，社区居委会的人事任免按《居委会组织法》规定应该是通过民主选举产生，但实际运作中，居民委员会的选举主要是在街道的指导下进行的，候选人基本上由街道组织来考查和选定，社区成员代表大会选举成为走过场，影响了群众参与社区管理的积极性。此外，由于一些社会组织内部治理结构不完善，管理和服务能力差，自我发展能力弱，以及人们担心社会组织做大做强会成为党和政府的对立面，导致了社会组织发展速度较慢。

（四）属地、属责单位责任不对等

随着维稳任务压力的增大，从市、区到基层各级部门按照属地化管理原则，都先后制定了定期排查制度、领导包案制度、“一岗双责”制度、责任追究制度等一系列制度。但从实际工作来看，信访维稳工作事后被动“救火”性质仍然没有根本改变。特别是属地、属责单位责任不对等，导致属地单位只能被动应付、疲于奔命，而属责单位却重视不够。同时，由于基层社会综合治理工作队伍力量不足，工作经费不足，执法权力有限，特别是对维护群众合法权益是维稳工作的前提和基础的认识不足，从源头上维护群众的知情权、参与权、表达权和监督权的力量投入不足。

四　沈阳市社会治理创新具体对策

（一）坚持保障和改善民生

将坚持和保障民生作为社会治理创新的根本出发点和落脚点。对保障和改善民生这种方向性的目标进行统筹规划，逐层分解，确定社会治理创新的具体目标和任务，即确定应该通过具体做些什么才能实现保障和改善民生的目标。以解决辖区内存在的社会管理问题为导向，从社会管理的共性问题和主要问题入手，根据社会管理问题的轻重缓急，精确定位社会治理创新的目标和任务，并且确定衡量这些社会治理创新目标和任务的标准。

以党政部门和辖区内社会管理的实际情况为事实依据，逐步调整、改革和创新社会管理的价值理念、制度设计和制度的具体操作，保证各级党政部门社会治理创新价值理念的转变、社会管理体制机制的改革和创新、具体社会管理方式和手段的改革和创新不单纯追求社会管理形式上的变化，不脱离以构建党中央提出的新型社会管理模式，解决辖区内存在的社会管理问题的目标。

（二）完善社会治理体制

完善社会治理体制，改进社会治理方式，既是社会治理创新的重要内容，又是落实社会治理任务的基本保障。按照“党委领导、政府负责、社会协同、公众参与、法治保障”的要求，进一步完善社会治理工作格局，调动一切有利于社会和谐的积极因素，形成共建和谐社会的生动局面。

第一，加强党委领导。党委领导就是要发挥党委在社会治理格局中总揽全局、协同各方的领导核心作用。充分发挥基层党组织和共产党员在服务群众、社会治理中的作用。明确党委与政府的关系，合理配置党政部门社会治理的职责权限，切实解决多头管理、分散管理、难以形成有效合力的问题。

第二，搞好社会协同。社会协同就是要发挥各类社会组织的作用，整合社会治理资源，积极推动政府调控机制同社会协同机制互联、政府行政功能同社会自治功能互补、政府管理力量与社会调解力量互动的社会协同管理，构建一个横到边、纵到底、无死角、无盲点的社会治理网络。社会治理是对全社会的管理，也是全社会共同参与的管理。

第三，引导公民参与。公民参与主要是动员组织群众依法理性有序参与社会治理和公共服务，实现自我管理、自我服务、自我发展。要培养公民意识，履行公民义务。积极开展志愿服务活动，健全社会志愿服务长效机制。要进一步在全社会形成社会治理人人参与、和谐社会人人共享的良好局面，充分发挥群众的基础作用，扩大基层民主，扩大公民有序政治参与，深化政务公开、司法公开，拓宽群众参与渠道，健全群众参与机制。同时要加强对群众的教育引导，使广大群众不断增强遵纪守法意识，切实履行公民义务。

第四，健全法制保障。法制保障就是要依靠法律来规范个人、组织的行为，协调社会关系，监督和保护公共权力，保护公民合法权益，防止公共权力对公民权利的侵犯。要加快法治社会建设，牢固树立依法管理的理念，认真遵守宪法等各项法律法规，加强社会治理领域的执法工作，使各项社会治理工作做到有法可依、有法必依。要加大法制宣传教育力度，在全社会树立依法办事、守法光荣的风尚，引导群众通过多种渠道、理性合法地表达利益诉求。

（三）构建社会协同管理模式

社会协同管理是以政府为主导的，发挥各类社会组织积极作用，进一步化解矛盾、增进共识、互相合作，为公众提供无缝隙的而非互相分离的服务，实现社会事务的有效治理。

构建社会协同管理模式要注重发挥政府在社会服务管理中的主导作用。注重发挥各类社会组织在社会服务管理中的协同作用。积极培育多元化的社会治理主体，提升社会组织的服务与管理能力，发挥社会组织在社会治理中的协同、自治、自律、他律、互律作用，进一步形成政府和各类社会组织有效协同、良性互动的格局。政府应该退出某些社会领域，坚决把政府不该管的事交给企业、市场和社会组织，充分发挥社会团体、行业协会、商会和中介机构的作用。在继续抓好经济调节、市场监管的同时，更加注重社会治理和公共服务，把财力物力等公共资源更多地向社会治理和公共服务倾斜，把领导精力更多地放在促进社会事业发展和建设和谐社会上。

（四）加强社会服务保障体系建设

改善民生是社会治理创新的基础工程，是社会长治久安的根本，是社会安全稳定的力量源泉。着力提高最低生活保障、居民医疗和养老保险覆盖水平，努力实现人人享有基本社会保障。推进非公有制经济组织从业人员、灵活就业人员等符合条件的各类群体纳入相应的社会保障体系。推进居民养老、医疗、失业、工伤、生育五项保险参保人数稳步增长，实现居民社会保险一体化。统筹推进以公共租赁住房为重点的各类保障性住房建设，逐步扩大住房保障政策覆盖范围，对低收入住房困难家庭要做到应保尽保。

全面落实中长期教育改革和发展规划纲要，构建面向全民的多层次教育体系，巩固提升义务教育学校现代化标准建设水平，大力推进学前教育加快发展、义务教育高水平均衡发展、高中教育优质特色发展、职业教育领先发展和特殊教育学校现代化标准建设，办好人民满意的教育。加快推进继续教育、社区教育，争创全国先进数字化学习社区。实施“社会名师”培养工程，促进教师队伍专业化发展。完善家庭经济困难学生资助制度，保障外来务工人员子女公平享受义务教育权。强化校园安全管理，推进平安校园建设。

实施更加积极的就业政策，把政府主导就业与群众自主创业紧密结合起来，不断提高充分就业，稳定就业水平。实行就业统计和失业登记制度，建立上下联动、横向互通的四级就业信息服务网络。建立面向全体劳动者的普惠型职业技能培训制度，推进就业援助实名制。优化创业环境，进一步落实岗位补贴、社保补贴、小额贷款、税费减免等各项政策，重点做好高校毕业生、农村转移劳动力、就业困难人员就业工作，实现经济发展与扩大就业良性互动。

推动普惠型社会福利体系建设，建立健全社会保险关系无障碍转移接续制度。健全综合性社会救助制度，完善以最低生活保障、医疗救助、分类救助、临时救助为基本内容的社会全员帮扶救助机制，进一步做好“三无”对象的集中供养。建立法律援助基金、司法救助基金、见义勇为基金等的动态增长机制，为更多困难群众提供法律服务和司法救助。发展社会福利和慈善事业，完善面向老年人、孤儿、残疾人、流浪未成年人的福利机构基础设施。

（五）加强社会矛盾纠纷大调解体系建设

按照发现得早、化解得了、处置得好的目标，坚持解决到位、解释到位、稳控到位、处置到位，全力抓好大调解综合平台建设、专业调处效能提升和多元化纠纷解决机制的建立，努力做到一般矛盾不出社区、较大矛盾不出街道、重大矛盾纠纷不出地区。

加强大调解综合平台建设。充分发挥大调解的综合解决纠纷功能，围绕资源整合、整体联动的本质特征，推动调处中心从单一调解功能向源头预防、矛盾排查、直接调处、听证对话、风险评估、对接互动、管理考核、队伍培训等综合功能转变。强化调处中心矛盾纠纷联动调解、分流指派、调处调度、调处督办等职能。强化基层社区矛盾排查功能，严格落实日报告、周分析、月例会制度，确保矛盾纠纷第一时间发现、第一时间分流、第一时间化解。

实施多元化纠纷解决机制。积极探索并实施以人员、信息、程序、效力的有序衔接为基本内容，公调对接、检调对接、诉调对接、援调对接和访调对接等多种对接调处的工作机制。建立简便的司法确认程序，对经行政调解、人民调解或具有调解职能的组织调解达成的协议依法予以确认。

注重整合资源，加强对接调解专门机构和队伍建设，实现体制管理新突破。

（六）加强社会公共安全体系建设

以维护人民生命财产安全、增强人民群众的安全感为目标，以解决人民群众反映强烈的突出治安问题为重点，扎实推进平安社会和法治社会建设，为经济发展、人民幸福生活营造安全稳定的社会环境。

完善现代防控体系建设。坚持人防与技防相结合，加大投入，建立多元化技防投入机制，加快推进技防城区和技防社区建设，探索建立“网格化管理模式”，基本形成覆盖全区、全时监控、全面设防的现代安防体系。建构人防体系，建立完善巡防中心，整合公安、武警、保安以及社会防范力量，构筑区域联动、规范管理、专群结合、三级巡防、实体运作的城区巡防新格局，不断完善内部管理制度，强化巡防队伍的统一管理、统一调度、统一指挥，基本实现巡防工作全覆盖。

加强对突发事件的应急管理。进一步完善对自然灾害、事故灾难、公共卫生事件、社会安全事件的监测预警工作以及信息报告、风险评估调查、信息发布和舆论引导工作，推进应急平台和监测预警信息平台、信息发布平台建设，形成完整、统一、高效的应急管理指挥体系。加强监测预警系统建设，建立风险隐患数据库。开展应急关键技术研发与应用，推广公共安全技术和产品。加强应急处置队伍建设，提高应急实战能力。开展应急宣传教育，提高公众应对突发公共事件的综合能力。

（七）加强社会治理组织领导体系建设

按照党委领导、政府负责、社会协同、公众参与、法治保障的社会治理体制，进一步完善社会治理组织架构、人才队伍建设、投入保障和督查考核工作，不断加强对社会治理工作的组织领导，进一步提升社会治理科学化水平。在党委、政府领导下，进一步建立健全社会治理创新的组织领导体系和工作机制，充分发挥社会治理综合治理委员会及其办公室的职能作用，加大对社会治理工作总体规划、重大方案、重要决策的研究，强化对社会治理工作的宏观指导、统筹协调和督促检查。

不断加大财政投入力度，将社会治理所需经费列入财政预算，逐年加大财政支出中社会治理投入的比重，切实保障社会治理和服务资金需求。

健全社会治理专项资金投入和管理机制，提高资金使用效益。拓宽多渠道融资，注重吸引社会资金参与社会治理。将社会治理创新评价与工作绩效评定、干部选拔任用挂钩，严格落实责任奖惩，不断提高各级领导干部做好新时期群众工作的能力、依法治理能力、信息化管理能力、舆论引导能力、社会风险应对能力和突发事件处置能力。

对现实"城管"的理性认识

覃国慈*

城管，既是"城市管理综合执法部门"的简称，也是对该部门相关活动及其执法群体的简称。在中国城市化步伐日益加快的背景下，城市治理变得越来越复杂，也越来越重要。作为城市治理的践行者，城管已经成为一个职能繁多、为各地政府所倚重的部门或群体，但与此同时，由城管执法引发的矛盾和冲突此伏彼起，城管的工作不仅难以获得社会的理解和支持，而且常常遭遇民众的非议、偏见和不信任。城管问题是中国社会矛盾的一个缩影，折射了政府在城市社会治理方面的不足和缺陷，在推进新型城镇化和社会治理现代化的当下，理清城管的产生背景、面临的现实困境及产生根源、暴力执法的危害、走出困境的路径，对于维护城市社会秩序和提高城市社会治理水平显得尤为必要。

一 城管的产生背景

城管是在中国特殊历史条件下产生的。20 世纪 90 年代，随着户籍制度改革的深入，越来越多的农村富余劳动力向城市转移；随着经济体制改革的推进，大量企业工人失业。在社会保障制度不健全的情况下，为了自谋生路，很大一部分农民工、城市下岗职工及其他生活困难群众，选择做摊贩——无固定经营场所的无照商贩。摊贩的数量多并且流动性强，给交通、市容、食品安全等方面带来了影响，由于当时的城市管理权分散在不

* 覃国慈，女，湖北巴东人，湖北省社科院社会学研究所副所长（负责人），副研究员，社会学博士，主要研究方向社会治理、发展社会学。

同职能部门手中，市政、工商、交通、环卫等部门纷纷独立上街执法。可是，与多头执法相伴而生的是一事多罚、执法扰民；一些部门钻分工不明确的空子，趋利避害，有利的抢着管，无利的绕道走；同时，由于很多问题的责任方无法确定，城市管理中出现大量无人管理的灰色区域，这不仅让群众苦不堪言，而且管理漏洞百出，被人戏称为“七八个大盖帽管不住一顶破草帽”①。

针对职责重复、执法分散、多头处罚等实际问题，1996 年第八届全国人大四次会议通过的《行政处罚法》中明文规定：“国务院或者经国务院授权的省、自治区、直辖市人民政府可以决定一个行政机关行使有关行政机关的行政处罚权，但限制人身自由的行政处罚权只能由公安机关行使。”《行政处罚法》确立了“相对集中行政处罚权”制度。以此为依据，1996 年北京市宣武区成立了全国第一支城市管理监察大队；并从 1997 年 4 月开始在全国率先进行相对集中行政处罚权试点。在试点的基础上，2002 年 8 月，国务院发布《关于进一步推进相对集中行政处罚权工作的决定》，倡导各地政府开展相对集中行政处罚权的探索；借此东风，2003 年 1 月北京市成立了城市管理综合行政执法局。此后，城管纷纷以“执法”的名义在各地城市治理的舞台上威武登场。据统计，目前全国 656 个城市中已有 621 个城市开展了相对集中行政处罚权工作，占城市总数近 95%。②

简要地说，城管就是由一个机构来执行原本属于多个行政执法部门的处罚权。起初，城管行政处罚权模式是“7 + 1”，即城管执法的范围包括市容环境卫生管理、城市规划管理、园林绿化管理、市政管理、环境保护管理、工商行政管理、公安交通管理方面的部分或全部行政处罚权，以及省级政府决定调整的其他领域行政处罚权。③ 后来，城镇化速度越来越快，城市治理内容越来越多，环保、工商等部门把那些执法难度大并且不危及本部门核心利益的执法权也逐步转移给城管，致使城管职能迅速扩大，执法任务越来越重，从查处违建到拆迁再到驱逐摊贩，几乎无所不包。

---

① 卢军、邵晶岩：《告别“七八个大盖帽管一顶破草帽”》，《黑龙江日报》2005 年 7 月 27 日。

② 黄庆畅、陈晓婉：《城管尴尬凸显城市成长烦恼》，《人民日报》2013 年 7 月 4 日。

③ 《城管：何去何从?》，《检察日报》2013 年 7 月 31 日。

二　城管执法的现实困境

城管承担了名目繁多的社会治理任务，可谓“上管天、下管地，中间还要管空气”，如今他们的一举一动都牵动着人们的神经，吸引着人们的眼球，因为他们的言行好坏是一个城市自我治理能力高低的体现。

在公共治理领域，一项政策或制度的最佳效果是“帕累托最优”，也就是相关方只有利益的增加，而没有利益的损失，处于全赢的局面。但是，在城管执法方面，面临的是截然相反的情况，即利益相关方都不满意，都是输家。好的制度或政策，如果做不到全赢，起码要力争多数人获益而少数人受损的多赢少输的境地，避免城管式的全输困境。[①]。当前，城管执法的困境主要体现在以下几个方面。

（一）城管暴力执法屡见不鲜

近年来，城管暴力执法的事件频繁见诸报端和网络媒体，如果在网络上搜索“城管打人”和“城管暴力执法”等关键词，竟有数百万条信息弹出。只要稍加留意，就会发现城管暴力执法事件的数量多、分布广、影响大，着实让人震惊。

在城管综合执法工作中，部分执法人员作风粗暴、随意执法、冲突不断的事件，无论从数量还是强度上来看，都有愈演愈烈之势。

21 世纪见诸媒体的第一起城管暴力执法事件是 2000 年 9 月 6 日四川省眉山县的几名城管人员在整治摆摊设点时对两名商贩发威，将一名小贩乱拳击伤，另一名小贩被甩下货车身亡。此事的社会影响极坏，随后，在媒体的聚焦下，仿佛类似冲突一发而不可收。例如，2011 年 5 月 3 日在辽宁省辽阳市宏伟区龙源小区，城管与当事人冲突，当事人周晓明当场死亡；[②] 2012 年“1·9 广州城管打人事件”，摊贩刘武秀左手无名指被城管队员打骨折，还被逼签否认声明；[③] 2013 年 5 月 31 日，延安市城管监察支队凤凰大队执法人员在执法冲突过程中双脚猛踩踏倒在地上的执法相对

① 俞可平：《“城管式困境”与治理现代化》，《同舟共进》2014 年第 1 期。

② 陈雪林：《城管暴力执法原因探析》，《现代商贸工业》2012 年第 18 期。

③ 阮剑华：《城管两次殴打小贩致骨折逼其签否认声明》，《新快报》2012 年 2 月 4 日。

人的头部；[①] 2013 年 7 月 17 日，湖南省临武县，瓜农邓正加在与城管冲突中不幸身亡。[②] 更让人气愤的是，城管不仅粗鲁对待执法相对人，对旁观者乃至新闻记者等"非执法对象"也不放过。例如，2008 年 1 月 7 日，湖北省天门市水利建筑工程公司经理魏文华因用手机拍摄城管和村民冲突的现场，被城管人员暴打致死。[③] 这是曾经震惊全国的城管打死"非执法对象"的事件。2012 年 6 月 1 日，云南昆明大学生小郑只不过对城管执法现场多看了两眼，就被 3 名工作人员拖进旁边的小巷"教训"了一顿。事后，经医生检查，小郑的手腕、肩膀、胸部、背部、脸部等多处受伤。[④] 2013 年 7 月 18 日，在黑龙江省哈尔滨市街头卖西瓜的商贩吴伟被城管执法人员打得头破血流，更猖狂的是，当记者就此事采访城管局时，该局局长对记者大打出手，其他工作人员见状也跟着领导一起蜂拥而上。[⑤]

城管暴力执法也是"城市病"，它是城市化过程中百姓期望市容整洁的愿望、摊贩需要赚钱养家糊口的现实需求、管理部门有序管理城市的工作要求之间相互冲突的产物。

（二）群众暴力抗法层出不穷

城管被当作城市矛盾的制造者，并在一边倒的指责中声名狼藉；与此同时，与城管暴力执法相对应的暴力抗法事件不胜枚举，城管队员在工作中受到严重伤害的情况时有发生。最突出的案列有：2006 年 8 月 11 日，小贩崔英杰推着三轮车在北京中关村卖烤肠时，其三轮车被城管扣押，在他跪地哀求无果之后，气愤的他突然从后面挥刀冲向城管副队长李志强，导致李志强死亡。[⑥] 2009 年 5 月 16 日，沈阳市的夏俊峰和妻子在马路上摆摊，被城管执法人员查处。当他们在勤务室接受处罚时，夏俊峰与执法

---

① 《延安城管被指酒后执法打伤多人》，人民网，2013 年 6 月，（http：//c. 360webcache. com）。

② 《城管：何去何从?》，《检察日报》2014 年 5 月 12 日。

③ 石勇：《14 年城管体制的隐忧》，南风窗，2011 年 6 月，（http：//c. 360 webcache. com）。

④ 陈雪林：《城管暴力执法原因探析》，《现代商贸工业》2012 年第 18 期。

⑤ 王宏泽：《哈尔滨商贩被城管打至头破血流，记者采访被打》，《人民日报》2013 年 7 月 21 日。

⑥ 《14 年：城管走到十字路》，南风窗，2011 年 6 月，（http：//c. 360webcache. com）。

人员发生争执，并刺死城管队员申凯、张旭东两人之后又重伤一人。[①] 2015 年 1 月 9 日下午，海口秀英区城管大队海秀镇中队的一名城管队员，在执法过程中遭到摊贩暴力抗法，被热油烫伤住院治疗……[②]

不仅如此，我们从部分媒体五花八门的报道题目中也可见一斑，比如“摊主滚烫一瓢油，泼向城管执法队员”、“成都女摊主暴力妨害执法，用尿泼城管”、“无照菜贩手执双刀，砍伤两名城管队员”……一些城管队员表示，被打几乎成为家常便饭。如果他们的执法力度大，害怕出事；如果力度不够，又无效果；如果他们放松管理，小贩就会“变本加厉”；如果强行扣押物品，商贩们就会来制造混乱。城管队员在工作中也显得左右为难。

（三）城管工作的社会认同度低

当城管在大街上对违法行为实施行政处罚或暂扣手段时，容易引起群众围观，群众往往在同情弱者的心理作用下，为被处罚者打抱不平，责怪城管欺压百姓，指责城管私自处理罚没款物，还有人不分青红皂白地起哄，导致指责谩骂声一片，对执法人员和城管部门造成不良影响。随着城管暴力执法的新闻屡见报端，加上网络时代的信息飞速传播和恣意渲染，社会舆论常常一边倒地偏向群众，使城管处于风口浪尖。长此以往，城管成为众矢之的，城管形象被污名化、妖魔化，有人称其为“地方政府的打手”，或者戏称其为可以“收复钓鱼岛”的队伍，等等。同时，在生活中，城管因为其职业而遭遇“相亲难”的现象并不鲜见。例如，2011 年在国内知名相亲节目“非诚勿扰”上，曾有一名四川城管队长参加相亲，却遭到现场 24 位女嘉宾的集体灭灯，[③] 其中主要原因就是他的职业。不仅男城管相亲不顺利，就连女城管相亲也频频遭拒。此外，家庭成员对城管的偏见也很严重，例如，2008 年 12 月 16 日《长江商报》报道，武汉市 10 岁的小强说他自己“长大了死活也不会当城管，我也不会再告诉别

---

① 《沈阳中院解释夏俊峰杀人行为是否构成正当防卫》，人民网，2013 年 9 月，（http：//c. 360webcache. com）。

② 王小畅：《海口城管执法遭遇暴力抗法队员被热油泼脸》，广西新闻网，2015 年 1 月（http：//www. gxnews. com. cn）。

③ 徐乐静：《城管形象几多愁：相亲遭拒绝魅力不及“屌丝”》，中国新闻网，2013 年 5 月（http：//c. 360webcache. com）。

人我爸爸是城管”，原因是“爸爸是城管，同学们都瞧不起我”。[①] 显然，如今城管已经与公务化暴力、与在街头和小贩打游击战联系在一起，百姓对城管工作的社会认同度很低。

（四）城管群体的自身弱势感强

在城管与小贩之间旷日持久的“猫鼠游戏”中，商贩们一直被理所当然地当作弱势群体，出人意料的是，一向强势的城管执法人员自身也有相当强烈的弱势感，真可谓两败俱伤，双方都喊冤枉。例如，2009 年 6 月 19 日，《南方都市报》上的一则“这个世界真疯狂，济源城管也上访”的消息吸引了大量评论和关注。从照片上可以看到，几十名身穿城管制服的人在河南济源市第一行政区大门口“散步”，并拉起横幅“我要生存、还我尊严”。据后续调查报道，原因是城管队员觉得自己工资低、劳动时间长、心理压力大、不被执法对象理解和尊重。事实上，城管的说辞并不全是空穴来风。他们的执法环境不好，连人身安全都没有保障，从海口城管装备卫星定位系统，到广州城管的防刺背心、头盔、防割手套以及防暴盾牌就可见一斑；他们全年基本无休，最忙的时候“白加黑，五加二”；城管心中有不少委屈，因为他们的工作量很大，群众熟悉的与小商小贩相关的执法工作不足他们日常工作的五分之一，却带来了太多的误解和谴责。尽管大部分城管队员工作努力并且文明执法，可由于少部分队友的乱作为，导致整个群体落到“人人喊打”甚至取缔呼声四起的地步，难免怨气横生。

三　城管困境的产生根源

城管和摊贩之间的矛盾由来已久，城管执法很多时候只是解决了表面问题，那就是“城管来摊贩跑，城管走摊贩来”；有时候矛盾升级甚至演变成“你不让我生活，我就不让你好过”的殊死搏斗。究竟为什么城管无法从根本上做到规范执法、有效执法并引导摊贩也合法经营呢？这既有体制方面的原因，也有执法理念、执法队伍、执法手段等方面的问题。

---

① 《因为爸爸是城管，武汉一个 10 岁男孩遭同学嘲笑》，《长江商报》2008 年 12 月 16 日。

（一）体制固有缺陷

1. 无统一主管部门

新中国成立之初，国家开始认识到城市建设的重要性时，号召大家“人民的城市人民建”。由于当时低估了城市管理的复杂性，在重视程度上不够高，在人力物力投入方面不够到位，就连统一的机构也没有设立，也就是在中央层面一直没有确定一个部门来承担城市管理的职能。不仅国家无部委，省里也无直管厅局，或者说城管这个系统缺乏省级以上统一的行业主管部门。[①] 这种重建设轻管理的做法，导致在城市长期存在管理“散、乱、缺”的痼疾，被批评为“人民的城市无人管”。因为在国家层面上没有与地方城管部门对接的机构，各地自行其是，模式不一，各地方城管综合执法队伍的管理体制、人员身份、机构性质、着装标识等没有统一标准，直接影响了队伍形象。因为没有上级主管部门，各地城管的职能没有统一规定，管理内容由领导决定，凡是城市中那些执法有难度且利益不多的事项都划归城管部门，导致城管的工作内容又多又杂，简直成了一个“万能”的部门。因为没有中央级主管部门，各地方在业务交流、法律咨询、职工培训、信息提供等方面存在诸多障碍。

2. 任务太多太杂

城管部门刚设立时，任务比较少，因为原先那些职能部门都不愿意轻易放弃街头执法权，地方政府只好出台专门文件要求相关职能部门让出一部分管理职能和执法事项给城管部门。后来，当那些职能部门发现有些街头执法权不仅执法难度大而且基本无利可图时，便开始很乐意很主动地让权给城管部门，于是，城管部门的执法事项越来越多，执法任务越来越重。城管队伍在组建之初负责七八个方面的工作，如今城管的职责范围只能用“7 + X”来表述，7 是各个城市的共性职能，比如城市规划、环境卫生、违建拆除、道路交通、无照商贩管理等，X 是各个地方根据本地实际需要增设的管理项目，有的地方的城管部门管理 200 多个事项，最多的城市达 300 多项。[②]

---

① 郑春平：《江苏代表建议成立“国家城管局”》，《现代快报》2014 年 3 月 4 日。

② 莫于川：《从城市管理走向城市治理：完善城管综合执法体制的路径选择》，《哈尔滨工业大学学报》（社会科学版）2013 年第 11 期。

3. 权力缺乏约束

城管被赋予了如此多的行政处罚权，却没有约束它可能滥权的制度设计，因为城管从诞生至今快20年了，国家仍然没有一部城市管理综合执法的专门法律，对城管权力的制约仅限于一些地方规范性文件中的有关文明执法的规定，这些不具有法律约束力的文件对城管没有威慑力，其结果是民权无保障、公权力被滥用甚至释放出暴力的因子。

（二）合法性“先天不足”

由于城管部门的执法合法性不足以服众，导致被执法对象对城管执法不认同、不敬畏、不合作。

1. 执法主体资格受质疑

行使政府权力的机构，其成立需要经过全国人大的立法程序，而城管缺少这个程序，它的成立只是依据国务院的有关文件。同时，《行政处罚法》第16条规定，“可以决定一个行政机关行使有关行政机关的行政处罚权”，从规定可以看出，行使行政处罚权的只能是“行政机关”，然而，一些县、市、区的城管部门并不是行政机关，有的是事业单位，有的甚至是临时机构。产生程序和机构性质确实是城管无法回避而频遭诟病的问题。

2. 执法依据欠权威

城管机构的主要执法依据是《行政处罚法》第16条规定：“国务院或者国务院授权的省、自治区、直辖市人民政府可以决定一个行政机关行使有关行政机关的行政处罚权，但是限制人身自由的行政处罚权只能由公安机关行使。”除此之外，就是来自国务院法制办对各地开展试点工作的批复文件以及对原本授予工商、卫生、交通、规划、园林、环保等部门执行的法律条文汇编。或者说，以前街头执法的行政处罚权是分配给原先那七个“大盖帽”的，城管部门成立后，虽然集中了行政处罚权，但是立法机关没有同步跟进，没有为城管执法制定相应的法律、法规。尽管少数省市近年来出台了相关法规，但其科学性、有效性、严谨性、逻辑性和前瞻性，还不容乐观，有待检验，致使城管部门多年来只能代别人执法、“借法执法”。

正是由于城管执法的涉及领域多、权属分散、主体资格和执法依据没有底气，所以一旦出现问题，众多职能部门就把城管推上第一线，这使城管常常站在公众和舆论指责的风口浪尖，[①] 成为职能部门推卸责任的挡箭牌。

（三）执法手段不规范

随着城镇化进程的加快，城市治理的对象、内容和范围都在不断变化和延伸，相应地，城市治理的手段也需要与时俱进，不断完善和规范，以确保执法工作的严肃性和有效性。然而，事与愿违，城管不文明执法的现象随处可见。

一是忽视执法程序。执法过程中，一些城管执法人员不是首先按照执法程序去表明合法身份、说明行政处理的原因和依据，告知行政相对人的申告权利和救济渠道，而是直接拿走被执法对象的财物，并让对方去城管部门接受处罚。

二是随意处理罚没款物。一些城管执法人员在处理罚没款物方面违规严重，显得太随意。比如，对本来不应该被查封、扣押的财物予以查封、扣押；查封、扣押财物时，没有按规定当场出具扣押清单和罚款收据；对查封或扣押的财物处理时间不及时、处理方式不恰当，给执法相对人造成损失。

三是乱收费乱罚款。按照国家相关立法，行政执法实行"收支两条线"，其罚没收入全部上缴，行政支出由财政全额拨付。作为国家的行政执法机构，城管部门理应和其他执法机构一样属于财政全额拨款，可由于受限于经济水平，一些地方的城管执法经费得不到保障，为了生存和维持正常运转，其便通过以费代罚、创收补费、罚没提成等手段来弥补经费缺口，[②]，最终导致执法动机不纯、执法手段拙劣，严重影响执法队伍的形象。

上述不规范执法行为，容易让商贩心生不满，一旦情绪控制不好或者有肢体接触，必然导致矛盾升级。

（四）队伍素质良莠不齐

处罚权是行政权中最严厉、相对方最不愿意接受、最容易引发冲突的

---

① 陈雪林：《城管暴力执法原因探析》，《现代商贸工业》2012 年第 18 期。

② 刘文静：《中国城市管理行政执法面临的七大困境》，新华网，2007 年 5 月 17 日，（http：//news. xinhuanet. com）。

一项权力，因此，它需要谨慎为之，当然这也给执法主体提出了很高的素质要求。只有当执法人员对工商、环境、园林、卫生、规划、交通等多个领域的行政管理专业知识和法律知识都十分熟悉和精通时，他做出的处罚决定才能正确且被相对方所接受。

国务院文件再三强调“集中行使行政处罚权的行政机关的执法人员必须是公务员”，但事实上，除北京等少数城市之外，多数地方都达不到这一要求。可以说，在城管执法一线的人员中，基本上都不是公务员。许多地方，因为人手不够、编制紧缺和经费无保障，只能从社会闲散人员中招收大量编外“协管人员”。这些“协管人员”或者说“临时工”的文化素质不高、法律意识不强、上岗前的专业技能培训缺乏、对“依法治国”理念理解不透彻，加上“官本位”思想作祟，导致他们穿着制服、坐着执法车却做着“执法犯法”的事情。

执法队伍中混编混员共同上岗、整体素质参差不齐是城管机构的通病。由于“临时工”的流动性大，出现问题后难以追责，所以经常成为城管事故的“替罪羊”。多起事件已经证明，城管队伍的进入门槛太低，素质良莠不齐，少数执法人员浑水摸鱼、滥竽充数、玩忽职守，已经让整个城管执法的队伍名誉受损。

（五）媒体污名化推波助澜

所谓“污名化”，是指个体或群体被社会贴上含有贬义、侮辱性的标签，致使被贴标签者的名誉受损、社会地位被贬低，乃至遭受社会歧视和排斥。一些媒体在报道与城管有关的负面新闻时，缺乏职业操守，为了吸引大众眼球，追求点击率、收视率，不是全面而客观地报道事实真相，而是有选择性地报道、片面报道，有意无意地放大、缩小甚至过滤一些真实信息，并在语言上使用贬义词、敏感词，暗示和误导受众。有的媒体还歪曲事实，对城管工作进行恶意炒作；还有的媒体置社会责任感于不顾，随意跟风报道，甚至以讹传讹，严重偏离城管执法活动的真实性。

城管的执法活动，除了有可能引起现场市民围观之外，还会通过网络传播引起网民围观。有的城管活动也许不是什么严重冲突，但经过媒体在网络上渲染后，在网民们的猎奇心理、打抱不平和从众心理影响下，会迅速扩散、发酵、爆发，最后演变为群体性事件。久而久之，网民和公众就形成心理定式，对城管形成“暴力执法者”的刻板印象，并产生不信任感甚至厌恶感。这种污名化对城管执法人员个体不公，对整个执法队伍也不利，还可能影响社会和谐与稳定。

四　城管暴力执法的危害

在商贩们的生存权与城管执法权的博弈过程中，不仅没有赢家，而且对法律权威、政府形象、社会秩序等方面都带来了负面影响。

（一）挑战法律权威

城管以罚代管，乱管乱罚，违规收取“保护费”、“管理费”，私自处理没收财物的现象越来越多，并且暴力化倾向越来越严重，这些不法行为是将权力凌驾于法律之上的体现。俗话说“赤脚的不怕穿鞋的”，面对违规执法、暴力执法，许多群众在基本生计难以为继的情况下，只好采取以暴制暴的方式予以还击。无论是违规执法还是权力寻租，无论是暴力执法还是暴力抗法，都是无视法律尊严的表现，必将挑战甚至践踏法律权威。

（二）损害政府形象

城管本是法规的捍卫者，是国家和城市的执法者，但一些素质低下的城管在执法过程中的执法理念和执法方式于情不许、于理不合、于法不容，粗暴执法所产生的负面影响，作为一种政治后果往往需要政府来承担。也就是说，除执法对象之外，政府也是城管违规执法和暴力执法的受害者。因为城管执法人员在矛盾和冲突当中看似高高在上、耀武扬威，作为施害一方，其行为对自身并不会造成很大危害，但其执法行为不是个人行为而是职务行为，他们是公权力和公信力的代表，其野蛮执法必然损害政府形象。

（三）破坏百姓生存权

城管的执法对象通常是无力支付城市高额生活成本而又不得不在城市寻找出路的社会弱势群体，他们因为难以找到更好的就业门路或经济拮据而被迫摆地摊，尽管他们的存在与整洁有序的街道、光洁明亮的高楼大厦有些不协调，并对城市秩序有一定影响，但他们主观上并没有触犯法律的故意，其目的只是养家糊口。他们靠自己的双手和辛勤劳动维持生计，这是他们的谋生方式和最基本的生存权，不应该成为被取缔、处罚、驱赶的理由。一旦他们赖以生存的生产工具或产品被没收，他们微薄的收入被罚没，就等于断送了他们在城市谋生的出路，其直接后果就是破坏了他们最起码的生存权。

（四）引发群体性事件

目前，城管与商贩在街头追逐、互殴的冲突已经达到白热化的程度，有的地方甚至因此演化为群体性事件，严重到不得不出动防暴警察才能平息事态的地步，更严重的是，集体性对抗已经不是偶发事件而是在呈燎原之势。例如，2007 年 6 月 6 日晚上，河南郑州因城管打落摆摊女生的门牙，导致一千多名学生包围城管、焚烧车辆；[①] 2007 年 6 月 14 日晚，兰州几百市民围堵执法车 4 个多小时，原因是不满城管粗暴执法；[②] 2010 年 3 月 26 日晚，昆明市北市区北仓村农贸市场，城管故意刁难下跪老太太并掀翻人力车致其重伤，激起民愤，群众将换装成民用车辆前来处置的各型警车共 7 辆掀翻，从而酿成大规模群体流血事件；[③] 2014 年 4 月 19 日上午 8 时 30 分至当晚 20 时，5 名温州苍南县灵溪镇城管与拍照劝阻暴力执法者发生争执，最后演化为波及全县的群体事件。[④] 城管暴力执法已经成为当今中国群体性事件的一个“导火索”抑或是“火药桶”。

（五）增加城市治理成本

在城管执法过程中，为了防止暴力抗法，有些地方不仅大量增加协警，还将城管执法人员全副武装，比如上海为城管人员配备钢铁头盔、防刺背心、防割手套和反光背心等，上海、北京等地的城管甚至还在监视“无证商贩”时装上了监控设备。在与商贩的冲突中，有的执法车辆被砸坏或者烧毁，执法人员或者执法相对人受伤需要治疗甚至死亡需要赔偿；有的纠纷还需要通过打官司来处理……无论是增加人员、增加装备，还是

① 何兵：《城管追逐与摊贩抵抗：摊贩管理中的利益冲突与法律调整》，《中国法学》2008 年第 5 期。

② 《上百市民围堵暴力执法城管 4 小时》，《扬州时报》2007 年 6 月 18 日。

③ 肖旭：《切莫把群众当成“麻烦制造者”》，荆楚网，2011 年 1 月，（http：//c.360 webcache.com）。

④ 《浙江苍南抓 10 余名涉围攻城管者媒体还原事件》，《新京报》2014 年 4 月 21 日。

损坏装备、诉诸法律，这些都额外增加了城市治理成本，最终加重了纳税人的负担。

五　城管执法走出困境的思路

从全国各地城管改革的探索实践来看，虽然有多种模式，但也各有利弊，并且在某个地方取得成功的模式，也许在其他地方“水土不服”。无论如何改革，笔者认为，要真正扭转城管执法的现实困境，执法体制、执法理念、执法手段、队伍素质、弱势群体生存权几个方面的改善是绕不开和回避不了的。

（一）改革执法体制

党的十八届三中全会通过的《关于全面深化改革若干问题的决定》，强调要深化行政执法体制改革。作为几乎所有行政管理和行政执法领域中唯一没有中央部委分管、中央与地方行政管理脱节的领域，城管系统的行政执法体制改革，当务之急是指定一个中央部委负责指导和协调城管工作。横向上，通过整合执法主体、相对集中执法权和明晰权责配置，从根本上解决权责交叉、多头执法问题，实现城管执法权责统一、权威高效的目标；纵向上，通过科学配置执法力量、规范裁量行为、强化程序约束、严格责任追究、推进执法重心下移，促进执法行为的文明、规范。一言以蔽之，只有改革执法体制，才能规避各地城管当前出现的各自为政、各行其是的混乱状态，让城管工作走向统一、标准。

（二）转变执法理念

在城市治理中，执法理念决定执法行为和效果。城管执法冲突不断，归根结底还是由于公共服务不能满足人民群众的需求所引起的。过去，受传统“官本位”思想的影响，城管执法遵循的是管制理念。因为重管制轻服务，所以态度强硬、行为粗暴，几乎没有考虑如何提供服务，理所当然地会引起执法相对人反感和抵制。在推进社会治理现代化的当下，城管执法者从思想上要与被管理者换位思考，执法理念上应该由“管制”转向“疏导”和“服务”，执法身份上应该从管理者向服务者转变，执法方式上提倡人性化执法，时刻牢记“己所不欲勿施于人”。也就是说，城管执法要以服务人民为前提，变被动管理为主动服务，变末端执法为源头服务，变被动配合为自发维护；要为了人民管理城市，而不是为了城市而管理人民；在治理城市时，要充分考虑执法相对人的生存需求，多给予他们生存空间，为他们提供低税和免税经营场所，并依法将其纳入统一的规范管理，在提供服务的过程中引导有序经营。

（三）创新执法方式

要破解城管的执法困境，必须在坚决取缔违规违法行为的同时，改革传统执法手段，探索社会治理新路，采取管理者与被管理者都认同的执法方式。

在行政执法中不断加强公众参与的深度，对一些敏感问题或涉及范围广的行政处罚事项，应举行听证会，让相关人员共同商讨办法，通过公众与执法人员的平等对话，通过政府放权于民和还权于民，发挥公众在城市治理中的作用，营造“城市共管、和谐共治”的局面。

程序合法性是城管执法人员能否顺利执法的关键。城管执法机关在做出处罚决定之前，应当主动告知对方关于处罚的理由、依据，并给予其申辩的机会，对合理的意见和要求，应当采纳。

城管执法结果要公开透明。应该定期定点公示处罚对象、处罚原因、处罚依据、处罚结果以及没收款物的去向，这样既有助于受罚人知晓受罚原因，也有利于群众监督。

要让公众参与制定城市治理政策。城市治理政策不能完全由城市治理者单方面来制定，只有让公众在政策制定阶段参与进来，出台的政策才能体现民意，才会符合群众心声，才能保障公民的知情权、参与权和监督权，从而得到群众拥护和执行。否则那些只考虑城市“面子”问题而不考虑群众生存“里子”问题的政策，带来的结果必定是不满和冲突。

（四）提高队伍素质

把好城管执法人员招录入口关，防止有劣迹的人进入队伍。按照择优录取的原则举行公开的招录考试，严格报名资格，提高录用门槛，增加法学和管理学专业人才的录用人数。

注重对新聘用人员的教育培训。一要加强对城管执法人员行为规范的培训，根据工作内容、职业特点、现实需要，创新培训方式，提升执法人员的职业道德和行政道德；二要有针对性地开展党政方针、法律法规等方面的培训，提高城管执法人员的思想觉悟、宗旨意识和业务水平；三要强化“以人为本”、“为民服务”的意识，提升执法人员规范执法、文明执法的职业素养。

把好城管执法人员的出口关。改变只进不出的观念，通过科学有效的考核机制，让不规范执法和有劣迹的人离开，建立一支素质精良的城管执法队伍，保证执法主体的纯洁性。

（五）尊重民众生存权

摆摊设点是人们谋生的一项基本权利，商贩们和城管玩“猫鼠游戏”是生活所迫和无奈之举。同时，商贩的存在一定程度上起到了繁荣市场、便利生活、增加就业等作用，不能因为其无组织、侵占道路、破坏环境卫生、影响城市外观而遭到打压。所以，城市治理应该以一种宽容、关爱的心态，在实现自己的行政目的的同时，选择一条对行政相对人伤害最少的路径，也就是说在满足城市治理秩序的要求时，首先要考虑弱势群体的利益和生存需求。为此，一要划定专门的商贩活动区域，给予商贩交易空间，以减少他们与城管对抗的几率和风险；二要在人流量大的商贩经常出入的地方，规定相对固定的时间，允许在特定时间段内自由交易，这样既方便了市民也照顾了商贩的生意；三是在居民区附近，政府投资修建一些专门供小商贩做生意的便宜摊位或者公益性市场，免费提供或者低价出租给商贩，并以优惠条件吸引入驻。

西安市"社会和谐度"研究

张永春[*]等

从社会学角度定义，和谐社会是社会系统各个部分、各种要素相互配合与良性运行的社会，是社会要素的功能处于最大优化状态的社会，是人们的幸福感很强与和谐度很高相结合的社会。它具体包含以下四方面的内容：个人身心的和谐；家庭的和谐；社会各系统、各阶层之间的和谐；个人、社会与自然环境之间的和谐。依据以上对和谐社会的定义，和谐社会的理想目标是社会主义民主得到充分发扬，依法治国基本方略得到切实落实；各方面积极性得到广泛调动，社会各方面的利益关系得到协调，人民内部矛盾和其他社会矛盾得到正确处理；社会公平正义得到切实维护和实现；全社会互帮互助，诚实守信，全体人民平等友爱、融洽相处；创新原则得到尊重，创新活动得到支持；社会组织机制健全，社会管理完善，社会秩序良好，人民安居乐业，社会安定团结；经济发达，文化繁荣，生活富裕，生态良好，真正实现各方面全面协调可持续的科学发展。

课题的理论价值是主要采用了社会学最基础、最重要的掌握第一手资料的抽样调查问卷法，从社会学这个角度对社会和谐度进行深入研究，丰富社会和谐度的相关理论，为今后城市间社会和谐度的比较提供理论和方法。课题的实践价值是运用定性和定量的方法，为西安构建具有历史文化特色的国际化大都市提供理论和实践支持，为西安建设和谐社会提供一个比较科学的量化评估思路，包括社会和谐的实践标准和可以度量的评价体系，依据评价分析，反映、发现和揭示社会和谐的现状和问题，提出有针对性的建议和对策，为西安市委市政府提供决策参考。

---

* 张永春，西安市社会科学院。

一　西安市社会和谐度的问卷调查和统计

课题组于 2015 年 8 月在西安市向十大社会阶层发放了调查问卷 300 份，回收 248 份，有效问卷 248 份，全部采用的是在一个问题的几个答案中只能单选一个的回答方式。由于调查问卷是通过部分单位组织和亲朋好友社会网发放回收，所以置信度在 95%。具体调查数据和统计结果详见本课题的相关部分。

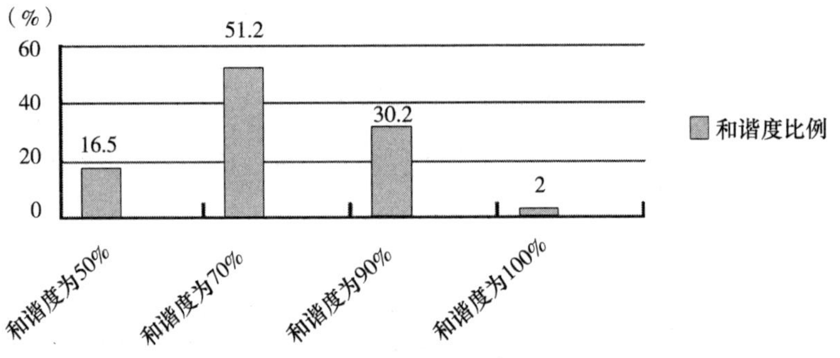

图 1　2014 年西安市社会和谐度认同比例分布

图 1 显示，在调查对象中，51.2% 的人认为，目前西安的社会和谐度为 70%，这是比例最高、意见最集中的选项。70% 的社会和谐度与人们凭直觉感觉到应该有更高的和谐度还是有一定差距，说明我们还需要多管齐下，多措并举，大力提高社会和谐度。

问卷调查显示，关于社会不和谐的关键问题的排序，第一位是创业就业难，第二位是社会保障低，第三位是卫生看病贵，第四位是教育入学难，第五位是上访闹事多（见图 2）。

课题组调查问卷关于对社会安全满意度的调查，从图 3 中可以看出，79.4% 的人选择了满意度在 70% 以下，选择比例较高，说明公众对诈骗、盗窃、抢劫、暴恐、杀人放火等不安全现象深恶痛绝，强烈希望提高社会安全水平。

课题组调查问卷提问关于社会不和谐的关键原因有哪些？从图 4 中可以看出，多数公众选择了与公共利益有关的人治强、法治弱和社会治理水平低，而不是选择了与自身利益相关的收入分配少。这说明公众的法治意识在增强，参与社会管理意识在增强，城市主人翁意识在增强。

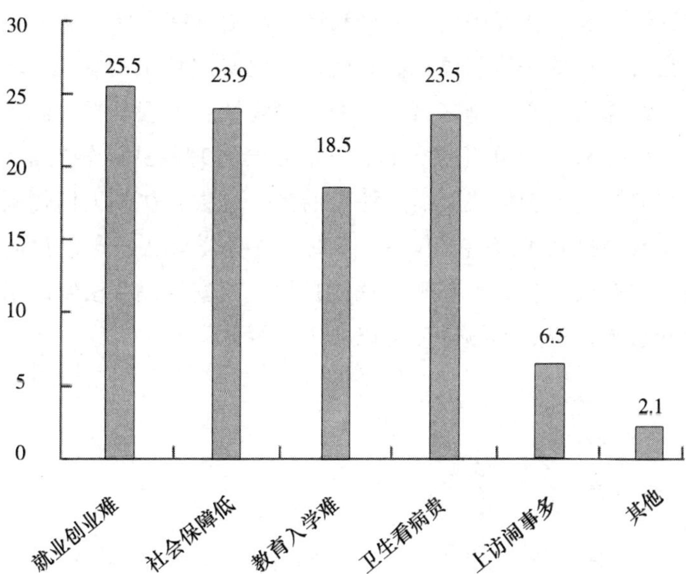

图 2　认为社会不和谐关键问题比例分布

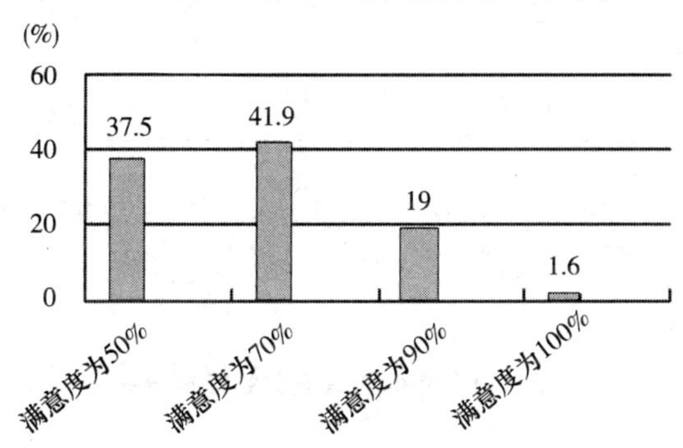

图 3　对社会安全满意度分布

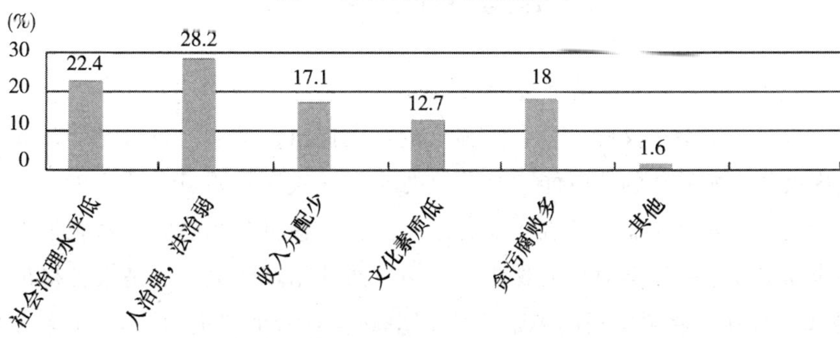

图 4　认为社会不和谐的关键原因分布

课题组调查问卷提问提高社会和谐度的措施有哪些，从图5中可以看出，排在第一位的是强化民主法制建设，说明“依法治国”、“依法治市”的理念已经深入人心。排在第二位的是提高社会治理水平，说明不少公众已经开始接受从过去单向的自上而下的社会管理模式，转向了双向互动、多方参与的社会治理模式。需要注意的是，过去往往被人们强调最多的增加财政收入却排在了最后，仅占6.5%，说明公众已经意识到提高社会和谐度要标本兼治，首先要抓本，这就是健全西安的民主法制的制度、提高社会治理水平，资金问题随后可以迎刃而解。

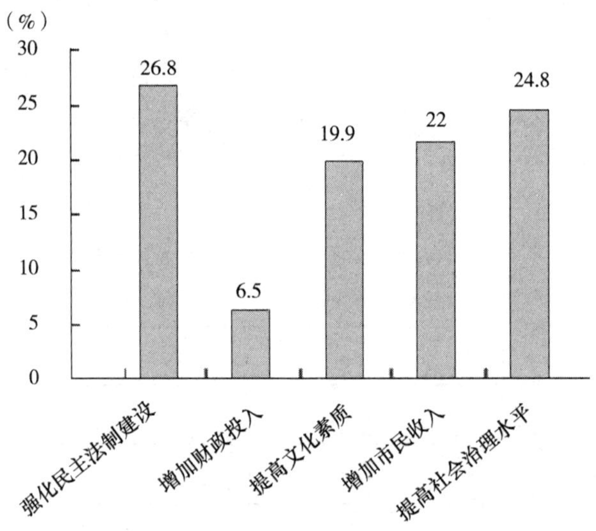

图5　提高社会和谐度关键措施分布

二　课题的相关理论支撑

（一）社会主义和谐社会理论

构建“社会主义和谐社会”概念的首次提出，是十六届四中全会《中共中央关于加强党的执政能力建设的决定》，《决定》将其正式列为中国共产党全面提高执政能力的五大能力之一。这一思想在此前的十六大报告论述全面建设小康社会时已有体现，其中有两处比较明显：一是报告提出的到2020年中国将要实现的小康社会比2000年有六个“更加”，其中第五个“更加”就是“社会更加和谐”；二是报告第二部分论述“三个代表”重要思想时提出，随着改革的深入，我们要努力建立起“各尽所能，各得其所，和谐相处”的社会关系。2005 年 6 月 26 日，在省部级主要领导干部“提高构建社会主义和谐社会能力”专题研讨班开班式上，胡锦涛同志明确指出，我们要建设的社会主义和谐社会，应该是民主法治、公平正义、诚信友爱、充满活力、安定有序、人与自然和谐相处的社会。这六条就是社会主义和谐社会的六个基本特征。此后中国关于和谐社会的理论专著如雨后春笋。2006 年 10 月 11 日中国共产党第十六届中央委员会第六次全体会议通过了《中共中央关于构建社会主义和谐社会若干重大问题的决定》。《决定》的出台标志着中国社会主义和谐社会理论体系的形成和成熟。

（二）社会和谐度理论

朱庆芳在 2005 年 6 月 23 日的《社会科学报》上撰文指出：为了分析改革开放以来中国社会的和谐度，我们选择了 38 个重要指标组成指标体系，它包括社会结构、人口素质、经济效益、生活质量、社会秩序、社会稳定 6 个子系统。1979—2003 年的 25 年间，各子系统指数变化最快的是生活质量，年递增 6.0%；其次是人口素质，为 5.8%；经济效益和社会结构指数分别递增 5.4% 和 3.9%。然而，社会秩序和社会稳定指数却出现负增长。社会秩序指数 25 年年均递减 2.0%。其中，每万人口刑事案件立案率从 1978 年的 5.5 件上升为 2003 年的 34.1 件，按逆指标计算，年均递减 7.0%。

和谐理论是西安交通大学管理学院的席酉民教授于 1987 年提出的一种管理理论，他在 1989 年出版了《和谐理论》一书。和谐理论是建立在系统理论与系统分析的框架之上的，其理论的核心基础是，任何系统之间及系统内部的各种要素都是相关的，且存在一种系统目的意义下的和谐机制。和谐机制在最大程度上与效率是一致的。在现实生活中，不和谐态的存在是绝对的，而和谐则是相对的，和谐管理的目的是使系统由不和谐逐步趋近和谐的状态。和谐理论的阐述是从系统的负效应开始的。和谐理论认为，和谐是一个综合的系统状态，系统的负效应。因此，可以分为要素性负效应、构成性负效应、组织性负效应、精神性负效应、内外失调性负效应和总体负效应六个层次上的影响。与之相对应，一个系统在要素、构成、组织、精神、内外协调以及总体结构等方面都存在和谐问题，和谐管理的基本思想就是如何在各个子系统中形成一种和谐状态，从而达到整体和谐的目的。基于上述思想，和谐理论提出了两轨、两场的概念模型，两轨即系统的组织手段和社会的法律制度，它是系统成员的行为边界，具有一定强制性的约束力。这是一种有形的约束。两场即“协同力场”和“促协力场”，协同力场是由组织机能、人的精神、道德、行为习惯和系统文化等构成的一种无形的内部环境；而促协力场是对协同力场产生影响的系统外部环境，是一种无形的规范。对应于和谐的机制，系统的优化便可以从以下五个方面入手：（1）根据系统生存的根本目的、资源、人力及其他条件确定合理的组成要素及构成方式，并使之相互协调；（2）根据系统发展目标、构成，确定合理的功能及实现功能的最佳组织结构和硬性的控制机制，使系统有效发展，达到组织和谐；（3）根据系统使命、目标、构成、功能、结构、素质等形成与之相适应的系统精神和文化（即协同力场），达到内部环境和谐；（4）根据系统的根本目的和外部的发展变化，形成系统充分利用促协力场的促进作用和保持与外部环境相适应的机制，达到外部和谐；（5）综合上述过程，使系统总体达到和谐状态，实现总体和谐。

（三）新公共管理理论

公众满意度评价来自 20 世纪 80 年代兴起的新公共管理运动，它倡导“行政就是服务，公众就是顾客”的顾客导向思想，“顾客至上”作为公共部门存在的核心价值理念得以确认。公共服务满意度就是指公众对公共服务的绩效（效果）的感知与他们的期望值相比较后形成的一种失望或愉快的感觉程度的大小。公众满意的程度，取决于公众接受某项产品或服务后的感知与公众在接受之前的期望相比较后的体验，比值越大，公众越满意，即公众满意度越高。可用一个简单的函数来描述公众满意度：$PSI = q/e$；其中 PSI 表示公众满意度，q 表示公众对服务的感知，e 表示公众的期望值。PSI 的数值越大，表示公众满意度越高，反之，表示公众满意度越低。当 $PSI > 1$ 时，说明公众满意度很高，表明政府行为超出了公众的期望，此种情况下，公众会对政府表现出高度的信任和忠诚，甚至产生一些依赖；当 $PSI = 1$ 时，说明公众满意度较高，表明公共服务的效果恰好吻合公众的期望，此种情况下，公众会对政府表现出应有的热情和信任；当 $PSI < 1$ 时，说明公众满意度很低，表明公共服务的效果低于公众的期望，此种情况下，公众会对政府表现出抱怨、冷漠、不满和不信任。

学者盛明科和刘贵忠在《政府服务的公众满意度测评模型和方法研究》一文中，对清华大学提出的 CCSI 模型进行修正，提出了适合中国国情的公共服务满意度测评（China Public Satisfaction hidex，CPSI）模型（见图 6）。

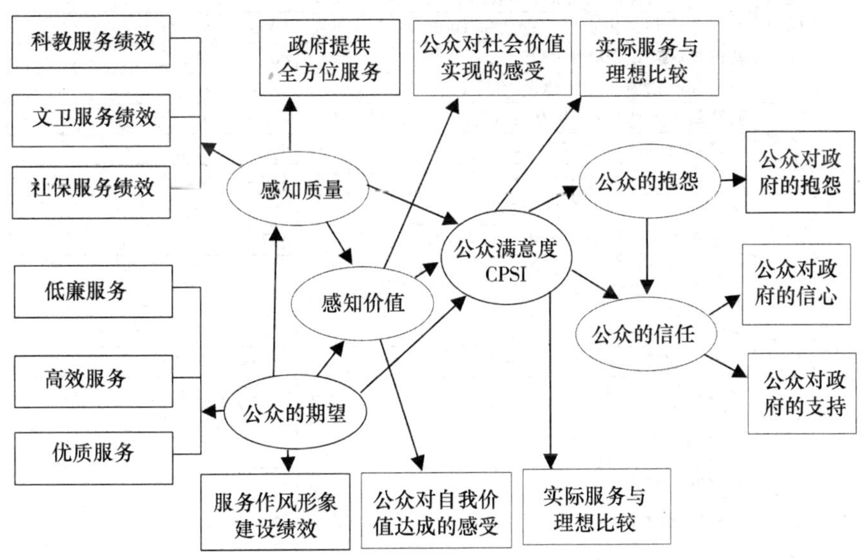

图 6　中国政府服务的公众满意度测评模型（CPSI）

三　西安社会和谐度指标体系评估

为了评估西安 2014 年的社会和谐度，课题组根据问卷调查的第一手资料，运用自身多年研究的成果，结合国内已有相关研究成果，提出了 36 个重要指标组成的“西安社会和谐度指标体系”（见表 1），其中 10 个黑体字都是过去指标体系中没有的，是课题组新提出的指标。指标体系按百分制计算，随着经济和社会的发展，指标可以适当提高或者降低。我们能够据此计算西安今后每一年的社会和谐度。资料来源是 2015 年西安市政府工作报告和 2014 年西安经济和社会发展统计公报，资料具有准确性、权威性、法定性。

表 1　　　　　　　　　　**西安社会和谐度评价指标体系**

一级指标	二级指标	三级指标	所占分数	2014 年西安数据和得分
社会总和谐度	财政投入民生	一般公共预算支出用于民生 80% 以上	4 分	81.7%，得 4 分
		新增财力用于民生 80% 以上	4 分	83.9%，得 4 分
		城镇化率 70% 以上	3 分	72.6%，得 3 分
		城乡居民医保财政补助标准每人 300 元以上	2 分	350 元，得 2 分
		西安“十项惠民实事”落实率 100%	4 分	100%，得 4 分
		城市社区建设 700 个以上	2 分	806 个，得 2 分
		农村片区化中心社区建设 40 个以上	2 分	49 个，得 2 分
	就业创业	城镇新增就业人口 10 万人以上	4 分	13.16 万人，得 4 分
		转移农村劳动力 90 万人以上	4 分	95.3 万人，得 4 分
		城镇登记失业率低于 4%	2 分	3.4%，得 2 分
	社会保障	城镇职工养老保险参保 260 万人以上	3 分	284.5 万人，得 3 分
		城镇职工医疗保险参保 400 万人以上	3 分	417.7 万人，得 3 分
		失业保险参保 150 万人以上	2 分	149.41 万人，无分
		工伤保险参保 140 万人以上	2 分	142.8 万人，得 2 分
		生育保险参保 100 万人以上	2 分	98.72 万人，无分
		城镇基本医疗保险参保率 97%	2 分	98.5%，得 2 分
		新农合参合率 98%	2 分	99.2%，得 2 分
		养老床位 3 万张以上	2 分	3.2 万张，得 2 分
		实现脱贫 13 万人以上	4 分	14.9 万人，得 4 分
		城市低保对象 7 万人以下	2 分	7.5 万人，无分
		农村低保对象 15 万人	2 分	15.2 万人，无分
	教育事业	小学学龄人口入学率 99%	3 分	99.98%，得 3 分
		初中学龄人口入学率 99%	3 分	99.80%，得 3 分
	卫生事业	医院、卫生院 350 个以上	3 分	381 个，得 3 分
		各类卫生技术人员 7 万人以上	3 分	7.60 万人，得 3 分
		卫生机构床位 5 万张以上	2 分	5.11 万张，得 2 分
	收入分配	城镇居民年人均可支配收入增长 8% 以上	3 分	9.1%，得 3 分
		农村居民年人均纯收入增长 10% 以上	3 分	11.1%，得 3 分
		城乡居民收入比 2.5 ∶ 1	3 分	2.5∶1，得 3 分
	社会安全	警务站投入使用 60 个以上	3 分	68 个，得 3 分
		“平安西安”建设	3 分	完善了“四位一体”反恐工作机制，得 3 分
		全年刑事案件数低于 6 万件	3 分	75000 余件，无分
		信访化解率比上年提高 5%	2 分	提高 9%，得 2 分
	社会和谐满意率	公众对社会和谐度的认同在 80% 以上	4 分	83.4%（按照调查问卷后 3 项累计），得 4 分
		外地人对西安社会和谐的评价	2 分	入选“年度国际游客满意度最高中国旅游城市”，再次荣获“最佳国内旅游城市奖”，得 2 分
		幸福感	3 分	连续三年荣获“中国最具幸福感城市”称号，得 3 分
		总计分数		89 分

四 西安社会和谐度的现状评估

（一）西安市 2014—2015 年社会和谐度的正效应

截至 2014 年 12 月，西安着力改善民生，促进社会公平。全市一般公共预算支出的 81.7% 和新增财力的 83.9% 用于民生，总计达到 669.4 亿元，增长 15.2%，广大群众从改革发展中得到了越来越多的实惠。城镇登记失业率 3.4%，物价上涨 1.4%，明显低于控制目标。缓堵保畅三年行动圆满“收官”，群众满意率达到 84.1%。城乡居民收入分别达到 36100 元和 14462 元，分别增长 9.1% 和 11.9%。出台改善城区困难群众生活“22 条措施”，使 23.5 万困难群众受益。完成了 3.2 万移民搬迁和 21.3 万农村人口饮水安全任务，14.9 万人实现脱贫。以“十项惠民实事”为抓手，大力实施民生工程。全年城镇新增就业 13.2 万人，转移农村劳动力 95.3 万人。新开工保障性安居工程 10.3 万套，提供房源 4.4 万套，改造农村危房 1.1 万户。完成了 27 个城棚改项目征收任务，回迁安置群众 3.9 万人。深入治理“餐桌污染”，改造提升“小餐饮”1.4 万户，创建放心食品点、蔬菜直销店 225 个。建成农村幸福院 200 个、社区养老服务设施 80 个，全市养老床位达到 3.2 万张。按照城乡统一标准，将居民养老保险基础养老金提高至每人每月 130 元，受益群众超过 60 万。以促进社会和谐为目标，推动社会事业全面进步。大学区管理制改革深入实施，36 所开发区学校、幼儿园建设加快推进，130 所义务教育学校标准化建设如期完成，营养改善计划惠及学生 38.3 万人。卫生服务能力有效提升，市中医医院完成搬迁，全面实施了家庭医生签约式服务。城镇职工慢性病补助限额标准平均上调 15%，城乡居民医保财政补助标准提高至每人 350 元，新农合参合率和城镇基本医疗保险参保率分别达到 99.2% 和 98.5%。计划生育“单独两孩”政策平稳落地，“母亲健康工程”和“优生促进工程”惠及群众 61.5 万人。投入 2270 万元开展“千场戏剧”惠民演出和公益性电影放映，建成广播电视“户户通”工程 8.3 万户，新建农民健身工程 760 个、社区全民健身路径 120 个，群众性精神文明创建活动不断取得新成效。“平安西安”建设深入推进，建立完善了“四位一体”反恐工作机制，三环内 68 个警务站投入使用。有效化解信访积案，全市信访化解率较上年提高 9 个百分点。连续三年荣获“中国最具幸福感城市”称号。

2014 年 3 月，西安市政府纠风办公开通报了 2014 年度全市民主测评政风行风情况，测评是通过 3.4 万份问卷展开的，建立了语音外呼信息库 130 万个。此外还通过“行风在线”节目、座谈会、走访公众等方式收集到 1024 条公众意见。测评结果比较能反映群众真实的想法。针对全市 102 个行政部门、公共服务行业和“窗口”服务单位的测评显示，公众对西安全市政风行风的总体满意度是 84.46%，较 2013 年提升 0.08%。

2015 年 1—6 月，西安社会和谐度又有进一步的提升和优化。西安市委魏民洲书记 2015 年 7 月 30 日在市委十二届七次全会第二次全体会议上的讲话指出，上半年全市经济止跌回升，呈现趋稳向好的态势，GDP 增速从第一季度 7.2% 回升到上半年 7.6%，这也是一个来之不易的成绩。就业稳，城镇新增就业 6.6 万人，农村劳动力转移就业 73.6 万人，分别完成年度任务的 60% 和 92%；价格稳，CPI 同比上涨 0.2%；农业稳，夏粮连续 11 年丰收，总产 93.1 万吨；收入稳，地方财政一般公共预算收入 349.9 亿元，增长 18%，居民人均可支配收入 13808 元，增速高于同期 GDP 0.92 个百分点；社会大局和谐稳定，人民安居、城市安全，为加快发展提供了有利环境。专利申请量增长 8.9%、授权量增长 30.2%，技术合同交易额增长 25.8%，新登记各类市场主体增长 25.3%，“大众创业、万众创新”的氛围进一步浓厚。随着简政放权、商事制度改革的加快落实，一些体制机制障碍加速打破，我们完全有基础、有条件搭上创新驱动的快车，引领经济转型升级、提质增效。文明向上的风尚凝聚起发展正能量，经过 18 年的不懈奋斗，2015 年 2 月，西安市荣获全国文明城市称号，这是城市最具竞争力的金字招牌，西安又站在了一个新的起点上。通过创文，西安市的文明风尚深入人心，城市品位明显提升，生态环境日趋优化，城市功能更加完善，极大地增强了全市干部群众的荣誉感、归属感、幸福感、自豪感，为西安加快科学发展提供了有力精神动力和道德支撑。

2015 年 6 月 19 日，中国指数研究院发布了《2015 年中国城市居民居住满意度调查》研究报告。数据显示，2015 年中国城市居民居住满意度呈现连续增长趋势，综合居住环境、房屋质量、物业服务、小区配套等因素，居住满意度整体水平达到 75.5 分，同比增加 3.0 分。2015 年中国城市居民居住满意度调查西安居第六。西安连续三年荣获“中国最具幸福感城市”称号。

陕西省住建厅、省发改委等13部门日前联合发出通知，将在全省保障性住房小区开展“和谐社区·幸福家园”创建活动，通知在明确创建目标、标准基础上，对13个部门职责进行了分工，要求2015年，10%以上的保障房小区创建成为“和谐社区·幸福家园”；2017年，覆盖面达到50%以上；到2020年，实现全覆盖。此次“和谐社区·幸福家园”创建标准测评项目共分为政府职责、小区管理、服务管理、环境管理和满意度调查五个类别，具体测评内容细化指标共有63项，包括建立创建机制、小区配套设施建设、监督管理、管理机构、宣传教育、物业管理、公共设施管理、居民自治、安全管理、信息化建设，医疗服务、文化体育服务、志愿者队伍、创业就业服务、便民服务、出行便捷、教育服务、园林绿化、公共保洁、公共设施，小区管理人员、物业服务、水电气暖保障和维修满意度等内容。每个内容都明确了所占测评分值，自评总分达到90分以上的小区方可参与“和谐社区·幸福家园”的申报。这预示着西安的和谐社区、和谐街道乡镇、和谐区县将如雨后春笋般层出不穷！毋庸置疑，西安和谐社会建设取得了空前的成绩，这是主流和本质。同时，我们又不能忽视存在的问题，应该尽快实施更多的举措，大力提高西安的社会和谐度。

（二）西安市和谐社会建设的困难和问题

1. 就业创业已经成为重大的民生难点问题

课题组调查问卷的统计结果如图7所示。

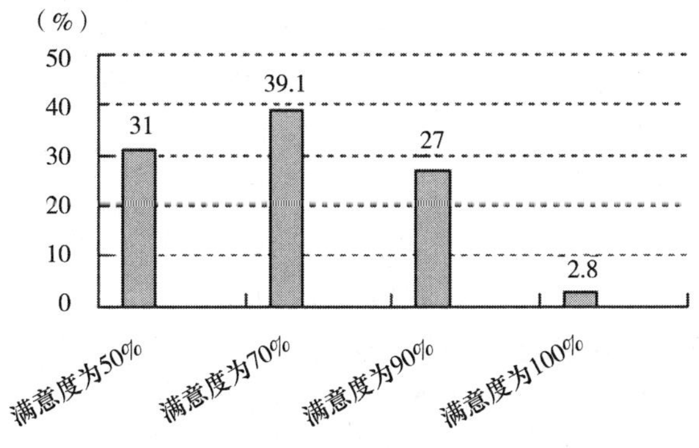

图7　就业创业满意度分布

图7显示，在调查对象中，70.1%的人对西安目前就业创业的满意度在70%以下，这说明大多数人认为就业难、创业难，特别是就业形势严峻已经成为一个重大的民生焦点问题。

目前的就业形势仍然严峻，主要问题是劳动力供大于求的压力依然存在；就业结构性矛盾进一步加剧；稳定就业的基础尚不稳固；一批企业经营困难，就业岗位不稳定，经济增速减缓，对就业的拉动能力减弱；大学生、农民工和困难群体就业矛盾更加突出；西安的“就业弹性”揭示出经济增长和创业带动就业增长不同步。“就业弹性”通常用来描述经济增长与就业增长之间的关系。就业弹性也称就业的产出弹性，是指就业增长对经济增长变化的反映程度，即经济增长率每提高1%带来的就业增长率的变动。就业弹性越高说明经济增长对就业的促进作用越强，弹性越小说明经济增长对就业的促进效应越小。以西安为例，从图8中可以看出1981—2008年西安经济增长率、就业增长率和就业弹性变化趋势基本上一致，三者之中就业增长率波动的幅度较小，经济增长率和就业弹性波动的幅度较大。经济增长率最高达到23.9%，最低为-3%；就业弹性在1981年和2000年均为负值，这是西安经济在这两年呈下降趋势导致，这被称为“吸入”效应，这种效应来自经济为负增长但就业增加的情况，此时就业弹性绝对值越大，对就业的“吸入”效应就越大，就业弹性绝对值越小，对就业“吸入”效应就越小；就业弹性最高在1993年，其值为0.6。2000年以后经济增长和就业增长的同向变化，使得就业弹性呈现出明显的增长趋势。弹性不断增加说明每创造一个增量的价值所需要的劳动增量增加了，经济增长对就业的拉动作用加大了。尽管如此，西安就业增长率远低于经济增长率，大多数年份经济增长率都保持在10%以上，而就业增长率大多数年份都在4%以下，1981—2008年，西安平均就业弹性为0.17，经济增长和就业增长是不同步的（见图8）。

2. 卫生、教育资源分配不公，满意度较低

课题组调查问卷的统计结果显示，虽然我们的医疗改革已经推出了许多重大举措，但完全显示利好的政策效应仍需时日，43.5%的公众对卫生事业的满意度，选择了最低一档，即50%。

课题组调查问卷关于对教育事业的满意度，从统计结果图中可以看出，满意度在70%以下的占到了77.5%，比例较高，说明大多数公众对子女入学或自己上学的状况不是十分满意，对不能进入西安的“五大名校”甚感遗憾，可见，普及提高教育质量迫在眉睫。

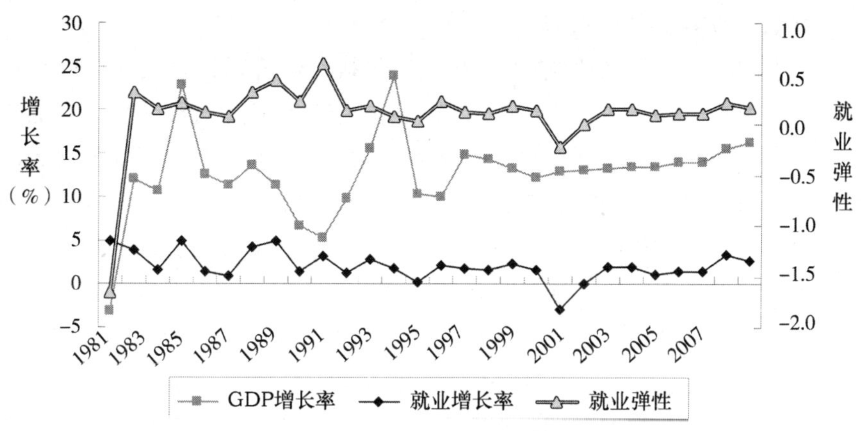

图 8　西安市就业增长与经济增长趋势

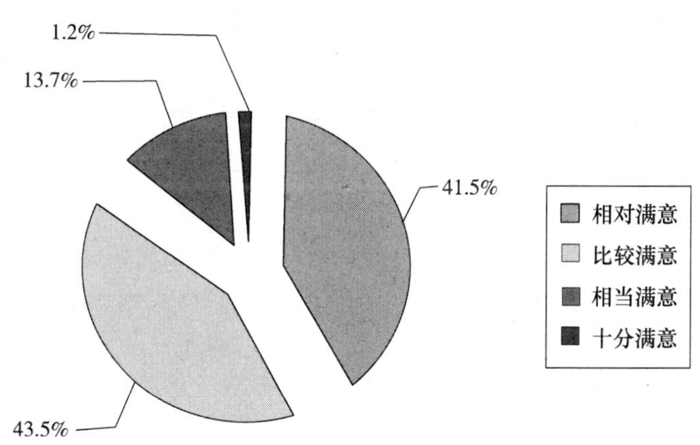

图 9　对卫生事业的满意度分布

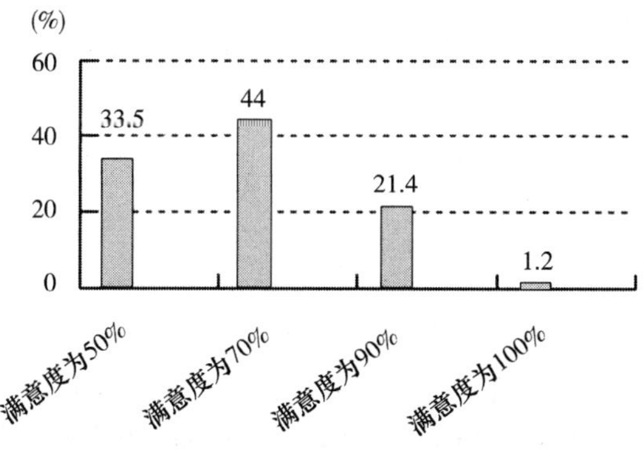

图 10　对教育事业满意度分布

3. 社会阶层结构不合理

主要问题：（1）阶层结构不合理，包括农业劳动者阶层在内的该缩小的阶层还没有小下去，而专业技术人员阶层、商业服务业阶层、产业工人阶层、私营企业和个体商户阶层这些该扩大的社会中间阶层还没有大起来；（2）不合理的资源配置机制、非市场化的收入分配机制与制度性垄断使得阶层位序等级的合法性受到社会民众的普遍质疑，再加上中国社会流动加剧，而社会管理的滞后不利于现有社会冲突的缓解，这导致目前的社会阶层结构中的地位秩序未能得到社会的充分认可，反而使得人们怀疑现存社会的合理性；（3）社会发展地域不均衡性导致西安地区发展整体落后于东部地区，这不仅体现在经济上，还体现在各种公共服务和社会资源的配置上。目前的社会阶层结构是“等腰三角形结构”，富裕阶层的人数极少，中等收入阶层太少，下层低收入人数太多。

4. 对提高人口素质的重视程度不够

在“控制人口数量”和“提高人口素质”两大目标当中，西安各级区县、各级乡镇街道更加重视“控制人口数量”的目标，比较轻视“提高人口素质”的目标，两者发展不协调。主要原因是因为部分干部认为“控制人口数量”是“看得见摸得着”的量化硬指标，完不成任务要实行一票否决制，甚至担心自己的“乌纱帽”被摘。而“提高人口素质”的目标是“看不见摸不着”的非量化软指标，不会动自己的“乌纱帽”，因此，对提高人口素质有所忽视。部分人口文明程度较低，一是公共场所的不文明行为较为常见，行人闯红灯、车辆乱停放、商贩占道经营现象屡禁不止；二是人文知识的普及受经济水平的制约，公民接受文明教育的能力和程度很不均衡；三是受文化水平和生活习惯的影响，流动人口不文明现象严重；四是在一些旅游景点，经常看到公民对着禁止拍摄的文物不停拍照、随意在被保护的文物上涂抹刻画或骑上去合影等不文明行为，这些不仅是对古代文化遗产的不尊重和文化资源的浪费，更是一种缺乏文化素养的表现。目前人口文化素质已成为制约西安进一步提升经济和社会发展水平的瓶颈，提高人口素质特别是农村人口文化素质已经成为亟须解决的燃眉之急。

5. 人口老龄化对社会带来严峻挑战

人口年轻化和人口老龄化是指人口年龄结构类型的变化趋势，它能够从动态的角度说明人口年龄结构是向年轻型还是老年型变化的趋势。人口结构老化，老年人口数量增加，人口红利期缩短，老年抚养比增加，老龄化提速，这是严峻的人口问题和社会问题。伴随人口结构老化而来的是劳动力的老化，由于45—59岁年龄段的劳动力很难再适应密集型劳动和行业的转换，不利于劳动生产率的提高，很容易造成结构性失业，进而延缓经济的发展。西安目前的处境是“未富先老”，这将引发严峻的产业结构矛盾，第三产业发展滞后，不能适应老龄人口的消费需求。从消费结构上讲，老龄人口的快速增长需要把更多的资源用在消费上，从而减少了用于再生产的投入，不利于经济的可持续发展。人口结构老化的另一个影响便是老年抚养比上升，成年劳动力负担加重。传统的养老模式、家庭结构受到冲击，诱发家庭矛盾的可能性增大。随着科学技术的高速发展和人口老化的出现，人们逐渐认识到，人口年龄结构的老化同人口数量的增长一样，会给经济社会发展带来巨大的影响，而且这种变化对社会经济的影响远比人口数量的增长给社会经济带来的影响要复杂得多。

人口金字塔的类型如图11所示，就结构来看分为：年轻型——年轻人比重大，塔型下宽上窄；成年型——除极老的年龄组外，其他各年龄组人数差别不大，塔形较直；老年型——年轻人越来越少，中年以上比重较大。就发展而言，上述三种类型对应的为扩张型、静止型和收缩型。这三

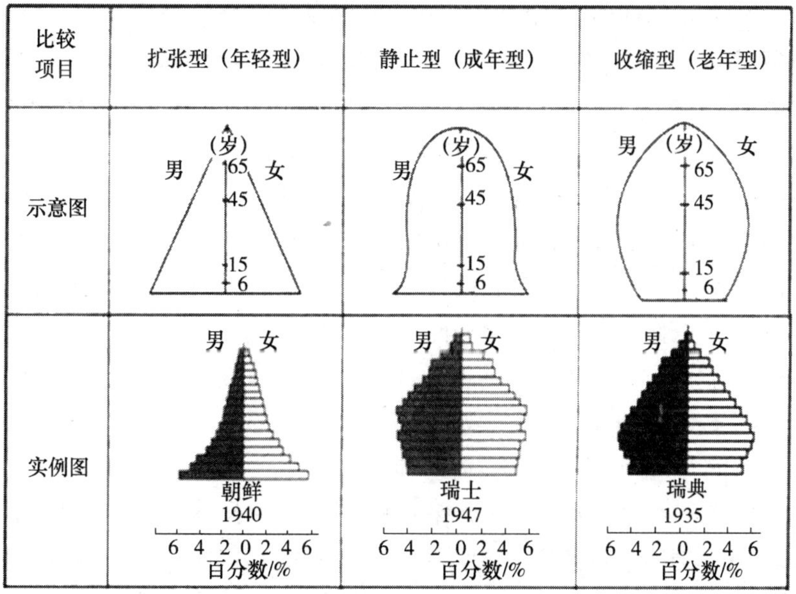

比较项目	扩张型（年轻型）	静止型（成年型）	收缩型（老年型）
示意图	（岁） 男 女 65 45 15 6	（岁） 男 女 65 45 15 6	男 （岁） 女 65 45 15 6
实例图	男 女 朝鲜 1940 6 4 2 0 2 4 6 百分数/%	男 女 瑞士 1947 6 4 2 0 2 4 6 百分数/%	男 女 瑞典 1935 6 4 2 0 2 4 6 百分数/%

图11 人口年龄结构

种类型的人口金字塔基本形态都是稳定人口类型，大多数情况下，由于人口生育和死亡水平的变化以及迁移和战争等因素的影响，人口金字塔也存在一定的过渡形态。

6. 收入较低，分配不公，贫富两极差距明显

课题组问卷调查的统计结果如图 12 所示。

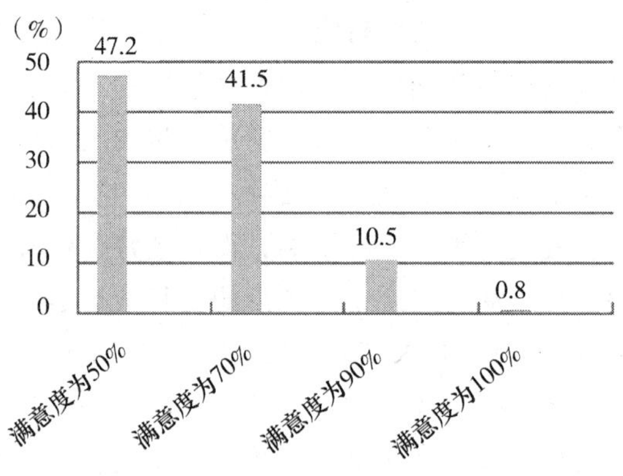

图 12　对收入分配的满意度分布

在课题组问卷的 14 个问题当中，大多数人都是选择第二项，即满意度为 70%；只有对收入分配的满意度，大多数人选择第一项，即满意度为 50%，这说明大多数人对自己目前的收入不满意，对收入分配不公颇为不满。这里所指的公平，既包括机会公平和起点公平，也包括过程公平和结果公平。社会的公平性问题主要是初次分配与再分配的问题，初次分配就是个人收入的分配，而再分配则是社会公共福利的分配。作为两个不同的分配领域，初次分配比较刚性，很难达到相对公平，而再分配比较具有柔性，可以修正和改善初次分配中的不公平现象。因此，初次分配和再分配问题就成为西安和谐社会建设的重要问题。调查显示，西安的社会结构仍然是金字塔结构，低收入人口过多。

7. 社会保障水平仍然需要进一步提高

课题组调查问卷关于对社会保障的满意度调查，从图 13 中可以看出，45. 26% 的人选择了满意度为 70%，这是选择人数最多的一项，说明公众已经看到了中国提高社会保障水平的各种努力，但是总体上认为，中国社会保障水平还处于中等，全面提高社会保障水平空间还很大，任重而道远。

8. 社会安全仍存隐患

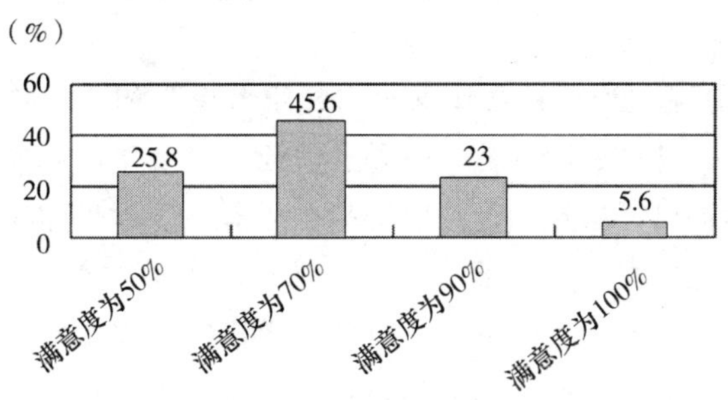

图 13　对社会保障的满意度分布

和谐社会的一个重要因素就是安全稳定的政治和社会秩序，而法治是实现这个目标的最重要手段，要做到有法可依、依法办事。2014 年西安全年刑事案件发生数 75000 余件，数量较多。而当课题组对当前影响西安和谐社会建设的政治和社会管理问题进行调研显示，82.2% 的人认为当前社会腐败问题日趋严重，75.7% 的人认为存在人治强、法治弱的问题，62.8% 的人认为上访事件时有发生，56.9% 的人认为存在相关人员有法不依、执法不严的问题（见图 14）。

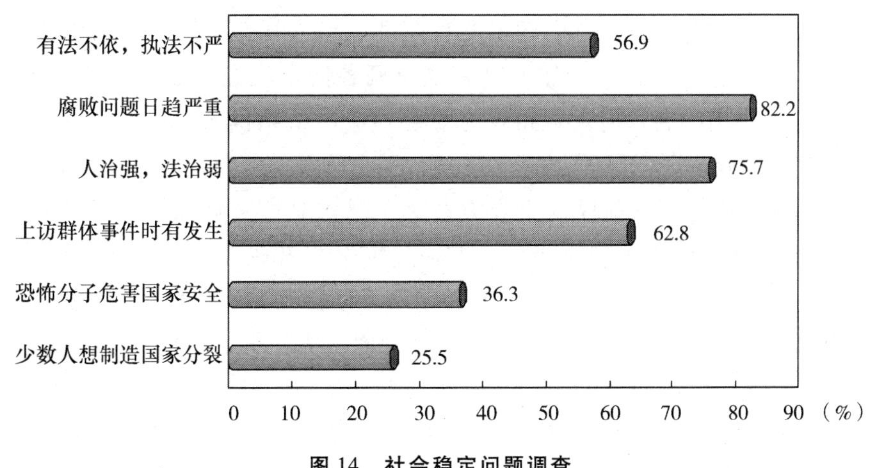

图 14　社会稳定问题调查

五　提高西安社会和谐度的对策措施

（一）认真克服和谐社会政策的“悬空效应”和“一阵风效应”

我们认为，党中央国务院、省委省政府、市委市政府关于和谐社会建设的文件科学提出了构建和谐社会的指导思想、长远目标、重点任务、保障措施，关键是完全落实较难，不能当时发布文件热热闹闹、时过境迁冷冷清清。更不能是党中央国务院、省委省政府、市委市政府关于和谐社会建设的政策悬在上边，区县和乡镇街道落不到实处，这就是和谐社会政策的“悬空效应”，已经成为政策落实的一个值得高度重视的问题。西安必须把构建和谐西安从理念层面尽快转入操作层面，形成上上下下、方方面面齐抓共建和谐西安的局面。西安应按照市委市政府《西安构建和谐社会实施意见》和《全面深化城市管理和社会治理改革的若干意见》，每年年初用和谐度指标体系评估前一年的水平，每年年终考核指标中增加和谐社会的考核指标，认真考核，落实奖惩。

（二）西安各级党委和政府应尽快建立有效协调各阶层利益的机制

市场经济是一只“无形的手”，在创造社会正效应的同时，也导致了贫富悬殊等社会负效应。为了减少和消除这种社会负效应，我们应更加强化另一只“有形的手”——超出并代表西安十大社会阶层利益的党委和政府，建立公开、公平、公正地有效协调各阶层利益的机制，它包括：(1）经济协调机制是指党委和政府整合相应的组织机构，科学出台第一次和第二次收入分配政策、财政政策、税收政策、信贷政策、土地政策、招商引资政策等，以确保西安十大社会阶层占有经济资源相对公平的机制；(2）政治协调机制是指党委和政府充分发挥现有组织机构的职能，在选举人大代表、政协委员时，在授予各种政治荣誉称号时，在提拔各级干部时，在协商各项重大事项时，充分考虑十大社会阶层代表参与其中，以确保西安十大社会阶层占有组织资源相对公平的机制；(3）文化协调机制是指党委和政府整合现有文化机构，通过大、中、小学教育和成人教育，通过官方文化和民间文化，通过竞技体育和群众体育，通过对各阶层的培训和流动，以确保西安十大社会阶层占有文化资源相对公平的机制。

（三）重点抓好就业创业这一民生之本

创业是富民之源，就业是民生之本。“以创业带动就业”是党和国家提出的重要任务。创业是推动经济增长和社会发展的重要载体，创业能够促进经济增长、增加公民收入、扩大就业数量、调整经济结构、提高自主创新能力、建设创新型城市、维护社会稳定。根据英国伦敦商学院和美国百森学院两家1998年以来共同发起的“全球创业观察”（GEM：Global Entrepreneurship Monitor）项目的研究结果可以得出：创业活动与当年经济增长率之间的相关性是正相关；创业活动对经济增长的作用是有时滞的，与一年后、两年后的经济增长率之间存在着显著正相关关系。一个城市的创业活跃程度越高，其经济增长率越快。因此，鼓励和支持创业活动，不仅是解决目前就业压力的应急之策，而且是促进西安经济社会又好又快发展的长效之举。

1. 动力机制促创业

重点实施“以创业带动就业战略”，全民创业关键是形成长效创业的动力机制。解决就业问题的关键之一是创造更多就业岗位，而创业是促进就业机会不断增加的长效动力。动力是创业的内生起源和持久能源，机制是创业的制度保证和恒稳轨道。古今中外的无数事实已经证明：企业和个人创业拥有动力则持之以恒，没有动力则昙花一现。“劳动社会学”认为，个人创业和集体创业的持久性和实效性，取决于个人或集体的动力强弱及其是否持久。所以，构建长效创业的动力机制是全民创业的关键。“系统动力学”认为，一切系统的外部动力行为的性质都取决于系统的内部结构。全民创业动力机制的内部结构应由以下几部分组合而成：一是组织领导机制，这是西安全民创业的最高决策层和主要推动者；二是利益导向机制，这是充分发挥财富的吸引力，激励社会各阶层的能人主动创业，从而获得丰厚的回报；三是政策支撑机制，这是要出台配套的政策，充分发挥政策的推动力；四是社会心理机制，这是要形成创业心理和创业文化体系，社会心理学的基本原理是“需要产生动机，动机导致行为”，西安应该培养一种社会心理——创业是社会各阶层能人的第一需要，然后才能有创业动机和创业行为；五是目标责任机制，这是要确立西安长期创业的发展战略和10区3县的创业目标，责任到区县、到部门，目标明确才能落实责任；六是考核奖惩机制，这是激励和约束双轨并用，应以激励为主，重奖创业者和最佳创业服务部门。上述六项机制相辅相成，相得益彰，共同构成西安全民创业的长效动力机制，应坚持以创业带动就业，将扩大创业和就业作为保障和改善民生的头等大事。

2. 主要领导抓创业

西安应把创业和就业工作列为“一把手工程”，应该把扩大就业放在经济社会发展更加突出的位置，坚持实施积极的劳动就业政策，统筹城乡就业，更加关注大中专毕业生的就业问题，综合运用宏观经济政策、人力资源开发政策和法律行政手段，调节劳动力供求，引导城乡劳动力合理流动，优化以市场导向为主的就业机制。加快调整就业结构，开拓就业岗位。制定和实施有利于增加就业岗位的产业政策，不断优化劳动密集型、资本密集型和技术密集型有机结合的产业结构，调整正规就业结构，拓展非正规就业岗位，实现经济发展与扩大就业同步增长。加大对社区服务业、非公有制经济、中小企业等新的就业增长点的扶持力度，在扶持商贸流通、旅游、餐饮、文化娱乐等传统行业发展的同时，开发“三保”（保安、保绿、保洁）、“三托”（托老、托幼、托病）、“三服”（家政服务、送配服务、保健服务）等新兴就业岗位和社区公益性就业岗位；继续倡导非正规形式就业，推行非全日制工作、弹性工时、家庭工、阶段就业等就业形式，增加就业岗位。制定和落实税费减免、小额贷款、就业援助、就业服务免费等优惠政策，帮助下岗失业人员和就业困难的弱势群体实现就业和再就业。

3. 第三产业扩就业

费雪和克拉克基于恩格尔定理提出了三次产业的分类和“配第和克拉克定理”，即随着经济的发展，第一产业国民收入和劳动力的相对比重逐渐下降；第二产业国民收入和劳动力的相对比重上升，经济进一步发展，第三产业国民收入和劳动力的相对比重也开始上升。这一定理提示了三次产业结构变化和就业结构变动的内在联系。西安要正确处理技术密集型与劳动密集型产业的关系，吸引更多的劳动密集型企业来西安建厂投资。西安地区的就业要求西安发展劳动密集型产业来消化本地区低文化和低技术的劳动力，而不能一味追求高技术产业。西安地区劳动力整体文化水平较低、技术水平不高，而这部分劳力需要劳动密集型产业消化。

（四）在条件成熟时普及15年义务教育

教育是最大的民生。西安应该创新教育体制，在全国率先实现15年免费教育。

西安高陵区，陕西宁陕县、神木县、吴起县、府谷县已经开始实行15年免费教育。特别是陕西宁陕县率先在全国贫困地区实现15年免费教育，这非常难能可贵。陕西省榆林市从2013年开始，实施15年免费教育，一年所需经费仅1.85亿元。2012年以前，陕西安康市已经有宁陕县、镇坪县、石泉县、岚皋县4个县实施高中3年免费教育。2012年，安康市财政投入1000多万元，已有10000多名高中生享受免费教育。2013年陕西省进一步在白河县、平利县推行高中免费教育。安康市决定从2015起在安康各县全面实施高中3年免费教育。西安市的财力远远高于上述城市和地区，西安应该以提高人口的文化素质为根本，以惠民为民为目的，加快学前三年、小学六年、中学六年的教育大发展，进一步满足人民群众对教育的需求。特别是要加大对基础教育的投入力度，提高人口素质，发展职业高中、职业学校，扩大特色专业，进行职业技能培训。舒尔茨的人力资本理论认为，人力资本存在于人的身上，表现为知识、技能、体力（健康状况）价值的总和。一个国家的人力资本可以通过劳动者的数量、质量以及劳动时间来度量。西安地区教育水平不高，劳动者在知识方面不足，技术方面缺少培训。根据舒尔茨的人力资本理论，教育投资增长的收益占国民收入增长的比重为33%，因此，对于西安地区来说，加大对教育的投入，其收益是相当显著的，对于提高劳动者自身的素质和劳动产出来说，可以达到双赢的效果。而就目前中国的教育情况来说，我们的人才结构中，技术工人相当缺乏，西安地区可以根据此种现实，加大对本地区劳动力的培训，建立职业培训学校、职工大学、职工技能培训班，提高劳动者的技能水平，发展更多的职业高中、职业学校，扩大特色专业，对更多劳动者进行技能培训。对职业教育给予政策、财政支持，鼓励初高中毕业生选择职业学校学习。

（五）缩小贫富两极差距，降低基尼系数，发展壮大中等收入阶层，构建"橄榄型"的社会结构

西安应多管齐下，采取综合措施，把西安的基尼系数降至0.3—0.4，

缩小贫富差距。基尼系数是反映收入分配平均程度的重要指标，国际上通行的标准是基尼系数在 0.2 以下为绝对平均，0.2—0.3 为相对平均，0.3—0.4 为比较合理，0.4—0.5 为差距偏大，0.5 以上为差距悬殊。西安 2014 年基尼系数已达 0.456，这显示出社会各阶层之间的收入差距偏大，不和谐的人和事已经时有发生。

“福利经济学之父”庇古曾经根据边际效用基数论提出了两个福利命题，一个是国民收入总量愈大，社会经济福利就愈大；另一个是国民收入的分配愈是均等化，社会经济福利就愈大。即经济福利在相当大的程度上取决于国民收入的总量和国民收入在社会成员之间的分配情况。因此，要想增加经济福利首先就要大力发展经济，在构建西安和谐社会的过程中就需要大力发展生产力，强化西安大开发战略，大力发展西安经济。其次注意消除分配的不均等。“不患寡而患不均”，收入分配的不均影响和谐社会的建设，这就需要要缩小贫富差距，壮大中等收入阶层，一次分配讲效率，二次分配讲公平，三次分配讲人道，同时通过税收来调节国民收入的分配。为了构建和谐西安，尽快缩小贫富差距，我们必须多管齐下，采用经济手段、法制手段、行政手段、社会手段等，综合治理，比如在经济手段方面调整收入分配政策，向低收入阶层倾斜，在税收上对富人多征税，对中等收入阶层少征税，对低收入阶层不征税，开征赠予税、遗产税等。在社会手段方面，除了运用社会保险、社会救济、社会优抚、社会福利来缩小收入差距外，西安还应引入更多慈善机构等非政府组织，调动社会公益性的人力、物力、财力，切实缩小贫富差距，降低基尼系数至 0.3—0.4，尽快建成各个社会阶层都基本满意的和谐西安。

中等收入阶层是维护社会和谐稳定的中坚力量。中等收入阶层形成了社会阶层的庞大中间力量之后，“中势阶层”的量大面广、地位重要、作用持久等属性，能够保持社会的长期稳定和大面积和谐，这样，无论富裕基层纷纷移民，还是贫穷阶层不断上访，都不会造成大规模的社会骚乱和动荡，整个社会必将小康大同，长期和谐幸福。从经济方面分析，中产阶层是全社会的消费主体，因其人数多且收入较高，这种庞大的消费需求是社会稳定发展的经济基础。从思想方面分析，中产阶层是温和而中立的意识形态，当其占据主导地位时，极端思潮就很难成为意识形态的主流，中产阶层所具有的主导意识形态是社会稳定的思想基础。从政治方面分析，中产阶层是富裕层和贫困层的缓冲区，当中产阶层成为社会主体，这种矛盾就会减少，它是社会和谐的政治基础。西安过去的社会结构是“等腰三角形”结构，富裕阶层的人数极少，是等腰三角形的尖；中等收入阶层太少，是等腰三角形的中间部分；而下层贫困阶层人数太多，是等腰三角形沉重的底座。“等腰三角形”的社会结构是落后的传统社会结构，是社会各阶层利益不和谐的社会结构，是容易引起冲突矛盾的不稳定结构。新加坡的执政党为了构建和谐稳定的社会结构，特别强调了“有恒产者有恒心”的概念并用以指导政策设计，大力扩展中等收入阶层，形成了富人和穷人两头少而中间阶层多的“橄榄型”社会结构。新加坡的实践证明，“橄榄型”社会结构是现代化的社会结构，是大多数人富裕的社会，是得到大多数人拥护的社会，是和谐稳定的社会。西安应加速构建这种“橄榄型”社会结构，使上等富裕阶层占10%，中上等阶层占20%，中等阶层占40%，中下等阶层占20%，下等贫困阶层占10%。西安应该长期坚持“限高、扩中、提低”的分配政策，全面构建“橄榄型”的社会结构。

（六）强化西安的社会保障体系

在巩固社会养老保险的基础上，进一步鼓励企业年金、职业年金、个人储蓄保障，真正实现“四支柱”的社会养老保险。我们仍应坚持以社会保险作为最主要的核心保障项目，在巩固由政府主导的基本社会保险的基础上，进一步兴办企业、事业、机关补充保险和个人储蓄保障。我们应继续巩固由政府主导的社会保险。第一，要继续坚持基本养老保险的省级统筹，并且要加大统筹和协调力度，体现统筹的优势，即实现社会保障的公平价值；第二，可以延续现有的“做小做实”的思路，继续努力把个人账户做实。在这一过程中地方政府要勇于承担责任，既要尽力向中央政府争取政策和财政支持，也要努力发挥地方政府自身的潜力；第三，在个人账户做实的基础上，引入“资产社会政策”的理念，努力实现社会保障基金和个人账户的共同保值增值。社会保障向弱势阶层倾斜。我们建议：（1）把农民工纳入城市社会保障体系，先开办农民工工伤保险，企业交费，个人不交。条件成熟时再开办农民工的养老、医疗、失业、生育保险；（2）尽快扩大“低保”在农村的覆盖面，提高农村“低保”的标准，真正做到应保尽保；（3）已经出台文件的市委市政府组织人员专项检查《关于建立被征地农民就业和社会保障制度的意见》的贯彻落实情况；（4）对农村“五保户”和城市“低保户”在医疗方面实行减免优惠；（5）加大省（区）财政和地市财政社会保障专项经费的额度，重点用于资助弱势群体。

（七）我们应在西安的所有社区居委会和村委会设立“民意接待室”

社区和谐是社会和谐的根基。“基础不牢，地动山摇”，这是对社区重要性的精辟概括。社区是指聚居在一定地域范围内的人们所组成的社会生活共同体，以其地域划分可以分为因为职业分类（业缘关系）形成的城市社区和依靠血缘关系形成的农村社区。在社会阶层利益多元化和社会阶层关系复杂化的今天，一些群众有抱怨、有意见是不可避免的现象，关键不能积小怨成大怨，不能从抱怨意识发展为抱怨行为。我们对民怨不能再用硬堵的办法，而应采取疏导的策略。“民意接待室”正是这种疏导的有效渠道。从社会心理学分析，有抱怨要倾诉，倾诉是一种积极的宣泄，根据心理学的测试，痛快淋漓地倾诉之后，人们心中70%的积怨会消失。可见，“民意接待室”可以把矛盾化解在基层，而且，它还能吸纳群众提出的解决问题的建议，集中民智，共筑和谐西安。

（八）“控制人口数量”和“提高人口素质”两大目标应该并提、并重、并行

在“控制人口数量”和“提高人口素质”两大目标当中，西安在各种相关发展规划、资金分配、人员配备、物资保障等方面，必须把两者的地位摆得同等重要。西安各级乡镇街道、区县、地市应该尽快“补课”——更加重视“提高人口素质”的目标，迅速扭转重数量轻素质的局面。西安市委市政府要把“提高人口素质”的指标变为“看得见摸得着”的量化硬指标，在年终考核时完不成任务要一票否决，该摘“乌纱帽”的绝不留情面。西安应依靠“控制人口数量”和“提高人口素质”的并提、并重、并行，尽快把各区县建成优质人口区县。

（九）多措并举解决人口老龄化的问题

第一，在西安全面普及居家养老为主体、社区养老为依托、机构养老为支撑的“一体两翼”养老服务模式。做到每千名老年人拥有养老床位数达30张。社会养老服务模式要多元化，有社会福利性质的公办养老院，承担保障性基本养老服务；有营利性的商业养老机构，满足高端群体的个性化养老需求；还要有更多社会公益组织举办的养老机构，提供专业和有针对性的养老服务。这种多元的社会化养老模式，就需要公共服务体系、社会化养老机构、社会养老保险、企业补充养老保险和个人养老保险等一系列制度建设的全面跟进。

第二，2015年年底西安实现社会养老保险从制度全覆盖深化为人群全覆盖，城镇职工基本养老保险、城乡居民社会养老保险待遇每年提高10%，党政机关和事业单位社会养老保险待遇每年提高5%。

第三，大力发展与需求增长相适应的养老服务队伍。西安应该在财力上大力支持建立以专业队伍为骨干、志愿者队伍为主体、义工队伍为补充的社区居家养老服务队伍。对专业服务人员实行全员培训。社区设立一定数量的公益岗位招收居家养老服务专业人员。鼓励和支持社区单位、居民、大中专院校学生以及社会各界人士为居家老年人提供多种形式的养老服务。对养老机构和居家养老服务组织吸纳持有《再就业优惠证》的人员，政府免费提供养老护理、家政服务等相关职业技能培训，培训后经职业技能鉴定合格的发放相应的职业资格证书，持证上岗可申请享受当地社会公益性岗位政策。按照居家养老服务人员与本地区补贴对象1∶6比例配备服务人员；所有从事居家养老服务工作的人员都须取得初级以上家政服务员职业资格证书或养老护理职业资格证书，做到持证上岗。每个社区配备1—2名公益性岗位人员。加强养老护理职业教育，有计划地在高等院校和中等职业学校增设养老服务相关专业和课程，开辟养老服务培训基地，加快培养老年医学、护理、营养和心理等方面的专业人才，提高养老服务从业人员的职业道德、业务技能和服务水平。将养老机构纳入护理类专业实习基地范围，鼓励大专院校学生到各类养老机构实习。制定从业人员职业技术等级评定制度，实行各类养老机构从业人员的职业资格认证和持证上岗制度。

第四，西安应该尽快出台《提高居家养老水平实施细则》。大力发展居家养老具有重要性和紧迫性，我们应该变“高龄补贴”为“老龄补贴”，实现个人直补，全面普及发放居家养老服务券。课题组调研发现，95%以上的老人选择的都是居家养老的方式。人口老龄化数量不断加快，社会是“未富先老”，“白发浪潮冲击波”愈演愈烈。居家养老能够破解养老机构床位紧缺的困局，顺应了老年人养老不离家庭、不离社区的普遍社会心理和生活方式，能够解决空巢家庭和高龄老人的生活困难，能够解决一批大龄下岗职工的再就业问题。未来几年，西安要进一步完善老年社会保障体系，逐步实现养老保险和医疗保险的应保尽保，不断提高医疗保险待遇水平；重点解决农村失能、特困、留守、空巢、低收入等老年群体的养老和医疗问题；积极改善农村为老服务基础设施条件，推进城乡基本公共服务均等化；研究制定独生子女父母及失能老人长期护理保障制度并试点推广。

附录

《西安市社会和谐度研究》调查问卷

尊敬的受访人：

您好。

为了进一步构建和谐社会，提高西安的社会和谐度，我们开展这次公益性社会调查。非常感谢您的支持！

一、您认为2014年西安的社会和谐度是多少？（请您只勾一项）

a. 50%　　b. 70%　　c. 90%　　d. 100%

二、您对就业创业的满意度是多少？（请您只勾一项）

a. 50%　　b. 70%　　c. 90%　　d. 100%

三、您对社会保障的满意度是多少？（请您只勾一项）

a. 50%　　b. 80%　　c. 90%　　d. 100%

四、您对教育事业的满意度是多少？（请您只勾一项）

a. 50%　　b. 70%　　c. 90%　　d. 100%

五、您对卫生事业的满意度是多少？（请您只勾一项）

a. 50%　　b. 70%　　c. 90%　　d. 100%

六、您对收入分配的满意度是多少？（请您只勾一项）

a. 50%　　b. 70%　　c. 90%　　d. 100%

七、您对社会安全的满意度是多少？（请您只勾一项）

a. 50%　　b. 70%　　c. 90%　　d. 100%

八、您认为社会不和谐的一个关键问题是什么？（请您只勾一项）

a. 就业创业难　　b. 社会保障低　　c. 教育入学难

d. 卫生看病贵　　e. 上访闹事多　　f. （自填）

九、您认为社会不和谐的一个关键原因是什么?(请您只勾一项)

a. 社会治理水平低　　b. 人治强，法治弱　　c. 收入分配少

d. 文化素质低　　e. 贪污腐败多　　f. (自填)

十、您认为提高社会和谐度的一个关键措施是什么?(请您只勾一项)

a. 提高社会治理水平　　b. 增加市民收入　　c. 提高文化素质

d. 增加财政投入　　e. 强化民主法治建设　　f. (自填)

十一、您的身份是什么(请您只勾一项)

a. 党政机关干部　　b. 事业单位职工　　c. 公司职员　　d. 社区居民　　e. 在校学生　　f. 外地游客　　g(自填)

十二、您的年龄是(请您只勾一项):

a. 18 岁以下　　b. 19—35 岁　　c. 36—60 岁　　d. 60 岁以上

十三、您的性别是(请您只勾一项):

a. 男　　b. 女

非常感谢您!

西安社科院课题组

QQ2807654622

2015 年 7 月

第　五　编

农村、少数民族地区
社会治理与社会组织

村民自治的社会学反思
——以成都村民议事会为例

李 羚*

自20世纪90年代后期以来，随着中国城市化进程加快和农村社会变革深化等各种因素的影响，农村人口大量流动对广大农村村民自治产生了深刻影响，使许多地方的村民自治陷入困境，有的地方甚至难以为继。以第六次全国人口普查数据为例：六个中西部省份的常住人口出现了“负增长”。按负增长的幅度排序分别是：重庆（-6.6%）、湖北（-5.0%）、四川（-3.4%）、贵州（-1.4%）、安徽（-0.6%）和甘肃（-0.2%）。这六个省份，无一例外都在中西部地区，而且相连成片。如此规模的省域人口负增长，是中国人口发展和变化的新现象。随着人口外流、低生育率持续，中西部地区人口将继续向东部扩散，中部人口“空心化”会日益加剧。从数据分析可以看出，由于中西部地区主要是以农民为主的省份，其人数的大量流出，必然致使村委会选举中出现法定人数不够以及村民自治难以为继的问题。① 2010年村委会组织法修改就表明这样一个事实，正如民政部副部长姜力所说：“为适应农村经济社会的深刻变化，特别是城乡户籍制度、农村税费制度改革的不断推进，有必要在总结村民自治实践基础上，对原村委会组织法进行修订。”修改后的村委会组织法着眼于规范程序、完善制度，主要从村民委员会成员的选举和罢免程序、民主议事制度、民主管理和民主监督制度等方面进行了进一步细化完善，突出了法律的时代性、科学性和可操作性，学者刘义强认为其“是一种民主巩固

---

* 李羚，四川省社会科学院社会学所，研究员。

① 蔡泳：《警惕人口分布“空心化”》，《中国改革》2011年第7期。

视角下的村民自治”[①]。村民自治是基层民主发展的新起点，它在国家构建和社会发育中以顽强的生命力存活下来，并取得长足发展。程为敏把村民自治当作一个独立主体放在农民—国家关系框架下进行考察，提出当前学者似乎较多地将注意力集中于村庄内部的社会政治结构、冲突乃至政治过程。[②] 陈浩天从政治社会学视角提出中国农村村民自治制度是一种具有中国特色的基层民主形式，村庄内生和行政外赋是村民自治制度生成的双重逻辑架构。同时，村民自治也是一种有效的基层治理模式，其制度运行历经了政治参与到政府治理再到社区建设的价值嬗变过程。[③] 党的十八大以来，许多学者认为，当前农村基层治理中出现的一系列新现象表明，农村的治理正在走向政府与村民的“合作治理”。本文一个核心问题就是村民自治与村庄团结在何种情况下才能产生关联度。

一　村民自治的社会学问题

村民自治的发展正经历并还将经历从民主向治理的转变。这种转变要如何去理性分析呢？根据中国社会科学院政治学研究所等机构 2014 年 7 月 17 日发布的《政治参与蓝皮书》（以下简称《蓝皮书》）显示，中国城镇居民的社区建设和居民自治参与客观状况总体处于中等水平，农村居民的村民自治和农村社区建设参与客观状况总体处于中等偏下水平。[④] 该《蓝皮书》还提出在发展村民自治与农村社区建设中，重点是解决农村社区建设不明确问题。这组城乡比较数据，它既反映出中国基层自治的发展历程，也折射出当前村民自治的现实困境。而这正是本文提出的一个基本假设：农村村民自治与社区建设目标关联性较弱，村民自治的目标更多是

---

① 刘义强：《民主巩固视角下的村民自治——基于“中国农村村民自治现状抽样调查”的分析》，《东南学术》2007 年第 4 期。

② 程为敏：《关于村民自治主体性的若干思考》，《中国社会科学》2005 年第 3 期。

③ 陈浩天：《中国农村基层民主：生成、价值与运作——村民自治制度运行的政治社会学思考》，《求实》2012 年第 4 期。

④ 中国社会科学院政治学研究所等机构于 2014 年 7 月 17 日发布的《政治参与蓝皮书》以 10 分的分值为标准，农村居民的村民自治和农村社区建设参与客观状况的总体得分为 4.32 分，处于中等偏下水平；在主观参与方面，以 5 分的分值为标准，显示的是农村“村民自治参与意愿”（3.46 分）和“村民自治参与效能”（3.30 分）的得分处于较高水平，“村民自治参与满意度”（2.96 分）的得分处于中等水平。

工具性价值，还未完成民主的价值的转型。

在众多的研究中，社会学视野下的村民自治研究独树一帜。在笔者看来是在“村民自治建设没有使村民获得真正的自治”判断之后，提出村民自治建设无社区发展和村庄团结的又一认识。它促进了我们反思和分析。尹焕三教授主持的国家社科基金项目《村民自治运行中农村面临的社会焦点问题研究》，王春光的《村民自治的社会基础和文化网络》、《完善我国农村自治实践的思考》，以及王强的《从农村社会分层看村民自治与配套制度建设》等文章，都为我们研究村民自治打开了新的视角。尤其是在借鉴中国台湾，日本、印度以及西方国家乡村自治方面所提出的比较意识，也让我们对此问题的研究有了更多的信心。其实，在众多的无论是政治学、经济学还是社会学的村民自治研究中，事实上有一个关键性的共识问题是存在的，这就是村民自治的群众参与和社区活力问题。从这个视角来考察村民自治，我们会发现在推动村民自治的历史变迁中，固然出现了“村民自治已死”、“内卷化”、“第三波”的种种争议，但村民自治与村庄参与，社区活力始终还处于被动状态。因此，本文想从社会学的视角，研究村民自治社会价值，反观村民自治的困境和发展趋势。

我们要重新定义村民自治的社会价值。村民自治发展的过程就是不断调整认识的过程，从最初的自治、民主到治理就是这样的一个过程。关于村民自治的内涵，尽管不同的学者给出了不同的界定，但就其本质而言，村民自治的核心在于“自治”。“自治”的实质就是广大民众直接行使民主权利，依法办理自己的事情，实行自我管理、自我教育、自我服务的一项基本社会政治制度。为什么改革开放30多年来，我们对村民自治的民主预期一直没有消解过，伴随着村民自治的逐步实施，村民选举不断完善，选举程序逐渐规范，民主决策、民主管理、民主监督等环节也得到了深入，如各地纷纷探索的议事会制度，但截至目前，其依然是学术领域最具争议性的一个话题。尽管在民主巩固的视角下，村民自治正在获得内生性的增量式发展，但从自治的内涵考量村民自治时，我们发现无论是村民参与公共事务治理还是多主体合作性，都与村民自治的初衷有差距。村民自治发展是在吸取人民公社失败的教训的基础上提出来的，是国家为了适应联产承包责任制改革后农村社会管理需要而选择的一种治理方式，目的在于让村民对村庄的公共事务管理和村庄发展有更多的参与权、自主权和自决权，确保农民的利益主体地位不像在人民公社时期那样受到侵害，以此来提高国家对乡村社会的合法性建构。在实践过程中，村民自治还被赋予了发展的要求，即村委会还具有带领村庄发展的职能和义务。但目前在村庄普遍存在着如何提高村民自治制度之下的村庄提供公共服务和公共产品的能力，这尤其表现在目前村庄的道路建设、农田水利维护和管理以及村庄集体经济利益分配等公益事业领域。突破多数决定被少数人阻挠从而导致总体福利下降的困境，这是村民自治进一步发展不得不面临的难题。[①] 尽管村民自治实践是对乡村治理的一种新探索，在一些村庄也产生了一定的自治效应，但是村民自治建设跟其设想的目标仍有很大的差距。农村社会由于组织发展欠缺，单个的农民、农户缺乏好的机制与村委会的民主管理对接，导致民主难以切实推行，单纯选举式民主也容易陷入部分村庄精英“捞一票就走”的困境中。究其原因，我们对“由村民自治而在中国实现普遍民主”的浪漫情怀有特殊的偏好，而忽视了村委会自治还是村民自治的现实之困，把应然结果当成生活本身。尤其是过分迷信民主的价值，只关注民主制度本身的发展，而忽视制度发展所需要的社会和文化环境。因此，大量的民主制度的规范化与村民的参与冷漠，这也是本文一开始引述中国社科院城乡政治参与比较的蓝皮书所表达的一个观点。笔者很同意“村民自治建设的制度性缺陷忽视了乡村社会公共空间的作用”[②]，这一观点，村民自治出现了只建制度不见人、制度失灵的困境。

二　村民议事会的发展与局限

四川成都的村民议事会是完善村民自治的有益探索。从 2008 年年初开始，四川省成都市以建立村民议事制度为突破口，积极构建村级治理机制框架，变“代民做主”为“由民做主”，逐渐探索出一条集思广益、民主决策和村民自治的新路子。根据国家统计局成都调查队在对成都 20 个区（市）县开展统筹城乡发展调查后披露的关于“2011 年成都新型村级治理机制建设情况”的调查报告，通过对 5000 个有效样本进行分析，我们发现近九成被访者对村民议事会工作情况满意，村民参与率达到 97.80%，满意度为 97.17 分。成都调查队的分析人士认为，“参与率”

① 刘义强：《民主巩固视角下的村民自治》，《东南学术》2007 年第 4 期。

② 王春光：《村民自治的社会基础和文化网络》，《浙江学刊》2004 年第 1 期。

和“知晓率”两个硬指标一方面反映出了议事会选出来的成员基本都是“能够真实表达群众意愿、热心服务、做事公道的村民”，另一方面，“村民知晓率高，代表他们不光了解议事会决定的事项，还能够知道解决了哪些问题，知情权进一步得到保障”。透明度让“公正性”提高了4.33%。调查显示，在对公共权力的监督和参与的主动性上，村民均给出高分。其中，有99.62%的被访者认为村上或组上议事会议定事情是“公正”或“比较公正”的，较2010年上升4.33个百分点。而针对所议事情的公正性方面，认同度为96.61分，分析人士认为，群众只有意识到自己真正成为村级自治事务的主人后，才会以强烈的责任感和聪明才智对其公共权力进行制约和监督，“也才能使得村级事务更加透明、合理、公正”。成都市积极推进新型村级治理机制建设，为探索村党组织领导、村民当家做主和依法治村的有机统一，寻找到了一条有效途径。

2008年，作为统筹城乡综合配套改革试验区，成都市开始大力推进农村产权制度改革，但是矛盾重重。成都市决定鼓励一些区县自行探索村级治理的新机制，双流、邛崃、彭州等地农村很快诞生了“村民议事会”。按照约定，各村新成立的村民议事会是村级自治事务的常设议事决策和监督机构，由村民们民主选举产生村民小组议事会，再从每个小组议事会中推选3—5人成立村民议事会，不定期商议村级自治事务。村民议事会对村民会议负责并报告工作，接受其监督。村两委成为村民议事会的执行机构，负责落实议事会的各项决定。这个机制与过去村民代表大会相比，有两个根本不同，就在于它尊重了农村流动的事实。农村人口大量外出，按照法定人数，村民代表大会是不可能召开的，村民议事会中的成员可以是长期居住在本村的外地人，这弥补了村民会议的不足。在这个问题上，很多学者关注的是为什么要搞出个村民议事会，这是不是违反宪法和村委会组织法？在调研中，我们注意到，实践者也有这方面的疑惑，即议事会产生后还要不要村民代表大会？通过广泛深入和座谈，我们认为，村民议事会有叠床架屋之嫌，但不失为一种对村民代表大会的矫正。这种质问一直到2010年村委会组织法修订后依然存在。但值得庆幸的是，议事会制度得到了肯定，也就是说允许村民自治形式的多样性。第一，村民议事会解决了长效运行机制。村民自治的核心内容是“四个民主”，即民主选举、民主决策、民主管理、民主监督，四项民主整体发展的核心在于加强村民会议和村民代表会议的权力，关键在于形成对村委会的常态长效的权力制衡机制。

只有村民会议成为真正的自治权力中心，能够在村庄公共事务的决策和管理上起决定性作用，同时建构起更加完备和有效的监督机制，使广大村民能够对村委会的日常工作进行有效评估和监督，才能使村民自治成为名副其实的民主制度；第二，村民议事会的创新还在于对村民代表以户为单位转变为以组为单位的生长，使农村生产与生活的单元实现了一致，更具有草根性。在这个组织里，村民们长期共存，在相互依赖的生产和生活交往中形成相互信任的共同体，即费孝通先生所说的“熟人社会”。在这一社会群体内，人们无须借助更多外部性力量就可达致对他人的了解，因而可以最大限度减少治理的交往成本。因此，村民共同生活并形成共同的认同和归属的自然村是村民自治最基本的组织资源，有利于克服村民自治的行政化倾向；第三，村民议事会，重议事而不是代表，理顺了支部、村委会与村民的关系边界，“要办什么、不办什么、先办什么、后办什么”完全由组织成员自己决定，为更多草根组织的发育及其自治活动提供了群众基础，大大丰富了村民自治的内容，开拓出村民自治的新天地。

成都村民议事会之所以能够被广大基层接受有以下几方面原因。首先，源于探索村民自治本身的困境，如村官责任无限和村委会政社不分的问题。1980 年，广西宜州市合寨村成立了中国第一个村民委员会，这一农民自发进行的农村自治管理制度变革被国家发掘出价值后，迅速在全国推广，国家还以宪法和法律的方式赋予其合法性和强制性。随后数十万村委会主任诞生，加上村党支部书记，截至 2013 年，全国大约有 58.9 万个村委会，有村支部书记、村委会主任 90 多万名，这其中，村党支部（总支部、党委）书记兼任村委会主任的有 23.3 万名。目前，正是这个庞大的群体最直接地管理着 9 亿多农民。村委会最初的功能是调解民间纠纷、维护社会治安和维护集体的权力设施，后来逐步扩大为村民对公共事务的自我管理，主要是“为农民服务”。而村委会是社会性的自治组织，没有强制权力，只能说服教育，实行“德治”。《村民委员会组织法》对此进行了确认。在实践中，村委会不但承担了提供基础性公共产品的任务，还承担了本该由政府完成的行政任务，那么政府的行政权力必然就会在村官身上得到延伸。正如于建嵘教授多次谈到的“村财乡管、乡镇干部挂包村”损害了村民自治。其次，最迫切的还在于要解决农村问题，解决城乡统筹中的历史矛盾和现实困难。为了寻找解决“三农”问题的有效途径，成都决定以农村产权制度改革作为突破口，农村村民面临土地确权的问题。麻渝生说："以前在土地使用上遗留下了不少历史问题，诸如承包地、自留地、宅基地等，土地到底是谁在使用，只有村民自己清楚，只靠村'两委'（村支委、村民委员会）来顺利完成农民的土地确权颁证工作，这是难以想象的。一旦出现不公正或者失误，就会影响农民的利益，从而引发农村的不稳定。"为此，成都市决定采用新的制度和机制来解决这一问题。2008 年元旦刚过，由成都市委组织部牵头在成都范围内调研，同时在邛崃的马岩村等几个地方试点村民议事会。同年 11 月 25 日，成都市委、市政府出台了 36 号文件，决定在全市范围内推行"以村民会议为村最高决策机构、村民（村民小组）议事会为常设议事决策机构、村民委员会为执行机构的村民自治机制"。最后，成都还实施了政府公共服务职能配套改革，为创新村民议事会提供了重要的保障制度。作为全国统筹城乡综合配套改革试验区，成都市对财政管理体制进行调整，加大公共财政向农村倾斜力度，将村级公共服务专项资金单独列入财政预算，推进村级公共服务改革。出台的《村级公共服务和社会管理专项资金管理办法》规定，用于村级公共服务和社会管理的专项资金达到每个村至少 40 万元，并于 2017 年前达到 60 万元。专项资金不仅解决了村里"有事有钱办"的难题，同时也和"民主议事"结合起来，每笔钱怎么花全由村民决定，逐渐形成了宣传动员、收集民意、梳理讨论、议决公示、实施监督和评议政改的"六步工作法"。对于专项经费的使用，村里会征求村民的意见，项目的实施要通过村民议事会的讨论，议事会和村民对项目实施过程全程参与和监督，直到项目实施完毕后群众还要开展民主评议，对不合格项目进行整改。村级公共服务资金改变了传统的政府决策方式，形成了"党组织领导下的村民（代表）会议或议事会决策、村委会执行、监委会监督、其他经济社会组织广泛参与"的新型村级治理机制。"农民都积极参与到村级公共服务事项的决策、监督、评议的民主管理当中去了。"为此清华大学社会学系课题组将此机制特点概括为：以政府的有限投入，通过基本公共服务项目运作过程，实现民生与民主的有机结合，促进村民生活与基层治理结构的双重改善，破解了长期困扰农村社会发展的两个难题，以实现基本公共服务均等化为突破口，破解了长期以来形成的城乡二元困境；同时在村庄一级通过村民民主参与，实现村庄的有效共治，是目前中国在农村工作中迫切需要解决的两个关键性问题。应该说，成都村民议事会是随着经济社会发展，不断探索村民自治的有效实现形式、建构多层次多类型多样式的村民自治体系的一个产物。

在跟踪研究村民议事会制度的过程中，我们发现一个难点始终没有得到突破，即村民自治与社区活力之间关联度不大，村庄的内生自治力量以及村庄社会活力并没有得到焕发。这正是笔者想进一步探讨的村民议事会制度的困境所在。尽管我们看到，村民议事会较村民代表大会可操作性上有突破，但它创新的部分恰属于村民自治内部的组织再造，而并没有超越村民代表大会的范围，只是针对村民表大会开不起会、议不了事进行了结构性的调整，与村民自治“还权、归位、赋能”还有相当的差距。尤其是在强化政府公共服务职能的前提下，村民自治还没有破题。据柯丹青（Daniel Kelliher）研究认为，中国所有关于村民自治的数据和文章都表明村民自治带来了新气象：高额完成了粮食征购任务，早婚现象大大减少了，拖欠钱粮的、超生的也减少了，而增加的是税收和节育妇女的人数。1994年的一份研究报告指出，村民自治使国家得到了几乎它想从福建农村得到的任何东西：在被调查的1200个村委会中，99%的村完成了粮食收购定额；92%实现了节育达标；82%完成了税收任务。村民自治的支持者认为，这些创纪录的高数字雄辩地表明，村民自治是解决政策执行难的灵丹妙药。[①] Jude Howell 的看法是：“从支持者们收集的所有论点来看，他们将村民自治看作一种手段，目标是实现经济发展、政权合法化和社会秩序，而不是民主过程或民主制度本身的优点。正如民政部官员所说的：‘我们的目标不是民主选举本身，而在于帮助农民致富。’从这里可以推断出，民主是促进经济发展的一个重要方面。”[②] 徐勇的研究也认为：“自 1990 年中期以来，村民自治面临的政府任务愈来愈重。特别是当收取税费成为政府发展经济和维持公共管理的主要任务时，农民负担不断增加，村民自治的行政‘紧约束’运行特点愈益突出。非常有意思的是，当村民自治外部面临的行政压力愈来愈大之时，村民自治内部却按照法律规定的自身逻辑发展生长，这就是‘四个民主’规则及其相应程序的确立。”[③] 显然，在村庄本身面临青壮年外流、土地荒芜、居住区萎缩、行政建制合并、几亿农民将要永远脱离乡村进入城镇时，村民自治最多也不过是扮演一个殿后的角色，在解决

① 参见柯丹青（Daniel Kelliher）的《中国国内关于村民自治的争论》，载《中国学刊》（The China Journal，January 1997）第 37 卷，第 63—86 页，转引自“世界与中国研究所”网站。

② Jude Howell：《中国农村自治展望》，“朝圣山之思”网站。

③ 转引自陈子明《关于村民自治及村民自治研究的述评》，《乡土中国》2011 年第 9 期。

“三农”问题上起不到开创性的作用。问题恰恰出在村民自治组织结构的总体设计不合理上。从议事会内部来看，存在议事会选举形式、议事程序不规范，有的还存在有关议题不提交议事会的情况。议事会成员的积极性有待提高，目前，议事会成员报酬是一个争议焦点。议事会的权限不明确，村级自治日常事务由议事会决策，重大事务仍需交村民大会或村民代表大会决策，但对它们的权限界定难度大。有的地方以议事会代替村代表大会。从社区角度而言，议事会为农村公共空间撕开了一个角，但尚属正式组织范畴，议事会仍然没有跳出单一治理的窠臼。尽管村民自治在民主的视角下有所发展，但缺乏组织创新，不能适应农村社区多样性发展和需求，社会活力仍然难以释放。因此，村民议事会依然没有解决公共空间的拓展与民众参与的问题。

三　村民自治促进社区活力发展一点思考

村民自治的发展要实现从工具理性向价值理性的转变，这是治理视角下的一个根本转变。中国城市人口 2013 年首次超过农村人口，而且还会呈下降趋势。1/3 多属人口稀少地区。同时，大部分居民依赖行政部门，对地域的发展采取旁观者的态度，这对农村现代化振兴无疑是雪上加霜。综观国内外村民自治实践，要将中国村民自治纳入中国的社会环境、法制和民情，中国村民自治要走多元组织共治发展之路，要大力促进农村自组织建设与社区发展，居民自主、自立参与各类社会组织，打破地方的依赖性、封闭性和保守性，改变过去原子化、碎片化和分散性的状况，让更多的人口稀少的农村能够发挥自身的活力。

这方面，日本和中国台湾地区，还有印度的社区营造经验对我们都有一定的借鉴意义。目前中国政府已经开始做这方面的整体思考，村民自治的发展也始终围绕自治方向，取得了重大进展，具有强大的内在生命力。第一，将村民自治纳入国家基层政治制度之中，深化了社会自治的理念和实践；第二，加快政社分开，激活社会活力。降低注册门槛，促进大量以服务社区、贡献社会为目的的非营利社会组织的健康发展，再造农村社区公共空间。加大政府购买非营利社会组织参与公共服务的建设，促进农村社会公共空间的发展。正如王春光所主张的：“只有存在这样的乡村社会公共空间，才能谈得上真正的村民自治建设，因为一方面，公共空间本身就是一种自治方式；另一方面，公共空间对公共权力的授权和使用都具有独立的约束力量。"[①] 大力培育非营利社会组织，营造农村公共空间，可以促进农村地区传统文化和生活方式较好的传承；第三，民政部成立全国社区建设联席会。为加强对全国社区建设工作的组织领导、强化部门间的协调配合、推进社区综合服务管理信息平台建设和应用、整合社区公共服务资源、统筹社区公共服务，经国务院同意，建立全国社区建设部际联席会议（以下简称联席会议）制度。此项机制有利于中共十七大报告提出的实现政府行政管理与基层群众自治有效衔接和良性互动，这要求村民自治作为一个内容丰富的体系与其相适应，而且也为政府在村民自治和社区发展中发挥的作用进行了进一步确认，让农民对自己的未来有更大的掌控权，让行政手段与村民自治有机结合，迸发出乡村繁荣发展的活力。

村民自治是社会主义基层民主政治发展的重要成果，也是中国社会现代化的一个重要标志。从治理的视角创新村民自治，首先，治理要遵循乡土社会结构的特点，传承好历史传统。村民自治现象在中国有悠久的历史渊源，早在西周时代中国就已经有了带有村民自治色彩的"乡里制度"。经过封建时代、民主革命时代和新中国成立后几千年的历史发展进程，中国的村民自治已经有了重大的发展，尤其是到 1988 年村民自治普遍推行以后，发展更为迅速，推动了中国现代化民主政治的发展。其次，治理要形成多主体合作的格局，加快政社分开，使社会组织从官督民办到民推官办再到官民协作。大力促进适应农村社会发展的非营利组织发展，营造社区公共空间。社会组织成立要与居民生活紧密相关，要围绕日常管理以及社区建设活动，如举办节庆祭祀、防灾减灾、分配救灾物资、邻里互助、召开敬老会和美化社区环境、维护社区设施、提供保健服务、组织各种比赛等社区公共活动。以社区营造为目标和活动内容不仅要吸收当地居民、大学教师、智库研究人员、乡村发展规划专家，还要邀请当地行政人员参与。围绕本村特色，思考本村长期性发展的计划，并计划和实施符合其村庄特色的实业。有意识地与外界进行交流，对本村的生活和地方文化进行再评价，创造村庄的附加价值。使各界人士能参与并有效合作，推进共同的公共事务。再次，治理要让村落自己成为主角，将农村财政改革纳入政府支持村民自治活力治理的规划之中，才能减少依赖感和封闭性。不管是

---

① 王春光：《村民自治的社会基础和文化网络》，《浙江学刊》2004 年第 1 期。

中国台湾的社区营造理事会，还是日本的村落振兴协议会，都是集政府、社会和企业的力量，通过项目的方式，由政府财政支持，激活地方活力。共同来改善“在地居民思考自己的问题，然后采取行动”的能力和信心。通过改变村落，改变政府。成都议事会最有启发性的贡献也在于破解了市县（区）乡村公共服务的职责和边界，创新了公共服务资金的分类和投入方式，保障了村民自治的自主性。最后，村民自治，无论是在人才、项目资金还是组织多元化方面都需要有一个新的转变。我们期待治理的视角，使村民自治焕发活力。

搭建农村社区民主协商的制度化平台

——山东莒县农村社区治理的制度创新调查

侯小伏　闫文秀*

当很多地方的党委和政府疲于应付农村社区居民的上访大潮，当某些地方仍在上演村民以鲜血或自虐的方式逼迫当地公共政策改变之时，山东日照市借助于被民政部确认为“全国农村社区管理和服务创新实验区”的契机，于2012年开始了农村社区基层协商民主制度的创新实践。其中，山东莒县的“议事·学习日”最为耀眼，新闻媒体已有所报道。当我们现场观察、座谈和调查之后发现：莒县农村社区协商民主制度的创新已经开始产生了令社区居民满意的公共政策和公共服务，以及大幅度下降的信访率，而这一切的背后是其用切实有效的基层协商民主制度保证民生为本的执政理念落到实处，坚持了党委政府领导和激发社会活力的有机结合。正是这套农村社区协商民主的治理机制，保障了党组织、党员与基层社区居民的联动与融合，保障了村民的意愿和要求能够及时上达，保障了地方党委政府决策的公开、透明和贯彻落实。莒县农村社区协商民主制度的创新性尝试已经产生了长远的效益，为当下中国的广大农村社区提供了一个可复制、可推广、可借鉴的创新实践样本。

一　传统农村社区服务和管理存在的问题

第一，官民之间缺乏充分的信任。官民之间难以达到有理解、有宽

---

* 侯小伏，女，山东社会科学院社会学所所长，研究员，研究方向为社区治理；闫文秀，女，山东社会科学院社会学所助理研究员，研究方向为社区治理。

容、有理性、有共识、有合作的互动是当前农村社会治理普遍存在的问题。由于缺乏必要的、经常性的沟通机制，以及党委政府在密切联系群众、切实了解民意方面做得不够，许多村民对地方党委政府和基层干部并不信任，对于上级安排的任务即使看起来有利于农民的，也大多消极应对，上级的政策措施很难得到有效贯彻。

第二，农村村务管理的黑洞导致信访事件频发。尽管基层民主制度在农村实施已经有接近30年的历史，村干部基本上都由村民直选，但是贿选、操纵选举等情况依然大量存在，党务、村务、财务不公开的现象屡禁不止，村干部在选举时表态积极而上任后难以监督和约束成为普遍现象，农民在事关自己切身利益的问题上既不知道怎么参与也没有机会参与，来自权力运行系统中最微细血管的乡镇政府的监督力量在基层农村社区的影响力式微。村民要么不敢维权、没信心维权，要么以信访的形式向上告发从而造成多年来信访量居高不下。尽管采取了领导干部包信访案件、加大案件查处和通报力度、信访工作与基层组织建设考核挂钩等办法，但实际成效并不明显，党委政府忙于救火疲于应付。

第三，党的基层组织软弱涣散。由于农民身边的腐败难以消除，基层党组织的威信下降，失去了必要的凝聚力和感召力，在基层社会治理中难以发挥其应有的战斗堡垒作用。

第四，农村社区居民对社区公共服务的提供缺乏有效的参与机制。一是农村社区居民对需要什么样的公共服务缺乏有效的表达机制，二是社区居民对社区服务的质量缺乏有效的监督，整体满意度较低。

二　莒县“议事·学习日”制度的主要内容

如何破解这些问题呢？莒县县委县政府在总结各地经验做法的基础上，从基层政治制度本身着眼，从政治生态的改造着眼，创设了一种新的基层协商民主形式——“议事·学习日”制度，集诉求表达、民主议事、决策管理、教育培训、部署工作和矛盾调处于一体，把议事和学习摆到了同等重要的位置，以议事促学习、以学习促进议事质量逐步提高。

第一，打造学习议事的综合性平台——学习议事的内容模块化。紧贴农村需要和群众关心两个方面，按照“6+X”模式确定议事和学习内容，以县级点题，乡镇、社区和村补充，一月一议的方式实行。“6”为规定动作，全县所有村每个月“议事·学习日”都要实施以下6项内容：（1）开展学习教育。采取观看电教片、县乡包村干部辅导、开展谈心交流、举办文体娱乐活动和外出参观等人们喜闻乐见、灵活多样的形式，开展党性党风、法律法规、方针政策、工作部署、科普知识等方面的学习，对党员和群众进行党性教育、党风党纪教育、“四德”教育、法制教育和科普知识教育。县远程教育中心负责收集汇总各有关职能部门需要面向农村党员群众进行宣传教育的内容，统一制作成“每月农话”，作为每月的必学内容；（2）调度民意访查。由“党群联组”组长（按区域每20户连片的群众选出一名）逐一汇报当月联系服务群众及搜集社情民意情况，需要村、社区解答和办理的事项，要在会上逐项答复和议定；（3）开展“两公开一会审”。每月要对村务和财务进行公开，尤其要对村里当月财务收支现金结余和下月财务收支预算进行公开，与会人员对相关事项进行会审、讨论、集体表决；（4）信访通报评查。凡是发生匿名信访的村，要通报调查处理情况，接受与会党员和群众的评议和质询，并根据需要对匿名信访、疑难信访开展公开评查；（5）开展义务劳动。视情况组织与会人员开展环境整治、扶贫济困、关爱孤寡老人等活动；（6）做好后续工作。与会人员要在活动记录簿上签字摁手印，活动组织情况、议事情况和监督举报方式等填入公示榜，张贴在村务公开栏，重大事项和各类开支按程序及时提交社区“两委”研究审批；（7）“X”为自选动作，在县里规定动作的基础上，各乡镇、社区、村可分别结合本地实际，增加学习和议事内容，原则上自选动作控制在3项以内，以保证活动质量。

第二，制度执行不留死角——所有村庄以及参会时间和人员等要求刚性化。针对以往一些学习教育、组织活动、村务公开等存在的问题，特别是保证该项制度在相对后进村得到执行和产生的效果，从方便逐村督查、落实和考核出发，对活动的时间安排、与会人员范围、主持人、会议纪律等方面实行所有村“一刀切”。时间安排上，全县1195个村的活动时间统一定在每月25日，具体到某个村可视情况安排在上午、下午或晚上，时间一旦确定一直上报到县，无特殊情况不得随意更改，以便于县委明察暗访和督导。参加人员的范围，要求乡镇街道包村干部、分管村的社区“两委”成员、村里全体党员、村民代表和监督组织成员、“党群联组”组长、经济组织负责人、群团组织负责人、报账员、计生查访员及入党积极分子必须参加活动，并有计划、有组织地确定普通群众代表列席，原则上每年每户至少有一名成年成员列席一次。鉴于农村外出打工人员多的实际，要求每个村与会人员原则上不少于应到会人数的50%。县委统一发放党员履行义务、奉献服务“双务”积分卡，党员每月与会情况填入积分卡，作为参加党组织生活情况的记录。在会议主持人选择和指导方面，县乡包村干部必须到场全程指导、全程参与、全程监督，一般是由熟悉村情的乡镇街道包村干部主持，以利于掌控活动局面，并指定专人点名、做记录，记录经村庄主职干部、包村干部审核无误并签字后存档备查。在会议纪律方面，统一制定议事规则和会场纪律，严厉禁止无理取闹、冲击干扰会场秩序或不按程序规则参与学习议事等行为。

第三，活动开展规范化——操作流程化。为使“议事·学习日”制度既简便易行，又能得到规范性的贯彻执行，把整项活动分解为多项操作流程。一般是每月20日前，乡镇分别统一收集所辖社区、村庄提报的议事学习内容；22日前后，县委召开由乡镇党委副书记和组织委员参加的会议，对当月议事学习进行安排部署；每月22日，各村党组织负责将本村当月活动的议题、时间、地点，通过广播喇叭、村务公开栏进行公示；24日前，各乡镇召开包村干部和主持人会议，对本乡镇的议事学习任务进行培训和安排；24日下午，县、乡镇分别召集参与活动督导工作人员的会议，对督导和明察暗访工作进行临时性分组安排，明察暗访的重点是后进村、上一月督查存在问题的村；25日，各村普遍开展议事、学习活动，晚上县委以电话抽查的形式，访查各村“议事·学习日”活动是否开展及开展情况；26日，各村要将议定事项在村务公开栏公开，同时，社区一级的“议事决策日”也在这天举行，由各社区在各村议事基础上对有关工作进行研究决策、集中审批；次月10日前，县委汇总各乡镇开展活动的督导情况，以《基层组织建设简报》的形式通报到各乡镇。同时，对学习教育、“两公开一会审”、民意访查、信访质询等每项活动，都分别制定了操作规程。具体到每月25日“议事·学习日”这一天，会前需做哪些准备工作、会上需要进行哪些项目、分别有哪些要求，以主持词的形式提供给包村干部，避免了因主持人责任心、工作能力、驾驭水平不一而导致差异过大的问题。

第四，制度落实长效化——组织、督导和硬件投入配套化。为确保“议事·学习日”制度落地生根，在组织领导方面，县委专门成立了农村党员群众“议事·学习日”领导小组和办公室，把“议事·学习日”制度作为县委中心工作之一和领导农村工作的有效抓手。在督导考核方面，所有县直部门单位一律不得影响和干扰25日农村党员群众“议事·学习日”活动的正常进行。县四大班子领导干部都要到所联系的乡镇街道指导和督导“议事·学习日”活动，县乡驻村工作队队长要全程参与所包村的“议事·学习日”活动，并负责采取录像或照相的方式进行实时监督。县委抽调42名工作人员，组成21个督查组，专门负责全县面上督导工作，每个组督查一个乡镇街道，每次全程参与一个村的议事学习活动，督查组每月督查的村，由县领导小组办公室统一安排，重点督查发生信访的村、班子软弱涣散的村、上一次督查发现问题的村，采取听、看、查、访的方式进行督查。在此基础上，县领导小组办公室每月通过电话的形式，随机调查100名农村党员群众，抽查情况与督查情况相互印证，督查情况通过《基层组织建设简报》进行通报。同时，通过来信来访渠道，对反映村干部作风不民主、村务账务不公开、发展党员不规范等相关问题的，倒查农村党员群众“议事·学习日”活动开展情况。对不按时组织或“议事·学习日”活动无实际内容，导致流于形式、走过场的村，在全县通报批评，并与乡镇街道基层组织建设考核、包村干部考核、村主职干部补贴挂钩；督查组工作不细致、不深入或者弄虚作假的，也在全县通报批评，并通知其所在单位换人。在硬件设施投入方面，将社区村级组织活动场所建设列入2013年十二项为民办实事项目之一，县财政拨款774万元，为129个村新建活动场所，统一配备了办公用品，确保每个村都有达标的活动场所。2014年10月，县财政、县管党费共投入480万元，为170个社区服务中心配备了投影仪，为1035个村配备了智能液晶电视机。

三　“议事·学习日”制度产生了超乎想象的效果

“议事·学习日”制度实行以来，内涵不断丰富，制度逐步完善，已经成为莒县农村社区党员群众沟通交流的窗口，民主议事的载体，学习培训的平台和部署落实村级、社区工作的主要渠道，有效解决了长期困扰农村基层社区治理的一系列难题。

第一，建立了党委政府联系社区群众的制度保障，架起了上级党委政府与村民之间快速反应的通道。“议事·学习日”活动在全县从制度层面保证了农村社区党员干部每月都要主动接触群众，第一时间了解群众的困难和诉求，从而使得民意通过“议事·学习日”这个平台得以向上传递，民众智慧通过这个平台得以汇集。自2012年底制度施行以来，莒县将村民的有效诉求16101条梳理归纳为20项，各项所占比例详见图1。

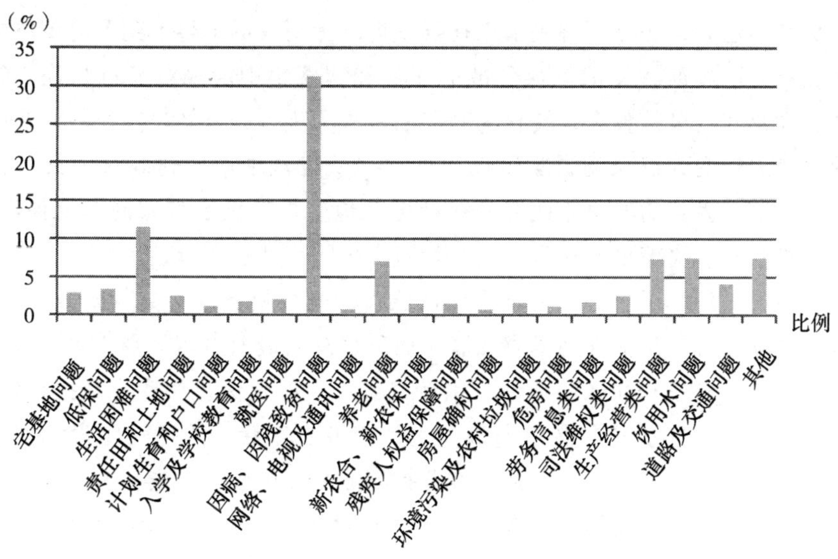

图1　莒县村民有效诉求

通过“议事·学习日”形式将党群联组长征求到的村民的需求和意见呈送上来，获取了农民利益诉求的真实信息，有效地防止了“内部人效应”，解决了村干部只对上面负责的问题，使农民的疾苦和声音能够有效地传达到党委政府，避免了问题积压；同时，村民的利益诉求对于党委政府也形成了一种工作压力和工作指导。村民的问题提出来之后如何解决呢？莒县坚持问题导向、群众满意的原则，以所在村庄为依托，以社区和乡镇为解决问题的主体，依靠政策、制度和法律，形成解决问题的合力。工作流程为：对群众反映的诉求和问题，凡是党员干部个人能协调解决的，直接由个人帮助解决；需要所在村庄出面协调解决的，由所在村庄帮助协调解决；群众反映的问题超出村庄职责或协调范围的，一律由所在单位联络员负责，书面反馈到乡镇街道，由乡镇街道安排有关社区和自然村予以解决，结果及时向党员干部个人和群众反馈；靠乡镇层面确实解决不了的问题，由乡镇街道负责，书面报县联系服务群众调度工作办公室，办公室遴选面上反映集中的、有条件解决的问题，交由有关职能部门研究提出可行性方案，提交县委县政府研究解决；对确实不具备条件解决的问题，由办公室会同有关职能部门，提出答复意见，统一答复口径，经县委县政府领导批准后，向群众做出解释，或通过媒体做出回应。群众诉求反馈机制的建立，一方面解决了以往群众诉求无门或诉求得不到及时解决的问题；另一方面，又把群众分散的意见和智慧集中起来，经过村庄、社区、乡镇和县级的整合，转化为共同的意志和决策，再经过宣传教育和引导，使之转变为群众的自觉行动。这种“从群众中来、到群众中去”的工作方法，为党的群众路线在农村社区落地生根提供了可靠的制度保障，使党委政府的决策更加科学，具有针对性、响应性、问责性。

第二，建立了农村社区干部作风建设的长效机制。“议事·学习日”制度把县乡机关干部推到了直接联系服务群众的最前沿。县乡机关干部要指导好包联村庄和社区的活动、主持好会议，必须深入村庄、掌握村情、了解民意，与群众坐在同一条板凳上，会说农家话，能把问题说到点子上；必须了解政策，具有很强的驾驭控制能力，该放的时候会放，让群众充分发表意见；该收的时候能收，及时形成决议。由于“议事·学习日”制度把村级事务特别是关系群众切身利益的大事置于党员群众的监督之下，一切村务政务都在阳光下运行，倒逼村干部严格按程序依法办事，避免了村干部“一言堂”的随意性，所以，对村干部来说，每月的“议事·学习日”恰似考试，会议决定的事完不成，群众对质疑的答复不满意，村干部都过不了关，无形中增强了村庄和社区干部干事创业的压力感。在参与活动的生动实践中，村干部逐步学会了运用政策发展经济、通过民主协商化解矛盾的方法，同时也学会了遵守操作规程保护自己的工作方法。只要在“议事·学习日”上通过的事项，他们就可以理直气壮地办，再也不用担心群众上访了。村社干部的整体形象在群众中也有了明显的转变。2012 年“议事·学习日”制度实施之前，反映农村干部的信访问题占农村信访总量的 70%，2013 年下降了 8 个百分点，2014 年下降了 11 个百分点，2015 年上半年又下降了 8 个百分点，呈现出逐步递减的良好态势。

第三，打造了农村社区居民参与社区治理的规范平台。“议事·学习日”制度保障了农村社区居民的民主权利。各村要将当月活动的议题等进行公示，活动结束后形成决议的事项要及时公开，落实了村民的知情权；议事时允许所有人参与或列席旁听，县里统一提供活动主持词通稿，把让与会人员发表意见写进了议程，增加了质询环节，保证人人都有机会表达个人意志，落实了村民的参与权；重大事项和财务支出由党员群众集体审议和表决，把村干部的权力关进了制度的笼子，落实了村民的表决权；议定事项会后及时公开，并在下一次调度落实情况，落实了村民的监督权。村民的知情权、参与权、表决权和监督权得到了充分保证，主人翁的热情和创造活力开始得到充分释放。制度实施以来，全县累计审议村级重大事项和财务收支项目 10 万余项，审计资金 25 亿余元，否决群众不认可事项 310 件，经党员群众提议并实施的重大村务 370 件，有效解决了村级治理不公开、不公道等问题，遏制了少数村干部贪腐行为。2013 年因村务财务不公开而引发的信访比 2012 年下降 28%，2014 年 1—8 月同比下降 47%。同时，“议事・学习日”活动也成为学习民主的学校。通过交流讨论，村民能越来越多地接触和了解其他利益相关者的观点和初衷，有益于培育心态平和、能容忍不同见解且善于以妥协来达成共识等公民精神，也学会了利用合法手段来表达诉求和维护权利，学会了重视程序的民主精神。2014 年莒县到县上访同期下降 5.1%，到市上访同期下降 3.6%，到省上访同期下降 34.1%，进京上访同期下降 36.8%。2015 年 1—7 月，到县上访同期下降 22.5%，到市上访同期下降 47.5%，到省上访同期下降 2.86%，进京上访同期下降 18.2%。

第四，找到了提高农村基层党组织凝聚力的有效方式。通过每月一次常态化、规范化的活动，把党中央国务院和省市的部署要求贯彻落实到基层，把理想信念和党性教育、革命传统和改革创新精神、社会主义核心价值观等灌输到党员群众中去。党委政府的信息通过这里向下传递，舆论在这里得以正确引导。“议事・学习日”找到了解决当前农村社区党员群众学习教育的突破口，使学习型党组织建设落到了实处。同时，它把强化服务意识、转变服务作风、提高服务效能作为价值取向，把涉及农民群众切身利益的生产和经营、养老扶困、修桥铺路、拆迁安置、教育卫生、环境治理等作为重点服务内容，又使服务型党组织建设落到了实处。学习型基层党组织和服务型基层党组织建设的有机结合，提高了农村基层党组织的凝聚力。

第五，推动了农村社区建设的阵地化、实体化。“议事・学习日”把完成上级部署的工作任务和农村社区建设有机地结合起来。无论是常规工作还是阶段性的重点工作、经济工作还是党建工作、前期部署还是推进落实、调度工作还是补齐工作短板，都通过“议事·学习日”活动议题的方式开展起来。自 2012 年 12 月以来，莒县的农村党员和干部述职述廉评议、农村返乡人才恳谈、研究村“两委”年度工作目标和为民办实事项目、研究村级集体经济增收措施、建立村级保洁长效机制、集中推荐入党积极分子、举办公心节、乡村文明建设等党委政府布置的任务，都通过“议事·学习日”贯彻落实下来。农村社区村级党组织活动不正常、活动场所不达标、远程教育设备管理难等一系列问题，伴随着“议事·学习日”制度的实施，均有了较大改观，农村社区建设的硬件也得到明显加强。

“议事·学习日”制度同时解决了严肃党内组织生活、联系服务群众、发扬基层民主、扩大公众参与、激发社会活力、加强对干部的监督等一系列难题，小制度解决了若干大问题。

四　莒县农村社区民主协商机制的特点

“议事·学习日”制度为农村社区治理提供了一个充满创意的理念和实践样本，其最重要的特点是实现了农村社区治理“自上而下”与“自下而上”的良性互动。“议事·学习日”制度体现出来的基层治理方式，既不同于传统的政府单一主体管理、政府权力无限扩张从而对基层民主自治形成严重挤压的垂直式、单向度的管控，也不同于宗族矛盾加剧、各种乱象丛生和基层不稳定的政府“放任自流”的“自治”，而是在地方党委政府的组织、指导和督导之下的村民自治组织和村民有序参与的治理，是“自上而下”的行政管理与“自下而上”的社区自治的有效衔接和良性互动，是坚持党委政府领导和激发社会活力的有机结合。

首先，“议事·学习日”的主持人是经过乡镇党委慎重挑选的，大多由乡镇机关干部或包村干部担任，“学习”的内容是经过县委组织部门和宣传部门联合制作的宣教片。这个“自上而下”的过程，保证了“协商”过程的公众参与是“可控的”，不会构成政体的“民主化”压力，坚持了党委政府的领导。

其次，虽然会议议程和最终决定权仍然被地方政府所掌控，看似是一种“威权式协商”，但是由于决策的过程引入公众参与而变得透明和开放起来。通过“议事”这个开放和透明的“自下而上”的政治过程，村庄中不同的利益主体可以平等对话，个体村民也有机会通过投票等渠道来表达自己的偏好，通过“协商”过程来取得相互理解和达成共识，最终形成一个合意的决策结果。在这个过程中，群众的基本权利得到保护，社会活力得以激发。

最后，地方政府尽可能根据“议事”的过程，发掘出民众的真实偏好，接收更多的信息，使决策更具“包容性”，提高最终决策的质量和认受性。这个“自上而下”与“自下而上”的有效衔接和良性互动，无疑有助于提高治理绩效。

五　莒县的经验及启示

莒县“议事·学习日”制度的探索及取得的良好效果，为创新农村基层民主协商制度提供了有益的经验和启示。

第一，创新基层民主协商制度必须摆上党委政府的重要议事日程。“议事·学习日”制度实施伊始，莒县就组织召开了由乡镇党委书记参加的县委常委扩大会议，专门讨论这一议题，使这项活动一开展就成为“一把手工程”。县委书记在制度实施的头几个月的活动前一天，都会以发短信、打电话、听报告等形式，对组织好活动提出指导意见和具体要求，并带头参加所包村的活动，对面上活动开展的情况进行抽查。各乡镇党委书记也都带头参加所包村的活动，负责监督、指导活动开展，对有关政策和问题进行解读和释疑。县委书记、乡镇街道党委书记等“一把手”真正重视了，基层民主协商制度建设抓起来就会群起响应、一顺百顺。

第二，创新基层民主协商制度必须着力打造有效的平台或载体。莒县实施“议事·学习日”制度，搭建起了党委政府组织领导、党员干部积极响应、社区居民广泛参与的新型学习议事和治理平台，实现了贯彻落实上级工作部署、研究决定村级重大事项、有效开展党员群众教育培训的有机结合，从而为党委政府充分发挥组织引导作用和社区居民积极参与社区治理活动，创造了制度化、规范化、程序化的渠道和平台。在这个渠道和平台上的对话与沟通，缓解了社区居民之间以及党委政府和个人之间的矛盾。

第三，创新基层民主协商制度必须遵循多元治理和增量共治的治理要旨。莒县“议事·学习日”制度的实施，加强了党委政府、党员干部和社区群众的上下联动，使基层党委、政府、村民自治组织、农村社会组织及农民个体等不同主体都共同参与到社区治理实践中去，共同构筑一张相互联系又相互督促的社区治理网络。在这张网络里，既有党委政府强有力的督查和考核、县乡干部的指导和组织，也有社区农民群众对村级事务的踊跃参与，还有党委政府对群众诉求的及时反馈和解决。党委政府从上而下的领导、村民自治组织建立的契约性规则、多种多样的农村社会组织以及个人组成的多元化利益格局，既构成了社区稳定的均衡构架，成为社区稳定的重要保险机制，也降低了政治上的变动对社区产生的连带反应，降低了社区整体不稳定的可能性。而各个不同部分、各种利益群体诉求和利益的表达，以及村民在赋权中自治能力的提升，促进了党委政府和社区民众、国家与社会之间的沟通和理解，共识和合作的达成节约了政府管理的成本，提升了治理绩效。

第四，创新基层协商民主制度必须切实解决社区居民的实际问题。无论一项创新措施产生的民主机制如何健全、如何符合程序，只要不能为民众带来切实的好处，最终还是会被民众所抛弃的。莒县的“议事·学习日”制度，紧密联系农村实际，围绕解决群众实际困难和群众重大关切问题，精心设计学习议事主题，注重督导和落实。同时，广泛征集“议事·学习日”和党员干部联系服务群众中群众诉求解决的问题，将16101条群众诉求归纳汇总为20项，包括因病因残致贫、饮用水安全、生产经营、道路交通、孩子上学、看病就医、养老救助等，并积极回应这些诉求，着力解决这些看似琐碎和细小的事情，避免了将“小事”转为“大事”和各种非理性解决问题的方式出现，为村民带来了切实的民生改善，得到了群众的认可和支持。村民成为基层协商民主制度的最大受益者。这样的基层民主协商制度才会具有强大的生命力，才会长久地持续下去。

第五，创新基层协商民主制度必须着力构建制度化的长效机制。要让一项创新探索能够持续，关键的一点就是要将其固定下来，现实中的办法就是制度化，而众多失败案例的问题所在就是其难以实现制度化。这里的制度化，首先是各种创新措施的制度化，更重要的是整体战略的制度化。“议事·学习日”这一操作起来并不复杂的制度，对议事学习的内容、参会人员和时间、会议主持、操作流程、督导检查等都作了详细的、刚性的规定，而且将“议事·学习日”这种基层协商民主形式作为制度固定下来，并视为全县促进民生建设、维护社会稳定的战略选择。其次，这个制度的核心不会因为领导人的更替而改变，即使是领导人因个人的好恶要变更，广大农村群众也不会轻易答应。最后，莒县的实践说明，只有不断健全科学规范、完整配套、务实管用的制度化机制，基层协商民主制度才能取得真正的实效。

用切实有效的农村社区协商民主制度保证民生为本的执政理念落到实处，莒县“议事·学习日”制度为当下中国的广大农村社区提供了一个可复制、可推广、可借鉴的创新实践样本。

组织的非正式制度与治理的制度化

——以中国土地行政为案例的分析

谢志岿　曹景钧*

治理的制度化是国家治理体系和能力现代化的重要内容和标志。改革开放以来，治理的制度化一直是国家追求的目标。邓小平多次强调，必须改革党和国家领导制度，加强制度建设，使民主制度化、法律化，使这种制度和法律不因领导人的改变而改变，不因领导人的看法和注意力的改变而改变。江泽民指出："改革的目的，就是要在各方面都形成与社会主义初级阶段基本国情相适应的比较成熟、比较定型的制度。"胡锦涛提出要"构建系统完备、科学规范、运行有效的制度体系，使各方面制度更加成熟更加定型"。习近平指出，今天，摆在我们面前的一项重大历史任务，就是推动中国特色社会主义制度更加成熟更加定型，为党和国家事业发展、为人民幸福安康、为社会和谐稳定、为国家长治久安提供一整套更完备、更稳定、更管用的制度体系。

总体而言，随着政治、经济、社会领域改革的深入，中国的国家治理日益制度化。但是，在一些行政领域（如土地管理、环境保护、计划生育等），低制度化和低效问题仍然存在，并造成诸多经济和社会问题。对于低制度化的原因，理论界往往将其归结为韦伯主义理性化程度、治理的结构和功能、政治体制等因素的函数，这些没有完全解释目前国家治理中存在的一些问题。本文将以土地行政为例，尝试对转型期一些领域治理的制度化和绩效偏低的问题提出一种新的解释，即"组织的非正式制度"

* 谢志岿，深圳市社会科学院社会发展所所长、研究员；曹景钧，香港中文大学政治与行政学系教授。

解释。近年来，因土地引起的经济社会问题，已经成为转型期社会问题的焦点。通过对土地行政的研究将揭示，在转型时期，由于旧的利益关系被打破，新的、合理的利益结构还没有完全建立起来，一些领域的制度处于非均衡状态。这种制度上的失衡，导致地方政府通过非正式运作实现其利益，由此产生了大量组织的非正式行为规则，影响了这些治理的制度化。通过对一些行政领域低制度化和低效问题直接原因及其制度背景的揭示，可以深化我们对国家制度建设系统性、复杂性的认识。

作为一个新的概念和解释视角，“组织的非正式制度”将为中国公共行政制度化问题提供一个新的解释，也将为新制度主义关于非正式制度概念及其作用的讨论提供一些新的经验事实和理论发现。

本文分为五个部分，第一部分将全面系统地对制度化及其衡量标准的理论进行梳理和讨论。第二部分对中国土地行政制度化状况进行评估。第三部分对地方政府非正式规则与土地行政制度化之间的关系作出分析。第四部分概括总结“组织的非正式制度”概念，并讨论其对于治理制度化的解释价值。第五部分讨论制度失衡、非正式制度与转型期制度建设的重要性。

一　治理的制度化及其衡量标准

制度化是我们在分析管理活动时经常使用的一个概念，但对其学理内涵和衡量标准，目前国内学术界尚未进行系统的、充分的阐述。传统的制度主义与新制度主义对此进行了一些探讨。

传统的制度化理论强调政治系统与稳定及适应性相联系的那些特征。如 Huntington 认为，制度是稳定的、受尊重的和周期性发生的行为模式，组织和程序与其制度化水平成正比。制度化是组织和程序获取价值观和稳定性的一种进程。①

新制度主义也强调制度化所带来的确定性和可预期性。如 North 指出，制度在一个社会中的主要作用是建立人们互动的稳定结构（未必是有效率的），以降低不确定性。这些不确定性是问题的复杂度和个人所具

① Huntington, Samuel P. *Political Order in Changing Societies.* New Haven : Yale University Press, 1968, p. 12.

有解决问题的软件（套用计算机名词）两方面造成的。[①] Jepperson 认为，制度意味着一种社会秩序和模式，制度化指的是这些状态或特征的形成过程。[②]

诸多关于制度化的观点都强调制度化过程中制度被认知和践行的特征。如 Zucker 认为，制度化是在一个既定社会现实中，个体行动者传达由社会规定的判定一个行为正确与否的因素和程度的过程。他反对将制度化过程看成常常作为创制其他结构的副产品发生；相反，一旦实现制度化，结构或行为会不需要任何进一步的行动而得以维持。[③] Berger 和 Luckmann 认为制度化现象出现在各类行动者惯例行为相互类型化的时候。一系列惯例性行为（形成过程先于制度化）是行动者或某个特定行动者在某个时间、以共同的方式、在一定的社会背景下开始担负某种角色时形成的。[④] 而 Powell 认为制度化是迫使一部分人在遇到挑战时变得与其他遇到同样挑战的人类似的一个强制性的过程。在同形化的作用下，他们将采取同样的办法。[⑤]

Tolbert、Zucker 和 Barley 还讨论了制度化的过程，他们将制度化分为前制度化、准制度化和完全制度化三个渐次推进的阶段，每一阶段分别以 Habitualization、objectification、sedimentation 三个连续化的过程为特征。[⑥]

---

① North, Douglass Cecil. *Institutions, Institutional Change and Economic Performance.* Cambridge; New York: Cambridge University Press, 1990, p. 6, p. 25.

② Jepperson Ronald L., 1991 "Institutions, institutional effects, and institutionalig." In Walter W. Powell and Paul J. DiMaggio (eds.). *The new institutionalism in organizational analysis.* Chicago: University of Chicago Press.

③ Zucker, L. G. (1991). The role of institucionalization in cultural persistance. In W. W. Powell & P. J. DiMaggio (Eds.). *The new institutionalism in organizational analysis.* Chicago: The University of Chicago Press.

④ Berger, P. L. & Luckmann, T. (2003). *A construção social da realidade: tratado de sociologia do conhecimento.* Petrópolis: Editora Vozes. Cited from Carlos Alberto Sampaio de Freitas and Tomás de Aquino Guimaraes, "Isomorphism, Institutionalization and Legitimacy: Operational Auditing at the Court of Auditors", *BAR*, v. 4, n. 1, art. 3, pp. 35 – 50, Jan./April 2007.

⑤ Powell, W. W. (1991). "Expanding the scope of institutional analysis". In W. W. Powell & P. J. DiMaggio (Eds.). *The new institutionalism in organizational analysis.* Chicago: The University of Chicago Press.

⑥ Tolbert, P. S. and L. G. Zucker, (1996), "The institutionalization of institutional theory", in Clegg, S. R., Hardy, C., Nord, W. R. (Eds), *Handbook of Organization Studies*, Sage, London, pp. 175 – 190; Barley, Stephen R. and Pamela S. Tolbert (1997). "Institutionalization and Structuration: Studying on the Links between Action and Institution." *Organization Studies* Vol. 18, No. 1, pp. 93 – 117.

波拉尼则将经济制度化过程视为一个与非经济的结构和制度相互关联的过程。①

还有的学者将制度化与合法性联系起来。如 Suchman 认为与制度化紧密相连的是合法性——由对实体行为的必要性及符合既定社会道德、价值、信仰、规定等的普遍化的认同和设定构成。合法性在由制度理论造成可能的知识转型中发挥着重要作用；为围绕构建、限制或加强组织行为者的规范化、认同性力量的理论形成提供一个框架基础。因此，合法化与制度化是同义词。② 但是，Jepperson 认为，合法性是制度化的产物或者促进因素，但并不总是联系在一起，因为非法因素如腐败、诈骗和有组织犯罪也会制度化。③ 对于治理的制度化，不同学者提出了不同的衡量标准。Huntington 将制度化看成是组织和程序获取价值观和稳定性的一种进程，任何政治体系的制度化程度都可根据其组织和程序所具备的适应性、复杂性、自治性和内部协调性来衡量。④ Tolbert 和 Zucke 将 sedimentation（根植）看成是完全制度化的阶段。Sedimentation 是一个结构的历史延续过程，尤其是历经组织成员代际更替而存续。在他们看来，结构的充分制度化取决于下列因素的联合效应：反对群体较低的抵制、倡导团体持续的文化支持与推动、产出的正相关。他们提出了评价制度化的一些方法。如（1）通过调查和问卷了解被访者对制度化程度的评价；（2）运用档案数据进行历史分析；（3）鉴别结构在不同制度化水平发生变化的决定因素，这些决定因素包括组织中革新者的规模和地位、反对力量的大小、组织的大小、变化的成本、革新与产出的相关性等。⑤

在总结 Giddens、Berger 与 Luchmann 理论的基础上，Barley 和 Tolbert

---

① K. Polanyi. "The Economy as Instituted Process". In Mark Granovetter, Richard Swedberg (eds.), *The Sociology of Economical Life*. Boulder: Westview Press, 1992.

② Suchman, M. C. (1995, July). Managing legitimacy: strategic and institutional approaches. *Academy Management Review*, 20 (3), 571 - 560.

③ Jepperson Ronald L., 1991 "Institutions, institutional effects, and institutionalism." In Walter W. Powell and Paul J. DiMaggio (eds.). *The new institutionalism in organizational analysis*. Chicago: University of Chicago Press.

④ Huntington, Samuel P. *Political Order in Changing Societies*. New Haven: Yale University Press, 1968.

⑤ Tolbert, P. S. and L. G. Zucker, (1996), "The institutionalization of institutional theory", in Clegg, S. R., Hardy, C., Nord, W. R. (Eds), *Handbook of Organization Studies*, Sage, London, pp. 175 - 190.

提出了制度化的过程模式，这为衡量制度化过程提供了思路。[①] 在他们看来，制度化是一个由多个时段（T1，T2，T3……）构成的连续过程，每一个时段（T）都由 a、b、c、d 四个步骤组成，a 表示编码（encode），即对运用于某种制度背景的规程（scripts）中的制度原则进行解读，编码常常发生在社会化过程中并包括个体对相应特定背景行为规则和解释的内化；[②] b 表示将编码的制度原则制定为规程的过程；c 表示行为改变或复制规程的程度，在多数环境下，改变规程的倾向比无意识、无倾向地背离规程更可能导致制度变迁；[③] d 包括这一阶段模式化行为和互动的客观化（objectification）及外在化（externalization）。第一个时段（T1）结束后，即进入第二个时段（T2），如此往复，每一个时段都相应形成一套行为规程（scripts T1，scripts T2，scripts T3）。可见，制度化是新的制度安排与行为规则不断得到内化或社会化的过程。[④]

借鉴已有关于制度化及其衡量标准的讨论，本文认为，制度化是制度形成、制度（价值）认同和制度践行的连续过程。而制度化的衡量，可以从制度成型化 formulation（惯例化、成文化、法定化）、制度的认同和执行情况（价值认同和遵循）、对反制度行为的处罚情况三个方面展开。

制度成型化是指治理的组织、职责、履行职责的方式和程序、处罚等各个方面都有完备的制度规定，并且这些规定符合治理的内在要求。这些制度规定是成文的、法定的，因而也是正式的。“制度成型化”主要解决治理有没有法律和制度可依的问题。

制度认同和执行情况反映的是行动者对制度的理解、评价和对制度的执行情况，行动者会评估这一制度对自身利益的影响，确立对制度的态度。一般而言，制度如果形成一个合理的动机结构，行动者会认同并主动执行这一制度；相反，行动者可能不认同、不认真执行制度的规定。因

---

① Barley, Stephen R. and Pamela S. Tolbert (1997). “Institutionalization and Structuration: Studying the Links between Action and Institution.” *Organization Studies* Vol. 18, No. 1, pp. 93 – 117.

② Berger, Perter L., and Thomas Luckmann, 1967. *The social construction of reality.* New York: Doubleday.

③ Boisot, Max and John Child, 1988. The iron law of fiefs: Bureaucratic failure and the problem of governance in the Chinese economic reforms. *Administrative Science Quarterly* 33: 507 – 527.

④ 李汉林、渠敬东、夏传玲、陈华珊：《组织和制度变迁的社会过程——一种拟议的综合分析》，《中国社会科学》2005 年第 1 期。

此，制度的认同和执行情况，也可从制度绩效和反制度行为及其规则数量来评价和衡量。制度认同和执行状况与 Barley 和 Tolbert 所谓的 encode 和 enact 阶段的某些特征类似。这一标准是看治理是否在既定制度和政策框架下运行以及运行结果如何，是对治理过程和结果的评价。

对反制度行为的处罚情况。制度作为一种结构，其功能是对行为产生约束。如果制度失去了对行为的约束功能，制度化就无从谈起。Giddens 在其结构理论中也强调了结构通过规范对行为的惩罚和奖励①。通过对反制度行为处罚机制和状况的考察，可以从一个侧面了解治理制度化的程度。

本文将依据上述标准对中国土地行政制度化状况作出判断和评价。

二　中国土地管理制度化状况评价

新制度主义认为，制度变迁的动力源于外部利润的存在。② 1978 年以来，随着市场经济改革，人口增加，耕地减少，国家、集体和个人利益调整，市场在解决中低收入阶层住房方面的失灵这些外生变化，改变了国家、土地使用者、土地所有者之间的利益结构，导致了中国土地管理正式制度和组织的变迁。主要包括：（1）建立集中统一的计划管理体制；（2）严格建设用地审批，控制建设占用耕地；（3）完善征地程序，提高征地成本；（4）运用市场机制有偿供应土地；（5）通过占补平衡办法保护耕地；（6）加强房地产市场调控，弥补市场失灵；（7）从多头分散管理到集中统一管理；（8）加强与规范土地监察；等等。土地管理制度上述方面的变迁，集中体现在以《中华人民共和国土地管理法》为核心的土地管理制度体系中，反映了当时诸多外生性变化对土地管理制度的变迁要求，为中国市场经济发展过程中土地利用与管理提供了基本的秩序和规范。

虽然改革开放以来中国土地管理制度变迁所取得的成就有目共睹，不

① Anthony Giddens. 1979. *Central problems in Social Theory* : *Action*, *Structure and Contradiction in Social Analysis*. London : Macmillan. Anthony Giddens. 1984. *The constitution of society*. Berkeley: University of California Press.

② L. E. 戴维斯、D. C. 诺思：《制度创新的理论：描述、类推和说明》，载科斯等《财产权利与制度变迁》，刘守英译，上海三联书店 1994 年版。

容否定，但由于当时的历史条件和制度变迁的路径依赖，这一制度没有充分反映改革开放以来国家、集体和个体在土地利益上的深刻变化，也没有形成合理的利益结构，无论从制度设计还是管理效果来看，仍然存在诸多问题和不足，成为当前中国一些经济社会问题的根源。下面，我们从制度过程和效果两个方面，对土地管理制度化状况做一评价。

（一）制度化过程评价

1. 制度成型化

总体而言，因应改革开放和市场经济发展而逐步建立起来的土地管理制度体系，为中国土地利用与管理提供了基本规范，保障了土地利用的秩序。但是，这一制度存在的问题也是十分明显的，主要表现在如下方面：一是制度不够完善，突出表现为土地权利与义务的双重缺失与失衡。农村集体土地没有完整的财产权利，也没有完整的财产义务，政府垄断建设用地供应，造成土地利用上的囚徒困境博弈（政府违规圈地、农民违法用地、各地疏于保护耕地等）；二是一些制度的层级低，很多制度都是以政策文件的形式表现出来，如几次房地产调控的措施，都是以政府部门规章和文件的形式发布出来，而不是更加成熟稳定的法规；三是制度变动不居，太多地受到宏观经济环境的影响，难以形成稳定的预期。与文件形式的制度相联系，土地管理的具体制度经常调整，或规定得不够明确，降低了制度的效力，如开发区时开时停、土地利用规划经常修改、土地供应及相关税收政策经常变更、为违规用地补办手续、对小产权房的政策摇摆不定等，都给人留下制度不稳定的印象。因此，虽然目前土地管理各项正式制度已逐步建立，但还没有达到成熟完备的程度。

2. 制度认同与执行情况

由于利益关系造成的动机结构不同，不同层级政府对土地管理正式制度的态度是不一样的，对自己有利的制度，下级政府会充分利用，积极执行；对于利益影响不明显的制度，会视情况执行；对自身利益不利的制度，则可能采取规避甚至扭曲的态度。由于上级对下级有人事任免权，也就是 Huang Yasheng[①] 所说的政治（组织）控制的权力，下级一般不会公

① Huang, Yasheng, 1996. Central-Local Relations in China during the Reform Era: The Economic and Institutional Dimensions. *World Development* Vol. 24, No. 4, pp. 655 – 672.

然对抗上级的管理，但是，潜在的不认同乃至扭曲制度则是普遍的。通俗地讲，就是“上有政策，下有对策”或者“公开一套，背后一套”。在土地行政中，对制度的认知和调整包括编码（解读）与分析、制定行动规程和社会化等各环节。

第一，制度解读与分析。制度解读是对制度的含义进行理解，吃透制度的“精神”，了解制度的政策含义，明白制度对各类行为的规范及其边界。在此基础上，分析制度对土地行政行为的影响，评估制度可能带来的利空或利好。

第二，制定规程，即在分析和评估制度影响的基础上制定行动策略，包括遵循、利用、变通或扭曲。

“遵循”就是在分析上级发布的制度的基础上，按照制度规定的内容、原则和程序，设立行政组织，实施行政行为。在正式制度的层面，地方政府一般不会公然违背，而是要按照上级政府规定要求，做出相应对正式组织或制度的调整。全国各地土地行政组织和行政程序的高度同形化（Isomorphic），表明了对正式制度的遵循；不过，这种正式组织和制度的同形化，主要体现在制度结构而不是具体行为方面，具体行为的遵循视制度的刚性程度和执行力度而定。

“利用”就是使正式制度的一些规定为自己的利益服务。国家土地政策和制度在对各地土地利用进行约束和规范的同时，为了支持地方经济社会发展，对一些建设项目用地的限制相对宽松。下级政府在制定规程的过程中，对约束性的方面往往避重就轻，对支持性方面则充分利用，从而最大限度地实现自己的利益。

“变通和扭曲”则是直接用非正式制度改变正式制度。如在土地利用规划、征地审批、征地实施、土地出让与划拨、土地登记、土地监管、耕地保护和房地产市场调控等各个方面，都普遍存在着非正式规则，这些非正式制度直接消弭了国家土地利用控制的效力。

第三，片面制度社会化。按照制度化理论，将制度持续地传播给更多的成员是制度化的重要前提。但在土地管理法规的社会化过程中，与上述趋利避害选择相适应，这些制度和政策的宣传也是片面的，对地方利益有益的部分则大力宣传，不利的部分则模糊处理甚至不让宣传。如在征地拆迁过程中，政府向农民宣传的往往是要求农民支持征地的制度和政策，而对征地应该履行的程序、农民应该享有的权利等，则宣传得不多，或者只字不提，甚至进行消息封锁。[①] 因此，从编码（解读）、分析、制定行动规程和社会化等环节来看，地方政府对土地行政的正式制度采取了实用主义和地方主义的解释、利用、改变（扭曲）和社会化，表明正式制度没有得到充分的认同——如果不是公然违背的话。在这一过程中，地方政府发展出了利用和扭曲正式制度的一系列非正式规则。

制度的认同、扭曲情况可以从土地违法案件的数量上反映出来。近年来，全国每年发现的土地违法案件都在十万件以上，虽然其间案件数量互有涨落，但是，涉及的土地和耕地数量却有上升的趋势，表明规模较大、占用耕地更严重的土地违法案件呈上升趋势。[②] 除了当年发现并上报的土地违法案例，实际上，未发现及上报的土地违法案例远大于发现并上报的案例。土地行政中的违规操作还可以从各地频发的土地纠纷和群众抗议事件中体现出来。近年居高不下的土地纠纷和土地维权案件，集中反映了土地政策执行和具体管理行为不被认可的状况。

3. 对反制度行为的处罚

与大量违法违规用地行为相对应的是违法违规的成本低。绝大多数违法违规行为未被严肃处理，也反映了土地管理制度化程度较低的状况。在土地违法行为处罚中，由于数量大，法不责众，监管部门往往进行选择性惩罚。一是惩罚的比例低，只有一少部分会受到处罚；二是处罚的程度轻，一般不会受到太严厉的处罚，很多都只是收回土地或者罚款了事，有的甚至可以先上车，后买票，补办手续即可；三是地方政府对一些土地违法行为采取保护态度，只有在中央或上级部门高度重视的情况下，才会选几个典型处理。[③] 这种状况极大地破坏了纪律的声誉。根据国土部门公布的数据，2001—2005 年，全国每一起土地违法案件，平均收缴罚款不超过 2.7 万元，收缴土地约 1 亩；每百件土地违法案件约只有 1 人会受党纪政纪处分；每千件土地违法案件约只有 1 人会被追究刑事责任。[④] 土地管理中执法不严的情况，导致用地者抱着法不责众的心理，与土地管理者展开博弈，直接影响了正式制度的执行。

---

① 田野访谈（DXC），2006 年 12 月。

② 见中国国土资源年鉴编辑部：《中国国土资源年鉴》（2000—2007 年）；国土资源部：《2006 年全国土地违法案件查处情况通报》（2007 年 3 月 20 日发布）。

③ 田野访谈（ZXP），2006 年 8 月；田野访谈（GS），2008 年 7 月。

④ 朱莉娅：《谁没做到守土有责?》，《中国青年报》2007 年 3 月 12 日。

（二）制度绩效评价

现有土地管理制度对促进经济发展、保障国家土地利用秩序功不可没，但是，土地管理主要目标未能如期实现也是不可否认的事实。我们可以具体从耕地保护、房地产调控、土地出让市场化状况、违法建筑管制等土地管理主要目标实现情况进行分析。

1. 耕地保护总目标实现情况

保护耕地是土地管理制度改革的一个重要目标，自1986年开始制定土地利用总体规划以来，国家制定了多项耕地保护、控制建设占用耕地及补充耕地目标，但大都没有如期实现，如《全国土地利用总体规划纲要》（1997—2010）确定的2000年、2010年的耕地保有量分别为19.40亿亩、19.20亿亩，但2000年全国耕地保有量为19.24亿亩，到2005年，这一数字锐减为18.3亿亩。①

2. 房地产市场调控目标实现情况

自2002年中国楼市升温至今，商品房价格总体上一直处于上涨之中。2010年4月起，中央政府出台了被称为史上最严厉的房地产调控措施，但房价仍然在高位徘徊。② 全国房价收入比多年来维持在8以上，一些大城市的房价收入比已经超过15，高企的商品房价格远远超过普通居民的经济承受能力。③ 针对高企的房地产价格，中国政府出台了多项调控措施，虽然房地产价格随调控有所起伏，但总体上一直是且调且涨，没有收到理想效果。

3. 土地市场化供应政策执行情况

自1995年1月1日施行的《城市房地产管理法》提出土地使用权出让，有条件的必须采取拍卖、招标方式开始，土地配置的市场化改革步伐一直没有停止。2002年5月，国土资源部出台《招标拍卖挂牌出让国有土地使用权规定》，要求“商业、旅游、娱乐和商品住宅等各类经营性用地，必须以招标、拍卖或者挂牌方式出让”；2006年8月31日，《国务院关于加强土地调控有关问题的通知》又明确规定工业用地必须以招标、

---

① 中国国土资源年鉴编辑部：《中国国土资源年鉴》（2008）。

② 商品房销售价格数据来源于《中国房地产年鉴》（2003—2009）及中国指数研究院，2011年1月6日。

③ 根据国家和地方统计部门公布的数据计算。

拍卖、挂牌的方式出让，但是，这些政策长期未得到落实。据有关部门统计，1999 年招标、拍卖、挂牌出让的土地宗数仅为 15.8%，到 2005 年，招标拍卖挂牌出让土地的面积也仅占出让总面积的 35.1%。[①]

4. 违法建筑管制目标实现情况

违法建筑是指未经规划土地主管部门批准，不符合规划要求，擅自建设的建筑物。随着经济发展和城市化推进，未经批准建造厂房、住房或者将土地出售、出租渔利，已经成为那些经济和人口增长较快城市的普遍性问题。[②] 虽然城市政府制订了多项规定，采取了多项措施制止违法建筑，但这些蜂拥而上的违法建筑总体上并没有得到有效控制。

综上，无论从制度成型化、制度认同和执行情况，还是从管理结果来看，土地管理都尚未达到高度制度化的程度。

三　地方政府非正式规则与治理的制度化

是什么影响了中国土地管理的制度化状况？这之中当然有多方面的原因，包括土地管理制度自身的问题等，但本文认为，在现有的制度背景下，地方政府针对国家土地管理正式制度采取的各种高度同形化（isomorphic）的非正式规则，是影响土地管理制度化最主要、最直接的原因之一。下面，我们从定性、定量和序贯作用几个方面，对地方政府非正式规则与土地管理制度化之间的关系进行分析。

（一）定性分析

1. 非正式规则影响土地管理过程的制度化

在衡量制度化的几个标准中，制度认同和执行情况是最核心的标准和表征，因为即使制度不够成熟完备，如果行政主体和管理对象认同和执行制度，也可以实现制度化，并且，如果制度得到认同和执行，对反制度行为的处罚也不会发生。因此，左右和反映制度认同与执行情况的最重要标志，即下级

---

① 《2004 年中国国土资源报告》，地质出版社 2006 年版，第 15 页；《2005 年中国国土资源报告》，地质出版社 2007 年版，第 14 页。

② 谢志岿：《村落向城市社区的转型》，中国社会科学出版社 2005 年版；牛建宏：《北京热销小产权房，售价仅为商品房价 30%》，《中国经济周刊》2007 年 6 月 11 日；洛涛等：《小产权房背后的黑金交易：暴利超过商品房》，《经济参考报》2007 年 12 月 10 日。

代理人是否采取各种非正式规则来应对上级委托人的正式规则。在土地行政中，地方政府基于自身利益，在土地行政的各个领域，都形成了针对正式制度的各种非正式操作规则。这些非正式规则直接变通和扭曲了正式制度，导致正式制度变形，也表明正式制度没有得到充分认同和执行。地方政府在土地行政各领域中采取的主要非正式行为规则如表 1 所示。

表 1　**地方政府在土地管理中采取的非正式规则**

主要领域	非正式规则
土地利用计划管理	（1）不严格执行土地利用计划，或不经批准使用土地；（2）通过土地利用总体规划修编增加建设用地规模；（3）在计划制订过程中多争取建设用地指标或通过申请重大项目争取建设用地指标；（4）建设用地指标分配保大放小；（5）以租代征突破计划控制指标，等等
建设用地审批	（1）化整为零，即按审批权限将需要使用的土地分期分批进行拆分申报；（2）张冠李戴，即将无权审批的基本农田和耕地等作为有权审批的荒地或“其他土地”申报；（3）越权审批，没有土地审批权的地方政府越权审批建设用地；（4）搭车征地，即利用大型公共工程建设征地费用低、容易审批的特点，多报征地数额，从而达到增加建设用地目的；（5）内部攻关，弄虚作假，即在建设用地报批中，使用虚假材料和虚假信息，骗取土地审批
土地征用	（1）控制成本，即尽量用更少的钱征更多的地；（2）通过党和政府渠道施加政治压力；（3）经济刺激；（4）思想政治工作；（5）发挥干部、党员的模范带头作用；（6）利用人情关系，软磨硬泡，讨价还价；（7）巧取豪夺；（8）以强制力为后盾等
土地供应	（1）将应该采取出让方式供应的土地以划拨的方式提供，将应该或者可以采取招标、拍卖、挂牌出让的土地，采取协议的方式提供；（2）降低、减免或不按规定使用和管理土地出让费用；（3）在土地招标、拍卖、挂牌出让过程中，照顾意向企业，为意向企业量身定做出让条件等
耕地保护	（1）让别的地区承担土地经济效益更低的耕地保护责任；（2）重成本较低的耕地开发，轻成本更高的土地整理、复垦；（3）补充耕地重数量轻质量和生态；（4）套取土地开发经费，或不按相关规定管理使用有关经费；（5）工作敷衍塞责，弄虚作假，应付上级任务
房地产调控	（1）有限度地增加房地产土地供应；（2）变通执行中央住房和用地供应结构调整；（3）不对商品住宅土地出让价格进行有效限制；（4）不坚决处理闲置土地
土地监察	（1）放任甚至鼓励违法用地，或变监管为合谋；（2）选择性监管，（3）选择性处罚

资料来源：（1）作者长期田野调查和参与观察所获得的经验材料；（2）各种媒体报道所披露的土地管理案例。

上述非正式规则，都直接针对土地管理相关领域的正式制度。如地方政府在土地计划管理中的非正式规则的目的是想方设法突破计划指标限制；建设用地审批中的各种非正式规则的目标是克服建设用地审批的各种限制；土地征收或征用中的非正式规则旨在控制成本，绕过程序；土地供应中的各种非正式规则是为了规避土地供应的正式制度限制；耕地保护中的非正式规则，则重占用、轻补充，与正式制度的目标相左；土地监察中的非正式规则的目的是应付检查和保护地方利益；房地产调控中的非正式规则目的就是要应对中央对房地产供需关系的调控，以防止房价下跌造成的利益损失。地方政府的各种非正式规则，其目的大多与正式制度不一致，直接变通、扭曲乃至消弭了正式制度的作用，使中央政府土地管理政策难以落到实处。

2. 非正式规则影响土地管理制度绩效

非正式规则的存在，导致正式组织和制度变迁只是暂时或部分地发挥作用，并没有从根本上实现土地管理的目标。这可以从历次土地管理重大制度变迁与耕地变化的对比看出。如 1986 年中共中央、国务院《关于加强土地管理制止乱占耕地的通知》和《中华人民共和国土地管理法》发布后几年，中国耕地面积锐减势头初步得到控制，但随后建设占用耕地数量开始回升，到 1993 年前后达到又一个高峰。1992 年 11 月，国务院发布《关于严格制止乱占、滥用耕地的紧急通知》，使建设占用耕地势头有所放缓，但仍然处于高位。面对耕地锐减，1997 年，国家制定了《全国土地利用总体规划》，中共中央、国务院发布了《关于进一步加强土地管理切实保护耕地的通知》，1998 年又修订了《土地管理法》，均对保护耕地作出了更为严格的规定。随后几年，建设占用耕地数量有所下降。但到 2002 年，建设占用耕地的数量又开始上升，并形成新一轮建设占用耕地高潮。可见，在重大正式组织和制度变迁之后，耕地减少尤其是建设占用耕地会受到一定程度遏制，但是，其抑制作用只能维持一段时间（一般是 2—3 年），之后建设占用耕地的情形又变得严重，再经过 2—3 年，会再次出现耕地减少和建设占用耕地高潮，整个周期时间大概在 5 年左右。然后，正式组织和制度可能会发生变化，或者更严格、集中的治理整顿措施会出台。于是，开始下一个循环。

各地普遍采取的规避或突破正式制度限制的非正式规则，正是影响土地控制目标实现的直接原因。按照《1997—2010 年全国土地利用总体规划》，14 年间，全国建设占用耕地指标总数为 2566 万亩，但从 1999 到 2005 年[①]，在规划期一半的时间里，全国已经使用了总指标数的 81.2%，

---

① 由于这个时段的统计数据相对完整，故截取这一时段进行不同地区的对比分析。

北京、天津、上海、江苏、浙江、山东、宁夏7省、市、自治区通过各种途径，已经用完了全部指标，北京、上海、江苏、浙江、山东等经济较发达地区在规划期一半时间内建设占用耕地的数量达到其总指标数的150%以上。[①] 如果在一半的时间内使用一半的指标是合理的，那么，在1997—2005年，全国各地通过各种土地利用的非正式规则超额占用耕地的比例为31.2%。假定81.2%为1，那么正式规则和非正式规则在建设占用耕地的作用系数为61.6∶38.4。当然，这只是统计到的数字，如果将没有统计到的建设占用耕地的数量计入，那么，非正式规则作用下占用的耕地数量可能远大于实际数量。

通过各种非正式规则，一些地方政府突破了土地利用规划所规定的建设占用耕地指标，也没有完成补充耕地任务，导致耕地从1996（19.51亿亩）到2005年十年间大幅减少1.2亿亩，直接威胁到保障国家粮食安全所需的18亿亩耕地红线。[②]

（二）量化分析

正式规则、非正式规则、土地管理结果（绩效）等变量本身难以量化，但我们可以找到一些能够决定或反映正式与非正式规则作用的可量化的因素，作为替代变量，来显示它们之间的关系。土地管理组织、人员和经费投入数可以在某种程度上反映正式制度的变迁及其运行状况，因此，通过测量土地管理人员数、经费投入数与建设占用耕地数之间的关系，可以从一个侧面反映正式制度和组织的绩效。GDP增长目标和固定资产投资额是建设用地需求的决定因素，也是地方政府采取非正式规则的幕后动因。因此，通过分析GDP涨幅、固定资产投资与建设占用耕地数量之间的关系，可以反映非正式规则与土地管理制度绩效之间的关系。下面，我们用这些变量来具体分析正式、非正式规则与土地管理制度绩效之间的关系。

1. 正式制度在土地管理中的作用分析

利用1998—2005年（由于数据不全，本文相关分析主要截取了

---

① 用地指标数据来源于全国（1997—2010）土地利用总体规划纲要（1999年4月批准实施）；实际使用数来源于中国国土资源年鉴编辑部：《中国国土资源年鉴》（2000—2006）。

② 马力、王姝：《今年将增加廉租房土地供应》，《新京报》2006年3月12日；何振红：《如何坚守18亿亩耕地“红线”》，《经济日报》2006年6月4日。

1998—2005 年的数据，下同）全国土地管理工作人员数量与建设占用耕地数量进行相关分析，得出二者的相关系数 r = 0.49；对 1999—2005 年全国土地管理经费投入与建设占用耕地数进行相关分析，得出二者的相关系数 r = −0.65；对 2002—2006 年全国建设用地管理经费投入与建设占用耕地数进行相关分析，得出二者的相关系数 r = −0.91。上述相关分析表明，在 1998—2006 年，土地管理人员和经费投入两个因素，与建设占用耕地数量减少没有很强的正相关关系。[①] 这从一个侧面反映了土地管理正式组织变迁对土地管理的绩效并不十分显著（详细数据见表 2）。

2. 非正式规则在土地管理中的作用分析

利用 1998—2006 年 GDP 涨幅与可获得的对应年份建设占用耕地数量进行相关分析，得出二者的相关系数 r = 0.70，表明二者具有较强的相关关系。固定资产投资方面，由于通货膨胀、投资密度和固定资产投资的累积性等原因，本文仍以 1998—2006 年的数据对固定资产投资额与建设占用耕地数进行相关分析，得出二者的相关系数 r = 0.70，也表明二者具有较强的相关性（详细数据见表 2）。

上述分析表明，建设占用耕地数量，与 GDP 涨幅（经济增长周期）和固定资产投资额呈现出更直接而密切的关系。GDP 涨幅与建设占用耕地面积的变化曲线，也呈现出高度一致的涨落趋势（见图 1）。说明建设占用耕地状况实际上主要服从和服务于地方发展经济的目标和需求，而不是中央的控制目标。为了发展经济，在劳动生产率水平既定的情况下，地方政府往往会采取外延式的经济增长方式，这必然会导致建设占用耕地需求的增加。正式制度变迁的主要目的之一是控制建设占用耕地数量，但这并不一定符合地方利益。为了满足对建设用地的需求，地方政府发展出了各种非正式规则来改变不利于自身利益的制度设计，这是使得正式制度作用难以发挥的重要原因。

---

① 因为经费和人员投入数和建设用地占用数在方向上是相反的，即投入数增加，建设占用耕地数应减少（或得到控制），因此，在下面进行的相关分析中，建设占用耕地数量前均加了负号，作了方向上的处理。本文的相关分析数据通过 Excel 计算获得。

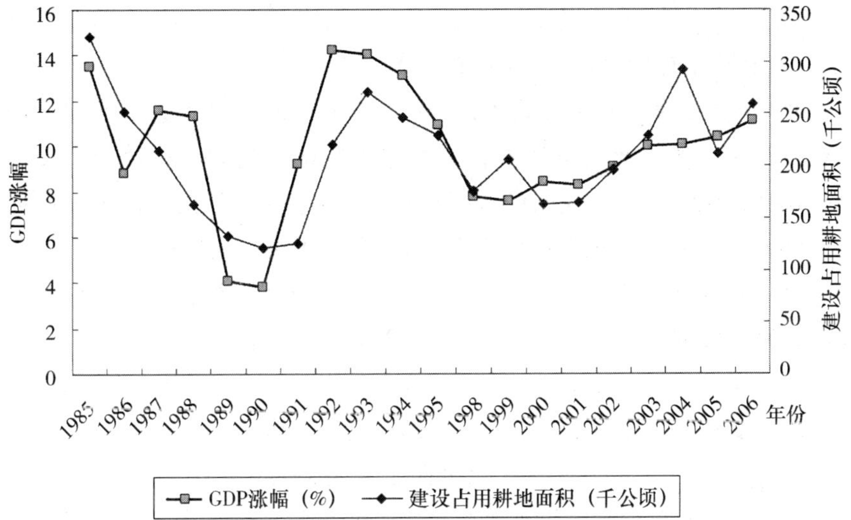

图 1　中国历年 GDP 涨幅与建设占用耕地面积变化

数据来源：GDP 数据来源于中国统计年鉴（2007），建设占用耕地面积数据来源于《中国国土资源年鉴》（2007），1996 年、1997 年数据缺。

表 2　中国相关年份土地管理人员、经费投入、GDP 涨幅、固定资产投资与建设占用耕地面积变化数据

年份	全国土地管理人员数（个）	全国土地管理经费投入（万元）	建设用地管理事业费支出（万元）	GDP 涨幅（%）	固定资产投资额（亿元）	建设占用耕地面积（千公顷）
1998	262645	—%，得	—%，得	7.8	28406.2	176.2
1999	158835	407291.5	—%，得	7.6	29854.1	205.3
2000	220923	886011.3	—%，得	8.4	32917.7	163.3
2001	196497	748337.8	—%，得	8.3	37213.5	163.7
2002	193316	908048	37308	9.1	43499.9	196.5
2003	165820	1492557	72108	10	55566.6	229.1
2004	184466	1779069	87968	10.1	70477.4	292.8
2005	185037	1918759	36826	10.4	88773.6	212.1
2006	—%，得	—%，得	72010	11.1	109998.2	259.0
2007	—%，得	—%，得	—%，得	11.9	137223.9	188.3

数据来源：GDP、固定资产投资额数据来源于中国统计年鉴（2008），建设占用耕地面积、全国土地管理人员数、土地管理经费投入数据来源于《中国国土资源年鉴》（2008），建设用地管理事业费支出数据来源于《地方财政统计资料》（2002—2006），表中空白处数据缺。

（三）序贯作用（sequential effects）

非正式规则对行政制度化不仅会产生共时性的影响，而且会产生历时性及外部性影响，甚至会影响整个国家治理的制度化。按照 Helmke 和 Levitsky 的概括[①]，非正式制度包括四种类型：（1）补充性非正式制度。这些制度既通过解决正式制度不能处理的偶发情况，也通过便利正式制度达成目标而填补正式制度的空白，比如官僚机构里大量的道德、惯例和操作规程使得决策和合作变得容易等；（2）顺应性非正式制度。它们创造了一种改变而不是直接违背正式制度效果的行为动机，是由那些不喜欢但又不能改变和公然违反正式规则结果的行动者形成的，它们与正式制度的精神而不是文字相矛盾；（3）竞争性非正式制度。存在于产出结果与正式制度不一致且正式制度没有效能的情形下。在这种情形下，正式规则和程序都未得到系统性的执行，使得行动者可以无视或违背它们；（4）替代性非正式制度。这一制度是产出结果一致而正式制度无效时的产物。替代性非正式制度可以达成正式制度意图但未达成的目标，往往出现在国家机构懦弱或缺乏权威的地方。

中国土地管理中的非正式规则，主要有顺应性、竞争性和补充性的非正式规则。顺应性非正式规则主要包括地方政府在执行上级土地管理正式制度时针对地方情况采取的变通，表面上，这些地方政策是为了执行上级制度，实际上包含了地方政府的算计，使得上级的正式制度在执行中大打折扣。如房地产调控中，中央要求改变房地产供应结构，地方政府一方面出台了实施办法（不公然反对），一方面又为一些开发商开各种口子，致使小户型住房政策出台多年后，市场上大户型商品房仍然比比皆是。竞争性的非正式规则主要包括与土地管理正式制度目标相对立的各项非正式规则，如土地利用计划管理中多争取建设用地指标，土地报批中的化整为零、搭车征地，耕地补充中的占优补劣、占多补少，土地供应中的照顾意向用地者等，都是这类规则。补充性非正式规则主要出现在土地管理委托人和代理人目标和利益一致的时候，如上级委托下级组织征用农村集体土地。这时候，补充性非正式规则得到充分运用。如运用集体主义意识形态

① Helmke, G. and S. Levitsky (2004). "Informal Institutions and Comparative Politics: A Research Agenda." *Perspectives on Politics* 2 (4): 725 – 740.

进行说服教育；发挥干部党员的带头作用；广泛动用各种关系和人情，软硬兼施，等等。这些非正式规则，在实现征地拆迁任务时均具有一定作用。

新制度主义文献假定非正式制度的作用往往都是单一性、一次性的。但事实上，中国公共行政中的一些非正式规则的作用并非如此，而是复合性和序贯性的。如征地拆迁过程中使用的一些补充性非正式规则，其作用并非简单地协助完成征地拆迁任务，在土地管理的多次博弈中，这些当初协助完成征地拆迁任务的非正式规则，马上在后续的土地管理中成为阻碍正式制度作用的负面因素。第一，当事者会以违法用地作为交换。如某市在大规模征地过程中，不少村集体即将一定比例的用地面积作为条件，并获得私下同意；[①] 第二，由于征地拆迁是建立在强制与说服而不是农民主动的基础上的，被征地农民以土地被征为由，趁城市化推进之机大肆利用剩余土地建造住房或其他经营性建筑，造成违法建筑泛滥。而地方政府也因为曾经低价征用农民土地，在查处违法建筑时也往往有所顾忌，难以完全依法行事；[②] 第三，无论是竞争性、顺应性还是补充性的非正式规则，都损害了正式制度权威，它们除了各自的竞争性、顺应性和补充性作用外，都进而对后续治理的制度化产生负面影响，使得正式制度难以得到执行，影响了制度化过程及结果。这种负的外部性，持续地、累积性地影响着后续的或其他方面的工作，影响着其他主体的行为，导致行政的低效和低制度化。也就是说，这些非正式制度的作用，不是单纯地、一次性地局限在其竞争性、顺应性或补充性的作用上，而是在后续和其他方面的行政管理中，影响着管理绩效和制度化状况，成为与正式制度作用和目标不一致的非正式制度。

四　组织的非正式制度：一个新的解释

（一）组织的非正式制度：对地方政府非正式规则的理论概括

前面我们讨论了地方政府土地管理中的各种非正式规则与土地管理制度化之间的关系。我们看到，在中国土地行政中，以地方政府为主体的各

① 《田野调查（DKC）》，2006 年 7—12 月。

② 《田野调查（DKC）》，2006 年 7—12 月。

种非正式规则，充斥在各个环节中，它们都是地方政府为了满足自身利益预期所采取的非正式安排。大量非正式规则的存在，型构了目前中国土地行政的特有形态。

需要说明的是，制度是一个多层次的系统，既包括正式制度，也包括非正式制度。就地方政府的政策变通而言，除了本文所讨论的非正式规则外，还有一些政策变通的类型，如孙立平①、韩博天②等讨论的地方政府的改革试验，下级政府结合本地实际对政策所做的适应性调整等，但这类政策变通与本文讨论的非正式规则有着本质的区别。政策试验或适应性调整往往为上级政府所默许，在出发点、功能和归宿上与本文所说的非正式运作也存在本质区别，与正式制度的精神不相违背。本文所讨论的主要是与正式制度的精神相矛盾、以地方政府为主体的非正式运作规则。

地方政府在土地行政中的非正式规则，具有高度同形化的特征。这种制度同形化根源于共同的正式制度限制下地方行政机构采取某种非正式安排带来的相同的收益预期。当然，上级的处罚、地方的经济社会状况、下级对上级忠诚程度等的不同，使得非正式规则同形化的程度也会有所区别，但由于共同的制度结构和利益预期，同形化是各地非正式规则的主要表现形式。

流行于地方政府土地行政中的非正式规则具有如下特征。第一，它们是规则、是制度，是在相同结构约束下高度同形化的行为模式，而不是偶发的现象；第二，它们是非正式的，因为这些规则为国家的正式制度所不容许；同时也因为它们的临时性，所有的这些所谓规则都会随时随地被改变或作废，因此谈不上正式；第三，它们都是以地方政府为主体的，具有组织性，而不是社会、零散和自发的；它们一般是不成文的，但有的也是成文的（如有的地方政府为了招商引资而公布的种种土地供应的优惠政策）；第四，它们虽然与正式制度不一致，多为正式制度所不容许，但又具有一定的合理性，往往难以严格按照正式制度进行处置。基于上述组织性、非正式性和模式化/惯例化的特征，本文将它们称为“组织的非正式规则/制度”。

① 孙立平：《社会转型：发展社会学的新议题》，《开放时代》2008 年第 2 期。

② 韩博天：《中国异乎常规的政策制定过程：不确定情况下的反复试验》，《开放时代》2009 年第 7 期。

这些事实上存在的"组织的非正式制度"，与已有理论关于非正式制度的界定存在着重要区别，它为丰富我们对非正式制度内涵和外延的认识提供了新的经验事实。

第一，组织的非正式制度与新制度主义关于非正式制度的界定存在区别。在新制度主义理论中，非正式制度往往被视为社会的、自发的、零散的和不成文的规则或惯例。如 North 认为非正式限制包括声誉、普遍接受的行事标准（效力以足以迅速观察对方行为为限），以及重复交往中产生的习俗。[①] Gretchen Helmke 和 Steven Levitsky 在他们的综述性文章中指出，在新制度主义中，"非正式制度"一词被用于指称包括诸如传统文化、人际网络、主从关系、腐败、宗族组织、市民社会和立法、司法及官僚机构的道德规范等范围广泛的对象。他们认为非正式制度是"由社会分享的规则，常常是不成文的，在官方批准渠道之外创立、传播和执行"。而正式制度则是"通过广泛接受的官方渠道创立、传播和执行的，包括国家制定（法院、立法、和官僚机构）和由国家执行的官方规则（宪法、法律和规定）"。[②] 本文所总结的普遍存在于中国地方行政中的高度同形化（Isomorphic）和制度化的非正式规则，一方面具有"非正式"、"规则化"的特征；另一方面又与新制度主义理论关于非正式制度上述内涵和外延的界定存在明显区别。它们是组织的，而非个人的；是官方的，而非社会的；是组织性的，而非自发和零散的；有的甚至是成文的，而非完全不成文的。

第二，组织的非正式规则/制度也有别于邹谠和狄特玛（Dittmer）"非正式政治"理论模型里关于非正式关系的界定。[③] "非正式政治"理论模型将非正式政治看成是自发的、零散的、为正式组织所禁止的非正式运作。而土地行政主体的非正式规则则是组织性的，并不是为本级政府所

---

① North, Douglass Cecil. *Institutions, Institutional Change and Economic Performance.* Cambridge; New York: Cambridge University Press, 1990.

② Helmke, G. and S. Levitsky (2004). "Informal Institutions and Comparative Politics: A Research Agenda." *Perspectives on Politics* 2 (4): 725 – 740.

③ Tsou, Tang, 2002. "Chinese Politics at the Top: Factionalism or Informal Politics? Balance-of-Power Politics or a Game to Win All?", In *The Nature of Chinese Politics: from Mao to Jiang* (Jonathan Unger, ed.), Armonk, N. Y.: M. E. Sharpe; Dittmer, Lowell, 2002. Modernizing Chinese Informal Politics, in *The nature of Chinese politics: from Mao to Jiang* (Jonathan Unger, ed.), Armonk, N. Y.: M. E. Sharpe.

不容的，并且上级政府对这些非正式规则也往往难以完全按照正式制度进行处罚。组织性非正式规则的主体也不是“非正式政治”模型里所谓的“宗派”和“非正式团体”，而是地方政府及其部门。

第三，组织的非正式规则/制度也不同于以非正式关系等为基础形成的非正式制度。虽然土地行政中存在以非正式关系为基础的非正式规则，但这类规则是隐蔽的、非组织性的，并且多为正式组织所禁止。本文讨论的非正式规则是为地方政府内部一致认可、为正式组织所支持，并且不是以非正式关系为基础的模式化行为规则。

组织性非正式规则的盛行，对中国治理形态具有重大影响。深入理解中国土地行政中正式制度和非正式制度的作用，对于探讨中国地方治理绩效和治理形态具有重要意义。

（二）关于地方治理中非正式运作及低效问题的已有解释

近年来，中国地方政府在治理中存在的一些低效和低制度化问题，已经引起了国内外学者的重视和讨论，涉及经济、政治和行政各个领域。如王绍光和胡鞍钢讨论的中国财政包干体制下地方政府的扭曲性经济行为；[①] 邹谠和 Dittmer 等讨论的“非正式政治”；马骏和侯一麟探讨的“以关系为基础”的预算制度；[②] 孙立平、郭于华分析的诸如人情、面子、常理等日常生活原则和民间观念如何以及为何被引入正式行政权力行使的过程；[③] 周雪光讨论的基层政府间的“共谋现象”；[④] 以及学术界讨论的组织性腐败和违规等，都是地方行政紊乱和低效的具体事例。这些事实表明，行政紊乱和低制度化问题在不同领域均有表现。

对中国地方政府在治理中存在的非正式运作，学者们提出了种种解释，概括起来，主要有如下几种理论路向。

1. 中央与地方关系理论

这一理论将地方政府非正式运作看成是政府内（中央与地方）分权

---

① 王绍光、胡鞍钢：《中国国家能力报告》，辽宁人民出版社 1993 年版，第 3、4 章。

② 马骏、侯一麟：《中国省级预算中的非正式制度：一个交易费用理论框架》，《经济研究》2004 年第 10 期。

③ 孙立平、郭于华：《“软硬兼施”：正式权力非正式运作的过程分析》，《清华社会学评论》特辑，2000 年。

④ 周雪光：《基层政府间的“共谋现象”——一个政府行为的制度逻辑》，《社会学研究》2008 年第 6 期。

和集权不合理造成的。学者们注意到改革开放以后实行的分权式改革和分灶吃饭的财政体制，使地方政府成为独立的利益主体，削弱了中央的财政能力，也削弱了中央的调控能力，由此产生了地方政府各种不合规行为。王绍光认为，凡事皆有度，在“度”以内是好事的，到了“度”以外就变成坏事了，集权和分权亦然。[①] 吴国光和郑永年指出，中国经济改革的一个突出特点，是以分权为导向，这样一种分权战略的贯彻实施，深刻地改变了中国政治的结构图景，产生了一系列重大的政治经济后果。其中，最为直接和突出的政治后果，就是地方主义在中国的兴起。他们反对单纯的集权和分权路径，而是主张一种制度化的分权。遵循托克维尔的传统，他们认为，制度化的分权，应该是“政府集权”和“行政分权”的结合。[②]

2. 国家结构和功能理论

国家结构和功能理论将中国政治/行政运行中存在的非正式运作归因于国家结构体制和功能运行中存在的问题，有很多的理论解释，如政治体制说、转型体制说、混合体制说、压力型体制说等。

政治体制说将中国政治、行政运行中的失序归因为政治体制，如党政不分，权力过于集中，立法、行政、司法机关之间缺乏科学合理的权力划分和制约，导致整个国家的权力运行失据，也造成行政乃至各领域的混乱。[③] 转型体制说将中国现阶段的治理问题归结为从计划经济向市场经济转型过程中出现的问题。孙立平将中国向市场经济的转型视为一个政体、权力和主导型意识形态仍然持续，但经济和社会形态逐渐断裂的过程。在这一背景下，很多制度变迁最初只能以非正式的形式表现出来。[④] 黄宗智也将中国地方治理中存在的一些问题归因为转型体制，他将中国目前的转型体制称为“改革中的国家体制”，认为这一体制既是经济发展的动力，也是社会危机和公共管理中非正式运作的根源。[⑤] 与黄宗智“改革中的国

---

① 王绍光：《分权的底线》，中国计划出版社 1997 年版。

② 吴国光、郑永年：《论中央与地方关系》，牛津大学出版社 1995 年版。

③ Zheng Shiping, 1997. *Party Vs State in Post - 1949 China: the Institutional Dilemma*, Cambridge ; New York : Cambridge University Press；徐湘林：《后毛时代的精英转换和依附性技术官僚的兴起》，《战略与管理》2001 年第 6 期。

④ 孙立平：《社会转型：发展社会学的新议题》，《开放时代》2008 年第 2 期。

⑤ 黄宗智：《改革中的国家体制：经济奇迹和社会危机的同一根源》，《开放时代》2009 年第 4 期。

家体制”表述不同，张玉林用“政经一体化”来概括作为地区经济发展重要动力的地方政府的双重角色和与企业的密切关系。在张看来，“政经一体化”体制是推进中国目前经济增长的主要动力机制，也是中央政府抑制“经济过热”努力往往难以抵挡地方政府投资冲动的主要原因所在。[①] 压力型体制说将地方政府运行中的失序问题归因为政治组织（以党委和政府为核心）为完成某个目标而层层施加行政压力的体制，在强大的行政压力下，下级组织会发展出各种针对上级及管理对象的非正式运作。[②] 混合体制说将地方的非正式方面归因于国家和社会的边界模糊和低分化。如黄宗智所讨论的介于国家正式机构和社会之间并联结二者的半正式领域——“第三领域”,[③] 在黄宗智看来，第三领域本来不是由完全正式组织（按照正式制度）而是由半正式官员来进行治理的领域，他用“集权的简约治理”来概括这一传统。[④] 许慧文不同意黄宗智关于基层治理第三领域的说法，她赞同用杜赞奇“权力的文化网络”[⑤] 这一概念来概括中国基层国家与社会之间的互动与连接。许慧文认为，中国的国家—社会关系应看做是一个混合体。一个成功的统治艺术，首先在于完善其技术，来混合正式与非正式、国家与社会。[⑥]

3. 政权内卷化和腐败理论

这一理论将中国地方治理中的失序行为归因为政权内卷化和腐败。杜赞奇认为，国家政权内卷化是指国家机构不是靠提高旧有或新增机构的效益，而是靠复制或扩大旧有的国家和社会关系来扩大其行政职能。国家政权内卷化在财政方面最充分的表现是，国家财政每增加一分，都伴随着非正式机构收入的增加，而国家对这些机构缺乏控制力。[⑦] 吕晓波认为，在

---

① 张玉林：《中国农村环境恶化与冲突加剧的动力机制——从三起群体性事件看政经一体化》，载《洪范评论》第9集，法律出版社2007年版。

② 荣敬本等：《从压力型体制向民主合作体制的转变——县乡两级政治体制改革》，中央编译出版社1998年版。

③ 黄宗智：《中国的“公共领域”与“市民社会”——国家与社会间的第三领域》，载邓正来等主编：《国家与市民社会：一种社会理论的研究路径》，中央编译出版社2002年版。

④ 黄宗智：《集权的简约治理——中国以准官员和纠纷解决为主的半正式基层行政》，《开放时代》2008年第2期。

⑤ Duara, Prasenjit (1988) *Culture, Power, and the State.* Stanford, CA: Stanford University Press.

⑥ 许慧文：《统治的节目单和权威的混合本质》，《开放时代》2008年第2期。

⑦ 同前引61.

改革年代，制度化和韦伯主义官僚化成为主导性的战略选择，但组织内卷化仍然存在并在发展，表现在诸如小金库、形式主义、关系网络等传统的行为方式中，也表明新传统主义仍然处于支配地位。[①] 于建嵘则用“退化”来表示改革以来中国一些基层政权内卷化问题，突出表现在黑恶势力对基层政权的侵蚀。在他看来，基层政权的这种病变不仅是国家政权出现了功能性异化，更严重的是一种结构性退化。[②] 与组织内卷化相关的是腐败问题，腐败既可以个体形式出现，也可以组织形式出现。吕晓波探讨的与组织内卷化相关的组织性腐败、Andrew Wedeman 所讨论的机构性腐败[③]、公婷（Gong Ting）讨论的宏观经济管理中的腐败[④]、丁学良（Ding，X. L）所讨论的银行部门系统性的违规等[⑤]，都属于这类腐败。组织性腐败违反了法律、规章等正式制度的规定，因而是导致治理低效和失序的重要原因。

（三）“组织的非正式制度”的解释价值

已有的研究对中国地方治理的低制度化和低效问题做出了各自的解释，概括起来，有三个主要的理论预设，即将中国地方行政的紊乱看成是三个主要变量的函数。这三个变量是（1）中央与地方政府之间集权与分权状况；（2）政治体制，如政党、立法、行政、司法机构之间的权力划分及其关系；（3）韦伯意义上官僚体制的理性化程度。

本文并不否认上述三种解释的价值，并且同意中央与地方政府之间的权力划分不尽合理、政治体制运行问题和理性官僚体制的缺失等是导致地方政府诸多非正式运作的原因。但本文同时认为，这些解释并没有完全回答转型期中国地方治理中存在的所有问题，也就是说，一些地方行政中的

---

① Lü, Xiaobo, (2000) *Cadres and Corruption : the Organizational Involution of the Chinese Communist Party*, Stanford, Calif. : Stanford University Press, pp. 230 - 232.

② 于建嵘：《农村黑恶势力和基层政权退化——湘南调查》，《战略与管理》2003 年第 5 期。

③ Wedeman, Andrew, 1997. “Stealing From the Farmers: Institutional Corruption and the 1992 IOU Crisis” . *The China Quarterly*, Vol, Issue 152 (Dec.), 805 - 831.

④ Gong, Ting 1997. “Forms and Characteristics of China's Corruption in the 1990s: Change with Continuity.” *Communist and Post-Communist Studies*, Vol. 30, No. 3, 277 - 288.

⑤ Ding, X. L., 2000. “Systemic Irregularity and Spotaneous Property Transformation in Chinese Financial System”, *The China Quarterly*, 163 (Sept), 655 - 676.

失范行为，不是中央与地方政府之间集权与分权关系的函数，也不是诸如党政不分和人大作用没有充分发挥等政治体制因素的结果；甚至也不是因为韦伯式理性官僚制的缺乏。近年来治理体制理性化程度提高与土地行政运作中失序行为愈演愈烈同时存在的事实，即说明了这一点。地方政府治理中的一些失范行为，有其自身的逻辑。

本文用“组织的非正式制度”来概括地方政府的非正式规则，并将其用于解释中国土地行政中存在的低制度化状况，认为以地方政府为主体的“组织的非正式制度”是导致土地管理低制度化及低效问题的直接原因，并且从制度环境来解释组织的非正式规则存在的根源。

这一解释为中国地方治理中的一些低制度化和低效问题提供了一个新的解释视角。

首先，本文的解释不同于中央与地方关系理论关于地方政府失序行为的解释。中央与地方关系理论将中国地方政府行政中的紊乱行为归因于政府间财权、事权划分不合理或者国家能力不足，但是，地方政府的一些非正式运作并非只是这一因素的函数，也不是通过调整中央与地方政府之间关系就可以解决的。如地方政府在土地征用、建设占用耕地、土地供应中的一些非正式规则；同时也与土地产权制度、政府与经济（市场）的关系有关，单纯调整中央与地方关系，并不能完全解决这些问题。因此，还需要把政府与社会、政府与市场等关系引入政府行为函数的变量中。另外，在某些制度环境下，国家能力与地方政府运作存在悖论。国家能力包括财政汲取能力、宏观调控能力、合法化能力以及强制能力等，[①] 不同类型的国家能力对治理制度化的意义是不一样的，财政（汲取）能力提升与房地产调控乏力并存，[②] 即表明了国家能力的悖论现象。也许，国家的政策执行能力及合理化地进行总体制度安排的能力才与治理的制度化呈正相关的关系。

其次，本文的解释也与政治体制的解释路径存在区别。政治体制的解释路径将中国治理中存在的失序现象归因为诸如党政不分、权力过于集中、人大没有发挥应有作用、司法不独立等因素。中国地方治理中的一些

---

① 王绍光、胡鞍钢：《中国国家能力报告》，辽宁人民出版社 1993 年版。

② 谢志岿、曹景钧：《房地产调控：从行政控制到利益协调》，《公共行政评论》2012 年第 3 期。

失序行为确实与政治制度设计中的某些方面有关，但本文讨论的土地行政中的非正式规则，不是党政不分的结果，也不是立法、行政、司法之间权力划分不合理的直接结果。

再次，本文的解释也不同于韦伯主义理性化官僚体制的解释。从韦伯主义理性官僚制理论出发，前述很多关于地方政府非正式运作的研究将原因归结为韦伯式官僚体制的缺乏。本文“组织的非正式制度”的概念，与韦伯主义理性官僚制解释有所不同：（1）“组织的”非正式制度的主体是地方政府及其部门，理性官僚制所指非正式运作的主体主要是“非正式团体”、“宗派”或官员个体；（2）组织的“非正式制度”是官方的、组织性、不成文乃至成文（部分）的规则，理性官僚制所说的非正式制度主要是个体的、自发的、零散的；（3）组织的非正式制度主要不是以“关系”为基础形成的，而是为了地方或部门利益或实现特定的行政目标而形成，理性官僚制所说的非正式制度的基础是非正式关系、传统文化等。

最后，除了上述解释路径，还有的研究采取了与本文类似的解释路径，也关注到地方政府运作的非正式方面及其规则。如将这些非正式方面主要看成是一种行为和非正式运作，看成是一种政策或规则，但只是运用了日常的语言，如用“上有政策、下有对策”、“土政策”、“潜规则”等词语来表达，而没有从新制度主义理论上对这些“规则”进行概括，将它们纳入新制度主义的概念框架内。虽然相关研究也使用“地方政府的土政策”之类的表述，但没有将之概括为与零散的、社会性的制度对应的“组织性非正式制度”。① 本文总结了地方政府土地行政中的非正式规则，并将其置于新制度主义的理论背景下，概括为“组织的非正式制度”。土地行政中的非正式制度，是模式化、惯例化的行为规则，而不是单一的孤立的行为；同时，它们是以地方政府为主体的，是组织的非正式规则。这些组织的非正式规则在中国地方行政中是普遍存在的事实，这对丰富和拓展现有新制度主义文献关于非正式制度的意涵和作用的认识提供了新的经验材料。

① 丁煌、定明捷：《上有政策、下有对策——案例分析与博弈启示》，《武汉大学学报》（哲学社会科学版）2004 年第 6 期；张勇：《土政策是三乱的保护伞》，《探索》1991 年第 2 期。

五　制度失衡、组织的非正式制度与转型期制度建设

制度化是标示治理状况和形态的一个重要概念，一个成熟的、完善的治理，必然是一个逐步走向制度化的治理。在韦伯看来，现代国家的建立，就是理性的官僚体制建立的过程。[①] Jütting 认为，历史可以看成是一个正式规则和治理机制不断正式化（formalization）的过程，这一过程随着专门化和劳动分工造成的日益增长的社会复杂性而显得必要。[②] Li 和 Park 则将治理看成是从以关系为基础的治理向以规则为基础的治理转化的过程。[③] 虽然制度化是一个完善的治理的趋势和标志，但是，不同地区治理制度化演进的制约因素和过程却各有不同，相关的理论解释也众说纷纭。

本文主要讨论了中国土地行政领域的制度化状况，对地方政府普遍采取的非正式规则进行了理论概括，从组织的非正式制度角度分析了土地行政制度化程度较低的原因，提出了与地方政府非正式运作已有理论不同的解释视角。

组织的非正式制度并不仅仅存在于土地管理领域，事实上，在环境保护[④]、计划生育[⑤]、国内贸易等领域[⑥]，地方政府都普遍存在着组织性的非正式规则。这些非正式规则均对公共行政的制度化状况产生影响。

实际上，只要是在一个统一（单一制）的组织体系内部，存在委托—代理关系，尤其是存在多个和多重委托—代理关系，并且在委托人和

---

① ［美］马克斯·韦伯：《经济与社会》，商务印书馆 1997 年版，第 248 页。

② Jütting, J.（2003）. Institutions and Development: A Critical Review. Paris, OECD; Li, S., S. H. Park, et al.（2003）. "The Great Leap Forward: The Transition From Relation-Based Governance to Rule-Based Governance", *Organisational Dynamics* 33（1）: 63 – 78.

③ Boesen, Nils（2006）. "Governance and Accountability—How Do the Formal and Informal Interplay and Change?" http://www.oecd.org/dataoecd/52/38/37790183.pdf.

④ 国家环境保护总局办公厅：《关于湖北省清理干扰和阻挠环保执法"土政策"情况的调研报告》，2007 年 6 月 25 日。

⑤ 欧阳中球：《计划生育亟须公开透明的考核机制》，2006 年 8 月，（http://www.chinaelections.org/NewsInfo.asp?NewsID=94304）。

⑥ 国家计委宏观经济研究院课题组：《如何打破地方市场分割建立全国统一市场》，《中国经济周刊》2001 年第 36 期。

代理人之间存在利益冲突，代理人（组织）就有可能产生不为组织体系和委托人允许的动机和行为，如果这些行为惯例化、模式化、同形化，甚至以内部行为规则的形式出现，就成为这些组织的非正式规则（或制度）。一方面它们是行为规则，为下级组织所遵循，有的不敢公开宣扬或成文，由组织口头传达或心照不宣，默默执行；有的则以内部文件的形式存在；另一方面它们又与组织整体的规定不一致，为组织体系所不容许，没有合法地位，是不正式、暂时和易变的，往往因中央或上级组织的要求而撤销，虽然下级组织一般也不会因此而受到上级严厉处罚。

在法治日益完善、国家财政能力大幅提升的背景下，为什么地方政府在一些行政领域还大量存在组织性的非正式规则，导致制度化状况不佳？其中的原因是多方面的，包括行政过于集权、政策制定不够科学合理的问题，财政体制与利益结构的问题，政绩评价体制问题，制度化的利益调节机制缺失的问题，等等。

第一，行政过于集权以及政策制定不够科学的问题。行政过于集权体现在两个方面，一是政府替代市场/社会配置资源。在土地管理中，政府垄断了土地一级市场，开发商只能通过政府获得建设用地，不能与其他合法的土地所有人自行交易土地，必然造成政府内部不同层级之间在资源配置上的争议；二是权力过于集中在上级政府。土地实行层层计划管理，下级政府的用地额度是由上级规定的，往往不符合地方实际。因此，造成下级代理人的道德风险问题。在行政集权的背景下，一些政策制定没有经过各利益相关方的充分交流、协商，导致制度制定科学性、操作性不足，影响了制度的执行。

第二，财政体制与利益结构的问题。现有财税体制安排导致地方政府过于倚重土地收入。分税制改革后，土地成为地方政府最大的收入来源，地方政府土地方面的收益（含房地产业税收）占本级总收入的比重接近四成。如果不依靠土地财政，地方政府财政将陷入困境。维护财政收入的诱因及替代性利益安排（如物业税）的缺失，成为地方政府土地行政中非正式规则的重要原因。

第三，政绩评价体制问题。改革开放以来，发展型政府和唯 GDP 论的政绩评价体制导致地方政府唯“经济发展”是图，发展经济成为地方政府的中心任务，也是地方官员政治和经济利益的主要来源，不发展经济，地方官员的相关利益将无从保障。为此，地方的一切工作都要为经济发展开路，甚至不惜突破国家正式制度的限制。

第四，制度化利益实现和调节机制的缺乏问题。集中体现在两个方面：（1）农村集体土地权利不完善，导致集体土地成为各方觊觎的“公地”，也为地方政府通过非正式规则获取土地提供了制度基础；（2）房地产义务（物业税制）不完善。农村集体土地变为（包括违法）建设用地、违法建筑、城市合法的房地产等都缺乏完善合理的物业税负，导致地方政府缺乏物业方面制度化、稳定的收入，从而依赖非制度化渠道（强制征地、低进高出）获取自己的利益。①

可见，在转型时期，由于体制机制没有完全理顺，利益关系不合理，制度平衡没有形成，或者说，社会（利益）整合滞后于结构分化，② 是导致地方政府非正式运作的制度原因。李路路、李汉林对单位制的研究也表明，在国家能力和原有制度化方式对单位的约束力弱化、新的市场性规则又没有建立起来的情况下，各种非制度化的方式就更可能成为人们获取资源、维持利益的一种选择。③

Zenger、Lazzarini 和 Poppo 的研究揭示，企业内部的非正式制度不仅影响组织运行，而且影响企业的规模边界。④ 组织的非正式制度的存在，影响了治理的制度化，从长远来看，也影响国家治理绩效和政治整合。因此，国家必须深入研究影响治理过程和效果的组织性非正式制度及其根源，并加强体制机制调整，作出能够平衡各方利益的合理的制度安排，以提升国家的治理能力。制度建设的一个重要经验，就是从实际出发，通过解决一个个具体的治理问题，逐步积累经验，不断摸索规律，最终在整体上实现国家治理体系和治理能力现代化。⑤ 就土地和房地产领域而言，健全土地权利和义务体系，调整政府与市场的关系，改变唯 GDP 论的政绩评价体制，加强利益协调和利益平衡，以物业税替代土地财政，进一步完

① 谢志岿、曹景钧：《如何制度化解决当前中国土地问题》，《中国行政管理》2012 年第 1 期。

② 李汉林、魏钦恭、张彦：《社会变迁过程中的结构紧张》，《中国社会科学》2010 年第 2 期。

③ 李路路、李汉林：《单位组织中的资源获得》，《中国社会科学》1999 年第 6 期。

④ Todd R. Zenger, Sergio G. Lazzarini and Laura Poppo. “Informal and Formal Organization in New Institutional Economics”. October 2001. http://apps.olin.wustl.edu/faculty/zenger/advances6u.pdf.

⑤ 房宁：《如何推进国家治理体系和治理能力现代化》，《人民日报》2014 年 1 月 28 日。

善中央和地方财权事权关系等，显得尤为必要。国家必须通过各个领域的制度建设，理顺各方面的利益，实现制度均衡，从而解决转型时期存在的各种治理问题。

青海省西宁市社区建设存在的问题及对策思考

肖　莉*

加强社区建设、拓展社区服务功能、推动社区治理是改革开放和社会主义现代化建设的迫切要求；是巩固城市基层政权和加强社会主义民主政治建设的重要途径；是繁荣基层文化生活、加强社会主义精神文明建设的有效措施。搞好社区建设，对建成小康社会、和谐社会具有十分重要的意义。近年来，西宁市各级党委和政府运用行政、经济的手段，组织各部门、各单位学科研究以及社区内的组织和成员密切协作、相互配合，达到条块结合、上下统一，形成推进社区建设的合力，促进社区建设的健康快速发展。今天，我们立足于西宁市社区管理中存在的问题，企图厘清发生问题的原因，以期对症下药找出具有针对性和可操作性的对策建议。

一　西宁市社区建设存在的问题

西宁市地处青藏高原东部边缘，黄河支流湟水上游，“是青海省的省会，青藏高原及河湟地区的中心城市；是青藏高原东北部的古城，由中原赴西藏的门户；是历史上丝绸之路南道和唐蕃大道上的重镇。今天它又是中国的夏都、旅游的胜地”。① 西宁市是全省政治、经济、文化、科教和交通、通信、物流中心，总面积 7649 平方公里；下辖 4 区 3 县（城东、城中、城西、城北 4 个区和大通、湟中、湟源 3 个县）、72 个乡镇（街

---

* 肖莉，青海省社会科学院。

① 西宁市统计局信息网：2014 年 2 月 20 日。

道）、143个社区、931个村。2013年年末，西宁市常住人口达226.76万，约占全省的40%，其中城镇人口153.74万人，乡村人口73.02万人，城镇化率达到61.35%，是青藏高原人口唯一超过百万的中心城市。其中市区人口123.91万人，占常住人口的54.64%。近年来，西宁市各级党委和政府高度重视社区建设工作，并取得了一些实质性的进展。但是随着经济社会的发展，居民对社区功能的要求也越来越高，社区建设、社区功能的完善和加强还不能完全适应形势的需要，存在许多需解决的问题。

（一）西宁社区居委会自治职能难以履行

尽管这些年西宁市各个社区在改革以政府为主导的社区管理体制方面已经做出了不少努力，但社区管理的行政色彩仍然很浓，缺乏公众参与机制，居民自治组织的作用被行政化所覆盖。社区过度的行政化与过少的自治化，导致了社区额外负担过重，使其在代表居民利益的有效性方面大打折扣。一些部门打着“工作进社区”的旗号，不断给社区下达任务、布置工作、交办事务，把政府工作重心下移变成了任务下移。目前西宁各个社区一年要承担多达100多项的工作，其中90%以上来自政府及其职能部门的指派，比较普遍的情况是居委会的自治职能让位于行政职能。由于基层政府给社区下达的工作任务过重，导致各个社区居委会主要精力不得不放在完成政府部门布置的各项政务性工作和应付各种检查评比上，而真正花在服务居民、依法组织居民自治方面的时间和精力却远远不够，致使社区成员越来越高的物质文化生活要求难以得到满足。

（二）西宁社区服务功能不能满足社区居民多样化的服务需求

社区服务是社区建设的永恒主题，是社区建设生命力之所在。2012年西宁从社区就业服务、基本社会保障、公共卫生和基本医疗服务、社区教育、公共文化服务等六大体系建设入手，拓展社区服务功能，提升社区服务质量。但总的来看，西宁市社区服务整体水平仍然较低，主要表现为服务领域不宽、服务设施不足，西宁市部分社区服务设施缺乏，很多院落、楼栋没有活动场地，不能满足居民就近、多形式活动的需要；服务质量不高、服务投入不多等方面。受场地、资金等因素的制约，专业化水平不高，信息化服务尚处于起步阶段，服务质量和水平有待提高；许多社区图书室大门紧锁，无人阅读，许多社区室内健身设施无人活动，或者仅仅被极少数几个人占用；居民大量需要的养老、托幼、保健、娱乐、家政、保洁、绿化以及社区文化建设和青少年教育等服务不能充分满足居民需要；而且社区服务多是有牌子少内容，有项目没服务，有需求缺人才，难以满足社区居民日益增长的需求。许多老年日间照料室也仅仅是挂块牌子，放两张床而已，并未真正运转起来。尤其是针对老年人十分需要的精神慰藉、医养融合、文化娱乐等服务内容还较少，老年医疗康复、老年休闲娱乐、老年旅游、老年产品用品等相关老年服务产业开发更是不够。总之，养老服务供给能力还比较弱，与老年人日益增长的服务需求还有较大差距。

（三）西宁社区社会组织体系不健全，社会组织功能不足

各类社区社会组织是参与社区社会管理和公共服务不可忽视的重要力量，在沟通政府与居民联系、缓解社会冲突方面起着重要的作用。目前，西宁市社会组织 828 个，其中，社会团体 379 个，民办非企业单位 449 个。社会组织从业人员约 8100 人，其中党员 686 人，占从业人员总量的 8.4%；已建党组织的社会组织 55 个，其中，党总支 1 个，党支部 54 个，党组织覆盖率 6.6%。[①] 主要涉及教育、劳动、体育、卫生、民政等行业领域，其中教育类、劳动类居于突出地位，占总数的 90% 以上，初步形成了与西宁市经济社会发展相适应的多类型、多层次、多元化的民办非企业单位组织结构。但是，西宁市各社区社会组织无论是从数量还是功能发挥上，都还难以与国内其他城市相比。西宁市社区社会组织总体发展不足、数量不多、设置不够合理、行业覆盖面过窄；社会组织管理方面的法律法规还不健全，管理体制、机制还不完善，登记管理队伍力量还很薄弱；社会组织自身建设相对薄弱，内部机制不健全，自律与诚信度不高，整体素质不高。当前社区组织体系的不健全，直接影响了西宁市社区建设的深入开展。社区建设中社会组织的缺席，导致社区居民表达意愿的缺席、沟通渠道的缺席、参与社区建设动力的缺席。

（四）大多数社区居民参与不足，居民归属感不强

社区居民群众的参与程度和状况，决定着社区建设的成败和城市文明

① 西宁市民政局民间组织管理局提供的资料。

社区创建活动成就的大小。从当前西宁城市文明社区创建活动的实践来看，城市社区居民群众缺乏社区参与热情和积极性，已经成了影响和制约目前西宁文明社区建设的首要突出问题。本应作为社区建设主体的社区居民，在政府主导的社区建设运动中实际上处于集体失语与缺位的状态，社区居民对于政府的社区建设成果只能被动地接受。就目前而言，西宁市有些社区的文体娱乐活动搞得有声有色，但是参与的人数毕竟有限，即除少数的积极分子之外，大多数居民对于社区活动持冷漠态度。参与社区建设的积极分子多数是社区内的退休人员、老党员、老居民或是向政府申请福利救助的困难居民。社区广大居民互相之间仍然彼此陌生，对社区的认同感和归属感不够，对他人和社区事务、社区活动漠不关心。

（五）社区管理干部队伍素质偏低

社区工作者队伍整体素质的高低，直接关系社区建设的水平和质量。西宁市大多社会组织不仅资金短缺，而且人才也很缺乏。在新的历史条件下，做好社区工作不仅要求社区工作者要有热情和精力，还要求社区工作者具备相应的社会工作经验，掌握相关的专业知识、工作技巧和方法。从目前西宁地区社区居委会人员队伍现状来看，缺少年富力强、文化层次高、懂得现代社区管理的人才，成为制约社区服务社区管理效果的关键；社区干部基本上没有系统地接受过社区工作相关理论知识和专业技能的培训，职业技能与社区发展不相适应。目前，有相当部分社区管理人员难以承担起社区工作的重任，无法做好社区内的组织、动员、沟通和协调工作，无法在政府和社区居民群众之间充当起桥梁和纽带作用，也无法调动起社区居民群众社区参与的热情和积极性；工作方法简单，墨守成规，仍习惯于搞行政命令。在调查中发现，一些年轻有为、文化素质高、工作能力强、工作经验丰富的社区居委会工作人员纷纷辞职去寻找更好的发展机会；虽然还有一些年轻的，但随时都有离开社区工作岗位的想法。日趋失衡的社区居委会人员队伍结构直接影响了社区居委会的执政效能和社区建设的水平。

（六）社区居民成员复杂，社会治理面临问题多

随着经济社会发展和人口的流动，大量的“单位人”转化为“社区人”，流动人口、村转居人员、企业退休人员、待安置的大学毕业生和退

役军人、自由职业者等，组成了浩荡的“社会人”大军，错综复杂的户籍人员加重了社区社会管理和服务的任务和难度。而且，外来务工的大量流动人口主要居住在城中村、城乡接合部，这些地区流动人口多、出租房屋多、高危人群多、违法犯罪多；这些地方基本公共服务与社会服务仍很薄弱，社会管理服务不到位的问题较为突出，有的已成为社会治安的乱点和死角。同时，西宁市因城区改造、撤街建居后新老居民利益不等以及经济合作社与居委会之间存在的利益因素，影响了现行社区的内部管理，增加了社区居委会的工作难度。城乡各种社会问题、下岗失业问题、贫富差距问题、农民工权益保护问题、困难群体求助问题、戒毒问题、医疗卫生服务问题以及社会治安问题等都向社区聚集，西宁市各社区已成为社会建设和管理的“前沿阵地”，也是各种矛盾和问题的“聚集地”。

二 西宁市社区建设问题存在的原因

西宁市社区建设过程中存在着诸多问题，这些问题制约着社区的构建以及社区职能的充分发挥，之所以产生这些问题，主要有以下几方面原因。

（一）社区管理体制还不适应现实要求

社区管理是社区建设的重要内容，是关系到社区建设成败的重中之重。从总体上看，社区管理体制不顺，西宁市社区管理水平、管理方法和技术落后，不能适应经济发展和社会管理的需求。目前社区管理手段主要是依靠行政机关和领导者的权力，通过强制性的行政命令对社区事务进行直接、集中、统一管理。政府认为依靠行政推动是行之有效的方法，社区也习惯于听命上级或某些主管部门的指令来行事，因此造成了社区管理的“行政化”倾向严重。社区居委会工作人员整天忙于应付繁重的行政事务，很难抽出时间和精力来考虑社区发展和建设问题，由此也引发社区居民的不满。

（二）社区建设中的社区服务定位不明确

社区服务功能不强的主要原因在于社区服务定位多元化与社区服务业的发展不相适应。西宁市社区服务实践一直缺乏理论上的指导，通常把社区服务当作一项政府工作或运动加以提倡，简单地把社区服务看作为人民办好事，做实事，是一种收受性的、单向的、被动的行为，而对社区服务的本质和特征缺乏足够的理解和把握。对于举办社区服务的目的也呈现多样化，有的是为了满足社区居民的服务需求，有的是为了扩大社区困难家庭的就业机会，有的是为了改善基层民政工作的经济困境。目的多元化使社区服务的职能共同体难以成立，社区服务的共同价值观难以形成。社区服务是一项社会福利事业，政府是社会福利的谋求者和代表者。目前西宁市地方政府尚没有足够的财政力量来支撑福利事业的需求，只能走以社会筹集为主的路子，建立以社会筹集为主、政府资助为辅的社区服务综合投入体制。由于法律、政策、体制、观念等方面的条件尚不成熟，筹资渠道不畅通，民间对社区服务的捐资兴趣也普遍不足，社区服务资金十分缺乏。

（三）社区居民缺乏参与社区的热情和积极性

西宁市城市社区居民生活的跨地域性、工作的流动性、经济的独立性，使社区居民不像农牧民那样对社区有较强的依赖性，他们更多的是通过参与社会活动来达到自己的目的，满足自己的需要。首先，西宁社区居民群众对社区缺乏认同。许多西宁市民群众对社区的了解并不深，尤其是对现代意义上的社区了解甚少。认识上的不足决定了西宁市民对社区难以产生真正的认同。其次，西宁的各社区人口成分趋于多样化，主要由传统社区居民、城中村农民和外来人员组成，他们较难融入社区，获得社区认同感和归属感较慢。最后，目前社区参与主要靠党政组织宣传、推动的多，通过行政力量动员社区成员参与，不能充分调动社区成员的积极性和主动性。这些在一定程度上都影响了社区各种力量参与的积极性。

（四）社区干部素质能力偏低

西宁市社区管理干部素质偏低的原因主要是政府对社区干部关心激励的措施不足。社区工作事务繁杂，工作要求高、难度大、待遇低、发展机会少，工作上的付出和回报失衡，使得社区岗位尤其是对年轻人吸引力较差。在职业发展的路径上，缺乏向上发展机会，职务晋升的道路阻隔，使得社区工作岗位吸引力不大，一些社区干部难以安心工作。此外，医疗保险、失业保险、养老保险、住房公积金等福利待遇也没有完全落实。开展活动的经费不足，一定程度上挫伤了社区干部的工作积极性。同时，对社区党建工作者的教育、培养、管理、监督不够，以致出现工作被动、创新不够、方法简单等问题。

三　加强和改进西宁社区建设的对策建议

社区建设是一个系统工程，必须整体规划，精心实施。当前和今后一个时期，西宁市社区建设要着重做好以下几个方面的工作。

（一）加快西宁城市社区管理体制的改革

西宁市社区管理要从行政管理为主，逐步过渡到社区自治为主，还权于民。根据西宁市的特点，以社区自治、自我管理为主是其城市基层社会管理的基本思路。转变政府职能，合理进行分权、放权，应将街道行政区与社区区分开来，将行政管理事务与社会管理事务区分开来。首先，街道办事处作为政府的派出机构，就管好自己该管的事，而那些不该管的事务要转移出去，下放到社区。推行行政事务进社区准入制度，对经批准进入社区的各项行政事务，要明确工作的权责范围和经费标准，严格落实“权随责走、费随事转”，将用人权、工作经费按工作量下放到社区。其次，增强社区服务功能，大量的社区管理职能和管理事务由社区居民自治组织承接。转变社区服务观念，社区要主动出击为居民提供更便利、更周到、更优质的服务，这样，社区服务功能才会更加贴近实际、贴近生活。最后，积极推进社区管理的民主化建设，提高社区成员参与社区管理的积极性，充分发挥大家的创造性，提高社区自我管理的能力，扩大社区成员的自治权，实现社区管理的民主化。这样，才能使行政力量与社会力量平衡发展、各司其职。

（二）完善社区服务功能，提升社区服务覆盖面和水平

社区服务作为城市社区建设的重要内容，可以说是社区建设的“龙头”。积极构筑社区服务的平台，把抓好社区服务作为西宁社区建设的核心内容和基础工程，构建起以“社区救助、社区就业与保障、社区养老、社区卫生、社区便民”等为重点的社区服务体系。一是建立具有社会救助和社会福利性质的社区服务体系。它包括为老年人服务、为残疾人服务、为有特殊困难的家庭服务、为优抚对象服务以及为精神病患者服务等；二是建立面向全体社区居民“便民、利民”的社会化社区服务体系。

今后，西宁市各社区应建立“1+3+3+5+8”的社区服务体系：“1”是建立一个平台，即建设西宁市“社区服务网站”和“便民服务热线”，使广大居民群众通过这个平台获取家政服务、养生美容保健、设备维修、购物消费、住宿餐饮等信息，并得到相应服务。第一个“3”是建立三级社区服务网络，建成覆盖全市的区、街道、社区三级社区服务中心（分中心、站），实现区、街道、社区三级社区服务联网运作，不断拓宽服务领域，提升服务水平。第二个“3”是打造三类服务圈，即从解决居民日常生活最需要解决的问题入手，在全市每个社区重点打造“15分钟社区事务受理服务圈”、“15分钟文体健身服务圈”、“15分钟生活服务圈”，提供满足广大居民需求的共性服务和满足特殊需求的个性服务。“5”是建设五支队伍，即社区工作者队伍、社区服务协管员队伍、社区志愿者队伍、社会组织队伍、自助互助队伍，探索建立“社区居委会—居民小组—楼院长—邻里互助会”的社区网络化自治管理体系，促进邻里互助和谐。“8”是八个系列服务，即社区就业服务、社会保障服务、社区救助服务、社区文体科教服务、社区治安法律服务、社区商业服务、社区志愿服务和美化优化社区环境等服务，形成开展社区服务的整体合力。

（三）积极培育社会组织参与社区建设

社会组织作为联系政府与百姓的桥梁和纽带，亟须大力扶持发展。在“十二五”规划纲要中，城乡社区社会组织被确立为重点培养、优先发展的社会组织，这也是中央第一次在正式文件中赋予社区社会组织如此重要的地位。改革社会组织登记管理制度，除依据法律法规和国务院决定需要前置审批外，可直接向民政部门依法申请登记。按照非禁即入的原则，进一步放宽社会组织进入社会管理和服务各领域的限制。建立公共财政对社会组织参与社会治理和提供公共服务的资助和激励机制。对在参与社会治理和提供公共服务中发挥重要作用的社会组织，政府给予相应奖励，并优先购买其服务；以公共财政为引导，以多渠道筹集的方式，建立社会组织发展资金，拓展社会组织多元化投资渠道，重点扶持一批具有示范导向作用的公益服务性社会组织；定期开展社会组织带头人培训和从业人员职业能力培训，动员和组织参与社会工作者职业资格考试，抓紧设置社会工作岗位和职称序列，对社会组织中业绩突出的专业人才可破格评定职称，形成稳定的社会组织的专职骨干队伍，提高社会组织从业人员的专业化、职业化水平。鼓励和支持社会组织引进急需专业人才，给予其高新技术企业引进人才的相同优惠政策，让其想干、愿干、干得好，想留、愿留、留得住。

（四）鼓励和支持社区居民积极参与社区工作

社区归属感的培育是社区建设的重要目标和价值追求。社区建设是广大居民群众的共同事业，居民群众的参与是社区建设的基础，因此，西宁社区建设离不开社区群众的广泛参与。当前在西宁社区居民参与社区建设的主动性较差、参与的热情和能力都普遍偏低的情况下，政府就要扮演社区建设启动者、倡导者的角色，调动社区居民的积极性，吸引社区居民参与投入到社区事务中来。结合创建文明城市，组织开展一系列创建活动，增强社区居民创建文明城市的意识，倡导科学健康文明的生活方式。利用重大节假日，组织本社区居民开展丰富多彩的社区活动。结合“五一”、“中秋”、“国庆”、“元旦”等重要节日，举办内容丰富多彩的广场文艺演出，活跃社区居民的文化氛围。发展社区文化，充分利用街道文化站、社区广场等现有文化活动设施，利用社区的各种专栏、板报来开展社区文化宣传。通过举办活动，为社区居民搭建展示艺术才华、增进情感交流的平台。积极开展丰富多彩、健康有益的体育、教育、科普、娱乐等活动，举办社区书法、绘画、根雕、花卉等展览活动，提升社区居民的文明素养，营造健康向上、文明和谐的社区文化氛围，使居民慢慢建立共识，培养认同，形成社区的凝聚力、向心力，逐渐就会形成一个组织化的社区社会。

（五）切实提高社区工作者队伍的素质和待遇

社区管理活动是通过社区工作者的工作来实现的，因而社区工作者的素质直接影响着社区管理工作的质量。提高社区管理水平，关键是提高社区管理工作者的素质。尽力改变当前社区干部年龄大、文化程度低的现状，推动社区工作队伍年轻化、知识化、专业化建设。在社区党组织、社区居委会换届选举中，采取组织推荐、公开向社会招聘和民主选举的方式，将一大批年富力强的大中专毕业生等优秀人才选聘到社区党组织和社区居委会班子中。使居委会成员的年龄结构、文化程度更趋合理，党员人数大幅度增加，少数民族占一定比例，整体素质进一步提高，为全面推进社区居委会工作打下良好的组织基础。不断改善社区居委会工作人员生活待遇。社区工作者任职期间实行统一的工资制度，完善保障体系，按有关规定办理岗位补贴和养老、失业、医疗、工伤及女工生育等保险，同时享受国家规定的休假、探亲假、婚丧假和实行计划生育的优待等福利，并建立社区工作者工资增长机制。建立和完善社区居委会工作人员生活补贴激励约束制度。建立社区居委会工作人员救助基金和离岗补偿制度，尽量解决社区居委会工作人员后顾之忧。引入绩效考核机制，体现多劳多得、优劳优酬，以激发社区工作者的工作热情，不断提高社区工作效率。

（六）推进网格化管理、创新社会管理模式

西宁作为多民族聚居、多宗教并存的西部欠发达城市，社会管理的任务繁重。西宁市必须创新社会管理模式，从“管理为主”向“服务为主”转变，寓管理于服务中。首先要构建网格化管理新格局，拓展社会管理服务新平台。实行网格化管理，将社区、群防群治管理队伍、驻辖单位、社区有关工作人员划分充实到各个责任网格内，每个网格单元各层面人员按照自身职责、任务分工和工作安排，齐心协力抓好综合治理各项工作的具体推进落实。加强社区服务呼叫中心和社区网站建设，逐步改善社区信息技术装备条件，为社区居民提供优质、高效、便捷的信息化服务，实现社会管理服务的无缝对接。建立健全社会治安防控体系，建立以110接处警体系为平台、以公安武警为主体的市区巡逻模式，推进社区群防群治，组建社区平安联防巡逻服务队。同时，建立“以房管人、以业管人、以证管人”的流动人口管理机制，采集建立流动人口和出租房屋信息档案，加强动态管理。充分发挥基层组织和社会力量的作用，在全市范围形成点线面结合、打防控结合、人防物防技防结合的全方位治安防控网络，最大限度地预防和减少违法犯罪，提高治安防控工作整体水平。

综上所述，西宁社区建设经过十五年的探索和实践，已经取得一些成效，但同时我们也看到，西宁社区建设刚刚起步，青海省的经济水平、政府的管理体制、社区的自治能力和居民的参与意识、社会组织体系的健全等还有待于提高和改进。展望未来，挑战和机遇并存，西宁社区建设还任重道远，我们在社区建设工作中还需不断加大工作力度，向国内先进省区学习和借鉴先进的管理经验和做法，结合西宁实际不断进行探索实践和创新，力争真正把西宁社区建设成管理有序、服务完善、文明祥和的和谐社会生活共同体。

新疆清真寺的数量变化及管理政策分析

李晓霞*

清真寺，又称礼拜寺，是伊斯兰教信众集中礼拜之地，是中国宗教管理政策中有关宗教场所管理的对象之一。在新疆，清真寺的数量和建筑规模，以及进寺礼拜者的数量，往往被作为伊斯兰教发展状况的反映，被视为穆斯林信众信仰程度的标志、宗教政策落实状况的表现。对清真寺的管理，是宗教事务管理活动的一个重要内容。

新疆信仰伊斯兰教的人口多，清真寺数量多。1997 年，中国清真寺 3 万余座，伊玛目、阿訇 4 万余人，其中新疆清真寺达 2.3 万多座，宗教教职人员 2.9 万人①，分别占到全国总数的 76.7% 和 72.5%，而新疆信仰伊斯兰教的民族的人口占全国的 62.5%（2000 年），可见就国内来看，新疆的清真寺及宗教人士数量与信教人口相比较高。清真寺作为伊斯兰教信仰者进行礼拜活动的场所，其数量与信教者数量、分布及其对集体礼拜场所的需求有关，也与信教者的经济能力、社会管理政策等有关。新疆清真寺数量的变动，并非信教群众信仰需求自然发育的结果，更多是受到宗教管理政策变动的影响。

20 世纪 50 年代初，新疆有清真寺 2.95 万座，宗教职业者 5.45 万人。②

---

* 李晓霞，新疆社会科学院社会学所研究员。

① 国务院新闻办《中国的宗教信仰自由状况》白皮书（1997 年 10 月）。

② 新疆维吾尔自治区宗教事务局：《新疆伊斯兰教方面落实政策的基本情况和今后意见》（1985 年 7 月 19 日）。对于当时清真寺的数量，有不同说法，如新中国成立初，新疆有大大小小的清真寺达 28089 座，宗教人士达 4.5 万名（新疆维吾尔自治区宗教事务局《新疆伊斯兰教工作情况》1992 年 8 月）；新疆在解放初有清真寺 2.95 万座，宗教职业者 5.45 万人（新疆维吾尔自治区宗教事务局《新疆伊斯兰教方面落实政策的基本情况和今后意见》1985 年 7 月）。本文引用大量以往调查报告的相关数据及内容，凡未明确注明出版信息的，均来自《新疆宗教工作调研报告汇编》（中国社会科学院中国边疆史地研究中心）。

到1956年，清真寺及教职人员的数量基本没有变化，清真寺约3万座，教职人员5万余人。[①] 1958年，新疆完成了民主改革和社会主义改造，并进行了以消灭宗教封建特权和剥削、禁止宗教人士违法活动为重点的宗教制度改革。清真寺有的被群众自发拆除，有的自然坍塌，还有部分在公社化时期被集体占用或拆毁，至20世纪50年代末，全疆有清真寺1.5万座，教职人员1.4万人。1962年8月，自治区党委召开自治区民族工作会议，检查1958年以来的民族、宗教、统战工作，指出当前要纠正一些地方挖麻扎、不让做礼拜、封闭清真寺的错误做法。[②] 1965年，全疆清真寺数量为1.41万座，宗教职业者2.69万人。[③] 与10年前相比，清真寺及教职人员数量都减少了一半左右。还有一种解释：由于实行宗教信仰自由政策，经过宗教改革，群众觉悟提高，宗教影响减弱，清真寺被自发拆除或改作他用，大部分伊斯兰教人士成了社会主义劳动者，故寺及教职人员数量减少，但基本上能够满足信教群众正常宗教生活的需要。[④]

1966年后的“文化大革命”期间，党的宗教政策遭到破坏，大量清真寺被占用或拆除，大批宗教教职人员被戴上右派、反革命分子帽子。至“文化大革命”后期，全疆清真寺约2930座。[⑤] 许多信教群众不能在宗教场所活动，就在家里、路旁、野外做礼拜。十一届三中全会后，随着党的宗教政策的贯彻落实，各地对被占用、拆除的清真寺及其附属房产退还、补偿。根据要求，应恢复的被拆清真寺，哪个单位拆除，哪个单位有责任资助修复，对落实好的要表扬，对落实差的要批评，对顶着不办的要严肃处理。[⑥] 对于信教群众自发修建清真寺，要加以疏导，尽可能少建，更不要大兴土木。[⑦] 一大批宗教场

① 新疆维吾尔自治区党委统战部：《新疆六年来宗教工作报告》（1956年8月8日）。

② 朱培民、陈宏、杨红：《中国共产党与新疆民族问题》，新疆人民出版社2004年版，第165页。

③ 新疆维吾尔自治区宗教事务局：《新疆伊斯兰教方面落实政策的基本情况和今后意见》（1985年7月19日）。

④ 新疆维吾尔自治区宗教事务局：《新疆伊斯兰教工作情况》（1992年8月）。

⑤ 新疆维吾尔自治区宗教事务局：《新疆伊斯兰教情况及问题》（1994年7月）。

⑥ 到20世纪90年代初，已基本上清退了“文化大革命”中被占用和拆除的宗教房产，全疆共约20万平方米，各地财政和有关单位支付这方面的折价款约250万元，并先后下拨重点清真寺维修费约300万元（新疆维吾尔自治区宗教事务局：《新疆伊斯兰教工作情况》，1992年8月）。

⑦ 中共中央印发《关于我国社会主义时期宗教问题的基本观点和基本政策》的通知（中央1982年19号文件）。

所批准恢复和新建。1985 年，全疆伊斯兰教宗教场所已达 1.55 万处。[①] 1990 年，全疆有清真寺 22949 座，伊斯兰教职人员 29617 人。[②]

80 年代后期，清真寺数量急剧扩张，许多清真寺未经主管部门批准自行修建，贪大求新、豪华攀比，一般都耗资十几万至几十万元，其资金来源，少数是一些经商者资助，大多为向群众摊派勒捐，信教群众经济负担增大。1990 年 4 月，阿克陶县巴仁乡发生武装暴乱事件，暴徒打着宗教旗号，以抱经宣誓等形式胁迫群众参与，非法宗教活动对新疆社会稳定的影响日渐突出，依法管理宗教事务活动受到政府重视。相关部门认为南疆现有宗教活动场所足已能满足信教群众正常宗教生活的需要[③]，开始对新建清真寺进行限制性管理。1990 年 9 月自治区颁布《宗教活动管理暂行规定》，宗教事务部门对宗教活动场所丈量面积并进行审核注册，发土地使用证和房产产权证，承认其合法性。对未经政府宗教部门批准建立且属多余的，以及不符合其他登记条件的 500 多座清真寺[④]，予以封闭或改作他用，刹住了随意乱建、扩建清真寺的现象。1991 年年底，全疆有清真寺 22183 座[⑤]，较上一年清真寺数量减了 3.3%。克拉玛依州 1989 年有 1412 座清真寺，巴仁乡事件后，经清理整顿，合并或关闭，1995 年降至 1355 座，申请修建 14 座，只批准了 4 座。但擅自新修、翻修并扩大规模、豪华修建的现象仍存在。阿瓦提县批准重修 2 座，但未经批准重修了 8 座。在新和县，1990—1995 年，批准新建不到 10 座，但翻修达 80 座。[⑥] 阿克苏地区 90 年代初期清真寺数量仍在增长，1990 年为 3102 座，1991 年为 3266 座，1992 年为 3270 座。[⑦] 至 1995 年年初，新疆有 2.29 万座清真寺、2.96 万伊斯兰教职人员。[⑧] 清真寺数量较 1991 年增长了约 600 座。

---

① 新疆维吾尔自治区宗教事务局：《新疆伊斯兰教方面落实政策的基本情况和今后意见》（1985 年 7 月 19 日）。

② 新疆维吾尔自治区宗教事务局：《新疆伊斯兰教工作情况》（1992 年 8 月）。

③ 王文衡、阿不力米提：《南疆五地、州宗教工作调查汇报》（1990 年 3 月）。

④ 南疆五地州共关闭 520 座，和田 336 座，喀什 99 座，克州 57 座，阿克苏 28 座（《自治区党委统战部部长刘方在南疆五地州宗教工作经验交流会上的讲话》，《新疆统战工作》1991 年第一期，总第 76 期）。

⑤ 王文衡：《新疆维吾尔自治区宗教的历史与现状》（1992 年 2 月）；《新疆伊斯兰教工作情况》（1992 年 8 月）。

⑥ 《对克孜勒苏柯尔克孜自治州、阿克苏地区宗教工作情况的调查报告》（1995 年 9 月）。

⑦ 三年数据分别来源于王文衡、阿不力米提：《南疆五地、州宗教工作调查汇报》（1990 年 3 月）、自治区宗教事务局南疆工作组：《阿克苏地区和巴音郭楞蒙古自治州宗教工作情况的调查》（1991 年 8 月）、阿克苏地区民族宗教处：《关于阿克苏伊斯兰教工作调查的报告》（1992 年 5 月）。

⑧ 新疆维吾尔自治区宗教事务局：《关于现阶段新疆宗教状况及对策的报告》（1995 年 6 月）。

90年代以后，自治区多次强调，要严格控制新建宗教活动场所。“从总体上讲，现在全区的宗教活动场所已完全可以满足信教群众正常宗教活动的需要。确实需要新建的需按规定严格报批手续。”① “今后除新建的居民点和牧民定居点原无清真寺，在严格审批手续的基础上可新建外，原则上不再新建寺。”② 清真寺数量太多被认为是宗教狂热的表现③，而宗教狂热导致非法宗教活动增加，是影响新疆社会稳定的主要危险之一。2004年，新疆有伊斯兰教清真寺2.39万座；④ 2009年，全疆伊斯兰教清真寺约2.43万座，教职人员2.8万多人⑤。清真寺数量较1995年增加了1400座左右。

总体上看，新疆清真寺数量，在新中国成立后至1958年基本持平，1958年后明显减少，至60年代中后期的“文化大革命”期，再次大幅度减少；至80年代初期清真寺数量开始上升，80年代后期为上升速度最快时期；90年代后上升速度日渐减缓，对清真寺数量控制日益严格，但新建寺的现象仍存在（见表1）。

表1 **南疆三地区清真寺数量变化** 单位：座

地区	50年代初	60年代中	1978年	1990年	1995年	2013年
喀什	12918	5919	593	9190	9565	9783 *
和田	7051	3845	1636	3886	—	4339
阿克苏	3534	2911	291	3102	—	3358
全疆	29500	14100	2930	22949	22900	24300 **

数据来源；1990年前的数据源自王文衡、阿不力米提：《南疆五地、州宗教工作调查汇报》（1990年3月）。50年代初为“解放初”，60年代中为“文化大革命”前，1978年指“十一届三中全会前”。1995年喀什的数字来自张声作：《对新疆宗教工作的一些看法和建议》（1995年）。2012年的数字来自各地相关部门的报告材料。

* 为2012年数字。* * 为2009年国务院新闻办《新疆的发展与进步》白皮书的数字。

---

① 中共新疆维吾尔自治区委员会：《关于贯彻中央7号文件进一步维护社会稳定的意见》（1996年5月6日）。

② 司马义·铁力瓦尔地在自治区统战部长、民宗委主任座谈会上的讲话（1998年8月）。

③ 张秀明：《在喀什地委民主生活会上的对照检查》（1996年6月24日），引自《新疆反分裂斗争和稳定工作的实践与思考》，第164页。

④ 张秀明：《新疆反分裂斗争和稳定工作的实践与思考》，新疆人民出版社2009年版，第226页。

⑤ 国务院新闻办《新疆的发展与进步》白皮书（2009年9月）。

以喀什地区为例。喀什地区是新疆各地州清真寺数量最多的区域。解放初期有12918座，1958年年底为5919座，至1976年年底仅剩593座，其中还有部分被企业、单位等占用。[①] 1986年，喀什有清真寺7946所，伊玛目以上的宗教人士8572人。[②] 1988年，有清真寺及活动点8661座，教职人员11495人[③]，两年间分别增长了715座寺和2923名教职人员，是宗教场所及宗教人士数量发展最快的时期。1993年，喀什地区的领导说，现有礼拜寺的数量，完全能够满足信教群众的需要，不必要也不允许新建礼拜寺。[④] 至1995年，喀什地区有清真寺9565座，宗教人士12115人，其中在清真寺任职的有9869人。[⑤] 到2012年，有宗教活动场所9783座，教职人员10658人。从1995到2012年的17年间，喀什地区的清真寺数量增加了218座。

关于新疆清真寺的数量及对其修建的管理，有几个问题受到较多关注。

其一，清真寺数量是否明显增加问题。

如果与新中国成立之初相比，目前新疆清真寺数量并未达到当时水平，上文的论述足以说明此点，但在局部区域有超过当时水平的。如托克逊和鄯善两县在新中国成立前夕有342座清真寺，1990年有521座，超出179座。[⑥] 另据新疆社会科学院宗教研究所1984年在喀什地区调查，某公社新中国成立前有礼拜寺162所，“文化大革命”后仅存47所。1984年，该公社新建和修建礼拜寺的数目已达166所，有的还建个人礼拜寺。[⑦] 当然，如果与“文化大革命”前比，清真寺数量明显超过了当时的水平。

与数量问题相关的是清真寺的分类。20世纪50年代，南疆普遍把清真寺分为分加玛提寺（加玛提，“居民”意，即有固定教民有阿訇的寺）、麻扎寺（麻扎，“墓地”意，即附属于麻扎瓦合甫地的加玛提寺）、依提

① 《关于喀什地区伊斯兰教问题的调研报告》（1992年6月16日）。

② 何炳济：《从新疆伊斯兰教在社会主义条件下的变化看宗教问题的长期性》（1985年）。

③ 《自治区宗教事务局对喀什、阿克苏、巴音郭楞三地州的宗教情况调查》，《1989年新疆年鉴》。

④ 张秀明在喀什地区地、县、乡三级干部大会上的动员讲话，1993年8月9日。

⑤ 张声作：《对新疆宗教工作的一些看法和建议》（1995年）。

⑥ 《对吐鲁番、鄯善、托克逊等县伊斯兰教工作调查情况的汇报》（1990年4月）。

⑦ 何炳济：《新疆农牧民社区田野调查》，新疆人民出版社2007年版，第33、34页。

木寺（依提木，“孤独”意，无阿訇和固定教民，多设在村边路旁、水磨边，供行人、磨面人礼拜）。此外还有两类相对较大的寺：艾提喀寺，是两节（古尔邦节及肉孜节）时教民集体礼拜（称“会礼”）之地，50年代初墨玉全县仅县城有一座；哈利喀寺，即主麻寺，是周五主麻日集体礼拜（称“聚礼”）之地。两节时因路远不能进城去艾提喀寺的，亦在哈利喀寺礼拜。[①] 有些大户人家还有私人清真寺。如此看，清真寺有大小、用途、有无教职人员等区别，当时有些清真寺就是临时礼拜点，并无教职人员。直到80年代末，在清真寺统计中，包括了活动点，如1990年，库车县有清真寺584座，其中近1/3是活动点（183座）。[②]

1981年年底，喀什地区清真寺7946座，其中有活动点1898个，到1990年，该地区有清真寺9190座，其中活动点1200多个。[③] 显然，活动点数量在下降，其中一部分就成为固定的、有专职教职人员的宗教场所。也有将活动点分开统计的，如伊犁地区（今伊犁州直属）1983年有656座清真寺，此外还有189个宗教活动点。[④] 到90年代后期，统计数据中基本就只有清真寺而无活动点，这应该是在宗教场所登记注册后合法化的结果。而且就当时记载看，全疆未获得合法登记的有500多座清真寺，也就是说，相当部分的活动点正式作为固定宗教场所取得了合法地位。事实上，活动点至今也未完全清除。2014年7月，笔者在昌吉市二六工镇看到该镇发布的《关于依法取缔非法宗教活动场所（哨嘛）的通告》，哨嘛是对小礼拜点的称呼，在当地现在成为合法清真寺之外集体礼拜场所专称，被视为非法宗教活动场所，通告要求信教群众到合法宗教场所活动，哨嘛的财产进行处理，领经人员返回原籍。

能够承担会礼、聚礼的较大清真寺的数量明显增加。新中国成立之初，在南疆人口大县墨玉县，也只有一所承担两节会礼的艾提尕尔寺，而现在许多寺都有此功能。在喀什地区，1995年有加买寺727座，主麻寺2449座，一般寺6366座；[⑤] 2012年有加买寺817座，主麻寺2275座，一

---

① 任一飞、茆永福等：《墨玉县维吾尔族卷》，民族出版社1999年版，第281页。

② 自治区党委统战部、自治区宗教局、伊协联合调查组《库车县宗教活动场所调查报告》（1992年5月）。

③ 王文衡、阿不力米提：《南疆五地、州宗教工作调查汇报》（1990年3月）。

④ 纳比坚·穆哈穆德罕：《新疆各青少年信教问题初探》（1988年）。

⑤ 张声作：《对新疆宗教工作的一些看法和建议》（1995年）。

般寺6691座。在这近20年的时间里，喀什地区的主麻寺数量有所减少，加买寺和一般寺在增加。虽然三类寺都可满足教民的日常拜功需求，但两节会礼及周五主麻日的聚礼通常是在加买寺或主麻寺进行（一般寺里依麻木只管领拜，无哈提甫讲经）。也因此每到主麻日，很多主麻寺大殿无法容纳，信众到院落中甚至是占街道礼拜，两节会礼期间更是如此。由此涉及下一个问题，即清真寺数量是否满足需求，显然，这并不能以一年一次的会礼或一周一次的聚礼期间人员聚集程度判断。

对于清真寺数量的统计，还有一种说法，只有承担主麻活动功能的宗教活动场所才为清真寺，小的只用于日常礼拜活动的场所一般只有领拜人员，属于活动点，并不在清真寺的统计范围内。这是一些国家清真寺数量统计的标准。如果以此方式计算，新疆的清真寺数量会减少2/3左右。

其二，现有清真寺数量是否满足信教群众需求问题。

对于新疆清真寺的数量已满足信教群众需求的认知早有共识，但在论述中，往往以单位人口的清真寺数量进行比较。对于信仰伊斯兰教人口的统计，一般是按信仰伊斯兰教的民族人口计算的①，80年代以前新疆统计为7个信仰伊斯兰教的民族（维吾尔、哈萨克、回、柯尔克孜、塔吉克、塔塔尔、乌孜别克），此后统计为10个民族（增加东乡、撒拉、保安三族）。1950年相关数据为413万，1990年为923万，2010年新疆10个信仰伊斯兰教的民族人口数为1271万人，占新疆少数民族人口的97.9%。从人口数字来看，新疆普遍信仰伊斯兰教民族人口数2010年比1950年增加了2倍。90年代以后，相关管理部门对穆斯林群众的统计排除了中共党员、青年团员、国家干部，实际上不能进寺进行宗教活动的还包括18岁以下人口（占少数民族人口的1/3）及女性人口。但另一方面，由于政府对宗教活动管理日益严格和规范，要求礼拜活动必须在宗教活动场所或私人空间进行，过去就近、就地在生产经营场所以及各类公共场所的礼拜行为减少，进入清真寺进行集体礼拜活动的行为增加。可见，进寺参加礼拜活动的人数不能单以人口数量来判断。

根据伊斯兰教教义，信教群众集体礼拜功德更大，“参加集体拜功的人

---

① 1996年中央统战部下发的通知，伊斯兰教和藏传佛教信徒人数按信仰两教的民族人口统计（李泽、刘仲康主编《正确认识和处理新形势下新疆民族宗教问题》，内部资料，第35页）。

超过在家或街上一个人礼拜的二十五倍"①，故信教者到清真寺进行日常礼拜是普遍现象。满足日常礼拜的清真寺对信教者来说需要临近、方便，其分布就与人口居住密度有关：居住越分散，人均或户均清真寺的比例越低，也因此人口集中的城区寺会容纳更多的教民。1950年，喀什市区有居民9879户，有清真寺126座，平均78户1座寺。② 墨玉县第一区第三乡第三村，280户人家有28座礼拜寺，平均每10户1座寺；③ 1955年在疏附县托古扎克区六乡，有居民827户、3210人，有主麻寺及小礼拜寺28座，平均30户居民1座寺。④ 随着城镇化的进程，乡村人口往城镇流动，以及新农村建设过程中乡村人口居住集中化，人口聚居密度增大，总体上对于清真寺数量的需求在下降。但也正因此，随着人口流动，在新的居住格局下，建新清真寺的需求也随之产生。如20世纪90年代初在库车县，随着新规划的土地盖新房的人增多，有四五个地方的信教群众提出申请建新寺的报告。⑤ 哈萨克族以游牧为主要生产生活方式，很少建清真寺，牧民定居后，建立清真寺的要求就提了出来。1985年，自治区相关部门就提出要重视解决哈萨克族群众定居地区所需的宗教活动场所的问题。⑥

由于管理部门对新建清真寺控制极为严格，新建或易地重建清真寺的审批难度很大，部分区域就存在着宗教场所布局不能满足人口变动后的需求的情况，这在乌鲁木齐市一些社区表现得很突出。二道桥管委会片区1.85平方公里，9万人口，分布有16座清真寺，有的两座寺就是一路相隔，这种布局是历史形成的，在棚户区改造中拆除的2座寺又都在原址恢复。每到周五主麻聚礼以及两节会礼，信教人群聚集的现象极为突出，占路堵车的现象常见。同时，邻近的赛马场片区12.8平方公里、6万人口，仅有2个清真寺；大湾片区3.25平方公里、5.8万人口，仅有1座寺。后

---

① ［阿拉伯］叶哈雅·脑威选编：《穆斯林的修养——脑威圣训精华》，穆萨·伊布拉欣、伊利雅斯合译，转引自张国云《维吾尔人宗教生活的人类学考察——以扎衮鲁克村为个案》，博士学位论文，中央民族大学，2006年。

② 中共新疆分局宣传部《喀什宗教情况与宗教学校》(1950年5月)。

③ 《墨玉县维吾尔族卷》，第280页。

④ 《新疆农村社会》，农村读物出版社1988年版，第472、489页。

⑤ 自治区党委统战部、自治区宗教局、伊协联合调查组《库车县宗教活动场所调查报告》(1992年5月)。

⑥ 新疆维吾尔自治区宗教事务局：《新疆伊斯兰教方面落实政策的基本情况和今后意见》(1985年7月19日)。

两个片区都是在近几年中人口数量上升迅速、流动人口聚集、少数民族人口占多数的区域。主麻日许多信教群众乘车去二道桥做礼拜，更加剧了这里人员的密集程度和交通的拥堵，并产生诸多社会风险。清真寺过于集中在某个片区，也是吸引信教群众聚居、不愿迁离至宗教活动区域的一个重要因素。在清真寺修建问题上，保持原状有历史依据、有政策支持，而根据人口布局的易地重建，总会导致部分信教群众不满，对此管理部门难作为，也怕作为。目前，不论从“推动建立各民族相互嵌入式的社会结构和社区环境”，还是“依法保障信教群众正常宗教需求”[①] 来看，这些区域对清真寺布局进行适当调整都是有必要的。和田地区规定，原则上清真寺的数量可以适当减少，不能增加。对于有建新寺需求的移民开发区，在本县市辖区内，由县市自行在原有清真寺总量中进行调剂；跨县市的，由地区统一在全地区清真寺指标中予以调剂。在兵团十二师，随着团场建镇工作推进，居住在连队的人口向团部转移，原来连队小清真寺也随之被团部新建的大清真寺替代，并以土地置换的方式，满足新建清真寺的土地和经费需求，同时减少了清真寺数量和面积。

清真寺布局是否满足需求，还涉及民族因素。伊斯兰教中有“天下穆斯林是一家”的理念，清真寺是没有民族之分的，到礼拜时间就近入寺礼拜。但由于讲经人、领拜人语言的不同，加之普遍存在的同族之人小聚居的现象，新疆的清真寺一般有民族属性，如维吾尔族寺、回族寺等（回族寺中还有教派之分[②]）。在乌鲁木齐市二道桥管委会，16 座清真寺中有 12 座回族寺，4 座维吾尔族寺，当地流动人口数量多，不同民族共寺礼拜的情况普遍存在。但语言差异实际存在，当清真寺附近常住人口民族结构变化，参加宗教活动的教民在民族构成上相互接近时，想分寺的期望就会出现。这些都面临着不能增加清真寺数量的制度性制约。

其三，修建清真寺的经费及审批问题。

伊斯兰信众捐资修建清真寺，在伊斯兰教教义中被大加提倡，“谁为

---

① 习近平在第二次中央新疆工作座谈会上的讲话（2014 年 5 月）。

② 2007 年笔者在霍城县三宫乡下三宫村调查。该村 721 户、3324 人，82% 的回族人口。全村有 5 座清真寺，其中格底目教派的 2 座、依合瓦尼教派的 1 座、哲赫忍耶教派的 1 座、维吾尔族寺 1 座。

寻求安拉的喜悦而修建了一座清真寺，安拉将为他在天园建造相等的建筑”。[①] 信教群众捐资修建（缮）清真寺，是义务，是责任，更是为来世做准备的功德。在伊斯兰教法中，也有制度性的规定，各类宗教课税的用途之一就是修建宗教场所。1956 年的宗教改革，废除了宗教课税，在 80 年代后期的建寺热中，许多信教群众在个人生活清贫的情况下，仍热心于出资出力修建清真寺，但同时也出现经济负担过重、强迫教民出资建寺的现象。当时在疏附县帕合太里乡某村，为扩建清真寺摊派村民每人 22 元，出不起钱的人就被视为非本地人，迫使 5 户居民搬离村庄。[②] 事实上在 80 年代后期建寺高潮中，一些地方政府也起了推波助澜的作用。1986 年，叶城县要修建加满清真寺，县委经研究同意并成立领导小组，县主要领导同意扩大面积，在建材十分紧缺的情况下为建寺提供计划内钢材和水泥；同意向社会集资，允许从 1986 年起，全县城乡每年古尔邦节信教群众屠宰的牛、羊皮张全部交给加满清真寺，作为建寺资金。几乎每个主麻日，宗教人士都在清真寺门前铺开布单募捐，以致部分教民宁愿舍近求远到小寺做礼拜。由此上行下效，城镇乡村大兴土木建寺。乡村干部、宗教人士都纷纷为修建清真寺捐款捐物，似乎谁不支持建清真寺，就是脱离群众，不关心群众。1986 年全县就新建寺 209 所。这种筹资方式的改变，使清真寺修建趋于扩大和豪华，由土木结构逐步向砖混结构发展。[③]

国外人员资助建寺的情况频频出现，还有人请求国外机构捐助。据 1990 年调查，和田地区有 11 个清真寺接受国外资助 38.2 万元进行维修，有 14 人向世界伊盟写信哭穷要钱。1985 年乌什县有人去沙特朝觐向当地宗教人员哭穷要了 1.5 万美元。[④] 这也是国外势力利用宗教渗透的一种方式。

基于以上背景，20 世纪 90 年代开始，政府严格管理清真寺修建，包括不准非法修建新寺，不得超面积建寺、扩寺，不得超标准豪华装修等，要求修建宗教场所以实用为原则。最初的管理目标主要是为减轻教民的经济负担，至 90 年代后期，随着非法宗教活动影响日益严重，淡化宗教氛

① ［埃及］穆·福·阿卜杜勒·巴基编：《圣训珠玑》，努尔曼·马贤译，转引自张国云《维吾尔人宗教生活的人类学考察——以扎衮鲁克村为个案》。

② 王文衡、阿不力米提：《南疆五地、州宗教工作调查汇报》（1990 年 3 月）。

③ 《认真分析宗教现状，切实加强宗教管理——叶城县宗教问题的调查》（1990 年）。

④ 王文衡、阿不力米提：《南疆五地、州宗教工作调查汇报》（1990 年 3 月）。

围成为各地政府的一项重要工作，限制宗教活动场所数量、控制场所标准、减少教民对宗教活动关注和投入，成为淡化宗教氛围的一个重要方式。也就是说，对于修建清真寺的管理，并非立足于教民是否有能力建（修）寺的基础上，即教民经济条件改善并不是可以豪华装修、超面积建寺的理由。

修建清真寺，是信众的功德，教民捐资成为理所当然。但事实上，自80年代后期至今，希望政府出资建（修）寺的情况一直存在。1982年中央19号文件规定，在恢复宗教活动场所的过程中，除政府批准拨款的以外，不得动用国家和集体的财物修建寺观教堂。1996年中央7号文件要求“对影响较大的爱国宗教人士主持的重点寺院的维修，政府应给予适当资助”。实际上，此之前相关部门每年都给新疆下拨少量的经费，用于重点寺庙的维修补助。[①] 1991年库车县有18座清真寺被定为危房，在注册登记工作中被封闭，信教群众给有关部门写报告，要求拨款维修，但未被批准。[②] 而寄希望于政府出资修建清真寺的并不限于重点清真寺，也不限于教民。2014年5月笔者在和田调查，某乡的干部及村里干部都表示，希望上级政府拨付经费进行危旧寺的维修或重建。因为当地农民收入水平低，政府不让清真寺向教民收钱，即使要收也收不上什么钱，但寺已成危房，必须修建。这些年，征收宗教课税被认定为非法宗教活动，教民自愿的捐赠有限且很难辨清究竟是自愿还是迫于社会压力的不得不捐，故一些县市管理部门要求清真寺不得收取捐赠，但这样一来，修缮清真寺的经费来源就得不到保证。清真寺又不能任其自生自灭，在危房中礼拜不能保障教民安全，指望政府出资建（修）寺就成为必然。同样，笔者调研中屡屡听到政府管理人员及宗教人士希望政府提高教职人员生活补贴标准的诉求：教职人员因专心礼拜和教务以及承担了多种社会责任而无暇去劳作增收，教民及清真寺也普遍因收入低而对教职人员少有供给；目前政府给教职人员的生活补贴过低，使教职人员难以安心教务，有的甚至以私带塔里甫补给家用等。政府在管理宗教事务的过程中将一些宗教事务承担起来，由此，一方面政府对宗教活动采取的管理措施被合理化；另一方面是政府

① 新疆维吾尔自治区宗教事务局：《关于现阶段新疆宗教状况及对策的报告》（1995年6月）。

② 自治区党委统战部、自治区宗教局、伊协联合调查组：《库车县宗教活动场所调查报告》（1992年5月）。

面临着承担起部分宗教教务并使其成为政府事务一部分的问题，不能满足教民需求就很难得到教民的认可，而政府也不可能以经费支持的方式替代信教者的宗教感情或换得信教者对政府更多的认同和依赖。政府的管理理念与承担责任相矛盾。

修寺的另一个问题是审批困难。由于对维修清真寺实施严格的审批制度，有时正常的修缮工作也较难获通过。20 世纪 80 年代是建寺高峰期，当时限于经费以及修建的急迫，一些新建的清真寺在质量上也难以保证，故旧寺、危寺的修缮一直是个问题。据 1995 年调查，在新和县五杆乡的 43 座寺中，1982 年、1983 年前后用土块修建的仅有一间礼拜房的寺就有 25 座。库车县有 26 座清真寺属危房，在等待维修。[①] 当时自治区领导也指出："该解决的清真寺危房要准予修缮或者更新。" 2013 年，叶城县批准开放的 959 座清真寺中，有 80 多座清真寺年久失修，存在较大安全隐患，但维修申请获批准较难。在和田市，2012 年申请重建的清真寺共 56 座，经调查和审核，地区批准重建的共 19 座。修建清真寺的审批权有时也成为管理宗教事务活动的一种手段。在和田，相关部门对申请维修、重建清真寺的村（社区）采取全面摸底调查审核，如发现该村（社区）发生非法宗教活动，则一律不考虑维修重建清真寺的申请。近来，在宗教事务管理工作中重视疏导方式，要求满足信教群众正常宗教生活需求，一些县市简化修建清真寺的审批手续，如将维修清真寺的部分审批权下放到乡里，降低审批难度。

违规修建清真寺，被视为非法宗教活动。所谓违规，即违反相关规定，没有按照报批程序获得合法许可，或者没有按照许可的标准和水平修建，也有获得了许可手续但由于相关工作人员未严格审核造成许可本身是违规的，如超面积、超标准等。当然，不否认有些所谓违规的要求有其合理性成分，如随着生活水平提高，教民的需求也在提升，设置礼拜前大、小净的水房成为必要，而一些简陋、空间狭小的寺按原面积重建或维修时难以解决。

对于已经违规修建的清真寺，如何处理既能体现政府制止非法的决心和权威，又减少负面社会影响，也是难以操作之事。1982 年中央 19 号文件规定，信教群众自发筹款修建宗教场所，已经建成的不要拆毁，应同信

① 《对克孜勒苏柯尔克孜自治州、阿克苏地区宗教工作情况的调查报告》（1995 年 9 月）。

教群众和宗教界人士充分协商，根据实际情况妥善解决。而在实际操作中，如此往往就变成听之任之，出现助长非法宗教活动、降低政府权威等问题。而政府若采取措施关闭或拆除超标准部分，又可能引发教民不满，产生纠纷。1996 年莎车县某村因拆除一座超标准修建的清真寺导致数百人静坐、闹事、轮番上访，有人趁机煽动，使事情复杂化，持续时间达半年以上。[①] 依法管理、用法律说话成为处理此类事件的基本方式。1998 年叶城县恰斯米其提乡发生一起非法新修、易地扩建清真寺之事，由国土资源管理局和城建局依照有关法律、法规先进行行政处罚与经济处罚，并要求恢复原地貌，由策划建寺的宗教人士带领信教群众对翻扩建的清真寺进行拆除。过去此类事往往是由一小部分闹事人员去拆寺，造成信教群众对党员、干部不满。前文所谈对于修建清真寺严格的审批监督制度，也是防患于未然，避免酿成违法修建寺的既定事实，避免既不利于政府管理又损害教民利益、伤害干群关系。

其四，清真寺的空间布局问题。

清真寺是宗教场所，也是公共场所，重建清真寺的位置，其选择受居民居住形式、土地规划等因素影响，也因其宗教活动的性质、活动时期人员密集性的特点，有一些控制因素。和田地区要求，重建宗教场所不能靠近村委会、学校，避免造成影响。在城市中重建宗教活动场所时，不得建在交通要道、主干道、广场附近及其他人员聚集较多的地方，避免导致交通阻塞、发生交通安全事故。一些规定明显是为了弱化宗教活动产生的社会影响。2000 年，在和田地区，鉴于许多清真寺离学校太近，有的与学校仅一路之隔，寺内讲经声对学生直接造成影响，为了给学校一个良好的教育环境，有关部门责令拆除学校附近的清真寺，易地重建。截至 7 月，和田地区于田县、和田县对距离村委会、乡村中小学 100 米以内的 107 座清真寺进行拆除，其中 5 座改作他用。[②] 显然，有关部门把清真寺与学校作为博弈双方，以抑制清真寺的影响，表现出对学校的支持，扩大现代教育在社会中的地位和影响，使少年儿童远离宗教，更多地接受现代文化，融入世俗社会。当年笔者在和田调查，正值执行此规定之时，质疑声也很

---

① 中共中央组织部课题组：《2000—2001 中国调查报告——新形势下人民内部矛盾研究》，中央编译出版社 2001 年版，第 269 页。

② 李晓霞：《关于在民族宗教工作中左与右的问题》，载李泽、刘仲康主编《正确认识和处理新形势下新疆民族宗教问题》，2000 年内部出版。

多，如拆清真寺的合理性问题，是移寺合理还是移校合理？是政府还是教民支付移建清真寺的费用？

作为公共场所的清真寺，必须遵行各类安全防范措施。如在新疆，越来越多的公共场所要求安装监控设施，清真寺也不例外。2012 年，和田市安装视频设备的主麻清真寺 196 座，占全部主麻寺的 87.5%。每周五主麻礼拜后，有关人员观看重点寺的视频，检查讲经内容，以防在讲经过程中出现宣传宗教极端思想或其他违法内容的现象。清真寺的扩音设施也属监管范围。根据自治区相关规定，在宗教活动场所架设高音喇叭，属非法宗教活动，因其宣礼及讲经声音会影响到周围居民的生活和工作。但由于在人口聚居地区，周五主麻日的聚礼活动中教民的拜毯往往会摆到院里甚至路旁，寺外礼拜的人要想听清讲经内容就必须设置扩音设施，其声音的大小需要控制到既能便于礼拜活动又不致因声音太大影响周边居民。乌鲁木齐市大湾管委会片区仅一座清真寺，周五主麻日来寺参加礼拜活动的教民约 1500 人，每周五社区都专门安排干部管理扩音设备。当然，这种管理的深层意蕴是希望弱化宗教在公众生活中的影响及宗教活动仪式对不参加礼拜活动人员的隐形社会压力。

30 多年来，新疆对清真寺的管理，由数量控制和建筑规格限制，逐渐深入到清真寺内设置的管理，并将管理重点放到宗教活动的程序和内容上，如规范讲经内容和时间、限定主持活动人员并限制参加活动人群（如两节“会礼”过去视为民族习惯，党员、干部可以参加，现在许多地方将其认定为宗教活动，禁止党员干部参加），有些地方基层组织介入宗教事务，如阿瓦提县对宗教场所及活动经费实行寺管会初审、党支部核审、乡镇宗教事务管理领导小组终审的“三审”制度，有的地方村党支部书记任寺管会主任。

清真寺内的宗教活动，是合法宗教场所中合法教职人员、信教群众进行的宗教活动，相关部门对清真寺的管理，一是对其合法性的进一步确认；二是规范其活动在合法范围内；三是控制因清真寺活动人员群聚性、单质性带来的社会风险。对合法宗教活动进行监管和控制，很大程度上又是以阻止宗教升温（宗教氛围浓厚）为目的的。当合法宗教活动升温，被认为是非法宗教活动，甚至宗教极端活动滋生、蔓延的土壤时，前者自然被纳入更严格的管控范围。无疑，合法与非法是一对同生关系，有合法即有非法；同时它应该是此消彼长、相克相生的关系，而非相生相助、共同发展的关系。合法的满足和发展，是抑制非法的利器；非法的盛行，会减少合法的空间。而期望以管理、抑制合法活动，来降低其社会存在感，并不必然降低非法的生长，却有可能刺激非法的需求。对宗教氛围的担忧，主要出于社会压力的考虑，所谓有信教自由没有不信教自由。在绝大部分人自认为出生即为穆斯林的人群中，其宗教影响的压力一直就存在，只是有隐性和显性以及程度大小的差别。在目前宗教氛围无法自然淡化的现实中，保护合法、给合法以生长的空间，是抵制非法、遏制极端的前提。而且，满足信教群众的宗教需求，也应该是个动态调整的、与需求并进的过程。僵化的管理只能导致僵硬的关系，甚至离散的社会。

中国农村的宗族网络与民事纠纷应对

范晓光* 雷 鸣 肖 阳**

一 问题的提出

在转型时期的中国，社会纠纷呈现“井喷式”发展。以2009年为例，当年的纠纷规模超过1000万件，其中民间调解的纠纷高达579.7万余件（陆益龙，2011）。在农村地区，随着现代化、市场化和城镇化对乡村社会结构快速转型的推动，社会矛盾和纠纷整体态势呈现多元化特征，土地征用和基层选举纠纷尤为突出（陆益龙，2011；陆益龙、杨敏，2010）。与此同时，由于社会需求和管理的转变，多元化的制度安排在官方日益受到重视，诸如人民调解制度、基层自治制度、基层司法等一系列纠纷解决制度正在重构或建构。（程金华，2009；范愉，2003；郭星华、王平，2004；左卫民等，2007；Peerenboom and He，2009）由此，在面对纷繁复杂的民事纠纷时，农村居民呈现出在行政系统、法律系统及非官方系统中寻求解决之道的“纠纷宝塔”（dispute pagoda）（Michelson，2007）态势。

学术界更多关注民事纠纷应对的结构，即探讨影响民事纠纷解决渠道的具体因素。目前，关于民事纠纷解决途径的研究有两条主线。其一是从微观过程探讨阶层地位、关系网络等结构性变量与纠纷解决渠道的关系。（程金华、吴晓刚，2010；陆益龙、杨敏，2010；肖阳、范晓光、雷鸣，

* 范晓光，浙江省社会科学院社会学研究所。

** 雷鸣、肖阳，西安交通大学实证社会科学研究所博士生。

2014；Wu and Cheng，2013）虽然这些经验发现不尽相同，但大多显示个体的结构性特征对其纠纷渠道的选择偏好有着直接关联；其二是基于“纠纷金字塔”理论，考察居民（尤其是农村居民）的纠纷解决渠道选择模式特征（陆益龙，2009；杨敏、陆益龙，2011；应星，2007；Michelson，2007）。这条主线的研究大多对“纠纷金字塔”理论做了修正，有学者进一步提出了“纠纷宝塔”理论，认为人们对官方系统的选择偏好和个体与该系统的可及性密不可分。

在笔者看来，既有研究为理解居民解决民事纠纷的行为提供了丰富的理论解读和经验检视，但它们大多从阶层地位等个体因素出发讨论其对纠纷应对的影响；麦宜生在他的研究中提出要重视区域和家庭等因素对纠纷应对的影响。（Michelson，2007）本文通过对一项全国范围内的抽样调查数据进行分析，试图证明宗族网络（lineage network）对分析农村居民的民事纠纷问题具有重要意义。

改革开放以来，宗族在许多农村地区被重建，它不仅在乡村治理、公共产品供给、文化娱乐、民间金融等方面发挥着明显的作用（钱杭，1994；孙秀林，2011；肖唐镖，2010 & 2011；王沪宁，1991；温莹莹，2013；郭云南、姚洋、Jeremy Foltz，2012 & 2014；郭云南、张玲弋、姚洋，2013；Tsai，2002，2007a & 2007b），而且还对民事纠纷的发生与解决有实质性影响。（骆东平，2009；刘明兴等，2010）然而，随着该领域的研究深入也产生了许多需要解答的问题：宗族网络对个体规避卷入民事纠纷到底有无影响？如果有，会是什么样的影响？中国城乡在市场化、城市化和现代化转型中，宗族网络对个体应对民事纠纷的行为选择的影响趋于消亡了吗？由此，本文试图从社会资本理论和文化规范理论出发，通过对中国综合社会调查（CGSS2005）的数据进行分析，系统回答上述问题。

二　宗族网络、公民意识与民事纠纷应对

宗族是中国传统乡土社会中的基本社会组织形式，费孝通在《乡土中国》中形象地将其解说为“家庭只是社会圈子中的一轮……家的结构……必须加以扩大……于是家的性质变成了族”。蔡立雄、何炼成也做过一个准确的概括：“在一定地域内以血缘关系为纽带形成的家族就成为中国乡村社会的基本细胞，围绕家族……建立形成的各种……构成农村社会制度的核心——家族

制度或宗族制度。”还有杜赞奇、肖唐镖等学者都对宗族做出过类似定义。宗族本身可以看成是某种形式的社会网络，也被称作宗族网络。（Peng，2004）众所周知，宗族在中国历史上曾经发挥过相当重要的社会功能，其中就包括调解民间纠纷（春杨，2008；曾宪平、谭敏丽，2010）。宗族调解解决了大量的民事纠纷，间接支撑着政府的简约治理，从而成为传统司法体系的重要组成部分（黄宗智，2008）。

1949年之后，经过土改、集体化、人民公社化等历次运动，宗族曾经一度消失，直到改革开放之后，伴随着国家政策的调整和农业生产方式的变化，宗族又呈现出一定的复苏态势，在部分地区已经颇具规模（蔡立雄、何炼成，2008；李远行、朱士群，2006；孙秀林，2011；肖唐镖，2006 & 2011；肖唐镖、戴利朝，2003；Peng，2010）。目前大多学者认为农村宗族存在着双重功能：一方面，在日常生活中提供了一定的服务与管理，在一定程度上填补了村治中的若干管理真空，成为村级政治的补充，避免了更严重的失范与无序；另一方面，宗族的管理效能并不高，在村落和村社区管理中往往以狭隘的本族利益为依归，奉行着强欺弱、大欺小的实力逻辑；部分宗族在日常生活中仍然倡导男尊女卑，甚至崇尚迷信（孙秀林，2011；肖唐镖，2006；肖唐镖、戴利朝，2003）。

另外，诸多经验研究发现，宗族在乡村社会纠纷解决中的权威性和有效性支撑了农村宗族纠纷解决功能的发挥，也使得宗族在村民的纠纷解决中占据重要地位（梁治平，1997；王沪宁，1991；骆东平，2009；肖唐镖，2010：141—144）。目前，不论农村的“半独立社团”（刘明兴等，2010）还是“专业性自治组织”（肖唐镖，2010：123—126），都与宗族有着千丝万缕的联系，它们除了明显地提供公共服务的功能之外，还在乡村社会纠纷调解、社区治理等方面起着不可忽视的作用（张伟明、刘艳君，2012；张国芳，2009）。

在宗族网络研究中，学者们通常将其置于社会资本研究视角下（Peng，2004 & 2010）。按照科尔曼的定义，社会资本是特定社会结构的一种属性和功能，它促进个体和集体行动者实现行动目标，不仅有利于处于某一特定结构中的人们实现个体目标，而且还有利于行动者解决集体行动问题（Coleman，1988）。这种社会资本理论着眼于个人，强调网络密度和群体凝聚力有助于增强规范的约束力。（Coleman，1990）普特南则更关注宏观层面的社区，他认为，如果某个群体或社区的成员社会参与程度高、互惠行为普遍以及信任度高，那么该群体或社区所拥有的社会资本含量就高，从而能够更有效地发挥组织集体行动、促进社区团结等作用。（Putnam，2000；Portes and Vickstrom，2011）

结合以往的研究可以看出，宗族网络具有提高社区居民社会参与程度、巩固互惠行为、提高社区居民信任程度的作用，而且在现实生活中，这些作用还往往交织在一起，从而共同增加了该社区的社会资本含量。

首先，宗族网络可以促进社区居民的社会参与。普特南认为，群体中的社会资本可以提高违约成本，防范集体行动的困境，促进社会参与。（Putnam，1993 & 2000）同时，社会参与程度的提高又增强了群体中的社会资本。蔡丽丽有关宗族网络和公共物品供给的研究提供了佐证。她指出，中国农村的宗族（和庙会）就是社会资本，这种社会资本可以帮助村民解决集体行动的困境，促进农村的公共物品（自来水、道路、学校等）的供给，甚至还能提高村民对政府的监督能力，改善村政府执政业绩。（Tsai，2007b）彭玉生关于宗族网络与计划生育之间关系的研究从侧面证明了这一点。（Peng，2010）他在研究中揭示，宗族网络可以动员村民规避乃至集体抵抗计划生育政策，提高生育率。以上研究都说明宗族网络是一种很好的动员机制，有力提高了农村居民的社会参与行动，增加了农村社区的社会资本，这支持了普特南的社会资本理论。

其次，宗族网络巩固了农村居民的普遍互惠行为。科尔曼认为社会资本的核心是“普遍互惠”。普特南认为，普遍互惠比特定互惠更加有效。波特斯从广义上强调普遍互惠来自相互团结和可实施的信任。相比于没有宗族网络的群体，存在宗族网络的群体其内部社会网络密度高，成员之间易于相互信任，互惠行为较多。从经济学角度来看，人们生活交往中的博弈链较长，在长期的物质利益上博弈双方都不会吃亏。关于这一点，人类学家进行了很多具体的研究。例如莫斯等西方人类学家对“礼物”的研究，证实了原始部落（某种意义上亦可看作宗族）内通过交换活动达到经济互惠（当然其中也有文化含义）。阎云翔在《礼物的流动》中通过对黑龙江某个农村送礼行为的分析——虽然不能把这个村落直接看成宗族——为这一观点提供了另一个启发性的佐证。可以认为，宗族网络巩固了群体成员之间的普遍互惠行为，增加了社区的社会资本。

再次，宗族网络可以提高社区成员的信任程度。普特南、福山都非常重视信任的作用，视信任为一种重要的社会资本。普特南认为，信任是社会资本必不可少的构成部分。在一个社区中，信任的水平越高，合作的可能性就越大。福山开创性地从文化因素对经济的影响的角度阐发了他对信任的理解，认为信任作为一种价值观可以起到促进经济发展的作用，同时他也把信任纳入社会资本的范畴。福山在对各国（文化圈）进行比较研究时还专门提及了中国社会中的宗族与企业模式的关系。他认为，从经济的角度来说，宗族扩大了企业的信任圈，提供了信任的基础，对理解当代中国经济发展的本质至关重要。彭玉生也在中国经济转型与私营企业的相关研究中指出，市场经济改革以来，宗族网络带来的信任在保护私有企业的产权和降低交易成本方面起到了重要作用，对农村私营企业的数量和劳动力规模有巨大的积极影响。通过以上研究可以看出，宗族网络对提高信任程度的作用，以及信任作为一种社会资本的效力。

最后，宗族网络在促进社会参与、巩固互惠行为、提高信任度等方面发挥了重要作用，从而增加了其所在社区的社会资本。当然，社会资本的增加也会进一步促使上述各方面得到发展与巩固。此外，普特南曾列举大量经验研究，社会资本高的社区，往往拥有较好的邻里关系，大大减少社区纠纷的发生。社会参与、互惠行为、相互信任等因素与社会纠纷和冲突的数量之间存在着令人信服的负相关关系。

基于上述文献梳理，不难发现宗族网络在农村社区中发挥着重要的社会团结作用，它可以减少纠纷的发生。如果这一结论在中国农村中也成立，那么我们可以提出纠纷规避假设：

假设1　宗族网络越强，农村居民越不可能卷入民事纠纷

韦伯曾经把权威类型划分为法理权威和传统权威。瓦格纳－帕茨费茨等对纠纷解决做了类型化，指出纠纷解决的正式渠道往往具备常设机构、成文规则、指定代理人等特征；反之，非正式渠道则往往存在特设机构、临时性协议、自发参与者等特征。沿用该划分思路，我们可以将纠纷应对渠道划分为正式和非正式两种。结合过往研究，本文认为通过寻求司法机构、政府部门等官方途径应对纠纷的渠道为正式渠道，而通过寻求私人途径应对纠纷的渠道为非正式渠道，前者可以对应于法理权威，后者则与传统权威交织在一起。现实中，农村居民在应对民事纠纷时对这两种渠道的选择呈现出较为复杂的态势。譬如，有研究发现，农村居民在民事纠纷调解过程中存在对法律的差序使用，即“随着纠纷当事人血缘关系的疏远，运用法律的强度逐渐增强”。麦宜生则把这种复杂的纠纷应对方式称作“纠纷宝塔”，它意味着农村居民往往会根据自己的实际情况做出不同的选择，很难找出一种单一的行为逻辑。那么，宗族网络在其中会起到什么作用呢？

费孝通指出，传统的农村社会在处理纠纷时遵循的是传统规则，服膺调解的结果，而不是援用法律。宗族网络显然是一种代表传统的力量，一直以来就是一种非正式的治理者，是一种不同于政府、执法部门等正式体制的治理者，它所采取的手段多是依赖于以初级关系的协调、劝导等手段。有学者通过调研指出，一些农村的宗族网络中，已经恢复或重订了族规，即对族人进行控制、管理与支配的相当完整的规则体系。部分农村的宗族中，族长仍保有一定权威，并履行相应的事务。彭玉生对农村计划生育问题的研究发现，宗族网络强的社区中，这些代表传统力量的非正式规范对农村生活起着相当大的调节作用，甚至在一定程度上能够软化刚性的正式制度。如果援引林南的社会资本理论，便可以清晰地发现，宗族网络对于生活在其中的个体来说是重要的社会资本。农村居民一旦卷入纠纷便可将其作为一种可动员的社会资本来帮助其解决民事纠纷。虽然经过二十多年的乡村法制建设，农村居民对基层政府和法院等在处理纠纷中的使用有显著提升，但非正式渠道很可能是农村居民应对纠纷的重要甚至首要的选择。

与此同时，文化价值观念可以直接决定和影响行动者的决定，文化价值观念还能够塑造行动者的“技能、风格、习惯和能力”，即布迪厄所说的“惯习”。法社会学的研究也有类似成果，尤伊克和西尔贝通过对美国人在日常生活中与法律的关系的考察，认为居民会在现实情境及具体实践中建构起他们的法治意识（legal consciousness）。个体对民事纠纷解决途径选择的因果机制表明，特定社会群体对某种纠纷解决制度的偏好缘自他们对这些制度解决民事纠纷、提供正义的合法性认同。当面对纠纷时，人们可能因为文化习惯和生活经历等的影响，去寻求特定的纠纷解决渠道。宗族网络形塑农村居民的日常生活，在人们对制度、规范等的主观认同方面具有社会化功能，宗族文化也使得农村居民对传统型权威更认同。因此，我们提出非正式渠道强化假设：

假设 2　宗族网络越强，农村居民越可能选择非正式渠道解决民事纠纷

对当前农村宗族作用发展态势的研判，学术界存在“持续论”和“瓦解论”两大争辩。

一方根据调查和分析提出，改革之后宗族处于复兴和重建的态势，且这种态势还在顽强地持续，宗族网络的作用亦将随之延续；另一方同样依据调查和分析提出，在社会转型的背景下，宗族正处在逐步瓦解的过程中，其作用不可高估。笔者援引格兰诺维特对“过度社会化”的批评——把行动完全看作结构塑造的产物，处在社会网络中的个体行为完全受网络决定——加以分析。上述围绕宗族作用的观点大多围绕着宗族本身展开，并未述及在宗族网络中的个人。而现实中的个体是一个能动主体，他/她的行为并非完全由社会结构决定。在中国社会转型的背景下，农村居民本身在观念和行为上业已发生巨大变化，有学者提出其越来越“个体化”了。由于教育、传媒等各种因素的影响，现代社会中的农村居民很难完全受传统文化的影响，现代公民意识等文化观念也会部分地影响个人行为。有研究发现，法治意识就对人们选择纠纷解决机制有一定影响。当宗族网络里的农村居民的现代性逐步增强，对法理型权威越来越认同，他们理应会更多地在面对民事纠纷时求助正式渠道。如果用公民意识来衡量农村居民现代化、理性化的程度，面对纠纷，公民意识较强的个体很可能表现出对法律途径、政府机构等正式渠道的明显偏好。由此，我们提出公民意识假设：

假设 3　公民意识变量的引入，可以消减宗族网络对非正式渠道的选择效应。

三　数据、变量和方法

本研究通过分析“2005 年全国综合社会调查”（CGSS2005）[①] 来检验上一节所提出的研究假设。该调查采用多阶段不等概率抽样方法。各阶段的抽样单位分别为：以中国的区（县）为初级抽样单位，以街道（乡镇）为二级抽样单位，以居民（村民）委员会为三级抽样单位，随机抽取家庭住户，再在每户随机抽取 1 人。CGSS2005 样本覆盖全国 28 个省级单位（宁夏、青海和西藏除外）中的 125 个区县，包含了 590 个居民委员会和 410 个村民委员会中的 10372 个 18 周岁以上的中国成年公民。其中，6098 个样本（大约占总样本的 58.8%）为城镇居民，4274 个样本（大约

① 该数据由中国人民大学社会学系和香港科技大学社会科学部负责收集，详细信息和相关资料参见其官方网站：（http：//www.chinagss.org）。

占41.2%）为农村居民。该数据收集了被调查者卷入民事纠纷的信息，以及本研究所需的被访者所居住社区的宗族网络方面的信息。本文所关注的是农村样本，各变量的有效样本量和变量的描述统计见表1。

表1　**变量的描述统计**

变量	实际纠纷	虚拟纠纷	总样本
解决途径			
正式	44.62	55.72	54.51
非正式	27.46	31.41	30.98
容忍	27.92	12.87	14.51
宗族网络	0.345	0.384	0.379
	(0.233)	(0.246)	(0.245)
收入			
最低20%	22.43	25.15	24.85
次低20%	21.28	22.74	22.58
中间20%	16.25	14.91	15.05
次高20%	22.20	20.87	21.01
最高20%	17.85	16.34	16.50
男性	57.89	48.76	49.75
党员	6.41	7.08	7.00
年龄	43.554	44.799	44.664
	(13.068)	(13.759)	(13.690)
文化程度			
小学及以下	52.63	57.2	56.70
初中	35.70	32.28	32.65
高中	10.76	9.62	9.75
大专及以上	0.92	0.90	0.90
区域			
东部	30.21	43.36	41.92
中部	34.10	33.01	33.13
西部	35.70	23.64	24.95
公民意识	1.613	-0.043	0.138
	(6.615)	(6.882)	(6.872)
有效样本量	437	3575	4012

注：对类别变量，本表只报告其各类别的百分比；而连续变量则报告其均值，括号内是其标准差。

数据分析的目的是检验农村居民民事纠纷应对的影响因素，故因变量为民事纠纷解决途径。CGSS2005 询问了在生活或工作中与其他人发生纠纷（如地界纠纷、庄家被毁、人被打、别人借钱不还等）时，“您首先会采用哪一种解决途径”，选项包括“法律途径、找对方单位领导解决、找熟人调解、找政府部门或村组织调解、找媒体投诉、忍了、其他”七大类（F20）。在纠纷中，我们将只选择“找对方单位领导解决”或“找熟人调解”定义为“非正式渠道”，只要选择“集体上访”、“法律途径”、“找政府部门或村组织调解”或“找媒体投诉”的都界定为“正式渠道”，而只选择“容忍”项的则单独归类。

本研究的核心自变量是宗族网络，中介变量是公民意识。（1）宗族网络。学界对宗族网络的定义和度量存在一定的分歧，本文采用大姓占比来测度宗族网络。CGSS2005B 卷询问了村长：“本村人口最多的三大姓氏占全村总人口数的比例分别是：第一大姓氏：____%；第二大姓氏：____%；第三大姓氏：____%”（A10）。我们结合 A 卷中农村居民 F10 的回答，对 A10 中的缺失值做了相应处理；（2）公民意识。西方学术界在考察公民意识时，往往将其与政治效能感、民主态度、政治容忍度、社会信任、国家认同等混合使用，而国内学术界将公民意识作为社会成员对现代国家以及社会中人际关系的基本价值和行为规范总体的认知，主要集中在法治社会、和谐社会以及现代化社会的建构愿景下，围绕法理层面、个人道德层面，以及市场经济体制之下的契约精神层面等来讨论。CGSS2005 从 13 个方面询问了农村居民的公民意识①（E13），通过“不反感—很反感”的五级李克特量表测量。笔者首先对量表标准化，而后加总获得公民意识得分。

按照已有研究的一般做法，我们将性别、年龄、党员身份、文化程度、收入水平、地域和冲突类型加以控制。其中，文化程度分为小学及以下、初中、高中和大专及以上四类，并以小学及以下为参照；收入水平则平均分为五等分，以“最低 20%”为参照；地域分为东、中、西，以东部地区为参照；参照学者的处理方案，我们将卷入民事纠纷和未卷入民事纠纷分别界定为“实际纠纷”和“虚拟纠纷”，以虚拟纠纷为参照。表 1 为整理后的数据结构

① CGSS2005 问卷中的题目具体如下：（1）在公众/共场合大声喧哗；（2）吸烟者在非吸烟者面前或附近吸烟；（3）随地吐痰；（4）随手扔垃圾；（5）讲粗话/脏话；（6）不排队购物/付款/办事，夹塞/插队；（7）不按照交通灯指示和行人线过马路；（8）不守时间；（9）不守信用；（10）不关照/协助老、（病）弱、（伤）残、孕、幼。答案为“不反感、不太反感、无所谓、比较反感、很反感”。

和变量概况。对于连续变量，我们给出了均值和标准差等统计指标；对于非连续变量，我们给出类别的百分比分布。

为检验宗族网络变量能否避免农村居民卷入民事纠纷，本文采用 Binary Logit 模型估计可能性，而对农村居民对不同解决渠道的选择偏好，所运用的是 Multinomial Logit 模型。按照统计原则，我们对以上模型依次做了相应的回归诊断。为了克服遗漏变量带来的偏误，我们分别利用二元常态概率模型（Bivariate probit model）和相续逻辑斯蒂回归模型（sequentiallogit model）评估统计结果的稳健性。此外，在评估参数效应时，作者还采取了非线性概率模型的效应分解法。

四　实证分析结果

表 2 的冲突模型估计了宗族网络对农村居民是否卷入解决民事纠纷的效应。结果显示，宗族网络减少了农村居民陷入纠纷的概率。具体而言，在模型 1 中，大姓比例每增加 1 个百分比，个体卷入民事纠纷的概率（odds）下降 49.1%［exp（-0.675）$-1 \approx -0.491$］；在模型 2 中，增加了公民意识变量，宗族网络的影响力与模型 1 中基本一致；在模型 3 中，当我们将其他控制变量都纳入后，大姓比例每增加 1 个百分比，农村居民卷入民事纠纷的概率下降 41.3%。这与笔者预期的宗族网络弱化农村居民陷入民事纠纷基本一致，假设 1 得到经验资料支持。另外，农村男性陷入民事纠纷的概率要明显超过农村女性（$p < 0.001$）；与东部地区相比，中西部农村居民卷入民事纠纷的概率更高。当然，年龄、党员身份、收入水平等对民事纠纷卷入没有显著效应。

表 2　**是否卷入民事纠纷的 logit 回归模型**

变量	模型 1	模型 2	模型 3
宗族网络	-0.675**	-0.641**	-0.532*
	(0.216)	(0.216)	(0.223)
公民意识		0.036***	0.033***
		(0.008)	(0.008)
男性			0.397***
			(0.111)
年龄			0.023
			(0.023)

续表

变量	模型1	模型2	模型3
年龄平方			-0.003 (0.002)
党员			-0.262 (0.218)
地域 中部 西部			 0.324^{*} (0.130) 0.738^{***} (0.131)
文化程度 收入水平	N N	N N	Y Y
常数项 (0.091)	-1.856^{***} (0.092)	-1.897^{***} (0.535)	-2.915^{***}
Chi2	10.09^{**}	32.47^{***}	84.94^{***}
df	1	2	15
N	4012	4012	4012

注：括号内为标准误，$***p<0.001$，$**p<0.01$，$*p<0.05$，$+p<0.1$（双尾检验）。

表3报告的是民事纠纷应对渠道的多元逻辑斯蒂回归模型估计结果。以正式渠道为参照，模型4和模型5分别比较了农村居民面对纠纷选择容忍和非正式渠道的概率，模型6则比较了采取容忍和非正式渠道的差异。统计表明，宗族网络对农村居民选择非正式渠道解决民事纠纷的效应显著（$p<0.01$）。具体而言，如模型5所示，所在村庄的宗族网络越强，居民选择找熟人调解或者对方单位领导的概率越高，比通过法院、媒体或集体上访的高58.9%。假设2得到初步的支持。通过比较发现，宗族网络对人们在"容忍 vs 正式渠道"和"容忍 vs 非正式渠道"的选择上的影响并不显著，而仅在正式渠道与非正式渠道的选择上作用明显。同时，结果还表明，不论与容忍还是非正式渠道相比，公民意识越强的农村居民选择正式渠道解决民事纠纷的概率都要显著偏高（$p<0.05$）。

表 3 **宗族网络对民事纠纷解决渠道的多元逻辑斯蒂回归模型**

变量	模型 4 容忍 vs 正式	模型 5 非正式 vs 正式	模型 6 容忍 vs 非正式
男性	-0.429***	-0.132+	-0.297**
	(0.103)	(0.077)	(0.111)
年龄	-0.003	-0.023	0.020
	(0.020)	(0.015)	(0.022)
年龄^2	0.001	0.002	-0.002
	(0.002)	(0.002)	(0.002)
党员	-0.659**	-0.319*	-0.34
	(0.246)	(0.150)	(0.263)
文化程度			
初中	-0.346**	0.029	-0.375**
	(0.121)	(0.087)	(0.129)
高中	-0.083	0.254+	-0.337+
	(0.190)	(0.130)	(0.198)
大专及以上	-0.389	0.049	-0.438
	(0.640)	(0.387)	(0.674) 10
收入水平			
次低 1/5	-0.333*	-0.015	-0.318*
	(0.132)	(0.108)	(0.144)
中间 1/5	-0.419**	-0.030	-0.390*
	(0.156)	(0.122)	(0.169)
次高 1/5	-0.508***	-0.032	-0.476**
	(0.148)	(0.112)	(0.159)
最高 1/5	-0.419*	-0.030	-0.390*
	(0.172)	(0.126)	(0.183)
地域			
中部	(0.103)	-0.382***	0.280*
	(0.117)	(0.085)	(0.124)
西部	-0.012	-0.587***	0.576***
	(0.122)	(0.097)	(0.133)
实际冲突	1.123***	0.210+	0.913***
	(0.131)	(0.124)	(0.145)

续表

变量	模型4 容忍 vs 正式	模型5 非正式 vs 正式	模型6 容忍 vs 非正式
宗族网络	0.116	0.463**	-0.347
	(0.199)	(0.147)	(0.211)
公民意识	-0.018*	-0.012*	-0.006
	(0.007)	(0.005)	(0.008)
常数项	-0.821+	0.113	-0.934+
	(0.493)	(0.359)	(0.521)
LR Chi2		239.41***	
df		32	
N		4012	

注：括号内为标准误，***p<0.001，**p<0.01，*p<0.05，+p<0.1（双尾检验）。

为了检验宗族网络对人们民事纠纷解决渠道影响作用的稳健性，我们首先对模型进行了二元常态概率设定。该模型能够有效解决是否卷入纠纷的主观选择和纠纷解决方式选择的误差相关，以克服遗漏变量对统计结果可能产生的偏误（Greene，2012）。模型8显示，在控制了人们可能的未被观测特征后，是否卷入纠纷和纠纷解决渠道偏好之间的误差相关度（ρ）和零相比，不存在显著差异（p>0.1），由此我们应该以独立的probit模型的统计结果为准。通过比较发现，模型7（probit）的关键变量系数与模型8（biprobit）的结果基本一致。对宗族网络而言，其对非正式渠道仍然存在正向的强化作用。接下去，我们将民事纠纷应对置于个体决策二阶段过程中：（1）是容忍还是采取行动；（2）是通过正式渠道还是非正式渠道，可以克服遗漏变量异质性（unobserved heterogeneity），本研究引入seqlogit模型检验先前的统计结果。如模型9所示，相对于正式渠道，宗族网络对人们选择非正式渠道具有显著的正向强化效应。至此，假设2得到进一步支持（见表4）。

表 4　宗族网络对民事纠纷解决渠道的 Probit、Biprobit 和 Seqlogit 回归模型①

	模型 7		模型 8		模型 9	
	系数	标准误	系数	标准误	系数	标准误
男性	-0.026	(0.045)	-0.028	(0.045)	-0.117	(0.077)
年龄	-0.014	(0.009)	-0.014	(0.009)	-0.022	(0.015)
年龄^2	0.001	(0.001)	0.001	(0.001)	0.002	(0.002)
党员	-0.140	(0.088)	-0.139	(0.087)	-0.326*	(0.150)
地域中部	-0.222***	(0.049)	-0.224***	(0.049)	-0.382***	(0.085)
西部	-0.358***	(0.056)	-0.362***	(0.055)	-0.582***	(0.097)
实际冲突	-0.055	(0.069)	N	N	0.204	(0.125)
宗族网络	0.273**	(0.085)	0.276**	(0.086)	0.462**	(0.147)
公民意识	-0.005	(0.003)	-0.005	(0.003)	-0.012*	(0.005)
文化程度	Y	—	Y	—	Y	—
收入水平	Y	—	Y	—	Y	—
常数项	-0.152	(0.209)	-0.154	(0.209)	0.11	(0.363)
ρ	—		-0.032	(0.036)	—	—
LR Chi2	84.58***		176.65***		238.59***	
df	16		30		32	
N	4012		4012		4012	

注：括号内为标准误，***$p<0.001$，**$p<0.01$，*$p<0.05$，+$p<0.1$（双尾检验）。

最后，我们考察公民意识对宗族网络的消减效应。我们采取多元逻辑斯蒂回归，模型 10 包括控制变量和宗族网络变量，模型 11 是包括公民意识变量的全模型（见表 5）。与模型 10 相比，全模型在控制公民意识变量后，宗族网络系数仅仅减少了 0.004。根据嵌套模型的参数统计，结果显示宗族网络系数在两个模型中并没有显著差异（$p>0.1$）。由此，经验资料未能支持假设 3。

① 在模型 7 和模型 8 中，我们将正式渠道和容忍并为 1 类，赋值 0，非正式渠道赋值 1。囿于篇幅所限，模型 8 中没有呈现纠纷卷入的统计结果，模型 9 中也未能呈现“容忍 vs 非正式渠道 + 正式渠道”的相关结果。如有兴趣可向作者索取。

表 5　　宗族网络效应的比较

多元逻辑斯蒂回归模型		系数	P 值	标准误
模型 10	Y = 控制变量 + 宗族网络	0.467	0.001	0.147
模型 11	Y = 控制变量 + 宗族网络 + 公民意识	0.463	0.002	0.147
参数检验	0.004	0.500	0.005	

五　结论与讨论

按照韦伯的理论体系，宗族网络拥有的是“传统型权威”或者“魅力型权威”，而不是“法理型权威”。事实上，韦伯在《儒教与道教》中指出了一系列可能抑制理性的资本主义在中国出现的因素，其中就包括强大的宗族势力。当代社会学者大多延续了韦伯的解读框架，认为中国当前的社会转型也是一个逐步“理性化”的过程，那么这一过程对宗族网络中的农村居民的行为会产生何种影响，是否会像韦伯主义的学者分析的那样，最终服膺于正式渠道？对此，学界并没有达成共识。

本研究发现，宗族网络对农村居民的民事纠纷卷入具有规避效应。利用大姓比例来测量宗族网络密度，结果表明宗族网络越强，生活在该村庄的个体卷入民事纠纷的可能性越小，这与普特南以降的社会资本理论观点一致。一般而言，宗族网络内部密度高，成员间易于彼此信任，互惠行为较多。而且，在部分乡村宗族中，族长仍保有一定权威，并履行相应的事务。由此，作为潜在社会资本的宗族网络，它强化了社区内部的团结，使得农村居民规避了某些民事纠纷。

同时，宗族网络会影响农村居民应对民事纠纷的行为选择。所在村庄的宗族网络越强，其居民越可能采取非正式渠道解决民事纠纷，而不是正式渠道。传统中国社会是伦理本位和关系取向的社会，当个体与他人发生纠纷时，当事人往往以牺牲自我、大事化小或找人调节等方式来解决。本文的发现再次表明，寻求以情义为基础的私人关系等民间纠纷解决机制是当前中国农村居民更常使用的策略。

与此同时，在纳入公民意识变量后，宗族网络对农村居民选择非正式渠道应对民事纠纷所产生的显著因果效应并没有消解。该发现进一步揭示了作为结构功能的宗族，在乡村社会解决民事矛盾与冲突中的作用没有消失，而且作为文化的宗族在个体解决民事纠纷的策略选择过程中仍然占据突出位置。如前所述，社会学家们大多延续韦伯的解读框架，坚持认为社会转型是一个逐步“理性化”的过程，人们会对法理型权威的认同度增强，然而，2005 年的中国综合社会调查（CGSS2005）资料表明农村居民对非正式渠道的偏好仍然较强，对韦伯的论断未能给予较好的支持。笔者对此的解释有二：其一是 20 世纪 90 年代以来的大规模农业人口迁徙、快速城镇化过程，农村居民的公民意识正在觉醒，国家观念逐渐形成，对公共事务的参与趋于积极，但总体水平还亟待加强；其二是宗族作为一种社会文化，其可能通过对农村居民的社会态度、法律认同等社会心理的影响，形塑人们日常纠纷解决的行为逻辑。

以上发现表明，虽然作为传统文化载体的宗族网络，其文化基质更多的是血缘性、聚居性、礼俗性、农耕性、封闭性和稳定性等，在宗族内部对社会关系的整合践行狭隘的利己主义、排他主义原则。但是，我们不能就此否定宗族网络在解决乡村日常社会矛盾和冲突中的功能，更不能忽视宗族作为一种文化对农村居民日常行为的形塑作用。在现实层面，宗族网络在解决乡村社会的日常矛盾与冲突上，完全有可能发挥其在乡村公共产品供给中相似的作用。

本研究试图通过对宗族网络和农村居民民事纠纷解决应对的因果机制分析，以呈现农村居民作为一个能动主体是如何受到宗族网络的情境影响（context effect）的，并促使我们就农村地区如何协调法理性和情理性的关系作更深入的反思。毋庸置疑，社会变迁的广度和深度如此之大，农村居民难免会或多或少地受到影响，但宗族作为一种文化，将会在相当长一段时间内继续存在下去。

最后，在理论方面，还有很多其他视角需要进一步分析与思考。比如，民事纠纷既可能发生在宗族内部，也可能发生在宗族之外，本文在考察纠纷应对渠道时，并没有涉及这两者的区别。由于传统宗族具有血缘性和封闭性，宗族网络在不同民事纠纷的解决上未必完全一致，对此进行深入探讨将有利于我们对乡村宗族网络运作的理解。